慈善事业与
志愿服务教程

主　编　贺庆生　刘　叶
副主编　张美岭　苑晓美　康建英

首都经济贸易大学出版社
Capital University of Economics and Business Press
·北京·

图书在版编目（CIP）数据

慈善事业与志愿服务教程 / 贺庆生，刘叶主编. --
北京：首都经济贸易大学出版社，2024. 9. -- ISBN
978-7-5638-3733-5

Ⅰ. D632.1；D669.3

中国国家版本馆 CIP 数据核字第 2024Q6U749 号

慈善事业与志愿服务教程
CISHAN SHIYE YU ZHIYUAN FUWU JIAOCHENG
主　编　贺庆生　刘　叶
副主编　张美岭　苑晓美　康建英

责任编辑	陈　侃
封面设计	风得信·阿东 FondesyDesign
出版发行	首都经济贸易大学出版社
地　　址	北京市朝阳区红庙（邮编 100026）
电　　话	(010) 65976483　65065761　65071505（传真）
网　　址	http://www.sjmcb.com
E-mail	publish@cueb.edu.cn
经　　销	全国新华书店
照　　排	北京砚祥志远激光照排技术有限公司
印　　刷	唐山玺诚印务有限公司
成品尺寸	185 毫米×260 毫米　1/16
字　　数	365 千字
印　　张	16.25
版　　次	2024 年 9 月第 1 版　2024 年 9 月第 1 次印刷
书　　号	ISBN 978-7-5638-3733-5
定　　价	49.00 元

图书印装若有质量问题，本社负责调换

版权所有　侵权必究

前　言

慈善事业和志愿服务是中国特色社会主义事业的重要组成部分，是一种具有广泛群众性的道德实践，是实施第三次分配、促进共同富裕的重要途径，也是社会文明进步的重要标志。习近平总书记强调，"守望相助、扶危济困是中华民族的传统美德""支持志愿服务、慈善事业健康发展"。党的十八大以来，在以习近平同志为核心的党中央坚强领导下，我国制定出台了《中华人民共和国慈善法》《志愿服务条例》，推动慈善事业和志愿服务健康有序发展，并取得了长足进步，一系列数据见证了发展成效：民政部统计数据显示，截至2024年3月底，全国共有慈善组织14 791家，全国已备案慈善信托1 762单，信托财产总规模逾71.4亿元；全国志愿服务信息系统显示，截至2024年5月17日，我国志愿者总人数达2.36亿，志愿队伍135万个，志愿项目1 229万个，累计志愿服务时长达53.26亿小时。慈善力量和志愿服务在打赢脱贫攻坚战、助力新冠疫情防控以及支持民生兜底保障等方面发挥了积极作用。

当前，立足全面建设社会主义现代化国家、向第二个百年奋斗目标进军的新征程，新时代慈善事业和志愿服务要在第三次分配、增进民生福祉、实现共同富裕等方面充分发挥应有作用。2023年全国人民代表大会常务委员会完成了《中华人民共和国慈善法》的初次修订，2024年中共中央办公厅、国务院办公厅印发了《关于健全新时代志愿服务体系的意见》，充分体现了党和政府对慈善事业和志愿服务的高度重视，对促进我国慈善事业和志愿服务高质量发展具有重要意义。

慈善事业和志愿服务是一项全民事业，随着社会实践的不断发展和政策体系的不断完善，也需要开展针对本领域的学术探索和思考。2008年汶川地震以来，我国学者在慈善事业和志愿服务领域取得了一系列的研究成果，一些高校建立了慈善事业和志愿服务专门研究机构、开设了"慈善管理"专业，越来越多的高校在公共管理、社会工作等相关专业中设置了研究方向或相关课程。在这种形势之下，一批有关慈善事业和志愿服务的教材先后出版，它们的结构、内容以及教学的重点角度不尽相同。为了适应新时代慈善事业和志愿服务的双重教学要求，也为了更好满足慈善事业和志愿服务发展的需要，我们编写了这本

《慈善事业与志愿服务教程》。

本教材主要面向高校相关专业学生，介绍国内外慈善事业和志愿服务的基础知识，同时为我国的慈善工作者、志愿者和社会工作者等人员提供参考。作为一部概论性的通识教材，本书不是"厚厚的"理论书，而是一本入门级的教科书，对教学内容的广度和深度做了恰当安排。本书的主要目标是帮助读者了解慈善和志愿服务的基本概念，了解国内外慈善事业和志愿服务的发展历史和政策法规，了解慈善组织的运作管理以及志愿服务文化和实务技巧，了解慈善组织和志愿服务的未来发展趋势。总的说来，本教材具有以下三个特点：

一是突出课程思政元素。本书重在思想引导，将纷繁复杂的慈善事业和志愿服务知识进行精炼，摘其要者供读者阅读学习，并选取典型案例融入各个章节，使思政内容"润物细无声"地进入专业课程教学，实现化知为德。

二是注重案例课程教学。本书各章首安排有引导案例，章末有案例思考题，部分章节穿插有多个案例。这些案例针对性强，既是对相应知识的延展和补充，同时还蕴含着启迪和引导。

三是强调课程实务应用。本书关注知识的应用性，安排专门章节系统介绍慈善组织运作管理和志愿服务实务技巧，其他各章节的案例材料和思考题也侧重于对学习者的专业理念、专业素养和专业技能的培养。

慈善事业和志愿服务知识是相当丰富和复杂的，我国慈善事业和志愿服务领域的学术研究尚处于起步阶段，加之编者在此领域的研究水平有限，本书的内容可能难免存在诸多不足之处，敬请广大师生和读者们批评指正。

目 录

第一章 慈善事业概述 ... 1
- 第一节 何谓慈善? ... 2
- 第二节 为何慈善? ... 8
- 第三节 谁做慈善? ... 18

第二章 慈善事业政策法规体系 ... 31
- 第一节 西方慈善事业政策法规 ... 32
- 第二节 我国慈善事业政策法规 ... 41

第三章 中西方慈善思想 ... 57
- 第一节 西方宗教慈善思想 ... 59
- 第二节 西方国家的慈善实践 ... 61
- 第三节 中国古代慈善思想 ... 70
- 第四节 中国近代慈善思想及其实践 ... 80
- 第五节 当代中国慈善事业的发展 ... 85

第四章 慈善组织运作 ... 92
- 第一节 慈善组织与其他组织的区别 ... 93
- 第二节 慈善组织的运作方式 ... 96
- 第三节 慈善组织的运作技巧 ... 102
- 第四节 慈善组织运作常见问题及其解决路径 ... 104

第五章 慈善组织的发展现状与趋势 ... 111
- 第一节 慈善组织发展现状 ... 112
- 第二节 慈善组织发展困境 ... 119
- 第三节 慈善组织发展展望 ... 121

第六章　志愿服务概述……………………………………………………… 132
第一节　志愿服务的概念 ……………………………………………… 133
第二节　志愿服务的特点和原则 ……………………………………… 137
第三节　志愿服务的功能和价值 ……………………………………… 141
第四节　志愿服务的实践领域 ………………………………………… 146

第七章　志愿服务政策法规……………………………………………… 151
第一节　志愿服务政策法规体系建设的必要性 ……………………… 152
第二节　国外志愿服务政策法规体系 ………………………………… 157
第三节　我国志愿服务政策法规体系 ………………………………… 162

第八章　志愿服务文化…………………………………………………… 171
第一节　志愿服务理念 ………………………………………………… 172
第二节　志愿服务伦理 ………………………………………………… 176
第三节　志愿服务精神 ………………………………………………… 182

第九章　志愿服务发展的历史…………………………………………… 189
第一节　西方志愿服务发展历程 ……………………………………… 190
第二节　中国志愿服务发展历程 ……………………………………… 194

第十章　志愿服务实务…………………………………………………… 203
第一节　志愿服务开展的程序 ………………………………………… 204
第二节　志愿服务技巧 ………………………………………………… 216
第三节　志愿服务注意事项 …………………………………………… 224

第十一章　志愿服务发展现状与趋势…………………………………… 232
第一节　志愿服务发展现状 …………………………………………… 232
第二节　志愿服务发展困境 …………………………………………… 240
第三节　志愿服务发展展望 …………………………………………… 244

后　记 …………………………………………………………………… 254

第一章 慈善事业概述

📚 学习要点与要求

1. 掌握慈善事业的定义及其与公益、第三次分配等概念的关联。
2. 掌握慈善事业的特点、原则与功能。
3. 了解慈善事业的行为主体。

❉ 本章思维导图

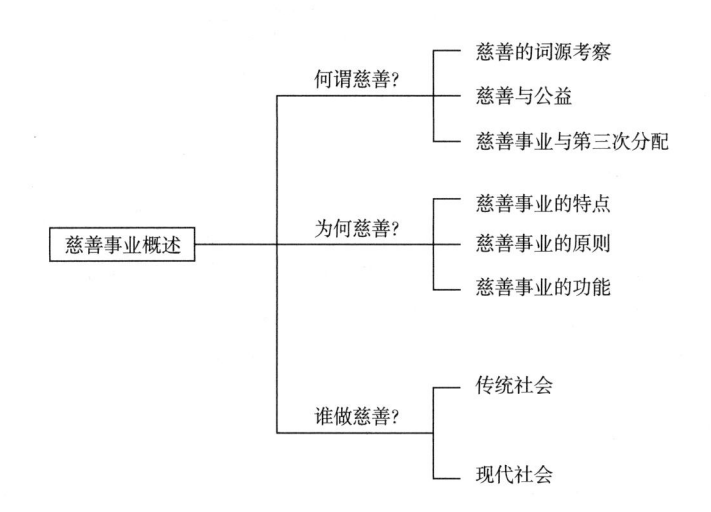

```
                    ┌─ 何谓慈善? ─┬─ 慈善的词源考察
                    │            ├─ 慈善与公益
                    │            └─ 慈善事业与第三次分配
                    │
慈善事业概述 ───────┼─ 为何慈善? ─┬─ 慈善事业的特点
                    │            ├─ 慈善事业的原则
                    │            └─ 慈善事业的功能
                    │
                    └─ 谁做慈善? ─┬─ 传统社会
                                 └─ 现代社会
```

❉ 引导案例

鸿星尔克捐赠 5 000 万元驰援河南水灾,引发网友"野性消费"与质疑

2021 年 7 月,河南发生严重水灾,企业、公众捐赠热情高涨。网友发现鸿星尔克公司上年净利润亏损 2.2 亿元,企业"濒临破产",但仍低调捐赠 5 000 万元物资援助灾区。随后,捐款新闻被广泛转发,社会舆论迅速发酵。"鸿星尔克"话题登微博热搜榜首,网友纷纷涌入鸿星尔克直播间"野性消费"予以支持,淘宝和抖音直播间累计销售额均超亿元,直播间商品一度全部售罄。面对网友的热情支持,鸿星尔克董事长亲自进入直播间,现场向网友道谢,并呼吁"理性消费"。

7 月 23 日,有网友称,根据公开可查资料,鸿星尔克仅捐赠 20 万瓶矿泉水,质疑其"诈捐"。对此,鸿星尔克董事长又出面回应,表示已与郑州慈善总会及壹基金拟好捐赠协议，部分物资已发出，后续将陆续履行 5 000 万元物资的捐赠承诺，并于微博澄清了企业濒临破产的传言。

资料来源：布鲁布客. 2021 年度中国十大慈善热点事件［EB/OL］.（2022-11-14）［2023-10-01］. https：// www. pishu. cn/zxzx/xwdt/587381. shtml.

引导案例展示的是一个典型的慈善捐赠行为。2021 年河南水灾牵动全国人民的心，引发了一股捐赠潮。在微博等新媒体平台上，不少名人企业被点名要求捐款，而"濒临破产"的鸿星尔克公司却低调捐赠，助力河南水灾。这种慈善捐赠行为感动了民众，引发民众对鸿星尔克的认可并以"野性消费"来表彰企业行为，形成我国慈善捐赠的一个亮眼案例。为什么民众如此认可鸿星尔克公司的捐赠行为？在捐赠行为背后，我国慈善事业发展的特点和功能何在？我国慈善事业的主体是谁？解决上述问题，需要从慈善事业的基本理念着手，全面分析慈善事业发展之路。

第一节　何谓慈善？

"慈善事业"一词是一个历史范畴的概念，虽被广泛讨论但却尚未出现一个公认的定义。在日常生活中，我们经常听到的诸如"捐赠""公益""助学""NGO"等词都与慈善事业实践密切相关，而"大善人""活菩萨"的称号则是传统社会对慈善行为的一种褒奖。《菜根谭》中说："心善而子孙盛，根固而枝叶荣。"这句话以树作喻，鼓励人们向善、行善，是慈善事业在我国不断发展的重要思想基础。那么，到底什么是慈善？什么是公益？慈善事业与第三次分配有何关联？本节将对这些问题进行讨论。

一、慈善的词源考察

从世界范围来看，慈善的理念和行为源远流长。"慈善"的英文表述为"charity"和"philanthropy"。从词源上说，英文"charity"来源于拉丁文"caritatem"，动词形式为"caritas"，强调基督对人类的慈善的爱，有浓厚的宗教意味。公元 4 世纪，圣·罗姆（St. Jerome）在将《新约》从希腊语翻译为拉丁语时，没有将"agape"（爱）一词翻译为拉丁语中常用来表示"爱"的 amor，主要是因为 amor 表达的是"世俗情爱"，而无法表达出上帝对人类、基督徒对同胞的爱，他最后选择了拉丁语"caritatem"一词，意思是"珍惜、重视、钟爱"。后来，"caritatem"被转译成"charity"，"charity"的意思是"对他人的爱"或者"对有的需求行善和慷慨施舍"。基督徒在举行各种募捐慈善活动时，通常以此为由。因此，"charity"又衍生出"慈善、施舍"之意。从词源上来说，"philanthropy"一词则来源于希腊文，意思是"对人的爱"。孙中山先生将其译为"博爱"。近年间，我国台湾地区、香港地区将这个词译为"公益"、"现代慈善"或者"慈善事业"，以与"charity"区分，为广义的慈善概念①。对于这两个词语，"charity"更强调针对穷人或团体状态的人的帮助和救济，"philanthropy"则不限于仅仅帮助穷人，还具有博爱的意思②，"philanthropy"具有更广泛的含义。《朗文当代高级英语辞典》对"慈善"一词有四种解释：第一，向穷人、病人等提供金钱、物品或帮助的组织；第二，通常而言的慈善组织；第三，帮助穷人、病人等的钱财或礼物；第四，对他人表现出的正式善意或同情。《韦伯斯特新世界词典》指出，慈善"强调仁爱和善意，表现为对他人的广泛理解和宽容"。由此可见，英文中的"慈善"一词是一种不求回报的金钱、物资和帮助的善意行为。

需要强调的是，"慈善"一词并非西方国家独创，中国传统社会蕴含着丰富的"慈善"思想。约3世纪，"慈善"一词最早出现于《大方便佛报恩经》等佛经译典，本为一个宗教用词③。"慈善"一词由"慈"和"善"两个字组成。"慈"指的是长辈对晚辈的关爱、关怀和爱护。唐代诗人孟郊在《游子吟》一诗中写道："慈母手中线，游子身上衣。"这里的"慈"指的是母亲对远游子女的担忧。《说文解字》中有言："慈，爱也。从心、兹声。""善"指的是对他人的友爱、宽厚和帮助。《说文解字》解释为"善，吉也"④，即"善"为"吉祥"意。《大学》开篇提到，"大学之道，在明明德，在亲民，在止于至善"，这里的"善"指的是善良、善心。在传统社会中，行善之人被称为"善人"，民间善举则被称为"义举"。《北史》中称崔光"宽和慈善，不忤于物，进退沈浮，自得而已"。据现有史料来看，这可能是"慈善"二字合成使用的最早载录。⑤晚清乃至民国初年，开始将"慈"与"善"整合为一个名词，并且大量使用⑥。如今，一谈到慈善，人们往往是指慈善活动或慈善事业。对于热心慈善的人物，则称为慈善家、善人、爱心人士等。

慈善是一项古老的社会活动，包括扶危济困、安老助残、帮教助学、抚幼救孤等各项内容。在日常语境中，"慈善"可从狭义和广义两个层面来理解⑦。从狭义上来说，慈善是人类社会独有的、无偿对他人实施救助的道德行为。在这个意义上，慈善是一种社会道德行为，重在实施救助。从广义上来说，慈善具有四层含义：一是作为一种秉性善良、富于同情心的品德，这是慈善活动发生的心理基础；二是作为一种比较系统的道德观念，这是慈善活动的理论基础；三是作为一种社会活动，包括个人和团体的宣传、教育、募捐、捐助、义演、义卖、义诊、义工等活动；四是作为一项事业，是指个人、团体、机构以及政府为贯彻慈善精神所举办的，以救济老、弱、病、残和遭遇危、急、灾、变等情况而需要援助者为宗旨的一应生产性公益性经济活动、福利设施与社会活动。

---

① 杨团. 中国慈善发展报告（2009）[M]. 北京：社科文献出版社，2009.
② 徐麟. 中国慈善事业发展研究 [M]. 北京：中国社会出版社，2005.
③ 周秋光. 内涵与外延：慈善概念再思考——兼与王卫平先生商榷 [N]. 光明日报，2019-12-16（14）.
④ 许慎. 说文解字 [M]. 上海：上海古籍出版社，2007.
⑤ 周秋光，曾桂林. 中国慈善简史 [M]. 北京：人民出版社，2006.
⑥ 杨团. 中国慈善发展报告（2009）[M]. 北京：社科文献出版社，2009.
⑦ 陶海洋. 慈善事业及其社会功能 [J]. 社会科学家，2008（2）.

慈善事业是社会保障体系的重要组成部分。党的十八届三中全会《关于若干改革问题的决定》提出"完善慈善捐助减免税制度，支持慈善事业发挥扶贫济困积极作用"，明确了慈善事业在社会保障体系中的作用机制。学者们普遍认为，慈善事业是一种慈心善行的社会行动，是以人道主义为行动依据、以弱势群体为服务对象、以社会动员为基本形式、以增强社会公平正义为目标的行动体系①。

二、慈善与公益

"慈善"和"公益"这两个词都指向无私的、不计回报的付出和帮助。在英文中，"公益"一般对应"public welfare""public interest""community welfare""commonweal"等，指的是公共领域中关乎社会公众的福祉和利益，其主体主要包括政府和民间力量。此外，"philanthropy"在某些语境中也会被翻译为"公益"，其行为主体聚焦民间力量，特指民间举办的公益，而非政府举办的公益，是狭义层面的公益②。在学术研究中，我们通常用"philanthropy"对应"公益"一词。那么，"慈善"和"公益"到底有什么关系呢？对该问题，目前有两种主要的学术观点。

第一种观点认为，慈善就是公益，两者是一回事，没有本质区别。首先，在英文中，慈善和公益均可用"philanthropy"，这一定程度上体现出两者在语义上的共通性。其次，我国相关法律法规并未对慈善和公益进行明确区分。1999年6月28日，《中华人民共和国公益事业捐赠法》（简称《公益事业捐赠法》）第三条明确规定，公益事业是指非营利的下列事项：①救助灾害、救济贫困、扶助残疾人等困难的社会群体和个人的活动；②教育、科学、文化、卫生、体育事业；③环境保护、社会公共设施建设；④促进社会发展和进步的其他社会公共和福利事业。显然，《公益事业捐赠法》中所列公益事业的内容与慈善的内涵基本一样。

2016年3月16日，中华人民共和国第十二届全国人民代表大会第四次会议通过的《中华人民共和国慈善法》（简称《慈善法》）第三条同样指明，本法所称慈善活动，是指自然人、法人和其他组织以捐赠财产或者提供服务等方式，自愿开展的下列公益活动：①扶贫、济困；②扶老、救孤、恤病、助残、优抚；③救助自然灾害、事故灾难和公共卫生事件等突发事件造成的损害；④促进教育、科学、文化、卫生、体育等事业的发展；⑤防治污染和其他公害，保护和改善生态环境；⑥符合本法规定的其他公益活动。不难发现，《慈善法》认为慈善和公益等同，并且表明慈善活动就是特定条件下的公益活动。慈善和公益在用词和实践中经常通用。学术界还存在慈善和公益两个词语连用的现象，即"慈善公益"或"公益慈善"。例如，中国人民大学李迎生教授将"慈善公益事业"定义为"以社会公共利益为诉求的利他性、非营利性事业"③。清华大学邓国胜教授在《公益

---

① 葛忠明，张茜. 慈善事业的定位、社会基础及其未来走向 [J]. 山东大学学报（哲学社会科学版），2022（2）.
② 邓国胜. 公益慈善概论 [M]. 济南：山东人民出版社，2015.
③ 李迎生. 慈善公益事业的公信力建设论析 [J]. 中共中央党校学报，2015，19（6）.

慈善概论》一书中以"公益慈善"特指"现代意义的、广义的慈善"①。

第二种观点认为，慈善是慈善，公益是公益，两者存在明显差异，不能混为一谈。一方面，慈善和公益的来源不同。"慈善"一词来源于传统社会，与西方国家的宗教信仰和中国的传统文化都有密切关联，有着浓厚的历史渊源和丰富的实践活动。"公益"一词则源于现代社会，1887年才在中国出现并被使用；清光绪三十四年（1908年）12月27日颁布的《城镇乡地方自治章程》中，有"公益事宜""公益之权利""妨碍公益者""公益捐"等多处表达，后来出现了很多以"公益"为名的社团。另一方面，慈善和公益的范畴不同。"慈善"偏重于个人表达善意，即慈善的来源多来自特定个人，因此经常做慈善事业的人往往被誉为"慈善家"，而由民间人士或民间资本兴办的慈善事业专门机构则被称为"慈善组织"（包括各类基金会、部分民办非企业单位和社会团体）；"公益"一词则偏重于公共领域，强调公共利益，因此其行为主体多为政府和民间力量，尤其注重政府、国家的权力和责任，因此各级政府兴办的社会福利、教育、卫生、体育、环保等方面的专业机构称为公益组织，其中也包括残疾人联合会、红十字会等。因此，私领域范畴的公益行为本质上是一种广义上的大慈善，其资助、帮助、扶助的对象不仅包括特定群体，还包括具有特定行为指向的帮扶和捐助②。

综上所述，慈善和公益不仅存在相关相连的部分，也有可区分之处。在实际应用过程中，如果对准确性要求较低，可混用或者统称为"慈善公益"或"公益慈善"。但是，当需要明确区分慈善和公益概念的时候，则应依据范畴进行简单的区分，即公益范畴更为广泛，慈善范畴更为具体。本书所指慈善事业侧重于广义层面，更接近"公益"内涵。

阅读资料1-1

概念拓展

三、慈善事业与第三次分配

学界对于慈善事业和第三次分配概念的界定存在等同、模糊和混淆等现象③。本质上，这两个概念是分立的，不能一概而论。慈善事业是社会公众建立在自愿基础上对社会弱势群体的无偿救助行为④；第三次分配指的是个人或企业出于自愿，把可支配收入的一部分捐赠出去，建立社会救助、民间捐赠、慈善事业、志愿者行动等多种形式，以实现社会财富重新配置的一种分配机制⑤。两者既有本质不同，又关系密切，而这恰恰是慈善事业助推第三次分配的基础条件。

---

① 邓国胜. 公益慈善概论 [M]. 济南：山东人民出版社，2015.
② 彭小兵. 公益慈善事业管理 [M]. 北京：电子工业出版社，2018.
③ 杨方方. 共同富裕背景下的第三次分配与慈善事业 [J]. 社会保障评论，2022，6（1）.
④ 黄丹，姚俭建. 当代中国慈善事业发展的战略路径探讨 [J]. 社会科学，2003（8）.
⑤ 魏俊. "第三次分配"的概念及特征述评 [J]. 山东工商学院学报，2008（4）.

(一) 逻辑共性：平衡政府与市场分配的关系

慈善事业和第三次分配的发展都离不开政府支持，以民众自愿自发的行为来应对市场失灵，进行宏观调控，推进共同富裕，为我国社会建设贡献力量。

1. 均与政府关联密切

我国慈善事业发展具有明显的"行政化"烙印，转型期大部分慈善组织是由政府部门直接创办或者转换①，政府发挥的主导作用既包括主持慈善机构、影响和干预民间慈善活动的直接主导，还包括通过意识形态影响民间社会的间接主导②。作为重要的经济分配方式，党和政府非常重视第三次分配的作用。党的十九届四中全会首次提到"第三次分配"一词，强调在坚持"按劳分配为主体、多种分配方式并存，社会主义市场经济体制等社会主义基本经济制度"的同时，"重视发挥第三次分配作用，发展慈善等社会公益事业"，进一步明确了第三次分配的发展方向和重要地位。正是在国家支持下，第三次分配事业开始蓬勃发展。

2. 均为自愿自发行为

慈善事业是公众的自愿捐助行为，不存在强制性要求，是一种纯粹的爱心奉献。第三次分配则是企业或居民对可支配收入的自愿捐赠行为，不仅是一种自发的资源（包括财产、物品和服务等）转移，而且是对我国初次分配和第二次分配的有益补充，有利于缓解贫富不均。

3. 均为应对市场失灵

慈善事业和第三次分配都是弥补市场失灵，进行宏观调控的重要手段③。尤其是当应急突发事件来临之时，政府往往需要全方位调研、部署并逐步推进救助工作；而慈善事业则可利用其"草根性"和"机动性"，迅速发起慈善募捐和招募民间爱心人士，通过多种手段打通障碍环节实现跨区域合作，将慈善资源快速运往急需地区。第三次分配则是相对于初次分配和第二次分配而言的另一种经济分配制度，是对"侧重于财富分配而忽视社会权利资源的分配、侧重分配效率而轻视了分配公平，难以满足多样化的分配需求等"市场和政府失灵的必要调节力量④。

4. 均为促进共同富裕

在推进共同富裕的进程中，慈善事业和第三次分配都发挥着重要作用。慈善事业是立足于第三次分配促进共同富裕的重要机制。中华慈善总会会长宫蒲光在"中华慈善论坛（2022）"上的讲话中强调，"新时代慈善事业在扎实推进共同富裕的伟大实践中发挥着不可替代的重要作用"。2023年9月27日，宫蒲光会长又在《人民日报》上刊发《推动新时代慈善事业高质量发展》一文，再次提到"新时代慈善事业要在第三次分配、增进民

---

① 刘杰，袁泉.转型期我国慈善事业发展的困境及路径选择[J].江海学刊，2014（3）.
② 陶海洋.慈善事业及其社会功能[J].社会科学家，2008（2）.
③ 杨守金.发展慈善事业，完善社会保障制度[J].理论探讨，2006（4）.
④ 白光昭.第三次分配：背景、内涵及治理路径[J].中国行政管理，2020（12）.

生福祉、实现共同富裕等方面充分发挥应有作用，担当起时代赋予的历史使命，必须坚持以习近平新时代中国特色社会主义思想为指导，着力推动慈善事业高质量发展"[①]。第三次分配是实现共同富裕的重要路径，能够有效激发共同富裕的内生动力。2020年党的十九届五中全会通过的《中共中央关于制定国民经济和社会发展第十四个五年规划和二〇三五年远景目标的建议》继续提出"发挥第三次分配作用，发展慈善事业，改善收入和财富分配格局"等要求；2021年中央财经委员会第十次会议强调，"要坚持以人民为中心的发展思想，在高质量发展中促进共同富裕""构建初次分配、再分配、三次分配协调配套的基础性制度安排"，这意味着以第三次分配促进共同富裕的顶层设计具备雏形[②]。因此，慈善事业与初次分配和再分配一道构成了共同富裕的有效机制[③]，两者一起服务于我国的共同富裕。

（二）形式差异：学科基础和目的重点存在不同

慈善事业和第三次分配不仅关系紧密，也有明显区别，突出表现为两者来源于不同的学科基础，有不同的发展目的和重点。而恰恰是这些不同让两者在各自的领域发挥着不同的作用，并形成互补，共同推进我国各项事业（尤其是社会福利）的发展和进步。

1. 学科基础不同

慈善事业是管理学的重要问题，并且"辐射"社会学、人口学等学科。2004年，党的十六届四中全会提出："要健全社会保险、社会救助、社会福利和慈善事业相衔接的社会保障体系。"2006年10月11日，党的十六届六中全会提出，"适应人口老龄化、城镇化、就业方式多样化，逐步建立社会保险、社会救助、社会福利、慈善事业相衔接的覆盖城乡居民的社会保障体系"。2007年10月，党的十七大报告进一步强调，"要以社会保险、社会救助、社会福利为基础，以基本养老、基本医疗、最低生活保障制度为重点，以慈善事业、商业保险为补充，加快完善社会保障体系"。可见，慈善事业是我国社会保障的重要组成部分，对于社会持续发展和社会福利进步起着重要促进作用。而第三次分配则是本土化的经济学概念。我国经济学界泰斗厉以宁先生在《论共同富裕的经济发展道路》一文中提到影响收入分配的三种力量：市场机制、政府和道德力量，"如果说市场机制的力量主要对收入的初次分配发生作用，政府的力量既对收入的初次分配发生作用（'事前调节'），又对收入的再分配发生作用（如'事后调节'），那么道德力量则对收入初次分配和再分配的结果发生作用，即影响已经成为个人可支配收入的收入的使用方向，包括个人间的收入转移、个人的某种自愿的缴纳和捐献等"[④]。这里的道德力量直指第三次分配。

2. 目的不同

慈善事业意在影响社会、改变社会，帮助国家解决一定的社会问题[⑤]，走向更加美好

[①] 宫蒲光. 推动新时代慈善事业高质量发展 [N]. 人民日报，2023-09-27（013）.
[②] 颜小钗. 迈向"慈善+"新生态 [N]. 中国社会报，2022-09-30（001）.
[③] 葛忠明，张茜. 慈善事业的定位、社会基础及其未来走向 [J]. 山东大学学报（哲学社会科学版），2022（2）.
[④] 厉以宁. 论共同富裕的经济发展道路 [J]. 北京大学学报（哲学社会科学版），1991（5）.
[⑤] 王婴，唐钧. 有中国特色的现代慈善事业 [J]. 苏州大学学报（哲学社会科学版），2011，32（5）.

阅读资料1-2
政策资料

的生活。第三次分配则强调通过有效利用社会资源（包括社会捐赠、慈善事业和志愿服务等）达致分配公平[1]，推动社会和谐、共同富裕并提升整个社会的幸福指数[2]。不难发现，慈善事业强调"为社会治病"，服务社会发展；而第三次分配则侧重于实现"公平性分配"，实现全民幸福和谐。因此，从理论上看，第三次分配更具高度；对实践发展而言，慈善事业更能落地。

3. 重点不同

根据中国慈善联合会公布的历年中国慈善捐助报告数据，2015—2020年，我国社会捐赠的主要流向均为教育、扶贫和医疗三个领域，合计捐赠占比从2015年度的66.73%上升到2020年度74.56%[3]。相较于慈善事业，第三次分配的重点是使社会财富从物质富足者流向贫乏者，即尽力缩减贫富差距，其覆盖范围更为多元，既包括教育、扶贫、救济等传统领域，也涉及医疗科学、环境保护、体育强国建设、文化建设、绿色经济、数字治理等领域，即所有有利于突破我国"不平衡不充分"发展困境的领域均可纳入范畴之内[4]。

第二节 为何慈善？

德国哲学家黑格尔在《法哲学原理》中提出"存在即合理"，强调凡是存在的事物均具有合理性，是必然会出现的。对于慈善事业而言，则可用"合理即存在"来形容，即慈善事业的出现和发展源于自身的特点、原则和功能。

一、慈善事业的特点

纵观古今中外慈善事业的发展脉络，可发现慈善事业的兴衰荣辱与其自身特点密不可分。具体而言，慈善事业的特点共包括如下五个主要方面。

（一）政府的依赖性

在我国，慈善事业发展路径并非一马平川，而是起起伏伏、曲折发展的，表现出明确的政府导向。比如，我国慈善事业的发展就与政府倾向密不可分。在计划经济时期，国家包办了救灾、教育、医疗、养老、济贫、助残等各种问题，个人一旦出现困难都可以"找单位"解决，这种"企业办社会"的发展思路让很多问题在基层就可以得到解决，而不用等待慈善救助，慈善事业的作用发挥十分有限。之后"由于政治导向的失误和政治运动

---

[1] 徐选国, 秦莲. 第三次分配视域下社会工作本土理论建构及其实践向度 [J]. 北京行政学院学报, 2022 (4).
[2] 贾海东, 关然. 产权保护、企业家精神与第三次分配 [J]. 商业研究, 2022 (2).
[3] 根据中国慈善联合会公布的捐赠数据得出。
[4] 马雪松. 第三次分配在新时代的新变化、新利好 [J]. 人民论坛, 2021 (28).

的冲击，慈善的概念逐渐淡化，慈善事业在人们的心目中俨然成了不那么慈善的东西，以至40多年来，慈善事业在我国一直无人问津"①。1992年，我国慈善事业迎来崭新的发展机遇，各省市慈善总会在全国陆续建立，国家加强了对慈善事业的重视与政策引导。2005年3月5日，温家宝总理在第十届全国人民代表大会第三次会议上做的政府工作报告中，明确提及"支持慈善事业发展"。随后，在政府的政策支持下，我国慈善事业迎来黄金发展期。根据民政部2022年第三季度公报数据显示，全国登记的社会组织共计89万多个，其中社会团体36.9万个，基金会9 206个，民办非企业单位51.5万个。随着慈善组织数量的不断增加，我国慈善捐赠也同步迎来快速发展。

（二）爱心的动力性

爱心是慈善事业的发展基石。没有爱心，慈善事业就是"无根之木，无源之水"。歌曲《爱的奉献》中写道，"这是心的呼唤，这是爱的奉献，这是人间的春风，这是生命的源泉。再没有心的沙漠，再没有爱的荒原，死神也望而却步，幸福之花处处开遍。啊……只要人人都献出一点爱，世界将变成美好的人间"，形象地彰显了爱心的力量。意大利中世纪诗人但丁赞美"爱是美德的种子"，当美德传播开来，就会凝聚为慈悲的爱，帮助需要帮助的人。英国作家莎士比亚提到："慈悲不是出于勉强，它是像甘露一样从天上降下尘世；它不但给幸福于受施的人，也同样给幸福于施与的人。"这与"赠人玫瑰，手有余香"有异曲同工之妙。时间有度，海洋有岸，但爱心无涯。

（三）文化的推动性

慈善文化是慈善事业的内生动力②。2016年5月17日，习近平在哲学社会科学工作座谈会上的讲话中谈到：我们说要坚定中国特色社会主义道路自信、理论自信、制度自信，说到底是要坚定文化自信。这里的道路自信、理论自信、制度自信和文化自信是我国奉行的重要价值观念，对于实现中华民族伟大复兴的中国梦发挥着重要的指导作用。当年11月30日，习近平在中国文联十大、中国作协九大开幕式上的讲话中再次强调：坚定文化自信，是事关国运兴衰、事关文化安全、事关民族精神独立性的大问题。没有文化自信，不可能写出有骨气、有个性、有神采的作品。显然，"文化"自信是重要的价值引领。

慈善文化是慈善事业发展的根基，慈善文化自信是发展慈善文化的心理基础③。慈善文化对促进慈善事业的发展具有以下功能：一是认识导向功能，它引导人们正确认识慈善事业的价值和意义，并内化为一种自觉的慈善信念，进而积极主动地投身慈善实践；二是心理平衡功能，当一个人付出劳动时，即使没有得到金钱和物质的回报，也可以得到精神愉悦；三是促进社会和谐功能，慈善活动可以营造奉献社会、关爱他人的道德风尚，促进

---

① 张奇林. 论影响慈善事业发展的四大因素 [J]. 经济评论，1997（6）.
② 邹庆华，邱洪斌. 论当代慈善文化的价值认同 [J]. 黑龙江社会科学，2017（4）.
③ 石国亮. 培育和坚持慈善文化自信的战略考量 [J]. 长白学刊，2018（6）.

社会和谐发展[①]。在实践中，慈善文化的重要内容是扶危济困、乐善好施、崇德向善[②]，而这些领域恰恰是慈善事业的重点所在，在慈善文化的推动下我国慈善事业才会动力十足。

（四）善行的落地性

善行是慈善事业的落脚点。无行动不慈善，没有善行，慈善事业就会沦为骗人的把戏。无论是企业还是个人，通过慈善事业将自身利益让渡出来的目的都是帮助那些亟待帮助的人，即真正地"行善事""做善举"，而不是将其无偿捐献给慈善组织以促进这些组织的发展。可以说，慈善组织是慈善事业发展的重要"中转站"：一方面，爱心群体将各种资源聚集到特定的慈善组织，然后由慈善组织参照捐助人意愿科学合理地将爱心资源对接到需求群体；另一方面，需求群体可联系某些慈善组织阐明资源需求，然后由慈善组织调研之后开展资源需求募集，爱心群体可参照资源需求精准捐赠。善行在落地的过程中需要把握以下几点：其一，通过精准匹配资源，尽量做到资源利用最大化；其二，落地性不是暂时的或者一次性的，而应该是长期持续的；其三，不仅"输血"更要"造血"，应将提高需求群体的自我发展性作为重点工作。

（五）高峰的突发性

慈善事业的发展高峰在很多情况下都与突发事件有关。这里的突发事件包括地震、洪涝、雪灾、泥石流、旱灾、瘟疫或卫生疫情等，多以财产损失和危害民众生命安全为主要特征。自2008年起，除特定年份之外，我国慈善捐赠总额呈稳步上升。通过收集历年中国慈善捐助报告和互联网数据，本书统计了2007—2021年我国慈善捐赠总额。2007—2021年我国慈善事业迅速发展，但与突发事件仍存在较大相关性。由表1-1可知，我国慈善事业有两个发展高峰期：2008年和2020年。其中，2008年发生了汶川地震；2020年我国遭遇新冠疫情。换句话说，正是汶川地震和新冠疫情等突发事件，客观上推进了我国慈善事业的发展步伐。

表1-1 2007—2021年我国慈善捐赠总额

序号	年份	慈善捐赠总额（亿元）
1	2007	223.16
2	2008	1 070
3	2009	332.78
4	2010	700
5	2011	845

[①] 潘剑凯. 发展慈善事业需培育慈善文化 [N]. 光明日报，2009-04-08 (006).
[②] 石国亮. 慈善文化与慈善教育研究 [J]. 中国青年社会科学，2016，35 (5).

续表

序号	年份	慈善捐赠总额（亿元）
6	2012	817
7	2013	989.42
8	2014	1 042.26
9	2015	1 100
10	2016	1 392.94
11	2017	1 499.86
12	2018	1 270
13	2019	1 701.44
14	2020	2 253.13
15	2021	1 450

二、慈善事业的原则

我国政府为慈善事业发展制定了明确的原则，以期促进慈善事业的高质量发展。在出台《慈善法》之前，我国比较重要的与慈善相关的文件主要为以下四份，均对慈善事业实践原则有所说明。

根据《中国慈善事业发展指导纲要（2006—2010年）》，慈善事业的原则包括以下五个方面：①坚持扶贫济困的原则；②坚持自愿无偿的原则；③坚持公开公正的原则；④坚持政府推动的原则；⑤坚持民间实施的原则。

根据《中国慈善事业发展指导纲要（2011—2015年）》，慈善事业的原则为：①平等自愿原则；②公开透明原则；③鼓励创新原则；④依法推进原则。

根据《关于鼓励和规范宗教界从事公益慈善活动的意见》（国宗发〔2012〕6号），鼓励和规范宗教界从事公益慈善活动的工作原则为：①积极支持；②平等对待；③依法管理；④完善机制。

根据国务院《关于促进慈善事业健康发展的指导意见》（国发〔2014〕61号），慈善事业的发展原则为：①突出扶贫济困；②坚持改革创新；③确保公开透明；④强化规范管理。

上述文件为我国慈善事业一定时期内的发展制定了明确的约束规范，对于我国现代慈善事业的发展功不可没。更为重要的是，2016年3月16日，《慈善法》由中华人民共和国第十二届全国人民代表大会第四次会议通过，于2016年9月1日起施行，自此我国慈善事业进入有明确法律保障的"新纪元"。《慈善法》从慈善组织、慈善募捐、慈善捐赠、慈善信托、慈善财产、慈善服务、信息公开、促进措施、监督管理、法律责任等方面对慈善事业予以规范，更为可贵的是对之前未明确定义或规定模糊之处予以说明；其中，第四条明确提出"开展慈善活动，应当遵循合法、自愿、诚信、非营利的原则，不得违背社会公德，不得危害国家安全、损害社会公共利益和他人合法权益"，为我国慈善事业厘清了发展原则。

（一）合法原则

合法原则指的是符合法律法规的规范，即置慈善事业发展于法律法规强制力约束之下。北京大学谢邦宇教授提到："法律规范的整个系统构筑了社会秩序的基本模式，反映在模式中的社会秩序，则是立法者认为公正、必要的利益互补和补足关系的总和。说到底，这些关系的形成意味着统治阶级根本利益得到实现。但是，只有合法行为才能把这些模式转化为现实，这就是合法行为的根本意义。"[1] 因此，合法原则重在构建以强制力规范慈善事业的法律法规体系，这里的法律法规主要包括以下两种类型。

第一类是保障我国社会和经济正常稳定运行的法律法规体系，即"以宪法为统帅，以法律为主干，以行政法规、地方性法规为重要组成部分，由宪法相关法、民法商法、行政法、经济法、社会法、刑法、诉讼与非诉讼程序法等多个法律部门组成"的中国特色社会主义法律体系[2]。这些法律法规看似与慈善事业无关，但实际上慈善事业面临复杂的、不断变化的实践情形，会基于多个维度与中国特色社会主义法律体系中的某一个或某几类法律发生关联，因此能够为慈善事业的高质量发展提供有效的法律支撑和保障。

第二类是慈善事业专门的法律法规。我国慈善事业经历了曲折的发展，1981—1994年，我国陆续出台相关慈善事业法律法规，为慈善事业的后续发展提供了有力的法律保障。这些法律法规主要包括三个部分：其一是关于基金会、社会团体和民办非企业的管理文件，如《基金会管理办法》（1988年）、《社会团体登记管理条例》（1989年）、《非企业单位登记管理暂行条例》（1998年）等。其二是关于募捐、义演、进口税、个人所得税的相关规定，包括《社会福利性募捐义演管理暂行办法》（1994年）、《中华人民共和国公益事业捐赠法》（1999年）、《财政部、国家税务总局关于完善城镇社会保障体系试点中有关所得税政策问题的通知》（2001年）、《扶贫慈善性捐赠物资免征进口税暂行办法》（2002年）、《国家税务总局关于明确中华慈善总会受公益救济性捐赠单位或个人在缴纳所得税前全额扣除问题的复函》（2002年）等。其三是《慈善法》及其配套政策文件，包括《慈善组织公开募捐管理办法》《公开募捐违法案件管理》《慈善信息公开办法》《公开募捐平台服务管理办法》《慈善组织互联网公开募捐信息平台基本管理规范》《慈善信托管理办法》《关于公益性捐赠税前扣除有关事项的公告》《中华人民共和国契税法》等。2022年，十三届全国人大五次会议期间，有代表提出有关修改慈善法的议案，建议加快推进慈善法修订工作；同年12月27日，慈善法修订草案提请十三届全国人大常委会第三十八次会议初次审议，与现行慈善法相比，修订草案新增1章21条、修改47条，共13

---

[1] 谢邦宇，等. 行为法学 [M]. 北京：法律出版社，1993.
[2] 中国特色社会主义法律体系的构成 [EB/OL]. （2011-10-27）[2023-10-01]. 新华社. http：//www.gov.cn/zwgk/2011-10/27/content_ 1979526. htm.

章 133 条，从多个方面作出修改，为发挥慈善在第三次分配中的作用和推动共同富裕提供了法律保障。

（二）自愿原则

自愿原则指的是参与主体完全出于自我意志自主地开展慈善捐赠或扶助等活动。中国社会保障学会会长郑功成教授强调"自愿原则是体现慈善社会价值的首要原则"①。作为一项道德活动，慈善事业的持续发展离不开对自愿原则的一贯遵循，自愿性是慈善事业的固有属性②。

慈善事业的发展是"星星之火，可以燎原"，强调集聚众人力量，众人拾柴火焰高。正是在广大爱心人士的共同努力下，我国慈善事业欣欣向荣，取得了显著的发展成就。为了鼓励参与主体广泛参与慈善事业，我国于 2005 年起设立了中国慈善领域政府最高奖：中华慈善奖（China Charity Awards），旨在表彰我国慈善活动中事迹突出、影响广泛的单位、个人、志愿服务等爱心团队、慈善项目、慈善信托等，由民政部负责实施，由各地组织实施和申报。此外，随着元宇宙、数字化和大数据的发展，爱心企业的慈善行为能够迅速传播，这些企业不仅践行了企业社会责任，更重要的是还能获得民众更多的认可和支持。

慈善事业偏重于"经济方面具有自由支配能力"③，因此，慈善事业在不知不觉间被认为是有钱人的事业，甚至屡屡出现"逼捐"现象，直指收入较高的企业及个人。比如，2008 年汶川地震发生时，房地产企业万科就被网民质疑只捐款 200 万元太"寒酸"，引发了舆论场关于"逼捐"的讨论，最终以王石道歉、万科追加捐款 1 亿元作为了结；2015 年 8 月 18 日，天津港爆炸事故牵动人心，爆炸事故发生后，不少网友开始不断"@"大自然保护协会——马云的微博，要求马云捐款，部分网友甚至言辞激烈地指责马云；2021 年，河南水灾再次引发捐赠高潮，热心网民们开始统计企业和明星的捐款是否"到位"，不到位的，捐得少的，没发微博声援的，统统被扣上"帽子"。

实际上，慈善事业是所有人均可参与、均能有所作为的一项公众事业。尤其是随着微公益的不断兴起，着手细微的公益实践、强调积少成多的公益行为成为普通人参与慈善事业的重要路径。2015 年 9 月 9 日，腾讯公益联合数百家公益组织、知名企业、名人、创意传播机构共同发起一年一度的全民公益活动："99 公益日"，参与的公益项目涵盖扶贫救灾、疾病救助、教育助学、生态环保、文化保育等公益议题。其中，2022 年共有超 5 800 万人次参与公益项目，获得的公众募款总额超过 33 亿元，

阅读资料1-3

巴菲特向5家慈善基金捐赠40亿美元，已累计捐出近半身家

---

① 郑功成. 发展慈善事业须遵循自愿原则 [N]. 中国社会报，2022-05-27（003）.
② 贾乐芳. 慈善文化的学理难题 [J]. 学术界，2013（9）.
③ 杨琳. 论慈善中的"自愿"：以常州高校大学生为对象的检验 [J]. 中南大学学报（社会科学版），2014，20（3）.

切实践行了"以我之能,服务社会"的慈善精神。

阅读资料1-4

腾讯"99公益日"

(三) 诚信原则

诚信原则指的是慈善事业需要秉持诚实、信用的精神。《左传·昭公八年》中有言,"君子之言,信而有征,故怨远于其身;小人之言,僭而无征,故怨咎及之",强调做事要有凭有据,做人要一诺千金。

我国民间慈善组织的诚信主要表现在三个方面:一是维护捐赠者权益,实现捐赠者意图;二是维护捐赠受益者权益,使捐赠意图落到实处;三是响应同行同业互助,维护慈善事业形象。其核心思想是"诚实守信",即做人诚实守信,做事符合组织契约。具体说来,我国民间慈善组织诚信的基本内涵为:真诚信实、践诺履约和敬业尽责①。

具体到慈善事业,诚信原则一方面强调企业或个人要"诺而即捐",而非"诺而不捐"和"诺而少捐"。例如,以往慈善领域频频出现"诈捐门"事件,知名人物公开承诺捐赠但事后拒付善款或以实物抵款现象并不少见,但却因无相关法律规定而不了了之,不利于慈善事业的持续运转。对此,《慈善法》第四十一条明确规定:"捐赠人应当按照捐赠协议履行捐赠义务。捐赠人违反捐赠协议逾期未交付捐赠财产,有下列情形之一的,慈善组织或者其他接受捐赠的人可以要求交付;捐赠人拒不交付的,慈善组织和其他接受捐赠的人可以依法向人民法院申请支付令或者提起诉讼。"很明显,《慈善法》的这一规定有利于堵住"诈捐门"事件发生的漏洞。

另一方面,诚信原则强调慈善捐赠的所有金钱和物资都要"落到实处"。2011年爆出的"郭美美事件",因其微博认证"红十字会商业总经理"身份引发公众对中国红十字会的信任危机。《2012年度中国慈善捐助报告》显示,2012年全国捐赠总额较2011年出现下降,各类基金会接收捐赠约305.7亿元,约占全年捐赠总量的37.4%;其中,红十字会接收社会捐赠约21.88亿元,占2.68%,同比减少了23.68%。显然,"郭美美事件"导致民众对慈善捐赠的信任度大为降低。由此可见,公开和透明是践行慈善事业诚信原则的重中之重,其中"公开"意味着"广而告之",即慈善组织需对资金流水及时公告和发布;"透明"则是指任何人均可通过各类渠道便捷地获得慈善信息。根据中基透明指数,2022的满分基金会有222家,数量比上年增加了15%,90分以上的基金会占比为61%,可见中国基金会的透明性有所提升,但仍有成长空间。

(四) 非营利原则

"非营利"指的是禁止将其赚得的任何利润分配给其他组织和个人②。根据相关研究,

---

① 李欣. 转型期我国民间慈善组织诚信问题探讨 [D/OL]. 衡阳:南华大学,2011.
② 魏建国. "非营利"内涵的立法界定及其对民办教育发展的意义——从《慈善法》出台到《民办教育促进法》修改 [J]. 华中师范大学学报(人文社会科学版),2017,56 (1).

最早对"非营利"进行解释的是《民间非营利组织会计制度》（2005年1月1日起执行）[①]，其第二条明确提出："民间非营利组织包括依照国家法律、行政法规登记的社会团体、基金会、民办非企业单位和寺院、宫观、清真寺、教堂等。适用本制度的民间非营利组织应当同时具备以下特征：①该组织不以营利为宗旨和目的；②资源提供者向该组织投入资源不取得经济回报；③资源提供者不享有该组织的所有权。"由此可见，非营利原则指的是不以营利为目的和宗旨来运营慈善财产，这里的慈善财产包括：①发起人捐赠、资助的创始财产；②募集的财产；③其他合法财产[②]。

当然，当慈善组织所获社会捐赠有结余时，也可开展不以营利为目的的稳健性投资活动。2018年10月25日，民政部部务会议通过《慈善组织保值增值投资活动管理暂行办法》，明确规定"慈善组织应当以面向社会开展慈善活动为宗旨，充分、高效运用慈善财产，在确保年度慈善活动支出符合法定要求和捐赠财产及时足额拨付的前提下，可以开展投资活动"，准确地诠释了"不以营利为目的"的重点，其中投资活动包括三种情形：①直接购买银行、信托、证券、基金、期货、保险资产管理机构、金融资产投资公司等金融机构发行的资产管理产品；②通过发起设立、并购、参股等方式直接进行股权投资；③将财产委托给受金融监督管理部门监管的机构进行投资。

同时设定了慈善组织禁入的八个领域：①直接买卖股票；②直接购买商品及金融衍生品类产品；③投资人身保险产品；④以投资名义向个人、企业提供借款；⑤不符合国家产业政策的投资；⑥可能使本组织承担无限责任的投资；⑦违背本组织宗旨、可能损害信誉的投资；⑧非法集资等国家法律法规禁止的其他活动。其中，股票、商品及金融衍生品类产品是有限禁止，即仅禁止慈善组织直接购买，慈善组织可以委托有资质的机构来进行相关领域的投资。

三、慈善事业的功能

在实践过程中，慈善事业不仅具有明显的特点，秉持固有的原则，更以其特有的主动性、实践性和切合性推动社会进步和发展，发挥重要功能。

（一）解决社会问题

从根源上说，慈善事业是为了有效应对社会问题。在传统社会，人民对于自然灾害的抗风险能力较弱，一旦发生突发事件极易产生流民和瘟疫等问题，虽然当时也会采取开仓放粮、减免赋税等方式来救济民众，但是物资大多需要一段时间来筹备和运送；而慈善事业则可以及时发动当地力量在朝廷补给到达之前开展有效的"自救"。在现代社会，人民同样面对着自然灾害的威胁，同时还有疾病、残疾、年老、体弱等问题，慈善事业同样可

---

① 刘忠祥. 基金会的理论和实践与《慈善事业法》之二"非营利""公益"与"慈善"辨析[J]. 中国社会组织, 2015 (10).

② 中华人民共和国慈善法（主席令第四十三号）[EB/OL].（2016-03-19）[2023-10-01]. 新华社. http://www.gov.cn/zhengce/2016-03/19/content_ 5055467.htm.

以通过募捐善款等方式来解决社会问题。举个例子，1998年夏，我国出现了全国范围内的洪涝灾害，长江、松花江、嫩江、西江、闽江等流域频频告急。同年8月16日晚，中央电视台、中央人民广播电台、中国国际广播电台联合推出抗洪赈灾募捐演出《我们万众一心》，筹备这场晚会仅用了8天时间，全国各地千余名演员踊跃演出，仅3个多小时便收到各界总价值6亿多元的捐款和捐物①。据不完全统计，截至1998年9月24日，各级工商联组织和非公有制企业向灾区捐款8.5亿元人民币，其中捐款捐物超过百万元的有130多户企业，超过千万元的企业有7户②，为灾后重建作出了较大贡献，慈善事业的"救灾"功能凸显。据测算，2021年全国社会公益资源总量预计为4 466亿元，较2020年增长8.57%，其中仅社会捐赠总量就达到了1 450亿元③，为我国社会问题的有效解决提供了重要资源。

（二）弘扬助人传统

乐善好施、助人为乐是中国传统美德，"故人不独亲其亲，不独子其子，使老有所终，壮有所用，幼有所长，矜寡孤独废疾者皆有所养"。孟子以"老吾老，以及人之老；幼吾幼，以及人之幼"强调推己及人，即将仁爱之心传递到社会大众。杜甫以"安得广厦千万间，大庇天下寒士俱欢颜，风雨不动安如山"展现了他忧国忧民的爱国情怀和实践期许。慈善事业恰恰是"助人"思想的实践表达。江苏无锡余治在《得一录》一书中提出"古今各种善举章程"，这里的善举包括"拯救因贫困倒在路上之人的扶颠局、抚养被遗弃儿童的育婴堂、收容寡妇的清节堂、救济遇到水灾的救生局、为贫困孩子实行初等教育的义学等以人为对象的设施"④，实质上是对积贫积弱和生活艰难群体的关注和救助。1601年英国最早制定慈善法，这部法律叫作《慈善用途法》（又称《伊丽莎白一世法》），在它的序言部分提到了当时英国社会主要的慈善行为，其中包括："救济老年人、弱者和穷人，照料老人、受重伤的士兵和水手，兴办义学和赞助大学里的学者，修理桥梁、码头、避难所、道路、教堂、海堤和大道，教育孤儿，兴办和支持劳动教养院，帮助穷苦的女仆成婚，支持、资助年轻的商人、手艺人和体弱年衰者，援助囚犯赎身和救济交不起税的贫困居民等"⑤，体现出浓厚的"助人"意味。

（三）补充社会保障

在我国社会政策体系中，慈善事业是社会保障制度的重要组成部分。换句话说，慈善

---

① 中国共产党百年瞬间：1998年抗洪救灾［EB/OL］.（2021-08-16）［2023-10-01］.央广网.http://china.cnr.cn/gdgg/20210816/t20210816_525566696.shtml.

② 1998年抗洪抢险［EB/OL］.（2019-6-11）［2023-10-01］.中华人民共和国国史网.http://hprc.cssn.cn/gsgl/dsnb/zdsj/qian30dashi/201906/t20190611_4915615.html.

③ 舒迪.《慈善蓝皮书：中国慈善发展报告（2022）》显示：我国慈善资源总量持续增加［EB/OL］.（2022-11-03）［2023-10-01］.https://www.rmzxb.com.cn/c/2022-11-03/3234340.shtml.

④ 夫马进，胡宝华.中国善会善堂史：从"善举"到"慈善事业"的发展［J］.中国社会历史评论，2006（00）：1-5.

⑤ 高文兴.世界上第一部慈善法［EB/OL］.（2015-11-11）［2023-10-01］.http://www.gongyishibao.com/html/zhuanlan/2015/1111/8741.html.

事业在某些方面弥补了社会保障功能的不足，慈善事业补充社会保障的功能屡屡被国家重大会议和规划方案提及。早在2004年，党的十六届四中全会就提出，"要健全社会保险、社会救助、社会福利和慈善事业相衔接的社会保障体系"，这是历史上第一次在党的会议上明确慈善事业是社会保障体系的重要组成部分。2006年10月11日，党的十六届六中全会提出，"适应人口老龄化、城镇化、就业方式多样化，逐步建立社会保险、社会救助、社会福利、慈善事业相衔接的覆盖城乡居民的社会保障体系"，再次肯定了慈善事业在社会保障体系中不可或缺的地位。2007年10月，党的十七大报告进一步强调，"要以社会保险、社会救助、社会福利为基础，以基本养老、基本医疗、最低生活保障制度为重点，以慈善事业、商业保险为补充，加快完善社会保障体系"，正式确认了慈善事业补充社会保障的功能。2010年10月18日，中共十七届五中全会审议通过《中共中央关于制定国民经济和社会发展第十二个五年规划的建议》，在"健全覆盖城乡居民的社会保障体系"部分中特意提到"大力发展慈善事业"，慈善事业的功能得到了进一步的重视。

（四）创新社会治理

通常而言，社会治理体系强调以国家或政府为主导的社会改革或者行动安排，这种做法更有利于发挥我国社会主义制度"集中力量办大事"的优势。但是，在实践层面，社会问题的解决不能仅仅依靠"顶层设计"或者等待问题发酵成为"大事"才去关注和改善，从小处着眼，"四两拨千斤"地解决社会问题才是明智之举。对此，慈善事业为我国社会治理提供了一种全新的思路。慈善事业强调借助社会力量尤其是民间力量来缓解急难问题，以"解压阀"的功能实现社会治理的目标。2017年10月27日，党的十九大报告在第八部分"提高保障和改善民生水平，加强和创新社会治理"着重强调"完善社会救助、社会福利、慈善事业、优抚安置等制度，健全农村留守儿童和妇女、老年人关爱服务体系"，进一步印证了慈善事业在创新社会治理中的作用。

（五）建设美好生活

人类对美好生活的向往是社会进步的动力源泉。慈善事业旨在建设美好生活，让我们的生活更加幸福。1990年，著名的社会学家费孝通先生提出"各美其美、美人之美、美美与共、天下大同"的十六字箴言，强调融合之美，共同奋斗之美。这里的"美好生活"则指向具体实物，如更高的生活水平、更好的居住环境、更多的财富积累、更好的职业发展和更美满的家庭关系等，总结起来就是更高的幸福感。慈善事业能够显著提升居民的幸福感。一方面，慈善事业能够提高捐助主体的幸福感，让他们在践行个人社会价值的同时得到更高的心理认同。例如，陈嘉悦运用2012年中国综合社会调查（CGSS）数据进行统计分析，发现捐赠行为能够显著提升居民幸福感；针对2010年和2018年的中国家庭追踪调查（CFPS）的数据分析则证明"家庭捐赠"和"家庭捐赠金额"对个人的主观幸福感均产生显著的积极影响。[①] 另一方面，慈善事业还能够提升捐助客体的幸福感，帮助他们

---

① 陈嘉悦. 慈善捐赠与主观幸福感 [D/OL]. 广州：暨南大学，2021.

切实提高生活水平。

正因如此，我国政府非常重视慈善事业对美好生活的促进作用。早在2005年10月11日，党的十六届五中全会通过的《中共中央关于制定国民经济和社会发展第十一个五年规划的建议》就提及"加强社会福利事业建设，完善优抚保障机制和社会救助体系，支持社会慈善、社会捐赠、群众互助等社会扶助活动"，将慈善事业作为推进我国社会福利发展的重要路径。2009年3月5日，党的十一届二中全会主张"大力发展社会福利事业和慈善事业"，将慈善事业放在了与社会福利事业同等重要的地位。此外，慈善事业在脱贫攻坚战中也可发挥重要作用，以更好地摆脱"贫"的处境。2016年11月23日，国务院印发的《"十三五"脱贫攻坚规划》中明确提到："探索发展公益众筹扶贫模式。着力打造扶贫公益品牌。鼓励社会组织在贫困地区大力倡导现代文明理念和生活方式，努力满足贫困人口的精神文化需求。制定出台社会组织参与脱贫攻坚的指导性文件，从国家层面予以指导……通过政府购买服务、公益创投、社会资助等方式，引导支持志愿服务组织和志愿者参与扶贫志愿服务，培育发展精准扶贫志愿服务品牌项目。"

第三节　谁做慈善？

慈善事业历史悠久。从古至今，虽然慈善事业经历了不同的发展阶段，拥有各种不同称谓，但是都得到了发展和延续。在传统社会和现代社会，到底是谁在做慈善？也就是说慈善事业的主体是谁？

一、传统社会

传统社会以自然经济为基础，慈善事业的主体力量大多数是拥有权力、地位和资源等优势的群体或个人，以"慈善"为媒介向资源匮乏者传递一种信号：他们是被关注的、是被放在心上的、是能够得到一定帮助的，以此增强资源匮乏者的生存和发展信心，推动家族兴盛和社会稳定。具体地，传统社会的慈善事业主体主要包括四类：代表统治者意志的统治阶级，宣传行善思想的宗教组织，彰显团结精神的家族或民间组织，以及具有资源优势的个人。

（一）代表统治者意志的统治阶级

无论哪个王朝，统治者都希望政治稳定、社会发展、民众富庶，以期带来更多的兵力、财力、物力，甚至开拓疆域获得更多的领地，而这都需要获得"民心"。《贞观政要·论政体》中有"臣又闻古语云：'君，舟也；人，水也。水能载舟，亦能覆舟。'陛下以为可畏，诚如圣旨"。这句话充分说明统治阶级对于"民心"的重视。我国古代常将皇帝称为"天子"，取"受天命而立"之意，王朝成功建立和稳固发展则得益于"民心所向"。所谓"民心所向"，不仅意味着统治者"勤政爱民"，国家政策科学有效，也意味着注重民生，想民众之所想，急民众之所急。

在传统社会，自然灾害或者瘟疫一旦发生则很难抵抗，难以回旋，单靠民众自身的力量去抗击几乎是不可能的；如果统治者放任不管，则会导致民众绝望，甚至爆发动乱，不利于国家的稳定发展。因此，国内外统治阶级都非常强调借用"慈善事业"的力量达至双赢局面：一方面能够平息民众的抱怨，缓和社会矛盾，获得民众的信任；另一方面能够带来统治的稳定，并且保留住人力资本。

落实到具体操作层面，统治阶级的"慈善之举"主要表现为物资付出、减免赋税和创建慈善机构三个方面。"物资付出"指的是中央政府筹集粮食支援受灾地区，本地政府开仓放粮，周济灾民，保证民众的"底线温饱"①。"减免赋税"指的是当部分地区受灾或者收成不佳时，通过降低或者免除赋税的方式帮助民众恢复生产。"创建慈善机构"强调以政府为主导建立扶助穷、困、贫、乏等劳动者的官方机构，通过教授就业技能、推荐工作等方式帮助劳动者就业，同时为无力生存者提供基本的居所和生产资料。

（二）宣传行善思想的宗教组织

"慈善"一词来源于宗教，慈善事业的兴起与发展与宗教有着浓厚渊源。换句话说，如果没有宗教组织的支持和配合，慈善事业未必能够获得如此的发展。本质上，慈善活动是宗教慈善理念的外显化、社会化和社会象征符号②。抑恶扬善是世界各大宗教共同的价值追求，无论是佛教的慈悲观、道教的劝善成仙观，还是基督教的博爱奉献观、伊斯兰教的拜主行善观，其慈善公益的本质是一致的。行善与奉献是宗教组织的悠久传统和一贯主张，开展慈善公益事业不仅是宗教组织视为天职的工作和义务，也是宗教信徒们发自内心的愿望和要求③。例如，美国宗教史学者安德鲁斯就明确提出，在美国"宗教是慈善之母"④。这再次印证了慈善事业与宗教的密切关联。

世界三大宗教（基督教、伊斯兰教和佛教）均发源于亚洲，后传播到世界各地，成为影响最广泛的宗教体系。这些宗教在发展过程中，非常注重行"慈善"之举，具有鼓励教徒捐赠的传统。比如，佛教告诫世人为了来世的幸福今生要多施舍、要行善助人；伊斯兰教劝勉信徒"信道而施舍财产者将受重大报酬"⑤。耶鲁大学历史学家来德里认为："在运用金钱谋大众的福利上，基督教带来了五项有意义的改革。"其中，第一项改革就是指明"施舍一事乃是所有阶层人士的义务，无论是贫或富，个人皆应量力而为。而一般慈善者通常仅把慈善事业看作是一种施舍……它只是对少数人的一种暂时的、消极的救济……它的社会效果存有争议"⑥。早期基督徒约定在每月固定的日子或随时往共同的基金账户中

---

① 这里的"底线温饱"指的是"虽不饱但也饿不死"。
② 郑筱筠. 中国宗教公益慈善事业的定位、挑战及趋势［J］. 中国宗教，2012（3）.
③ 鞠昕彤. 宗教慈善公益事业研究［D/OL］. 重庆：西南大学，2017.
④ 刘澎. 当代美国宗教［M］. 北京：社会科学文献出版社，2001.
⑤ 乔蒙转. 基督教与慈善［EB/OL］.（2009-08-18）［2023-10-01］. https：//www.christiantimes.cn/news/151/%E5%9F%BA%E7%9D%A3%E6%95%99%E4%B8%8E%E6%85%88%E5%96%84.
⑥ 志强. 浅谈基督教对慈善事业的贡献［EB/OL］.（2016-05-19）［2023-10-01］. http：//www.pacilution.com/ShowArticle.asp？ArticleID=6851.

捐钱，用来帮助寡妇、身体残疾者、贫困孤儿、病人，以及其他需要帮助者①。《圣经》中不乏关于"慈善"的描述，例如："不可摘尽葡萄园的果子，也不可拾取葡萄园所掉的果子，要留给穷人和寄居的""不可欺压寡妇、孤儿、寄居的和贫穷人，谁都不可心里谋害弟兄""施比受更为有福"。基督教徒将《圣经》奉为经典著作，甚至在婚礼上都要诵读《圣经》经文，在长期浸染之下，"慈善"意识更易深入内心，并最终形成"慈善"行为。这些慈善行为可归纳为十大类：①经常性的与教会相关联的施赠；②支持供应教师与事奉人员；③支持供应寡妇和孤儿；④支持供应病患和体弱者；⑤关顾被囚的与矿上的受苦者；⑥关顾需要被埋葬的穷人和普通的逝者；⑦关顾奴隶；⑧关顾灾难遭难者；⑨教会为从事工作和持续工作提供支持；⑩关顾或招待旅途中的基督徒和在贫穷或困境中的教会。

在中国，慈善思想和善举自古有之，但其发展为慈善事业则与宗教密不可分。我国本土深受儒家思想、道教教义和佛教传统的影响，它们均倡导仁义和爱心之举，以此为慈善事业发展开辟了一条可行的道路。一方面，宗教组织可以组织特定的慈善活动，例如：募捐修桥、修庙、建寺，施粥，收留弃婴、看破红尘的善男信女等。例如，唐代悲田养病坊是设置于寺院、专门收养贫病孤老者的慈善机构，它就源于佛经中的"悲田"思想和僧俗赈济贫病的善举②。另一方面，宗教信仰和救助善举融为一体，形成民间自发性机构——"善堂"。"善堂"兴起于明清，在清末民初遍布东南沿海一带的乡镇村社，广泛从事修桥造路、抚孤恤寡、助残助学、救灾救难、收埋无主尸体、调解民间纠纷、敬惜字纸等善举③。

此外，在宗教感召之下还出现了很多信徒慈善家，如20世纪的特蕾莎修女、北宋时期的大峰和尚等。

（三）彰显团结精神的家族或民间组织

慈善事业强调"众人拾柴火焰高""星星之火，可以燎原"，意在强调以团结之力应对困顿或者难题，因此历史上屡屡出现"义舍""义仓""义学""义田""义米""社仓""粥局""善堂"等民间慈善义举，这些均体现出具有团结精神的家族义气。

"一个篱笆三个桩，一个好汉三个帮"，一个人的力量有限，但是众人团结起来就能众志成城攻坚克难。对于家族而言，只有将族人团结起来拧成一股绳，互帮互助，扶危济困，才能培养出更多的优秀子弟，从而带动整个家族的兴旺。比如，北宋范仲淹晚年创建的范氏义庄坐落于苏州吴县，旨在救济范氏族人，帮助大批贫穷的范氏族人避免了流离失所、迁徙他乡的命运。范仲淹在《告诸子及弟侄》中阐明了创建范式义庄的初衷："吾吴中宗族甚众，于吾固有亲疏，然吾祖宗视之，则均是子孙，固无亲疏也。苟祖宗之意无亲

---

① 乔蒙转. 基督教与慈善 [EB/OL]. (2009-08-18) [2023-10-01]. https://www.christiantimes.cn/news/151/%E5%9F%BA%E7%9D%A3%E6%95%99%E4%B8%8E%E6%85%88%E5%96%84.
② 张志云. 唐代悲田养病坊初探 [J]. 青海社会科学, 2005 (2).
③ 程芬. 泰国华侨报德善堂对我国发展宗教慈善的启示 [J]. 中国社会组织, 2013 (7).

疏，则饥寒者吾安得不恤也。自祖宗来，积德百余年，而始发于吾，得至大官。若独享富贵而不恤宗族，异日何以见祖宗于地下，今何颜入家庙乎？"一般而言，义庄具有封闭性，不会将福利向族人之外的人分享，但是范式义庄却明确规定：倘若乡亲、姻亲、亲戚陷于贫窘，或遇饥荒不能度日，诸房共同核实后，用义庄粮米"量行济助"，即同样惠及范氏宗族之外的乡亲与亲戚。因此，范氏义庄实现了从家族到社会的社会救济，是中国历史上有记载的第一个非宗教性民间慈善组织。

明末清初，我国江南地区的民间慈善事业发展形成一个高潮，当时很多知识分子开始组建地方慈善组织，"遇寒者给衣、遇饥者给食、遇病者施药、遇死者施棺，有的还筹集经费，给贫困儿童办学"①。随着善书的广泛传播和普及，清代民间慈善事业得到了极大的推进，"社会上出现了许多会馆、公所、善会、善堂等慈善机构，从事救助弃婴、施棺寄柩、施米舍药等活动"②。

阅读资料1-5
范氏义庄规矩

（四）具有资源优势的个人

在日常生活中，具有资源优势的个人一般被称为精英。正如米尔斯所说：精英们是一群拥有可能拥有的一切的绝大部分，通常包括金钱、权力和声望等，以及由此产生的整个生活方式的人。但精英不单单是拥有最多东西的人，因此，如果他们在重要机构中没有地位，他们就不可能"拥有最多东西"。这种制度是权力、财富和声望的必要基础，同时，也是行使权力、获得和保持财富、用金钱给付获取声望的主要手段③。同时，很多人是凭"一技之长"做奉献或者慈善活动，因此加入了"技能优势"。由此，这里的"资源优势"可分为四类：地位优势、财富优势、技能优势、声望优势。

1. 具有地位优势的个人，本身具有政治权力

无论国内外，当个人处于统治体系之中，即身为官员，会获得特别明显的政治红利。因此，当政府官员主推慈善事业的时候，相对而言会遭遇的阻碍较少。例如，作为历史上著名的慈善家，道光年间，林则徐在苏州城里修筑了十间大小仓库，即"长元吴丰备义仓"，从无锡买粮存放，从1835年至1860年有效地起到了荒年赈灾的作用；鸦片战争后，林则徐流放新疆之际，又在边区伊犁捐款兴修了龙口渠④。对于林则徐而言，他能开展慈善事业并将其持续发展的根源在于他是朝廷官员。

2. 具有财富优势的个人

慈善事业的发展很大程度上是依赖于社会捐赠的，善款用于各种慈善活动，如助学、

---

① 中国古代的慈善家［EB/OL］.（2016-09-07）［2023-10-01］.人民网.https：//www.zjdj.com.cn/zx/gy/zxd/201609/t20160907_1900990.shtml.
② 张佐良.清代的善书与慈善［EB/OL］.（2023-01-31）［2023-10-01］.https：//theory.dahe.cn/2023/01-31/1178403.html.
③ 查尔斯·赖特·米尔斯.权力精英［M］.王崑，许荣，译.南京：南京大学出版社，2004.
④ 那些闪耀在中国历史上的慈善名人［EB/OL］.（2018-09-07）［2023-10-01］.搜狐网.https：//www.sohu.com/a/252600413_324494.

助残、助教、救灾、济困等。基督教从一开始就非常关注穷人，强调富人和穷人的平等性，主张"倾听穷人的话语，并且以礼相待……要像父亲那样对待孤儿，要接济寡妇，要帮助她们"，并谴责只顾个人享乐的富人，认为其罪恶甚至超过盗窃，而将财产捐赠给穷人是其进入天堂的唯一途径①。在这种思想影响下，很多富裕的基督教徒都力行慈善，如教皇贵格利一世、司托得教士等。此外，能够以较多的财力支持"捐赠"的往往是富人群体，所以慈善事业一度被视为"富人的事业"。例如，春秋战国时期范蠡帮助越王勾践复国雪耻之后，乘一叶扁舟远离政治中心，易名陶朱公经商，获得巨额财富，"十九年之中三致千金，再分散与贫交疏昆弟"；作为孔子高徒，"子贡以著积显于诸侯，陶朱公以货殖尊于当世。富者交焉，贫者赡焉。故上自人君，下及布衣之士，莫不戴其德"（汉·桓宽《盐铁论·贫富》）。

3. 具有技能优势的个人，以免费服务行善事

这里的技能优势强调职业属性。在传统社会，治病求医是一个花费极大的事情，甚至有些家庭会因此倾家荡产。因此，富有慈善之心的医者往往会采取"义诊"、减免医药费、免费送药等方式来减轻病人家庭的经济负担。相传，唐朝时，药王孙思邈隐居五岩山，在崔村沟设摊义诊，药济万民，为百姓祛疾苦脱病厄，后来百姓为纪念和感恩药王，便在村内修建了葆光观。清末，我国还出现过一个个人办学助学的特殊典型人物——乞丐武训。武训出身贫寒，一生靠乞讨为生，通过行乞先后兴办三所"义学"帮助穷人孩子摆脱贫困和欺压②。陶行知在《武训颂》中赞道："朝朝暮暮，快快乐乐。一生到老，四处奔波。为了苦孩，甘为骆驼。与人有益，牛马也做。公无靠背，朋友无多。未受教育，状元盖过。当众跪求，顽石转舵。不置家产，不娶老婆。为著一件大事来，兴学，兴学，兴学。"

阅读资料1-6
武训助学事迹

4. 具有声望优势的个人，以乡居士人、退居官员、乡绅等为主体

这个群体最主要的特征是既占有财富，也具有社会影响力，因而愿意救济贫穷，并希望通过民间救助活动巩固自身的精英身份③。例如：道光末年，冯桂芬（1809—1874）丁忧回乡，将大量精力放在慈善事业上，江苏巡抚吴元炳将其善举总结为："故宫于善举尤尽心力。咸丰三年，收养江南北流亡，全活无数；同治初，在上海请设抚恤局，专办掩埋、栖流，又创立保息、安节等局；郡城复后，故宫经理女普济、锡类两堂，樽节经费，营建堂屋，规制因以大备焉。"④

---

① 从宗教文化寻找东西方慈善的起源［EB/OL］.（2013-10-04）［2023-10-01］. 中国慈善家. https：//hope.huanqiu.com/article/9CaKrnJCrIz.

② 李宁. 简评建国后对电影《武训传》的批判［J］. 濮阳职业技术学院学报，2013，26（3）.

③ 遇安. 中国古代慈善那些事：漫谈《中国古代慈善简史》［EB/OL］.（2019-12-19）［2023-10-01］. http：//www.paciluton.com/ShowArticle.asp? ArticleID=10133.

④ 黄鸿山，王卫平. 晚清江南慈善家群体研究：以余治为中心［J］. 学习与探索，2011（6）.

二、现代社会

现代社会以大工业和社会化生产为基础,机器生产成为主流,工业经济更为发达,市场经济高速运转。虽然"资产阶级在它的不到一百年的阶级统治中所创造的生产力,比过去一切世代创造的全部生产力还要多,还要大",为慈善事业的发展提供了强有力的经济基础;但是,"在现代化进程中,生产力的指数式增长,使危险和潜在威胁的释放达到了一个我们前所未知的程度"[1],也给慈善事业服务社会带来了较大的空间和压力。在现代社会,慈善事业的主体同样具有广泛的参与性,主要包括政府、非营利组织、爱心企业和慈善人士四大类。

(一) 政府

相较于其他主体,政府对于慈善事业的支撑作用是显而易见的。慷慨的政府拨款能够极大地丰富慈善事业的实施场域,为慈善事业有效发挥作用提供更多可能性。调查数据表明,党和政府在慈善捐赠的法律定位、资源匹配、配套机制等方面占有举足轻重的地位[2]。慈善事业对于政府拨款的依赖程度非常高,同时也会依据或者借助行政命令开展相关的资金筹集和资源筹备活动[3]。当然,政府支持慈善事业大多数是主动行为,即不需要慈善组织或者人士呼吁就自发地进行拨款资助和人力调配,如扶贫项目、助学项目、助残项目等。

同时,国家经济实力的不断提升也为慈善事业奠定了坚实的物质基础。诚如马克思所述:人们在自己生活的社会生产中发生一定的、必然的、不以他们的意志为转移的关系,即同他们的物质生产力的一定发展阶段相适合的生产关系。这些生产关系的总和构成社会的经济结构,即有法律的和政治的上层建筑竖立其上并有一定的社会意识形态与之相适应的现实基础。物质生活的生产方式制约着整个社会生活、政治生活和精神生活的过程[4]。

此外,政府对慈善事业也具有引导作用,能够激发其他参与主体参与慈善事业的热情。根据一项公众对慈善事业认知水平的调查,"政府与慈善组织的边界越明确,慈善事业发展越稳定;公众的捐献行为具有选择性,基层政府有组织的慈善宣传对捐献行为有正面影响"[5]。因此,政府能够有效激活社会慈善资源,促进地方政府力量和社会公众力量共同参与到慈善事业中来。

(二) 非营利组织

通常而言,社会组织可以分成三大部分:一是政府;二是营利性机构,包括企业、公司等;三是非营利机构,其中包括一个"独立部门"(independent section),即慈善组织、社会福利团体和宗教组织等[6]。非营利组织也被称为非营利机构,是指不以营利为目的的

---

[1] 乌尔里希·贝克. 风险社会 [M]. 何博闻,译. 南京:译林出版社,2004.
[2] 刘能. 中国都市地区普通公众参加社会捐助活动的意愿和行为取向分析 [J]. 社会学研究,2004 (2).
[3] 刘威. 超越官与民:慈善事业转型与组织生态重构 [J]. 中州学刊,2015 (9).
[4] 中共中央马克思恩格斯列宁斯大林著作编译局. 马克思恩格斯选集 [M]. 第2卷. 北京:人民出版社,1995.
[5] 毕素华. 慈善事业中的政府、慈善组织与公众:公众微观认知的视角 [J]. 学术研究,2020 (4).
[6] 赵乐. 信仰的魅力与社会资本的实力:浅析美国宗教慈善组织的两大支柱 [D/OL]. 上海:复旦大学,2008.

各种社会机构①。非营利组织通常会聚集理念认同一致的一群人,组织的使命和这群人的价值观保持一致,非营利组织的资源则是取之于社会亦用之于社会,以期实现社会的"公平""富足"②。下面将从两个方面来探讨非营利组织是如何参与慈善事业的。

1. 专门的慈善组织

专门的慈善组织指的是旨在行使慈善使命的非营利组织。国际上最著名的慈善组织是红十字国际委员会(简称"红十字会"),它是独立和中立的组织,致力于为武装冲突和其他暴力局势受害者提供保护和援助;它在采取行动应对紧急情况的同时,努力促进人们遵守国际人道法及其在国内法中的贯彻和实施;它通过应对性暴力、促进遵守法律、与各国红会合作、经济安全、法医行动、医疗卫生、反地雷行动、重建家庭联系、供水与住所等活动,旨在帮助平民、儿童、被拘留者、国内流离失所者、移民、难民和寻求避难者、失踪人员、残障人士、妇女等人。此外,我国的中华慈善总会、南京爱德基金会、北京韩红爱心慈善基金会也属于专门的慈善组织。

需要特别说明的是,宗教慈善在现代社会也得到重新认定和发展,同样属于专门的慈善组织。宗教组织秉持济世利人、扶危助困的信念,服务范畴包括赈灾助困、兴教助学、医疗服务、老年关怀、孤儿抚养、残疾护助、护生环保、心灵环保、植树造林、环保宣传、修桥铺路、施医赠药、捐资助学、援助信徒等领域③。举个例子,上海市泉源社区服务中心是一家具有基督新教背景的社区型慈善服务机构,以各式各样的弱势群体和一般的社区居民为服务对象,以助老、助残以及医疗、教育、心理、法律咨询为活动内容,将宗教慈善公益活动"社区化"。

2. 其他参与慈善活动的非营利组织

这里的非营利组织指的是虽然不属于专门的慈善组织,但同样开展相关的慈善业务活动的非营利组织。非营利组织具有组织性、民间性、非营利性、自治性和志愿性的特征④。根据不同的分类标准,可划分为不同的类型,如表1-2所示。

表1-2 非营利组织的类型

分类标准	非营利组织分类
组织构成	会员制组织、非会员制组织
法人形式	社团法人、财团法人
组织性质	公益组织、共益组织或互益组织
资产来源方式	官办组织、合作组织、民办组织
资源动员方式	公募组织、非公募组织
活动形式	资助组织、项目组织或服务组织

---

① 张远凤. 德鲁克论非营利组织管理[J]. 外国经济与管理, 2002 (9).
② 德鲁克. 非营利组织的管理[M]. 吴振阳, 译. 北京: 机械工业出版社, 2007.
③ 龚万达. 济世利人 扶危助困: 五年来我国各宗教从事公益慈善活动的概况与特点[J]. 中国宗教, 2012 (10).
④ 谢蕾. 西方非营利组织理论研究的新进展[J]. 国家行政学院学报, 2002 (1).

续表

分类标准	非营利组织分类
活动性质和范围	网络组织、支持组织、草根组织
活动领域	环保组织、人权组织、扶贫组织、妇女组织等
登记注册情况	民政部门登记注册的非营利组织、未在民政部门登记的非营利组织
社会功能	动员资源型、公益服务型、社会协调型、政策倡导型

资料来源：王名.非营利组织的社会功能及其分类［J］.学术月刊，2006（9）.

其中，在民政部门注册的非营利组织又可分为基金会、社会团体和民办非企业单位三个类型。无论何种类型，对于大部分非营利组织而言，虽然并非专门的慈善组织，但是其业务范畴涵盖教育、科技、医药、卫生、文化、艺术、扶贫、环保、弱势群体保护等许多方面，其中相当大部分是慈善服务内容[①]。以中国青少年发展基金会为例，1989年3月由共青团中央发起成立，为全国性公募基金会，在推进我国青少年事业发展的同时，于1989年10月与共青团中央共同发起实施希望工程，着重回应慈善"助学"需求。截至2021年底，全国希望工程累计捐赠收入194.2亿元，资助困难学生662.6万名，援建希望小学20 878所，同时推出了"圆梦行动"、乡村教师培训等项目。

（三）爱心企业

企业是以营利为目的的组织，逐利是企业的天然属性。换句话说，只有取得利益最大化，企业才有生存的必要性。但是，企业在从社会"获利"的同时，还需要回馈社会，学术上将这种"回馈"称为"企业社会责任"（Corporate Social Responsibility，CSR）。企业社会责任就像一个金字塔，可分为三个层次，如图1-1所示。第一个层次是底线社会责任或法律责任，即"合法合规"；第二个层次是经济责任，这也是企业发展最重要的目标；第三个层次是伦理责任，也被称为慈善责任，即通过参与慈善事业来共同建设美好社会。

图1-1 企业社会责任的概念层次

资料来源：颜彭莉.企业践行社会责任不等于做慈善［J］.环境经济，2017（24）.

---

① 李培林，徐崇温，李林.当代西方社会的非营利组织：美国、加拿大非营利组织考察报告［J］.河北学刊，2006（2）.

此外，企业社会责任可以划分为不同的维度，对应不同的内涵。表1-3为西方文献归纳的企业社会责任维度。

表1-3　西方文献归纳的企业社会责任维度

序号	维度	内容
1	经济责任	创造财富和利润，为社会提供有价值的产品和服务，经济增长与效率，确保企业可持续发展
2	法律责任	遵纪守法、依法经营，在法律允许的范围内经营
3	环境保护	不以环境的恶化和牺牲生态保护为代价，对环境和生态问题承担治理的责任
4	顾客至上	产品/服务的质量，产品使用过程中的消费者安全，不提供虚假广告，信息公开
5	股东利益	为股东创造利润，信息透明、防止交易腐败，保护中小股东利益，完善公司治理结构
6	员工发展	员工健康与工作安全，员工技能开发与培训，身心健康与工作满意、意义感，发展和晋升机会平等，保障体系及稳定的经济收入
7	平等	种族平等，性别平等，弱势群体机会平等，地区发展机会平等
8	社会捐赠/慈善事业	积极开展慈善活动，积极参与慈善事业，关注社会弱势群体，支持教育与文化艺术事业

资料来源：徐尚昆，杨汝岱. 企业社会责任概念范畴的归纳性分析［J］. 中国工业经济，2007（5）.

显然，慈善事业是企业社会责任的一个重要维度。在公众视野中，企业社会责任经常以慈善捐赠的方式来践行，是慈善事业的重要资金来源。企业承担社会责任，积极投身于慈善事业，往往会被贴上"爱心企业"的标签，不仅能够提升企业的知名度，而且还会带来较多的销量。当然，慈善组织的公信力也有重要影响。例如：2011年郭美美炫富事件严重影响了红十字会的公信力，在一定程度上削减了企业捐赠的热情。无独有偶，2020年举国抗疫期间，湖北红十字会事件（对抗疫捐赠物资的管理和发放失当）也降低了企业向湖北红十字会进行捐赠的积极性。

（四）慈善人士

"人之初，性本善"，人们大多富有同情心。《论语·里仁》中有"见贤思齐焉，见不贤而内自省也"，向有爱心的人不断学习并积极践行善举，才能最终造就众多慈善人士的创举。在我国慈善事业发展过程中，长时间存在"重企业，轻个人"的倾向，企业捐赠往往受人瞩目，但个人捐赠却常被忽视。但是，个人慈善同样拥有不逊于企业慈善的巨大能量。2008年5月12日，四川汶川爆发特大地震，中国慈善捐赠总额达到1 070亿元，个人捐款首次超过企业捐赠，这是我国慈善捐赠金额首次突破千亿元大关，是2007年捐赠总额的3.5倍[①]，被称为"中国公益元年"，我国慈善事业由此进入黄金发展期。现代社

---

① 民政部召开发布会公布2008年度中国慈善捐助报告［EB/OL］.（2009-3-10）［2023-10-01］. 中华人民共和国中央人民政府. http：//www.gov.cn/gzdt/2009-03/10/content_ 1255955.htm.

会常将慈善人士简单地划分为两个类型：名人慈善和平民慈善。

1. 名人慈善

所谓的"名人"往往在财力、名望、地位等方面拥有优势。慈善事业对慈善捐赠高度依赖，所以对"富人做慈善""明星做慈善"的呼声一直很高。一些人甚至格外关注名人捐赠情况，一旦不捐、少捐、晚捐都有可能遭到"点名"和批评，而骗捐、假捐、避捐等行为甚至会带来严重的负面影响。当然，对于积极从事慈善事业的名人，公众也会报以支持和鼓励。

相较而言，国外的慈善文化比较浓厚，很多知名人物乐于将自己的资产捐赠出来。以美国为例，在所有慈善捐款中，约有85%的捐款来自普通百姓[1]。据2019年的数据，美国73.6%的捐款来自个人，捐赠10万美元以下的家庭或者个人占捐款人数的75%[2]。比如："石油大王"约翰·洛克菲勒一生总共捐了约5.5亿美元用于慈善事业，尤其关注教育和医药领域。比尔·盖茨致力于世界公共卫生、教育提升和医疗发展等多项事业。

2. 平民慈善

所谓的"平民"就是普通的公民，他们可能没有名人那样的诸多光环，甚至不为人所知，但是却一样可以做慈善之事。所谓"众人拾柴火焰高"，大家将爱心汇聚，最终成就了平民慈善。例如：举世闻名的新加坡居士林设"千人宴"，每天平均要吃掉200公斤的米粮，200~300公斤的蔬菜和水果，但是"很多时候我们根本不必买米买菜，许多善心人士知道我们天天为大众提供免费素食后，都自动自发、无限量地送米粮、蔬菜和食油到居士林来。有的是一车一车的载来，有的是全家大小，人手一袋米，拎着来。我们见了，更是感动"。同时，大量义工参与到居士林的烹煮工作[3]。

阅读资料1-7

平民慈善典范：白芳礼

习题

1. 简述慈善事业的概念。
2. 阐述慈善事业与第三次分配的关系。
3. 结合实践，论述慈善事业的特点、原则与功能。
4. 说明传统社会慈善事业的主体。
5. 举例说明，大学生如何参与慈善事业？

---

[1] 李怡心. 关于国外慈善事业的研究综述 [J]. 道德与文明，2006 (2).
[2] 程达军. 美国基础研究获得慈善捐赠资助的模式及运行机制的启示 [J]. 当代经济，2022，39 (12).
[3] 新加坡佛教居士林：每天设千人免费宴 [EB/OL]. (2015-9-10) [2023-10-01]. 凤凰网佛教，https://fo.ifeng.com/a/20150910/41472477_0.shtml.

案例题

水滴筹透支社会爱心引质疑，"诈捐"犯罪成本低

2019年11月30日，一段水滴筹在全国40多个城市的重点医院派驻地推人员地毯式"扫楼"拉单的视频引起社会广泛关注。水滴筹地推人员在医院挨个病床问病人需不需要筹款帮助，在发起筹款的过程中，地推人员只是口头询问，没有核实患者病情、经济情况等信息，并套用模板，随意填写筹款金额，鼓励患者大量转发筹款信息；同日，水滴筹回应称，全面暂停线下团队服务，整顿彻查类似违规行为，将在全国范围内，尤其是宁波、郑州、成都等地，开展相关情况排查。值得一提的是，水滴筹宣传其已为患者筹得数百亿救命钱。视频还曝光，水滴筹捐款使用缺乏监督，大量求助者提现成功后，不再证明资金去向。

不过，对于筹款去向，水滴筹则在回复《华夏时报》记者时表示：筹款人在平台提现后，平台还会继续要求筹款人更新患者的后续治疗进展和钱款用途，面向赠与人的举报通道也仍然保持开通。另外，平台在积极与更多医疗机构达成合作，会优先打款到医疗机构，用于患者治疗。水滴筹平台爱心赠与人可通过筹款页面的动态，实时了解筹款的使用情况。

一、左手公益，右手生意

事实上，这些地推人员官方称为"筹款顾问"，但工作时却使用一个很公益的名字，叫"志愿者"。公司要求这些"志愿者"每月业绩至少35单，每单提成80元到150元，实行绩效末位淘汰。同时，水滴筹也被质疑是打着公益的旗号，在网上进行爱心筹款，将公益筹款变成一门赚钱的生意。面对如潮水般涌来的质疑和批评，水滴筹也对为何要使用"地推"作了解释。其官方解释是：水滴筹组建线下服务团队的起因是由于一些年纪偏大、互联网使用水平较低的患者在陷入没钱治病的困境时，不知道可以通过水滴筹自救。针对视频中出现的财产信息审核、目标金额设置、款项使用监督等问题，水滴筹则回应称：平台建立了相应的审核机制，确保财产等信息的充分公示并联合第三方机构验证，同时持续跟进款项的使用情况。求助者财产等信息审核方面，发起人会对包括求助者财产状况在内的所有求助信息全面公示，患者社交网络中的熟人会参与证实、举报、评论，而平台会针对其反馈的信息进行进一步的核实，比如由患者所在地的村（居）委会、车管所、房管局等机构提供相关证明，与患者的就诊医院进行电话或实地核实等。

另外，水滴筹表示，目标金额及款项用途方面，对于目标金额超过一定额度的筹款，平台会强制要求发起人提交预期医疗花费的合规证明，对于无法提供的，限制其发起目标金额过高的筹款。重大疾病的医疗花费常常会由于病情改变、治疗方式调整等原因动态变化，平台会持续监控筹款进展，并正在积极尝试打款到医院或分批打款等方式，确保款项用途。同时，平台在打款后也会持续要求发起人更新患者治疗进展和钱款用途，面向赠与

人的举报通道仍保持开通。近期，某失信筹款人挪用款项，被水滴筹起诉退还了全部筹款，便是通过平台的持续跟进机制发现并处理的。

对于"志愿者"的提成，水滴筹告诉《华夏时报》记者，"提成"实为公司自有资金支付给线下服务团队的酬劳，并非来自用户筹款。但是，面对如此大规模的招募"筹款顾问"扫楼，还给与如此严苛的KPI考核，水滴筹对于其"初心"的解释，实在难以令人信服；况且其早有违规"前科"，水滴公司及其创始人也多次公开表示："水滴筹坚持避免'因病致贫'的理念""水滴筹平台目前的主流服务对象是本身就治不起病的基层贫苦民众，这部分人占到90%；其次是有产家庭，但是因病致贫。"但水滴筹并未真正去核查求助者个人及家庭经济状况实情，在曝光的视频中，"志愿者"一概表示"现场""半个小时就能办好"。这也导致水滴筹发生过数起"诈捐"事件，如德云社演员吴鹤臣有车有房也募捐；一女子前脚为父筹款看病，后脚就在微博上炫富。一位相关保险公司人士曾告诉本报记者，互助平台人群规模庞大，不同于保险有保障基金，互助平台是不能兜底的，而且平台信息不透明，盈利情况、支出情况等，会员不能知晓，没有偿二代监管有很大风险。

二、"诈捐"犯罪成本低

其实，水滴筹上"诈捐"现象已经成为公开的秘密，并且犯罪成本非常低。11月6日，北京朝阳法院宣判了一起全国首例因网络个人大病求助引发的纠纷。法院认定筹款发起人莫先生隐瞒名下财产和其他社会救助，违反约定用途将筹集款项挪作他用，构成违约，一审判令莫先生全额返还筹款153 136元并支付相应利息。

2017年9月，北京市的莫先生和妻子许女士的孩子出生，不过孩子刚一出生便被检查出患有重病。为了缓解经济压力，莫先生想到在网络筹款平台筹款，并于2018年4月15日，在水滴筹平台发起了40万元的个人筹款。发起筹款后，筹款金额很快上涨至15万元左右，但是却有人举报莫先生谎报了收入情况；对此，莫先生向平台递交了申请，证明自己家庭情况确实困难，但筹款金额也停止在15万元左右。4月18日，在莫先生申请结束后，平台将善款汇给莫先生，但此事并未结束。3个月后，莫先生的孩子还是去世了，但是没过几天，莫先生的妻子却向筹款平台举报了莫先生，称善款并未用于给孩子治病，而且前期治疗费也有保险报销，还明确表示，家里有钱。北京嘉润律师事务所原野律师告诉本报记者，主动查询或搜索符合条件的病人，本身并不违法，向捐款的社会公众提供的病人信息是否存在虚构内容，是认定诈捐是否成立的根本标准。水滴筹向公众提供的病人信息虽然没有虚假，但其提供的内容却存在虚构，且足以影响公众作出是否捐款的决定，则可能构成诈捐。但通过上述法院判决可以看到，即使是被实锤了诈捐行为，也不过是被法院判令返还全部筹款和相应利息，并未对其采取其他法律措施，犯罪成本十分低。

朝阳法院望京法庭庭长王敏指出，尽管互联网个人大病求助蓬勃发展，但是相关的法律规范尚属空白；求助人信息披露范围不清，责任不实，款项筹集使用亦不公开。众筹平台没有明确准入门槛，平台自身缺乏第三方监管。朝阳法院还就此向民政部、水滴筹发送了司法建议。建议民政部指导推进平台自有资金与网络筹集资金分账管理，建立健全第三方托管机制和筹集资金公示制度；同时建议网上大病求助平台建立与医疗机构的联动机制，实现资金双向流转，强化款项监督使用。

但一位业内人士在接受本报记者采访时曾表示，网络互助有显著的社会影响，所以应当有专业的监管。对网络互助的监管应当基于其功能和风险状况，而其风险要在规模变动、经营期增长中逐步显示出来。目前，网络互助不由民政部门主管，没有触及"四条红线"，也不属于保险监管的对象，缺少有约束力的自律组织。

三、平台"多赔多赚"存道德风险

虽然水滴筹成立仅有3年多，但因其独特的商业模式备受资本青睐，并迅速建立起了自己的商业版图。公开资料显示，北京纵情向前科技有限公司（即水滴筹运营主体）。于2013年创建，起初名为北京微众文化科技有限公司，由水滴筹创始人沈鹏全资持有。2016年，公司经营范围中的维修家用电器、投资管理被移除；同年，天津水滴互助科技合伙企业（有限合伙）成为股东，此后不断有股东加入。

根据天眼查数据，水滴筹近年筹得两轮融资，2019年6月披露的10亿元人民币C轮融资投资方包括中金资本、凯智资本、高榕资本、元钛基金、腾讯投资、博裕资本，3月披露的B轮融资投资方有创新工场、IDG资本、蓝驰投资等。2019年，水滴筹连续两度增资，5月6日，132万余元注册资本更新至6 000万元，27日将注册资本又变更为1亿元，实缴资本仍为132万余元。水滴公司的业务由水滴筹、水滴公益、水滴保险商城（水滴保）与水滴互助四大板块组成。

对于发起人的筹款，水滴筹打出的标语也一直是"筹款不收手续费"。对于水滴筹业务目前是否有盈利，水滴筹方对《华夏时报》记者表示，作为水滴公司非营利模块的一部分，水滴筹从成立以来就一直坚持对筹款用户免费服务，相当长时间里还以救助金方式帮用户承担支付渠道手续费。这就引起公众的疑问，水滴筹究竟是靠什么产生盈利的？水滴筹官方信息显示，该平台累计筹款金额多达200余亿元，资金沉淀带来部分利息；同时，水滴筹以自动跳转或链接的方式将用户引流至水滴互助或水滴保，引导用户购买商业保险，实现流量变现。另外，据水滴互助官方公众号，水滴互助于2019年3月1日开始收取管理费，管理费为每期分摊互助金总和的8%，这也是一大收入来源。一位业内人士表示，这里就可能存在道德风险，因为互助平台的管理费与互助金发放挂钩，也就是说"赔得越多平台提成越多，平台收入越多"。这种计提费用的方式，会造成筹款平台和捐助者之间的利益冲突，最终损害消费者的权益。

资料来源：https://finance.sina.com.cn/chanjing/gsnews/2019-12-03/doc-iihnzahi4857118.shtml。

案例讨论：

1. 水滴筹"诈捐"事件违背了慈善事业的哪些原则？
2. 如何避免类似水滴筹"诈捐"事件的发生。

第二章 慈善事业政策法规体系

学习要点与要求

1. 熟悉西方慈善立法模式特点。

2. 了解西方各国慈善政策主要内容和慈善政策法规发展历史脉络，对西方慈善政策法规有一个全面的认识。

3. 了解我国现代慈善事业发展历史，对我国现行的慈善政策法规，要熟练掌握并能应用到具体实践。

本章思维导图

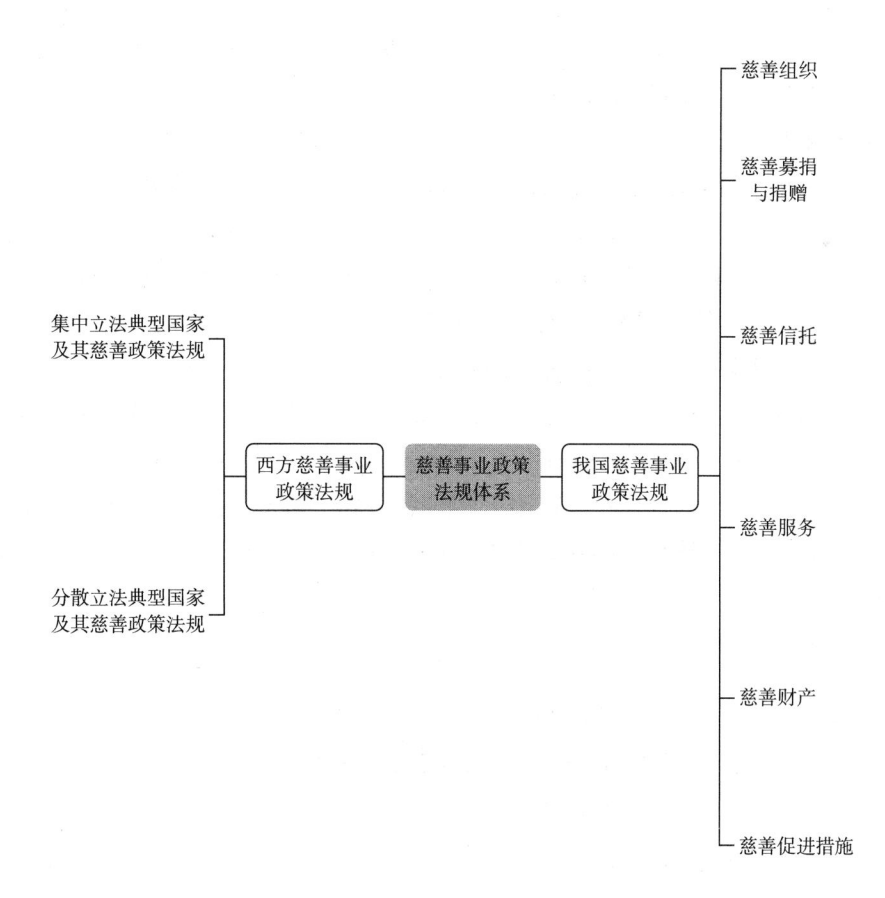

```
                                                              ┌─ 慈善组织
                                                              │
                                                              ├─ 慈善募捐
                                                              │   与捐赠
                                                              │
        集中立法典型国家                                        ├─ 慈善信托
        及其慈善政策法规 ┐                                       │
                        │                                      │
                        ├─ 西方慈善事业 ─ 慈善事业政策 ─ 我国慈善事业 ─┤
                        │   政策法规      法规体系      政策法规    │
                        │                                      ├─ 慈善服务
        分散立法典型国家 ┘                                       │
        及其慈善政策法规                                         ├─ 慈善财产
                                                              │
                                                              └─ 慈善促进措施
```

引导案例

古天乐慈善基金会

古天乐慈善基金会是一个筹集善款的组织，于2008年8月4日正式成立。古天乐希望借由基金会，为四川的灾民，为全世界不幸的人，为生活在痛苦边缘的人提供帮助。古天乐慈善基金会奉行优先照顾残障及复康人士、低收入家庭、有特殊需要的孩童及其家庭以及年长者，贯彻优先照顾老弱伤残的宗旨。基金会官网提供的建校名录显示，从2009年至2020年，以古天乐名义筹建的学校或教学楼、宿舍等已有至少137处。古天乐慈善基金会第137个项目是河南省获嘉县太山乡第一初级中学古天乐137宿舍楼，古天乐基金会为这个项目捐款50万元。

古天乐慈善基金会捐建学校、为残障及康复人士等弱势群体提供物质帮助，是一种慈善活动，那么它属于慈善组织吗？是不是只要开展慈善活动的组织都属于慈善组织呢？例如，某市人民医院定期为社区居民开展免费诊疗活动，可视为慈善组织吗？某大学青年志愿者服务团，长期捡饮料瓶卖钱，给孤寡老人送食物、衣服、药品，它是慈善组织吗？为了规范慈善活动，保护慈善组织、捐赠人、志愿者、受益人等慈善活动参与者的合法权益，2016年，我国正式颁布《中华人民共和国慈善法》，并在第二章对慈善组织进行明确规定。慈善组织，是指依法成立、符合本法规定，以面向社会开展慈善活动为宗旨的非营利性组织。郭美美事件之后，大众对慈善资金的使用情况十分关注，《慈善法》也对此进行严格要求。我国的现代慈善事业起步较晚，西方社会公益慈善事业发展时间长，较为成熟。我们学习了解西方各国不同的慈善政策法规有利于增长见识，开拓视野，从而助力我国慈善事业发展。

党的二十大报告强调中国式现代化的核心内涵就是全体人民共同富裕的现代化，而发展慈善事业是实现共同富裕的有利条件。在中国式现代化背景下，如何通过慈善事业推进共同富裕的有效实践是重要的现实议题。慈善事业的发达程度往往与所在国家对慈善组织和慈善活动的法律规制密切相关，越是法制健全的国家，慈善事业的发展也越规范、越成熟。[1] 改革开放以来，中国慈善事业的快速发展同样也离不开相关法律法规的完善。本章旨在梳理国内外慈善事业政策法规体系，分析各国慈善事业政策法规的共性与差异，从中相互学习相互借鉴。

第一节　西方慈善事业政策法规

西方公益慈善活动有着悠久的历史，并主要受宗教文化长期影响。西方国家政府通过立

---

[1] 谢琼. 国外慈善立法的规律、特点及启示 [J]. 教学与研究, 2014 (12).

法参与慈善事业管理可追溯到1601年英国女王伊丽莎白颁布的《慈善用途法》（又称《伊丽莎白一世法》），这部法律被誉为现代慈善法的开端。此后，英国陆续制定了一系列法律法规，形成了一套规范英国慈善事业发展的法律体系。西方各国的慈善法律理念和制度内容大都受到英国慈善法的影响。进入20世纪后，各国慈善事业得到了进一步发展，许多国家通过基本法、专门法或相关法对慈善行为和慈善活动进行规范。[①] 受历史渊源及国家传统等因素影响，不同国家采取的立法模式不同，有的是集中立法，有的则是分散立法。

阅读资料2-1

1601年伊丽莎白颁布《济贫法》的历史背景

一、集中立法典型国家及其慈善政策法规

英国、俄罗斯、新加坡等国家采用集中立法，见表2-1，即出台慈善母法或慈善基本法，同时辅之以相关配套法。采用集中立法模式国家的慈善法的框架结构并不完全一致，但大多数包括宗旨和目的、管理体制、慈善组织、慈善活动与慈善资源使用、慈善监督、慈善促进、相关法律关系、法律责任等内容。

表2-1 集中立法典型国家及慈善立法体系（现行）

国家	慈善基本法	辅助法
英国	《慈善法》（英格兰和威尔士，1601年制定，2011年修订）、《慈善和信托投资法》（苏格兰，2005年）、《慈善法》（北爱尔兰，2008年）	《托管人管理法》《慈善信托法》《娱乐慈善法》等
俄罗斯	《慈善活动和慈善组织法》（1995年制定，2003年修订）	《非营利组织法》《社会联合组织法》《市政慈善委员会法》《莫斯科慈善活动法》《俄罗斯联邦志愿服务事业法修正案》等
新加坡	《慈善法》（1983年制定，2010年修订）	《社团法》《受托人法》《公司法》《合作社法》《所得税法》《慈善事业收费管理办法》《惠赠外国的捐赠管理办法》《募捐申请管理办法》《大型慈善事业管理办法》《慈善机构注册管理办法》等

资料来源：谢琼. 国外慈善立法的规律、特点及启示［J］. 教学与研究，2014（12）.

（一）英国

2011年英国修订的《慈善法》规定，慈善目的包括：预防或缓解贫困，促进教育，促进宗教，促进健康或拯救生命，提高公民素质、促进社区发展，促进艺术、文化、遗产或科学，推动业余爱好运动，促进人权、冲突的解决或和解，促进宗教或种族和谐或平等和多样性，保护或改善环境，救济有需要的人（如残疾人），促进动物福利，官方救援，

---

① 谢琼. 国外慈善立法的规律、特点及启示［J］. 教学与研究，2014（12）.

其他可被承认的慈善目的。英国慈善法允许慈善团体进行商业活动，但必须是在追求公共利益的前提下开展。

1. 慈善组织的登记和注册要求

在英国慈善法律体系中，要申请注册成立慈善组织，应当具有以下几个成立条件：第一，新成立的慈善机构不能与原有的慈善机构工作内容相同或者近似，必须从事具体特定的行业领域；第二，申请注册的慈善机构必须具有严格的管理规章制度，并且相关规章制度必须符合法律的规定和相关立法精神；第三，慈善机构必须具有一套详细的发展规划，包括成立初期、中期和长期的具体规划；第四，慈善机构内部应该具有相应的托管理事会，要符合《托管人管理法》的具体规定。①

2. 慈善组织的类型

根据英国慈善委员会2018年9月30日公布的数据，英国有16.8万家慈善组织，80.4%集中在英格兰，慈善活动深入到社会公众日常生活的方方面面，英国慈善组织主要有四大类：

（1）慈善公司（Charitable Companies）。注册慈善公司要求如下：①必须具有一定规模；②需雇佣一定数量的职工；③需签署商业合同；④需拥有地产及其他固定财产。申请注册"慈善公司"，除了向英国"慈善委员会"（Charity Commission）提出申请外，还必须向英国"工商局"（Companies House）提出申请，因此一般需要向"律师协会"（The Law Society）提出咨询，由专业律师进行指导。

（2）慈善法人组织（Charitable Incorporated Organisations，CIO）。慈善法人组织，是指登记为法人的慈善组织，该组织的资产及收益只能用于慈善目的，不得进行分配。慈善法人组织只需在慈善委员会注册，无须在工商部门注册。慈善组织一般由"理事会"管理。"理事会"成员最少需要三人以上，理事会成员一般不领取薪水，不得从慈善组织中获得个人利益。

（3）非法人组织（Unincorporated Associations）。一般规模比较小，没有法人的资格，他们需要通过别人购买土地或者购买其他的服务项目，也不能拥有更多的工作人员。这个社团的会员需要对有关的行为和活动承担无限的责任。

（4）慈善信托（Charitable Trusts）。慈善信托是英国早期最重要的慈善方式，它没有独立法人资格，受托人对慈善信托的活动承担连带责任。由少数捐赠人发起，发起人会自动成为理事会理事。所有事务由理事会内部决定。"信托会"一般由少数人运行，并由其筹集资金，所得资金只提供给个人或机构。"信托会"不具有法人资格，不能雇佣专职人员。②

3. 慈善事务监督管理

《慈善法》明确了慈善委员会作为管理慈善事务专门性机构的法律地位，还规定了慈善委员会的机构设置、人事配备、任务、职能与权限等。慈善委员会是具有特殊独立性的主管民间公益性事业的政府部门，其组织经费直接来源于财政拨款，政府部门或者议会成员不得

---

① 鲁捷. 我国慈善组织公信力提升的法律问题探讨［D］. 南昌：江西财经大学，2019.
② 罗琦. 基于英国经验的中国慈善事业发展研究［D］. 太原：太原理工大学，2021.

以任何形式干扰或控制其职权的实施，它只对议会负责①。根据英国慈善法的规定，慈善委员会具有以下三项主要职能：第一，登记注册权。英国国内的慈善组织依法设立，必须经过慈善委员会的登记注册后方可在社会中开展慈善活动。第二，法规制定及解释权。由于慈善委员会在英国的性质是独立的政府部门，因此，慈善相关法律赋予其对现有的相关慈善法规的解释权，并且慈善委员会可以根据慈善事业的发展需要，结合实际制定一些切实可行的法规文件，以更好地规范慈善组织的发展运行。第三，监督监管权。慈善委员会有权对向其登记注册的慈善组织进行监督，并对慈善组织运行中存在的不当之处进行干涉和调整，促使慈善事业健康、有序的发展。②例如，《慈善法》第18条规定：慈善委员会对某一慈善组织进行调查后，如果认为在慈善组织的管理中有不当行为或者错误行为，慈善委员会可以限制未经其同意的交易或者支付的种类和数量，并且可以通过命令撤销那些对不当或错误行为负有责任的慈善受托人、慈善组织的受托人、慈善组织的管理人员、代理人或者雇员；某人如果被判决认定有任何不诚实或欺诈行为，将被剥夺慈善信托人任职资格。

在英国当前的监管体制下，除了遵守慈善法之外，慈善组织还要遵守税法、公司法、合同法、刑法等法律，受到皇家税务总局、公司注册总署、市民社会办公室、警察局等机构监督。③英国的慈善法则规定，慈善组织注册登记后可免缴直接税赋，并可享受相当数量的间接税优惠，包括遗产税、社会保障税、印花税，以及地方的增值税、关税、保险费税、气候变化税等，与此同时，还可以自动享受有关财政优惠政策。④

阅读资料2-2

两成英国慈善机构滥用善款，不到50%资金用于慈善

（二）俄罗斯

1995年，俄罗斯国家杜马通过《俄罗斯慈善活动和慈善组织法》，首次明确定义慈善活动的目的和慈善组织的概念及法定类型，将慈善组织界定为"基于特定目的成立，接受联邦法律规范，通过开展慈善活动服务于全社会或特定群体的非政府、非营利组织"⑤。同时，它对慈善组织的成立、终止及实施活动的条件和程序以及慈善活动的国家保障进行了规定。

在俄罗斯的慈善法律体系中，组织立法和税收立法是关键内容。除了税收优惠外，俄罗斯明确要求国家权力机关和地方自治机关对慈善活动提供支持，包括：保障慈善活动参与人的合法权益；向慈善组织提供物质技术保障和财政拨款；在国家或地方财产非国有化和私有化过程中，根据无偿原则或者优惠原则将国家或地方的财产转交慈善组织所有、组建支持慈善活动委员会，等等。⑥

---

① 刘坤. 英国慈善法律制度对我国慈善立法的启示 [J]. 社团管理研究, 2011 (2): 56-59.
② 鲁捷. 我国慈善组织公信力提升的法律问题探讨 [D]. 南昌: 江西财经大学, 2019.
③ 罗琦. 基于英国经验的中国慈善事业发展研究 [D]. 太原: 太原理工大学, 2021.
④ 谢琼. 国外慈善立法的规律、特点及启示 [J]. 教学与研究, 2014 (12).
⑤ 张其伟, 徐家良. 金砖四国慈善组织准入制度比较研究 [J]. 经济社会体制比较, 2020 (4): 130-139.
⑥ 慈善活动年度支出设及格线 盘点各国慈善公益如何交出明白账 [EB/OL]. (2016-10-22). 央广网_中国之声. https://china.cnr.cn/qqhygbw/20161022/t20161022_523213766.shtml.

阅读资料2-3

俄罗斯的慈善事业史

俄罗斯也在多项法律中对个人、组织、政府慈善活动作出规范。在众多法律条文的约束下，慈善组织的财务必须透明公开。慈善支出的比例不得低于上年总收入的80%。对于支出项目也要与慈善业务相关，政府通过正面清单的方式，列举慈善组织的业务范围。在这些业务范围内，俄罗斯的慈善法赋予慈善组织融资和开展与宗旨相符的企业家活动的权利，并允许慈善组织为扩大慈善能力而成立经营性公司，但禁止与他人合作，活动收入限于非私人用途。[1] 另外，《非商业组织法》禁止慈善组织的决策、执行和监督机构成员以及其他管理人员在慈善组织成立或是其成员的商业或非商业组织担任管理职务。

在俄罗斯有约70个大型外国慈善基金会，其中1/3来自美国。自21世纪以来，西方非政府组织在前苏联地区集中策划实施"颜色革命"，引起俄罗斯政府高度重视，直接推动其对非政府组织立法的步伐。近年来，俄罗斯连续出台多项立法，对外国非政府组织在俄活动的组织形式、活动宗旨、登记许可、活动特别是资助行为等进行管理，严防非政府组织开展对俄渗透。

2018年6月8日，时任总理的梅德韦杰夫在"国家与慈善：奔向共同的目标"研讨会上提出促进慈善事业发展的新原则，即在2025年以前，国家慈善事业发展的原则是激发社会的资源和活力，构建和传播社会领域的创新性实践。[2]

（三）新加坡

新加坡的慈善法模式受英国的影响很大，慈善目的与慈善业务范围也与英国类似。1994年，新加坡制定《慈善法》，并于2007年、2011年修订[3]，其他相关配套条例对慈善相关内容作出了具体规定，如《慈善事业收费管理办法》《募捐管理申请办法》《慈善机构注册管理办法》《社团法》《所得税法》等，其慈善法律制度主要涉及"慈善目的""慈善""管理机构"等核心法律术语的界定，慈善活动行政管理主体制度，慈善组织注册登记制度，慈善组织财会报告与审计制度，慈善委员会的监督管理制度，税收优惠减免制度等[4]。

新加坡的慈善模式属于政府主导型。新加坡设有慈善委员会，慈善组织需向慈善委员会申请注册登记，还要向其他相关部门提供年报和财务报告，已被豁免登记的组织除外。设立慈善事业小组，推动慈善组织法实施。新加坡对慈善组织每年免除所得税的申请由国内税务局的慈善事业组负责评估，小组负责慈善事务的官员依据慈善组织法行使其职能。职责包括对慈善组织进行登记、防止其滥用权力以及评估确定慈善组织的所得税申报等。如果专门负责慈善事务的官员认为慈善组织中管理不善和存在不法行为，经新加坡总检察

---

[1] 谢琼. 国外慈善立法的规律、特点及启示 [J]. 教学与研究, 2014 (12).
[2] Дмитрий Медведев принял участие в пленарном заседании конференции, Государство и благотворители: вместе к общей цели, http://government.ru/news/328 23/.
[3] 谢琼. 国外慈善立法的规律、特点及启示 [J]. 教学与研究, 2014 (12).
[4] 民政部政策法规司，中国慈善立法课题研究报告选编, 2009年版第145页。

长批准可终止或撤销任何慈善的受托人、董事、成员或工作人员的资格。①

阅读资料2-4

新加坡殖民时期的医疗慈善

新加坡只对向境内公益性组织的现金捐赠免征所得税和财产税，境外慈善组织或一般非公益性组织的捐赠都不享受免税。② 新加坡规定，2016年1月1日至2023年12月31日，所有合格捐赠者（包括个人、公司、信托、团体）按照规定条件向公共慈善机构捐赠，可按捐赠金额的250%享受所得税税前扣除。即每向经认可的公共慈善机构捐赠1新元，捐赠者在当年可获得2.5新元的所得税税前扣除。捐赠者在计算应税收入前，捐赠的扣除额会从其法定收入（包括工作收入、贸易所得等）中剔除。③

二、分散立法典型国家及其慈善政策法规

有些国家则分散立法，如美国、加拿大、德国、日本等（见表2-2），适用于慈善事业的规范法规分散在多部法律中。分散立法的国家主要围绕对慈善组织、慈善活动和慈善行为的规范、税收优惠及监管和法责展开工作。

表2-2　分散立法典型国家及慈善立法体系（现行）

国家	慈善相关法律
美国	《国内税收法典》《非营利法人示范法》《统一非法人非营利社团法》《慈善目的信托受托人监管统一法》等
加拿大	《宪法》《所得税法》等
德国	《德国基本法》《德国民法典》《德国结社法》《税收基本法》《公司所得税法》《贸易税法》《遗产与赠与税法》《不动产税法》《增值税法》《机动车税法》《所得税法》等
瑞典	《基金会法》《所得税法》《经济协会法》《会计法》《贸易登记法》等
日本	《日本特定非营利活动促进法》《关于一般社团法人以及一般财团法人的法律》《关于公益社团法人以及公益财团法人认定等法律》《伴随实施关于一般社团法人以及一般财团法人的法律以及关于公益社团法人以及公益财团法人认定等法律、有关相关法律完善等法律》《日本民法典》《通商产业大臣管辖的公益法人的设立及有关监督的规则》《公司所得税法》《所得税法》《消费税法》等
韩国	《非营利民间团体支援法》《非营利民间团体支援法实行令》《非营利法人的人员处罚相关法》《韩国民法典》《私立学校法》《企业所得税法》《个人所得税法》《税收减免法》《地方税法》等

资料来源：谢琼. 国外慈善立法的规律、特点及启示［J］. 教学与研究，2014（12）.

（一）美国

美国没有专门的关于慈善的法律，慈善组织的法律形态呈现多元模式。有关慈善的规

---

① 民政部政策法规司，中国慈善立法课题研究报告选编，2009年版第145页.
② 谢琼. 国外慈善立法的规律、特点及启示［J］. 教学与研究，2014（12）.
③ 新加坡：合格捐赠者可税前扣除250%［EB/OL］.（2022-03-11）［2023-5-25］. 新浪财经. https://finance.sina.com.cn/jjxw/2022-03-11/doc-imcwipih7929575.shtml?cref=cj.

定和条款散见于宪法、税法、公司法、雇佣法等联邦和州的法律法规中。其中，宪法保证了公民自由结社、自愿参与慈善的权利，这是慈善赖以存在的前提条件；而税法和公司法对慈善事业的良性发展至关重要。①

1. 慈善组织

根据美国《国内税收条例》501（C）（3）对慈善组织的定义，慈善组织主要包括扶贫、教育、宗教和一般社区福利（如缓解邻里紧张关系、消除偏见和歧视、保护法律赋予公民的人权和公民权利、防止社区恶化和青少年犯罪等）四方面的内容。此外，推进科学发展、减轻政府负担，以及其他一些增进社会福利的内容，也属于慈善的范畴。② 在美国，从事慈善活动的有公司、基金会、社团等，它们在进行募捐活动前一般要先备案或申请批准。可免备案或不需经政府批准的募捐机构为非营利组织，其他募捐组织，若是采用有奖募捐则仍需得到政府的特别批准。

2. 税收激励制度

在各国的立法中，税收减免力度较大的是美国，其慈善事业的发达很大程度上归功于税收政策的引导。美国对慈善机构和捐赠者双方都有税收优惠：慈善机构免缴所得税（高达35%），捐赠财物的个人和组织分别享受高达总收入50%和应缴税收入10%的税收减免；涉及税种也很多，包括所得税、营业税、财产税、不动产税等；同时，美国还设有遗产税、赠与税等，通过降低民众捐赠的机会成本来促进慈善事业发展。③

大部分慈善组织属于美国国税局501（C）（3）条款规定的机构。它们不仅是免税的（即不需要支付税款），对捐赠者来说，这类机构得到的捐款享有按法律规定的限额扣除税收的待遇。这些税收待遇具体包括：

（1）免税。对所有的慈善组织都免除销售税、财产税、增值税、关税和其他直接的税收形式。

阅读资料2-5

比尔·盖茨再捐千亿给基金会

（2）所得税豁免。通常，非营利组织和基金会的收入来源包括捐赠、权利授予、合同、服务费、投资收入和挣得的收入。非营利社会服务组织实际上也可以获利。

（3）捐赠减税。在美国，个人和企业都可能为了获得个人税收优惠扣除而对慈善组织进行捐赠。④

3. 免税资格获取

一个慈善组织要想获得免税资格，必须满足以下六个方面的要求：①必须以非营利为目的，即具有税法501（C）（3）项下列举的一项或多项目标；②其成立完全出于非营利目的；③其经营主要为达到规定的非营利目的；④不得为个人谋取利益，即不给控制该慈

---

① 张奇林. 美国的慈善立法及其启示 [J]. 法学评论，2007（4）：99-106.
② 贝奇·布查特·阿德勒. 美国慈善法指南 [M]. 北京：中国社会科学出版社，2002.
③ 谢琼. 国外慈善立法的规律、特点及启示 [J]. 教学与研究，2014（12）.
④ 姚建平. 中美慈善组织政府管理比较研究 [J]. 理论与现代化，2006（2）：70-75.

善组织或能对该组织施加实质性影响的人提供任何不适当的利益；⑤不得参与竞选，即不支持或反对任何公共职位候选人；⑥不得参与实质性游说，即不对立法进行实质性的支持或反对。① 美国国内税法规定，慈善组织必须接受由一般民众共同监督形成的最新财务报告及免税资格。若慈善组织不遵守规定，美国国税局有权力撤销其免税资格。

美国支持慈善组织进行商业活动，但必须维护慈善组织的非营利性，对危及慈善意图的私人基金会的投资则会征收特种营业税；同时明确规定，涉及商业活动的慈善信托须以推进社会慈善事业发展为目的，并以非特定的大多数人为受益人，而不能服务于个别人。② 美国的《国内税收法典》在第642节详细规定了信托纳税的税收减免与扣除。该法明确规定："在应纳税年度，支付慈善事业或永久性留出用于慈善目的的捐赠的扣除，无数额上的限制。"③

（二）加拿大

加拿大对非营利组织进行分类管理，但准入门槛较低。联邦法律《所得税法》规定，具有某些"慈善目的"的慈善机构可以向加拿大国税局申请注册，从而获得减免所得税和开具捐赠票据的权利，并且可以接受其他慈善机构的捐赠，提供的部分商品和服务还可以免征联邦商品和服务税/统一销售税（GST/HST）。④ 但是，成为注册慈善机构，必须符合一定的条件：一是具有加拿大法律实体（Entity）身份；二是基于慈善目的设立和运行，如济贫（食品银行、价格便宜的住房），有益于教育发展（学校、大学或研究机构），有益于宗教发展（礼拜场所或宗教组织），有益于社区发展（动物收容所、图书馆）；三是慈善资源（资金、物资、志愿者）只能用于慈善目的和活动；四是不能为个人或组织成员谋利。⑤

加拿大有专门针对非营利组织合规运行的税收监管部门，联邦一级政府——加拿大国税局。国税局下辖的慈善管理局（Charities Directorate）为慈善事务的具体管理部门，负责慈善机构的注册、捐赠发票领购、慈善机构运行的技术指导、慈善机构税务稽查，以及向公众披露慈善机构的相关信息等。国税局如果发现慈善机构有违规行为，则有权取消其注册身份，并征收一定的注销税。加拿大在哈利法克斯、蒙特利尔、基奇纳-滑铁卢、埃德蒙顿和维多利亚等城市设有五个执行审计职能的税务服务办公室。审计的主要对象是高风险慈善机构，主要为与境外有大量资金往来的慈善机构。⑥

（三）德国

德国的慈善法规比较分散，主要包括三部分：慈善机构的组织立法，慈善机构税收优

---

① 贝奇·布查特·阿德勒. 美国慈善法指南 [M]. 北京：中国社会科学出版社，2002.
② 谢琼. 国外慈善立法的规律、特点及启示 [J]. 教学与研究，2014（12）.
③ 吕其潞. 慈善信托税收优惠法律问题研究 [D]. 太原：山西财经大学，2018.
④ 梁季，吕慧. 加拿大慈善事业：发展现状、政府监管与税收激励 [J]. 税务与经济，2022（4）：1-9.
⑤ 梁季，吕慧. 加拿大慈善事业：发展现状、政府监管与税收激励 [J]. 税务与经济，2022（4）：1-9.
⑥ 梁季，吕慧. 加拿大慈善事业：发展现状、政府监管与税收激励 [J]. 税务与经济，2022（4）：1-9.

惠的立法，涉及筹款、群众集会、福利组织等方面的立法。① 德国的《民法典》对慈善组织有专章规定，政府资助甚至是慈善组织的主要资金来源。《税收基本法》《公司所得税法》《遗产与赠与税法》《不动产税法》《增值税法》《所得税法》等税法对慈善相关税收优惠作了详细规定。② 德国的法律规定，如果慈善组织的商业活动是其实现慈善目的的必要组成部分，且不构成对同类营利性机构的竞争，便不用缴税；但是，若商业活动的收入超过 35 000 欧，便要正常纳税；若规模更大，则须替转为营利性附属公司。在德国，捐款行为被视为公民的无私、自愿和无偿行为，向大众募捐行为本身并没有特定的法律来规范③。募捐活动也不采用事前许可或事后备案制，而是由柏林州、联邦家庭事务部、工商联、联邦募捐协会，针对德国公益募捐机构的募捐活动，定期作出事后评估。德国慈善机构的监管模式以自我监管及行业自律为主流的"民间监管"，即"捐助徽章"模式。④

阅读资料2-6

汶川地震捐款1亿的德国人

（四）韩国

韩国的民间公益组织是参与社会慈善活动的主角，为了有效规范、引导民间公益组织的发展，韩国政府通过宪法与其他一些基本法律，对民间公益组织活动范围、地位、基本原则等作了相应的规定。韩国《民法典》规定，对以学术、宗教、慈善、艺术、社交及其他非营利事业为目的的社团或财团的法人，只要经过主管机关同意，可以成为法人。非营利法人是指依据法律而成立的，在学术、宗教、慈善、技艺、社交等领域从事非营利活动的社团法人或财团法人。非营利民间团体是指依据《非营利民间团体支援法》设立，以实施公益活动为主要目的的非营利民间团体。社会企业，既有营利法人属性的也有公益法人属性的，是依据《社会企业促进法》而成立的组织。⑤

阅读资料2-7

韩国公益金（CCK）

韩国通过《税法》具体规定了对慈善组织和慈善活动的税收优惠，以引导与鼓励韩国社会慈善事业的发展。韩国《法人税法》在税法条文中明确规定，凡是基于公益目的的非营利活动收入，实行免税政策。《减免税法》第三部分第61条明确规定，对于那些依法设立的社会福利机构以及艺术与文化社团，当其营利性收入用于公益活动时，这些组织可以将所有营利性收入以亏损的名义给予免税。韩国政府除了在税收上给予优惠待遇，还对民间公益组织以财政上的支持。为此，韩国政府在其行政自治部下专门设有一个市民协力科，专

---

① 罗艺. 中国慈善事业法律制度的完善研究 [D]. 桂林：广西师范大学. 2014.
② 谢琼. 国外慈善立法的规律、特点及启示 [J]. 教学与研究，2014（12）.
③ 王继远，黎兆元. 慈善信托作为慈善募捐主体的立法选择 [J]. 法治社会，2016（6）：49-55.
④ 王名，等. 德国非营利组织 [M]. 北京：清华大学出版社，2006：177.
⑤ 朱晓红，陈鲁南，陈晓旭. 韩国慈善事业发展的现状 [J]. 社会福利，2015（5）：50-52.

门处理对民间公益组织的资助事项。①

(五) 日本

日本的慈善立法经历了由碎片化向整合化的转变,并且这种立法整合工作目前仍在进行中。从日本慈善性非营利组织立法的相关内容来看,1998 年施行的《特定非营利活动促进法》详细规定了慈善组织、慈善活动及其税收优惠等问题,弥补了过去分散立法模式的不足,使日本慈善立法形式开始走向综合立法模式。② 2008 年,日本开始正式实施"公益法人制度改革关联三法案",即《一般法人法》《公益认定法》《整备法》,使慈善事业法律法规呈现整合化新局面。税收立法是慈善法律体系中的关键内容,日本专门制定《一般法人法》、《公益法人法》和《特定非营利活动促进法》,对相关的慈善税收优惠作了原则性规定。

然而,具体的优惠政策规定主要来自《法人税法》《消费税法》《地价税法》等税法。③ 在日本,只要通过慈善认定就自动享有税收减免的优惠,慈善组织自身收入免税,企业和市民对慈善组织进行公益性捐赠,捐赠者也可获得捐款扣除的税收优惠。日本慈善机构享受的税收优惠主要有三方面:一是法人税减免。日本对于慈善组织捐赠金这项收入免征所得税,而且最高可将 50%的营利性收入"视作捐赠金"而免税。二是慈善捐赠免税。市民或企业向"认定非营利组织"捐赠的财物,捐赠者在缴纳税款时可以享受"税额扣除"的优惠。三是日本还独创性地实施了"暂时认定制度"。条件不足的可以申请成为"暂时认定慈善组织",享有除遗产捐赠和"视作捐赠金制度"以外的所有税收优惠。"暂时认定制度"有效期为 3 年且只能申请一次。④

第二节 我国慈善事业政策法规

我国现代慈善事业发展历程曲折,取得了很多成绩,也经历过诸多困难和挑战。为了管理和规范慈善活动,监督慈善组织运行,保护捐赠人和受益人的权益,促进全社会共同参与慈善事业,我国先后制定了多个有关慈善的法律、法规和政策。

一、慈善组织

(一) 慈善组织及认定

1. 慈善组织的定义

《慈善法》第八条规定,慈善组织,是指依法成立、符合本法规定,以面向社会开展

---

① 麻陆东. 韩国发展社会慈善事业的基本经验及其对我国的启示 [J]. 当代韩国, 2016 (1): 97-106.
② 谢琼. 国外慈善立法的规律、特点及启示 [J]. 教学与研究, 2014 (12).
③ 谢琼. 国外慈善立法的规律、特点及启示 [J]. 教学与研究, 2014 (12).
④ 董礼月. 中日慈善事业法律制度比较研究 [D]. 长春:长春理工大学, 2019.

慈善活动为宗旨的非营利性组织。慈善组织可以采取基金会、社会团体、社会服务机构等组织形式。同时，第九条认为慈善组织应当符合下列条件：①以开展慈善活动为宗旨；②不以营利为目的；③有自己的名称和住所；④有组织章程；⑤有必要的财产；⑥有符合条件的组织机构和负责人；⑦法律、行政法规规定的其他条件。

2. 慈善组织认定程序

《慈善法》第十条规定，设立慈善组织，应当向县级以上人民政府民政部门申请登记，民政部门应当自受理申请之日起三十日内作出决定。符合本法规定条件的，准予登记并向社会公告；不符合本法规定条件的，不予登记并书面说明理由。本法公布前已经设立的基金会、社会团体、社会服务机构等非营利性组织，可以向其登记的民政部门申请认定为慈善组织，民政部门应当自受理申请之日起二十日内作出决定。符合慈善组织条件的，予以认定并向社会公告；不符合慈善组织条件的，不予认定并书面说明理由。有特殊情况需要延长登记或者认定期限的，报经国务院民政部门批准，可以适当延长，但延长的期限不得超过六十日。

3. 慈善组织认定条件

《慈善组织认定办法》第四条规定，基金会、社会团体、社会服务机构申请认定为慈善组织，应当符合下列条件：①申请时具备相应的社会组织法人登记条件；②以开展慈善活动为宗旨，业务范围符合《慈善法》第三条的规定；申请时的上一年度慈善活动的年度支出和管理费用符合国务院民政部门关于慈善组织的规定；③不以营利为目的，收益和营运结余全部用于章程规定的慈善目的；财产及其孳息没有在发起人、捐赠人或者本组织成员中分配；章程中有关于剩余财产转给目的相同或者相近的其他慈善组织的规定；④有健全的财务制度和合理的薪酬制度；⑤法律、行政法规规定的其他条件。

阅读资料2-8

中国十大慈善组织

《慈善组织认定办法》第五条规定，有下列情形之一的，不予认定为慈善组织：①有法律法规和国家政策规定的不得担任慈善组织负责人的情形的；②申请前二年内受过行政处罚的；③申请时被民政部门列入异常名录的；④有其他违反法律、法规、国家政策行为的。第六条规定，申请认定为慈善组织，社会团体应当经会员（代表）大会表决通过，基金会、社会服务机构应当经理事会表决通过；有业务主管单位的，还应当经业务主管单位同意。

（二）慈善组织监督管理

《慈善法》明确指出，慈善组织应当根据法律法规以及章程的规定，建立健全内部治理结构，明确决策、执行、监督等方面的职责权限，开展慈善活动。

1. 关于慈善组织会计监督管理

《慈善法》第十二条明确，慈善组织应当执行国家统一的会计制度，依法进行会计核算，建立健全会计监督制度，并接受政府有关部门的监督管理。目前慈善组织的会计规范主要依据财政部出台的《民间非营利组织会计制度》，其主要包括三个方面：一是依法进行会计核算，二是建立健全会计监督制度，三是接受政府有关部门的监督管理。

2. 关于慈善组织的年度报告制度

《慈善法》第十三条规定，慈善组织应当每年向其登记的民政部门报送年度工作报告和财务会计报告。报告应当包括年度开展募捐和接受捐赠情况、慈善财产的管理使用情况、慈善项目实施情况以及慈善组织工作人员的工资福利情况。慈善组织年度报告接收的主体是慈善组织登记的民政部门。慈善组织必须每年都向民政部门报送年度工作报告和财务会计报告，不能两年或者两年以上进行合并。根据现行行政法规要求，基金会应当于每年3月31日前向登记管理机构报送上一年度工作报告；社会团体和社会服务机构应当于每年5月31日前向登记管理机关报送上一年度的工作报告。

3. 关于慈善组织的关联交易

《慈善法》第十四条规定，慈善组织的发起人、主要捐赠人以及管理人员，不得利用其关联关系损害慈善组织、受益人的利益和社会公共利益。慈善组织的发起人、主要捐赠人以及管理人员与慈善组织发生交易行为的，不得参与慈善组织有关该交易行为的决策，有关交易情况应当向社会公开。

4. 关于慈善组织不得从事的行为

《慈善法》第十五条规定，慈善组织不得从事、资助危害国家安全和社会公共利益的活动，不得接受附加违反法律法规和违背社会公德条件的捐赠，不得对受益人附加违反法律法规和违背社会公德的条件；第四条明确要求，开展慈善活动应当遵循合法、自愿、诚信、非营利的原则，不得违背社会公德，不得危害国家安全、损害社会公共利益和他人合法权益。

5. 关于慈善组织的终止

《慈善法》第十七条规定，慈善组织有下列情形之一的，应当终止：①出现章程规定的终止情形的；②因分立、合并需要终止的；③连续二年未从事慈善活动的；④依法被撤销登记或者吊销登记证书的；⑤法律、行政法规规定应当终止的其他情形。

6. 关于慈善组织的剩余财产处理

《慈善法》第十八条明确规定，慈善组织的决策机构应当在本法第十七条规定的终止情形出现之日起三十日内成立清算组进行清算，并向社会公告。不成立清算组或者清算组不履行职责的，民政部门可以申请人民法院指定有关人员组成清算组进行清算。慈善组织清算后的剩余财产，应当按照慈善组织章程的规定转给宗旨相同或者相近的慈善组织；章程未规定的，由民政部门主持转给宗旨相同或者相近的慈善组织，并向社会公告。慈善组织清算结束后，应当向其登记的民政部门办理注销登记，并由民政部门向社会公告。

阅读资料2-9

一个年入过亿的慈善组织，突然被官方叫停了

二、慈善募捐与捐赠

（一）慈善募捐

《慈善法》及其配套法规政策如《慈善组织公开募捐管理办法》《公开募捐违法案件管理》《慈善组织信息公开办法》《公开募捐平台服务管理办法》《慈善组织互联网公开募捐信息平台基本管理规范》对慈善募捐各方面作出规定，进一步规范了慈善募捐行为，推动慈善募捐活动逐步走上法制化轨道。

1. 慈善募捐界定

《慈善法》第三章指出，慈善募捐，是指慈善组织基于慈善宗旨募集财产的活动。慈善募捐，包括面向社会公众的公开募捐和面向特定对象的定向募捐。

开展公开募捐，可以采取下列方式：①在公共场所设置募捐箱；②举办面向社会公众的义演、义赛、义卖、义展、义拍、慈善晚会等；③通过广播、电视、报刊、互联网等媒体发布募捐信息；④其他公开募捐方式。慈善组织开展定向募捐，应当在发起人、理事会成员和会员等特定对象的范围内进行，并向募捐对象说明募捐目的、募得款物用途等事项，不得采取或者变相采取以上四种方式。

2. 慈善组织公开募捐资格申请

慈善组织开展公开募捐，应当取得公开募捐资格。《慈善组织公开募捐管理办法》规定，依法取得公开募捐资格的慈善组织可以面向公众开展募捐。不具有公开募捐资格的组织和个人不得开展公开募捐。县级以上人民政府民政部门依法对其登记的慈善组织公开募捐资格和公开募捐活动进行监督管理，并对本行政区域内涉及公开募捐的有关活动进行监督管理。

对于募捐资格申请条件，依法登记或者认定为慈善组织满二年的社会组织，申请公开募捐资格，应当符合下列条件：

（1）根据法律法规和本组织章程建立规范的内部治理结构，理事会能够有效决策，负责人任职符合有关规定，理事会成员和负责人勤勉尽职，诚实守信；

（2）理事会成员来自同一组织以及相互间存在关联关系组织的不超过1/3，相互间具有近亲属关系的没有同时在理事会任职；

（3）理事会成员中非内地居民不超过1/3，法定代表人由内地居民担任；

（4）秘书长为专职，理事长（会长）、秘书长不得由同一人兼任，有与本慈善组织开展活动相适应的专职工作人员；

（5）在省级以上人民政府民政部门登记的慈善组织有三名以上监事组成的监事会；

（6）依法办理税务登记，履行纳税义务；

（7）按照规定参加社会组织评估，评估结果为3A及以上；

（8）申请时未纳入异常名录；

（9）申请公开募捐资格前二年，未因违反社会组织相关法律法规受到行政处罚，没有其他违反法律、法规、国家政策行为的。

《慈善法》公布前设立的非公募基金会、具有公益性捐赠税前扣除资格的社会团体，登记满二年，经认定为慈善组织的，可以申请公开募捐资格。民政部门应当自受理之日起二十日内作出决定。对符合条件的慈善组织，发给公开募捐资格证书；对不符合条件的，不发给公开募捐资格证书并书面说明理由。不具有公开募捐资格的组织或者个人基于慈善目的，可以与具有公开募捐资格的慈善组织合作，由该慈善组织开展公开募捐并管理募得款物。

3. 公开募捐备案

《慈善法》规定，慈善组织采取前两种方式开展公开募捐的，应当在其登记的民政部门管辖区域内进行，确有必要在其登记的民政部门管辖区域外进行的，应当报其开展募捐活动所在地的县级以上人民政府民政部门备案。开展公开募捐活动，应当依法制定募捐方案。募捐方案包括募捐目的、起止时间和地域、活动负责人姓名和办公地址、接受捐赠方式、银行账户、受益人、募得款物用途、募捐成本、剩余财产的处理等。慈善组织应当在开展公开募捐活动的十日前将募捐方案报送登记的民政部门备案。慈善组织为应对重大自然灾害、事故灾难和公共卫生事件等突发事件，无法在开展公开募捐活动前办理募捐方案备案的，应当在公开募捐活动开始后十日内补办备案手续。

4. 公开募捐信息发布

《慈善组织信息公开办法》第七条规定，开展公开募捐，应当在募捐活动现场或者募捐活动载体的显著位置，公布募捐组织名称、公开募捐资格证书、募捐方案、联系方式、募捐信息查询方法等，并在统一信息平台向社会公开。慈善组织与其他组织或者个人合作开展公开募捐的，还应当公开合作方的有关信息。

《慈善组织信息公开办法》指出，具有公开募捐资格的慈善组织开展公开募捐活动，应当在公开募捐活动结束后三个月内在统一信息平台公开下列信息：募得款物情况；已经使用的募得款物的用途，包括用于慈善项目和其他用途的支出情况；尚未使用的募得款物的使用计划。公开募捐周期超过六个月的，至少每三个月公开一次前2项规定信息。

慈善组织在设立慈善项目时，应当在统一信息平台公开该慈善项目的名称和内容，慈善项目结束的，应当公开有关情况。具有公开募捐资格的慈善组织为慈善项目开展公开募捐活动的，还应当公开相关募捐活动的名称。慈善项目由慈善信托支持的，还应当公开相关慈善信托的名称。具有公开募捐资格的慈善组织，应当在慈善项目终止后三个月内，在统一信息平台向社会公开慈善项目实施情况，包括：项目名称、项目内容、实施地域、受益人群、来自公开募捐和其他来源的收入、项目的支出情况，项目终止后有剩余财产的还应当公开剩余财产的处理情况。项目实施周期超过六个月的，至少每三个月公开一次项目实施情况。

阅读资料2-10

64%的7·20洪灾募捐已公开善款来源与去向

5. 公开募捐服务平台管理

《公开募捐平台服务管理办法》认为，公开募捐平台服务，是指广播、电视、报刊及网络服务提供者、电信运营商为慈善组织开展公开募捐活动或者发布公开募捐信息提供的平台服务。由于互联网募捐的特殊性，《慈善法》明确规定，慈善组织通过互联网开展公开募捐的，应当在国务院民政部门统一或者指定的慈善信息平台发布募捐信息，并可以同时在其网站发布募捐信息。而作为平台服务的提供者、电信运营商应当对利用其平台开展公开募捐的慈善组织的登记证书、公开募捐资格证书进行验证。同时，为进一步完善慈善组织互联网公开募捐信息平台指定流程，引导互联网公开募捐信息平台服务能力建设，强化互联网公开募捐信息平台事中事后监管，维护捐赠人、受益人和慈善组织等慈善活动参与主体的合法权益，促进我国慈善事业健康有序发展，特制定《慈善组织互联网公开募捐信息平台基本管理规范》。

6. 公开募捐不得违反的事项

《慈善法》第三十一条至三十三条指出，开展募捐活动，应当尊重和维护募捐对象的合法权益，保障募捐对象的知情权，不得通过虚构事实等方式欺骗、诱导募捐对象实施捐赠。开展募捐活动，不得摊派或者变相摊派，不得妨碍公共秩序、企业生产经营和居民生活。禁止任何组织或者个人假借慈善名义或者假冒慈善组织开展募捐活动，骗取财产。《慈善组织公开募捐管理办法》第二十一条至二十三条指出，具有公开募捐资格的慈善组织如果，违反公开募捐资格条件，连续六个月不开展公开募捐活动的，慈善组织被依法撤销公开募捐资格，由登记的民政部门纳入活动异常名录并向社会公告。

慈善组织有下列情形之一的，民政部门可以给予警告、责令限期改正：

（1）伪造、变造、出租、出借公开募捐资格证书的；

（2）未依照本办法进行备案的；

（3）未按照募捐方案确定的时间、期限、地域范围、方式进行募捐的；

（4）开展公开募捐未在募捐活动现场或者募捐活动载体的显著位置公布募捐活动信息的；

（5）开展公开募捐取得的捐赠财产未纳入慈善组织统一核算和账户管理的；

（6）其他违反本办法情形的。

（二）慈善捐赠

关于慈善捐赠事项的政策规定主要集中于《慈善法》《公益事业捐赠法》当中，关于慈善捐赠《慈善法》第三十四明确是指自然人、法人和其他组织基于慈善目的，自愿、无偿赠与财产的活动。《公益事业捐赠法》也认为，自然人、法人或者其他组织应该是自愿无偿向依法成立的公益性社会团体和公益性非营利的事业单位捐赠财产的。

1. 捐赠人的权利与义务

捐赠人的权利与义务详见表2-3。

表 2-3　捐赠人的权利与义务

		捐赠人
权利	自愿	捐赠应当是自愿和无偿的，禁止强行摊派或者变相摊派，不得以捐赠为名从事营利活动。对捐赠人进行公开表彰，应当事先征求捐赠人的意见
	自主	捐赠人可以通过慈善组织捐赠，也可以直接向受益人捐赠。捐赠财产的使用应当尊重捐赠人的意愿，符合公益目的，不得将捐赠财产挪作他用。捐赠人对于捐赠的公益事业工程项目可以留名纪念
	知情	捐赠人有权查询、复制其捐赠财产管理使用的有关资料，慈善组织应当及时主动向捐赠人反馈有关情况。捐赠的公益事业工程项目竣工后，受赠单位应当将工程建设、建设资金的使用和工程质量验收情况向捐赠人通报
	监督	慈善组织接受捐赠，捐赠人要求签订书面捐赠协议的，慈善组织应当与捐赠人签订书面捐赠协议。书面捐赠协议包括捐赠人和慈善组织名称，捐赠财产的种类、数量、质量、用途、交付时间等内容。受赠人与捐赠人订立了捐赠协议的，应当按照协议约定的用途使用捐赠财产，不得擅自改变捐赠财产的用途。如果确需改变用途的，应当征得捐赠人的同意
义务		a. 捐赠的财产应当是其有权处分的合法财产； b. 捐赠应当遵守法律、法规，不得违背社会公德，不得损害公共利益和其他公民的合法权益； c. 自然人、法人和其他组织开展演出、比赛、销售、拍卖等经营性活动，承诺将全部或者部分所得用于慈善目的的，应当在举办活动前与慈善组织或者其他接受捐赠的人签订捐赠协议，活动结束后按照捐赠协议履行捐赠义务，并将捐赠情况向社会公开

2. 受赠人的权利与义务

受赠人主要包括依法成立的公益性社会团体、公益性非营利的事业单位，在发生自然灾害或者境外捐赠人指定时，县级以上人民政府及其部门也可以成为受赠人。表 2-4 为受赠人的权利与义务。

阅读资料2-11

诈捐、伪慈善典型案例

表 2-4　受赠人的权利与义务

	受赠人
权利	a. 具有救灾、扶贫等社会公益、道德义务性质的赠与合同或者经过公证的赠与合同，赠与人不交付赠与的财产的，受赠人可以要求交付
	b. 公益性社会团体受赠的财产及其增值为社会公共财产，受国家法律保护，任何单位和个人不得侵占、挪用和损毁
	c. 对于不易储存、运输和超过实际需要的受赠财产，受赠人可以变卖，所取得的全部收入，应当用于捐赠目的；县级以上人民政府及其部门可以将受赠财产转交公益性社会团体或者公益性非营利的事业单位，也可以按照捐赠人的意愿分发或者兴办公益事业

续表

	受赠人
义务	d. 将受赠财产登记造册，妥善保管；积极实现捐赠财产的保值增值；建立健全财务会计制度和受赠财产的使用制度，加强对受赠财产的管理
	e. 受赠人与捐赠人订立了捐赠协议的，应当按照协议约定的用途使用捐赠财产，不得擅自改变捐赠财产的用途
	f. 受赠人接受捐赠后，应当向捐赠人出具合法、有效的收据；受赠人应当公开接受捐赠的情况和受赠财产的使用、管理情况，接受社会监督
	g. 境外捐赠人捐赠的财产，由受赠人按照国家有关规定办理入境手续；捐赠的公益事业工程项目由受赠单位按照国家有关规定办理项目审批手续

三、慈善信托

慈善信托是一种特殊的慈善形式，国家鼓励发展公益慈善信托，支持自然人、法人和其他组织践行社会主义核心价值观，弘扬中华民族传统美德，依法开展慈善活动。2001年4月，我国发布《信托法》；2016年颁布的《慈善法》第五章对慈善信托作出界定和制度安排；2017年民政部和中国银监会联合出台《慈善信托管理办法》，标志着我国慈善信托制度体系基本建立。

（一）慈善信托的界定

《慈善法》认为，慈善信托属于公益信托，是指委托人基于慈善目的，依法将其财产委托给受托人，由受托人按照委托人意愿以受托人名义进行管理和处分，开展慈善活动的行为。

以开展下列慈善活动为目的而设立的信托，属于慈善信托：①扶贫、济困；②扶老、救孤、恤病、助残、优抚；③救助自然灾害、事故灾难和公共卫生事件等突发事件造成的损害；④促进教育、科学、文化、卫生、体育等事业的发展；⑤防治污染和其他公害，保护和改善生态环境；⑥符合《慈善法》规定的其他公益活动。

（二）慈善信托的设立、变更与终止

1. 设立的条件

《信托法》对信托的设立进行了原则性规定：①必须有合法的信托目的；②必须有确定的信托财产，并且该信托财产必须是委托人合法所有的财产；③应当采取书面形式（信托合同、遗嘱、法律行政法规规定的其他书面文件等）。

阅读资料2-12

慈善信托知识

2. 慈善信托变更

慈善信托的受托人违反信托文件义务或者出现依法解散、法定资格丧失、被依法撤销、被宣告破产或者其他难以履行职责的情形时，委托人可以变更受托人。

根据信托文件约定或者经原委托人同意，可以变更以下事项：①增加新的委托人；②增加信托财产；③变更信托受益人范围及选定的程序和方法；④国务院民政部门和国务院银行业监督管理机构规定的其他情形。

3. 慈善信托终止

有下列情形之一的，信托终止：①信托文件规定的终止事由发生；②信托的存续违反信托目的；③信托的目的已经实现或者不能实现；④信托当事人协商同意；⑤信托被撤销；⑥信托被解除。受托人应当于终止事由发生之日起 15 日内，将终止事由和终止日期报告公益事业管理机构。

> 阅读资料2-13
>
> 财产总规模近60亿元，慈善信托类型更加多元化

（三）慈善信托财产管理与处分

任何组织和个人不得私分、挪用、截留或者侵占慈善信托财产。受托人除依法取得信托报酬外，不得利用慈善信托财产为自己谋取利益。慈善信托的受托人应严格按照有关规定管理和处分慈善信托财产，不得借慈善信托名义从事非法集资、洗钱等活动。

受托人必须将慈善信托财产与其固有财产分别管理、分别记账，并将不同慈善信托的财产分别管理、分别记账。受托人应当根据信托文件和委托人的要求，及时向委托人报告慈善信托事务处理情况、信托财产管理使用情况。

慈善信托财产运用应当遵循合法、安全、有效的原则，可以运用于银行存款、政府债券、中央银行票据、金融债券和货币市场基金等低风险资产，但委托人和信托公司另有约定的除外。

受托人违反法律、行政法规和信托文件的规定，造成慈善信托财产损失的，应当以其固有财产承担相应的赔偿责任。

（四）慈善信托监督管理与信息公开

民政部门和银行业监督管理机构根据各自法定管理职责，对慈善信托的受托人应当履行的受托职责、管理慈善信托财产及其收益的情况、履行信息公开和告知义务以及其他与慈善信托相关的活动进行监督检查。除依法设立的信托公司或依法予以登记或认定的慈善组织外，任何单位和个人不得以"慈善信托"等名义开展活动。

民政部门和银行业监督管理机构应当及时向社会公开下列慈善信托信息：①慈善信托备案事项；②慈善信托终止事项；③对慈善信托检查、评估的结果；④对慈善信托受托人的行政处罚和监管措施的结果；⑤法律法规规定应当公开的其他信息。

受托人应当在民政部门提供的信息平台上，发布以下慈善信息，并对信息的真实性负

阅读资料2-14

推动公益慈善服务"进乡村"

责：①慈善信托设立情况说明；②信托事务处理情况报告、财产状况报告；③慈善信托变更、终止事由；④备案的民政部门要求公开的其他信息。

四、慈善服务

（一）慈善服务的含义

《慈善法》认为，慈善服务是指慈善组织和其他组织以及个人基于慈善目的，向社会或者他人提供的志愿无偿服务以及其他非营利服务。慈善组织开展慈善服务，可以自己提供或者招募志愿者提供，也可以委托有服务专长的其他组织提供。

相较传统的现金和物资援助，慈善服务更关注弱势群体的多样化服务需求，如青少年心理健康教育、社区居家养老服务等，为慈善事业发展提质增效，是慈善事业发展的有益补充。随着慈善服务相关的政策法规颁布与执行，慈善服务从无到有，推动慈善服务力量发展壮大，解决社会困难，让广大群众共享社会发展成果。慈善服务可以分为志愿服务和慈善组织委托其他非营利组织开展的服务。

《慈善法》第三条将提供慈善服务作为开展慈善活动的重要形式。慈善服务主要建立在社会捐赠基础之上，服务对象多为社会弱势群体。相对慈善服务来说，志愿服务的服务面更广、涉及的领域更多。例如，社会服务志愿者是以满足全体社会成员尤其是困难群体的生活需求，提高人民生活质量为目标，在社区建设、社会福利、公益慈善、社会救助、优待抚恤、减灾救灾、健康卫生等社会服务领域提供公益服务的人员[①]。

（二）招募志愿者开展慈善服务的要求

慈善服务，可以慈善组织自己提供，也可以招募志愿者提供。当慈善服务由志愿者提供时，慈善组织要从招募、登记、培训、管理、考核等方面对志愿者进行管理。

（1）慈善组织招募志愿者参与医疗康复、教育培训等慈善服务时，需要专门技能的，应当对志愿者开展相关培训。

（2）慈善组织招募志愿者参与慈善服务，应当公示与慈善服务有关的全部信息，告知服务过程中可能发生的风险。

（3）慈善组织根据需要可以与志愿者签订协议，明确双方权利义务，约定服务的内容、方式和时间等。

（4）慈善组织应当对志愿者实名登记，记录志愿者的服务时间、内容、评价等信息。根据志愿者的要求，慈善组织应当无偿、如实出具志愿服务记录证明。

（5）慈善组织安排志愿者参与慈善服务，应当与志愿者的年龄、文化程度、技能和身

---

① 中国社会服务志愿者队伍建设指导纲要（2013—2020年）[EB/OL]．(2014-01-14) [2023-05-16]．中华人民共和国民政部网站．http://www.mca.gov.cn/article/zwgk/fvfg/shgz/201401/20140100573025.shtml.

体状况相适应。

（6）志愿者接受慈善组织安排参与慈善服务的，应当服从管理，接受必要的培训。

（7）慈善组织安排志愿者参与可能发生人身危险的慈善服务前，应当为志愿者购买相应的人身意外伤害保险。

（三）慈善服务培育与发展

慈善事业是中国特色社会主义事业的重要组成部分，是实施第三次分配、促进共同富裕的重要途径，也是社会文明进步的重要标志。党的二十大提出，要"引导、支持有意愿有能力的企业、社会组织和个人积极参与公益慈善事业"，鼓励和支持全社会参与到慈善事业发展中来。慈善服务是慈善事业的重要组成形式，党中央和政府作出了一系列政策部署。

民政部办公厅印发的《培育发展社区社会组织专项行动方案（2021—2023年）》提出，促进和引导社区慈善组织发展，链接社区公益慈善资源，通过公益创投大赛等活动，对接社区公益慈善服务需求，从而提升专业服务能力，培育慈善组织骨干。引导基金会等慈善组织支持社会工作者、志愿者深入城乡社区，依托社区社会组织为重点群体和困难群众提供关爱服务，为兜底保障、社区服务提供支持力量。

《关于通过政府购买服务支持社会组织培育发展的指导意见》《慈善法》规定，各级人民政府及其有关部门可以依法通过购买服务等方式，支持符合条件的慈善组织向社会提供服务，并依照有关政府采购的法律法规向社会公开相关情况。通过政府向慈善组织购买服务引导慈善组织加强自身能力建设，优化内部管理，提升慈善组织服务能力和水平，充分发挥慈善组织提供慈善服务的专业和成本优势，提高慈善服务质量和效率。

阅读资料2-15

用好用准慈善资金
为困难群众办实事

五、慈善财产

根据《慈善法》《基金会管理条例》《公益事业捐赠法》《民政部关于基金会等社会组织不得提供公益捐赠回扣有关问题的通知》《关于加强和完善基金会注册会计师审计制度的通知》等法律法规政策文件，对于慈善财产的规定本书梳理出以下几个要点。

（一）慈善财产管理

慈善财产主要包括发起人捐赠、资助的创始财产、募集的财产、其他合法财产。

1. 对公募和捐赠财产的管理要求

基金会组织募捐、接受捐赠，应当符合章程规定的宗旨和公益活动的业务范围。境外基金会代表机构不得在中国境内组织募捐、接受捐赠。公募基金会组织募捐，应当向社会公布募得资金后拟开展的公益活动和资金的详细使用计划。

2. 对募集财产的管理要求

《慈善法》关于慈善财产管理要求如下：

（1）慈善组织对募集的财产，应当登记造册，严格管理，专款专用。

（2）捐赠人捐赠的实物不易储存、运输或者难以直接用于慈善目的的，慈善组织可以依法拍卖或者变卖，所得收入扣除必要费用后，应当全部用于慈善目的。

（3）任何组织和个人不得私分、挪用、截留或者侵占慈善财产。

（4）慈善组织的财产应当根据章程和捐赠协议的规定全部用于慈善目的，不得在发起人、捐赠人以及慈善组织成员中分配。

3. 对慈善受益人的管理要求

（1）慈善组织确定慈善受益人，应当坚持公开、公平、公正的原则，不得指定慈善组织管理人员的利害关系人作为受益人。

（2）慈善组织根据需要可以与受益人签订协议，明确双方权利义务，约定慈善财产的用途、数额和使用方式等内容。受益人应当珍惜慈善资助，按照协议使用慈善财产。受益人未按照协议使用慈善财产或者有其他严重违反协议情形的，慈善组织有权要求其改正；受益人拒不改正的，慈善组织有权解除协议并要求受益人返还财产。

（二）慈善财产使用

1. 慈善财产使用原则

慈善组织开展慈善活动，应当依照法律法规和章程的规定，按照募捐方案或者捐赠协议使用捐赠财产。慈善组织确需变更募捐方案规定的捐赠财产用途的，应当报民政部门备案；确需变更捐赠协议约定的捐赠财产用途的，应当征得捐赠人同意。

2. 高效运用慈善财产，节省开支

慈善组织应当合理设计慈善项目，优化实施流程，降低运行成本，提高慈善财产使用效益。慈善组织应当建立项目管理制度，对项目实施情况进行跟踪监督。慈善组织应当积极开展慈善活动，充分、高效运用慈善财产，并遵循管理费用"最必要"原则，厉行节约，减少不必要的开支。

3. 年度支出与管理费用

慈善组织中具有公开募捐资格的基金会开展慈善活动的年度支出，不得低于上一年总收入的百分之七十或者前三年收入平均数额的百分之七十；年度管理费用不得超过当年总支出的百分之十，特殊情况下，年度管理费用难以符合前述规定的，应当报告其登记的民政部门并向社会公开说明情况。降低管理成本，工作人员的工资和办公费用从利息等收入中按照国家规定的标准开支。

4. 剩余捐赠财产处理

慈善项目终止后捐赠财产有剩余的，按照募捐方案或者捐赠协议处理；募捐方案未规定或者捐赠协议未约定的，慈善组织应当将剩余财产用于目的相同或者相近的其他慈善项目，并向社会公开。

（三）慈善财产保值增值

民政部专门出台了《慈善组织保值增值投资活动管理暂行办法》，以规范慈善组织的投资活动，防范慈善财产运用风险，促进慈善组织持续健康发展。

《慈善法》作出规定，慈善组织为实现财产保值、增值进行投资的，应当遵循合法、安全、有效的原则，投资取得的收益应当全部用于慈善目的。慈善组织的重大投资方案应当经决策机构组成人员三分之二以上同意。政府资助的财产和捐赠协议约定不得投资的财产，不得用于投资。慈善组织的负责人和工作人员不得在慈善组织投资的企业兼职或者领取报酬。

《关于加强中央部门所属高校教育基金会财务管理的若干意见》指出，基金会应当加强资产管理，配备资产管理人员，建立定期盘点制度，对非现金资产应该进行登记和管理，做到账实相符、账表相符。基金会可用于保值增值的资产限于非限定性资产和在保值增值期间暂不需要拨付的限定性资产。

阅读资料2-16

公益创投助力
农村就业增收

六、慈善促进措施

国家鼓励自然人、法人或其他组织从事公益慈善事业，并制定了相关的优惠政策。这些优惠政策体现在《慈善法》《公益事业捐赠法》《企业所得税法》《个人所得税法》《财政部、国家税务总局、民政部关于公益性捐赠税前扣除有关问题的通知》《财政部、国家税务总局、民政部关于公益性捐赠税前扣除有关问题的补充通知》等法规政策的相关条款中。例如，《慈善法》第九章"促进措施"从文化、教育、税收、传播、社会服务等多方面对促进慈善事业发展作出规定。《公益事业捐赠法》明确列明了自然人和企业进行慈善捐赠可以享受个人所得税和企业所得税方面的优惠，以及境外捐赠享受进口关税的优惠。

（一）税收优惠政策

1. 政策条文

2008年实施《企业所得税法》规定，企业发生的公益性捐赠支出，在年度利润总额12%以内的部分，准予在计算应纳税所得额时扣除。2016年《慈善法》第八十条及2017年修订的《企业所得税法》进一步规定，超出12%的部分三年内可以转结。2018年修订《个人所得税法》第六条规定，个人捐赠额未超过纳税人申报的应纳税所得额百分之三十的部分，可以从其应纳税所得额中扣除；国务院规定，对公益慈善事业捐赠实行全额税前扣除的，从其规定。2020年8月颁布《中华人民共和国契税法》规定，对捐赠给学校、医疗单位、社会福利机构等非营利组织的免除契税。《慈善法》第八十条规定："境外捐赠用于慈善活动的物资依法减征或者免征进口关税和进口环节增值税。"《公益事业捐赠法》第二十六条规定，境外向公益性社会团体和公益性非营利的事业单位捐赠的用于公益事业物资，依照法律、行政法规的规定减征或者免征进口关税和进口环节的增值税。

2. 慈善组织税前扣除资格认定与取消

（1）资格认定。只有符合条件的基金会、慈善组织等公益性社会团体才可以申请税前扣除资格，申请条件如下：

一是符合《企业所得税法实施条例》第五十二条规定的九个条件：①依法登记具有法

人资格；②以发展公益事业为宗旨，且不以营利为目的；③全部资产及其增值为该法人所有；④收益和营运结余主要用于符合该法人设立目的的事业；⑤终止后的剩余财产不归属任何个人或者营利组织；⑥不经营与其设立目的无关的业务；⑦有健全的财务会计制度；⑧捐赠者不以任何形式参与社会团体财产的分配；⑨国务院财政、税务主管部门会同国务院民政部门等登记管理部门规定的其他条件。

二是申请前3年内未受到税务机关和登记管理机关给予的行政处罚（警告或单次1万元以下罚款除外）。

三是基金会在民政部门依法登记3年以上（含3年）的，应当在申请前连续2年年度检查合格，或最近1年年度检查合格且社会组织评估等级在3A以上（含3A），登记3年以下1年以上（含1年）的，应当在申请前1年年度检查合格或社会组织评估等级在3A以上（含3A），登记1年以下的基金会具备上述第①项、第②项规定的条件。

四是公益性社会团体（不含基金会）在民政部门依法登记3年以上，净资产不低于登记的活动资金数额，申请前连续2年年度检查合格，或最近1年年度检查合格且社会组织评估等级在3A以上（含3A），申请前连续3年每年用于公益活动的支出不低于上年总收入的70%（含70%），同时需达到当年总支出的50%以上（含50%）。

（2）资格取消。存在以下情形之一的公益性社会团体，应取消公益性捐赠税前扣除资格：①年度检查不合格或最近一次社会组织评估等级低于3A的；②在申请公益性捐赠税前扣除资格时有弄虚作假行为的；③存在偷税行为或为他人偷税提供便利的；④存在违反该组织章程的活动，或者接受的捐赠款项用于组织章程规定用途之外的支出等情况的；⑤受到税务机关和登记管理机关给予的行政处罚（警告或单次1万元以下罚款除外）。同时，相关法规也规定，被取消公益性捐赠税前扣除资格的公益性社会团体，存在第①项情形的，1年内不得重新申请公益性捐赠税前扣除资格；存在第②项、第③项、第④项、第⑤项情形的，3年内不得重新申请公益性捐赠税前扣除资格。

（二）其他促进措施

《慈善法》从法律角度规定政府要从多方面积极推进慈善事业发展，具体措施如下：

（1）县级以上人民政府应当根据经济社会发展情况，制定促进慈善事业发展的政策和措施。县级以上人民政府有关部门应当在各自职责范围内，向慈善组织、慈善信托受托人等提供慈善需求信息，为慈善活动提供指导和帮助。

（2）县级以上人民政府民政部门应当建立与其他部门之间的慈善信息共享机制。

（3）捐赠人向慈善组织捐赠实物、有价证券、股权和知识产权的，依法免征权利转让的相关行政事业性费用。

（4）国家对开展扶贫济困的慈善活动，实行特殊的优惠政策。

（5）慈善组织开展本法第三条第一项、第二项规定的慈善活动需要慈善服务设施用地的，可以依法申请使用国有划拨土地或者农村集体建设用地。慈善服务设施用地非经法定程序不得改变用途。

（6）国家为慈善事业提供金融政策支持，鼓励金融机构为慈善组织、慈善信托提供融资和结算等金融服务。

（7）各级人民政府及其有关部门可以依法通过购买服务等方式，支持符合条件的慈善组织向社会提供服务，并依照有关政府采购的法律法规向社会公开相关情况。

（8）国家采取措施弘扬慈善文化，培育公民慈善意识。学校等教育机构应当将慈善文化纳入教育教学内容。国家鼓励高等学校培养慈善专业人才，支持高等学校和科研机构开展慈善理论研究。广播、电视、报刊、互联网等媒体应当积极开展慈善公益宣传活动，普及慈善知识，传播慈善文化。

阅读资料2-17

慈善事业蓬勃发展事例

（9）国家鼓励企业事业单位和其他组织为开展慈善活动提供场所和其他便利条件。

（10）经受益人同意，捐赠人对其捐赠的慈善项目可以冠名纪念，法律法规规定需要批准的，从其规定。

（11）国家建立慈善表彰制度，对在慈善事业发展中作出突出贡献的自然人、法人和其他组织，由县级以上人民政府或者有关部门予以表彰。

习题

1. 请问西方国家的慈善政策法规主要分为哪些类别？
2. 请问慈善捐赠人的权利和义务分别是什么？
3. 请问慈善信托进行信息公开时应公开哪些内容？
4. 慈善财产包括哪些？慈善财产的使用需要遵循什么原则？
5. 试列举国家为支持慈善服务发展制定了哪些促进措施？

案例题

2011年4月2日，邓飞联合500名记者、国内数十家主流媒体和中国社会福利基金会（简称"福基会"）发起免费午餐基金公募计划，倡议公众共同帮助乡村孩子们享有安全营养的在校午餐。免费午餐基金始终秉持"师生同食、就地取材、透明公开、村校联合"四个执行原则；自2011年4月2日成立以来，截至2022年12月底，免费午餐基金联合多方力量累计在全国26个省（市、自治区）1 679所学校开餐，共计帮助超过41万人吃上热气腾腾的午餐。免费午餐基金会官网会对受赠学校名称、开餐时间、拨款信息进行公示，并定期去了解项目合作学校的食品安全管理状况，督促学校管理层提高食品安全意识，确保学生食品安全；同时，调查项目学校专项资金使用情况，确保资金使用合规，为项目持续运行提供保障。免费午餐基金全国志愿者代表大会（简称"志愿者代表大会"）是该基金最高权力机构。志愿者代表大会年度会议每年召开一次。免费午餐全国志愿者代表由发起人、福基会、捐赠人、志愿者、受益人、社会公众人士、政府人士、工作人员等各界别中选举或推举产生的代表组成,每届全国志愿者代表大会代表的任期为两年。

案例讨论:

1. 免费午餐基金是否属于慈善组织?符合哪些条件?

2. 免费午餐基金具有公募资格,进行募捐活动需要注意哪些事项?

3. 免费午餐基金会开展慈善活动的年度支出和管理费用是如何规定的?假如上年总营收1 000万元,今年应该至少支出多少钱?

第三章　中西方慈善思想

📚 学习要点与要求

1. 掌握儒家、道家及道教、墨家和佛教的慈善思想。
2. 熟悉中国近代慈善思想的形成来源和思想内容。
3. 了解当代中国慈善事业的发展历程。

❂ 本章思维导图

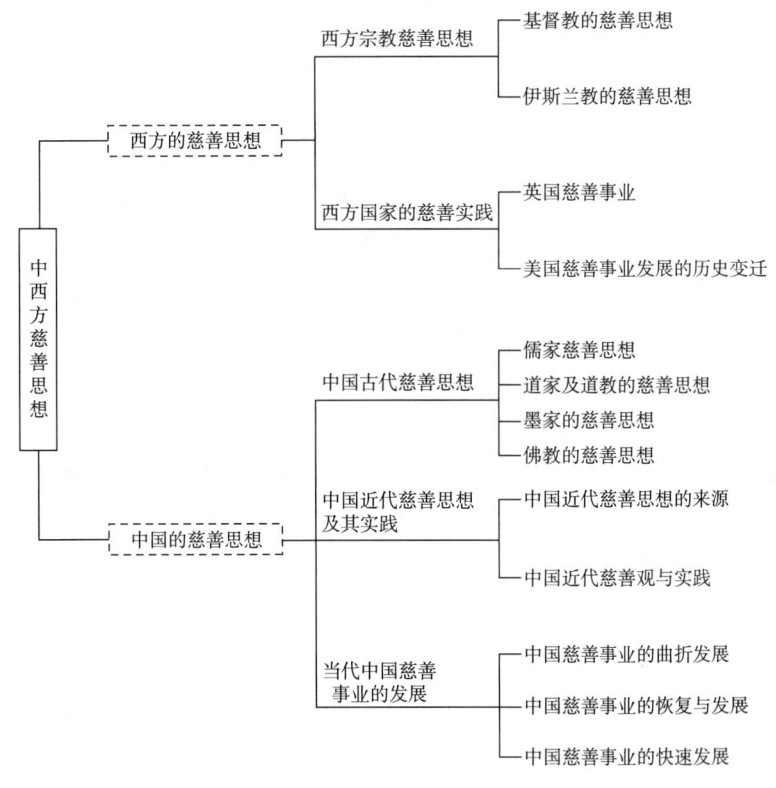

中西方慈善思想
- 西方的慈善思想
  - 西方宗教慈善思想
    - 基督教的慈善思想
    - 伊斯兰教的慈善思想
  - 西方国家的慈善实践
    - 英国慈善事业
    - 美国慈善事业发展的历史变迁
- 中国的慈善思想
  - 中国古代慈善思想
    - 儒家慈善思想
    - 道家及道教的慈善思想
    - 墨家的慈善思想
    - 佛教的慈善思想
  - 中国近代慈善思想及其实践
    - 中国近代慈善思想的来源
    - 中国近代慈善观与实践
  - 当代中国慈善事业的发展
    - 中国慈善事业的曲折发展
    - 中国慈善事业的恢复与发展
    - 中国慈善事业的快速发展

✦ 引导案例

魏晋南北朝——佛教兴盛，宗教慈善得到长足发展

翻开魏晋南北朝的史卷，相信很多人都对"南朝四百八十寺，多少楼台烟雨中"印象深刻。佛教从印度传入中国后，这个时期成为佛教在华发展浓墨重彩的一笔。

东汉后，战争频繁，天灾人祸不断，百姓流离失所。战争与灾荒导致社会秩序难以长期稳定，社会结构面临新的整合，小族小姓的一般平民宗族逐渐减少，而皇族、特权士族、官僚和豪强宗族开始发展壮大，成为当时社会主要的宗族组织。在这种情况下，先秦以来形成的注重血缘关系的小范围宗族慈善，或是由于经济能力不足，或是由于宗族成员依附于豪门士族，在民间救助中的重要性开始下降。

此时，两汉时期进入中国的佛教在魏晋南北朝开始兴盛起来。自然灾害、长期的割据和战争，给佛教的传播提供了社会条件。灾乱年间，百姓生活困乏，不但在物质生活需要救济，精神生活也面临填补，此时的佛教满足了人们在物质和精神上的多种需要，为它的扩张奠定了社会基础。

佛教主张慈悲为怀、轮回报应，这种思想广为社会所接受，使寺院成为当时主要的社会救助场所，也推动了平民百姓尤其是上层权贵的慈善参与。随着统治阶级对佛教的认可和对佛教慈善的重视，宗教慈善在魏晋南北朝时期取得了长足发展。得益于统治阶级的扶持，魏晋南北朝的大多数时期内，寺院僧尼拥有免除国家役调的特权，不少人为了逃避国家役调及租课入寺为僧尼。《魏书·李孝伯传》载，北魏灵太后时役调繁重，"民多绝户而为沙门"；李玚上书也说："今南服未静，众役仍烦，百姓之情，方多避役。若复听之，恐捐弃慈孝，比屋而是。"

佛教的迅猛发展，一方面改变了原有的社会政治、经济结构，另一方面也在很大程度上推动了民间慈善的发展。从慈善发展的角度看，佛教教义注重慈悲为怀、扶贫救弱，所以佛教的发展极大地推动了古代慈善的发展。随着佛教寺院的扩张，以此为载体，社会慈善摆脱了早先的血缘关系和地缘关系的限制，上自王公贵族、下至黎民百姓都积极参与到慈善活动中，民间慈善在广度和深度方面都得到了质的飞跃。

由于佛教提倡引人向善，该时期的个体慈善非常活跃，王公贵族参与慈善的事迹屡见于史，同时催生了机构慈善。随着个人慈善的迅猛发展，一些致力于慈善的达官显贵已不满足于临时性的施舍，开始尝试一些固定的慈善方式，其中最著名的就是南齐文惠太子萧长懋和竟陵王萧子良创设六疾馆。

《南齐书》中言："太子与竟陵王子良俱好释氏，立六疾馆以养穷民。"六疾馆的主要功能是免费救助患病的贫民，为他们提供必要的医疗救治。六疾馆被认为是中国最早的私人慈善机构，相对于个人施助行为而言，它们具有组织化、制度化和持续性的优点。由于拥有固定的施助场所和专门的人员配置，所以民众能够从中获得经常性和专业化的慈善救助。这在很大程度上提升了民间慈善的救助效率和影响力，增强了慈善活动的社会功能。六疾馆的出现是中国慈善史上的重大事件，表明该时期的慈善比之前有了重大发展，中国古代慈善由以个人救助为主开始向个人和慈善机构共同发展的方向迈进。

资料来源：遇安. 中国古代慈善那些事：漫谈《中国古代慈善简史》[EB/OL]. (2019-12-19) [2023-10-03]. http://www.paciluiton.com/ShowArticle.asp?ArticleID=10133.

西方慈善思想基本来源于宗教，美国宗教史学家安德斯曾说："宗教是慈善之母。"西方的"charity"一词最早来源于基督教。宗教慈善的终极目的是实现信仰，慈善服务于信仰。比如，在基督教中，慈善是对上帝行为的仿效，是要像上帝一样爱世人，并获得上帝的爱和承认；伊斯兰教的慈善动机来自安拉的教诲，做好事皆因应取悦安拉。宗教通常依靠教会组织开展慈善活动，教会对信众进行动员，组织信众捐赠和开展慈善活动。

中华文化源远流长，蕴含其中的慈善思想也博大精深、纷繁复杂。自古以来，中华民族就视乐善好施、扶贫济弱、尊老爱幼为美德，产生了以儒家、道家、墨家等诸子百家为代表的慈善思想体系，并在历史长河中陆续发展出了孤独园、义庄、养济院、栖流所等多种类型的慈善组织。清末，受西方文化的冲击，我国传统慈善思想开始近代化转型，并形成了行善的社会责任观、教养兼施思想及工赈思想为主的近代慈善思想。同时，民间慈善也获得新的发展，逐渐形成了慈善家群体，慈善救助的范围扩大、慈善的组织方式和运作也不断多元化。中华人民共和国成立后，我国慈善事业经历了短暂的停滞，改革开放后又恢复发展，在现代公益观念的影响下，出现了公益与慈善合流发展的现象。

接下来，主要介绍基督教、伊斯兰教的慈善思想，并以英国和美国为例，介绍这两个国家的慈善事业发展，最后将对中国慈善思想发展进行系统阐述。

第一节　西方宗教慈善思想

从西方国家慈善活动的思想根源来看，宗教起到决定性的作用。对西方国家慈善思想影响最大的宗教当属基督教，是西方慈善文化的主要渊源。基督教作为一种带有浓厚道德色彩的宗教，从它诞生起就极其注重培育信徒的道德信念和道德情感。

一、基督教的慈善思想

基督教于公元 1 世纪发源于今巴勒斯坦地区，在长期发展中又分化出天主教、新教、东正教三大教派和其他一些较小的教派。基督教早期通过宣扬爱、上帝爱一切人、一切信仰者皆平等来团结人们。《圣经》中蕴含着丰富的公益慈善思想，直接成为西方近现代慈善思想的重要源泉。基督教的慈善思想主要体现在以下几个方面：

（一）博爱精神

宗教之爱是早期基督教的要义，以实现教徒与上帝的交流。"博爱"是一种超越民族、肤色、阶层、性别、文化和国家等界限的带有浓厚的普世主义色彩的爱。基督教主张爱上帝和爱人如己。基督教的这种博爱精神使它自产生开始就在慈善事业上发挥着重大作用。

（二）原罪与救赎思想

在基督教世界中，罪是一个核心概念。基督教认为，人生来就是有罪的。"原罪说"是圣子耶稣降生世间，最后被钉死在十字架上而为世人赎罪，从此完成上帝救赎人类的使命的信仰依据。基督教中的原罪思想使基督徒深信只有获得上帝的原谅，才能够得到灵魂上的救赎，而慈善活动正是赎罪的一项途径。在"罪感文化"背景下，每一个基督徒都有着沉重的负罪感，只有相信上帝，顺从其一切安排，努力用慈善的方式"赎罪"。

（三）柔和谦卑

"谦卑"是要求人应以一种行为自如、心胸坦荡的谦虚心态去践行自己的道德信念，既不因自己的善行而感到心理满足，也不期望自己的善行被他人所知，而要始终坚持自知其行其善微不足道，尚须不断努力，行善积德，持之以恒。

基督教文化中蕴含着丰富的慈善传统，基督教的博爱精神、救赎思想及柔和谦卑是西方国家公民捐赠行为的精神动力。

二、伊斯兰教的慈善思想

伊斯兰教的影响非常广泛。伊斯兰教于公元 7 世纪由麦加人穆罕默德在阿拉伯半岛创立，伊斯兰的含义为"顺从""和平"，指顺从和信仰安拉及其意志，以求得两世的和平和安宁。伊斯兰教包括多个派系，其中最主要的是逊尼派和什叶派。伊斯兰教以《古兰经》和《圣训》（即先知穆罕默德的言行录）为圣典。

与其他宗教一样，伊斯兰教慈善的动力来自对超自然力量的崇拜，具有救赎性。在伊斯兰教中，慈善不仅是道德行为，也是宗教义务。伊斯兰教的慈善思想可以概括为以下几个方面：

（一）敬主爱人

慈善是伊斯兰教规定的宗教义务，其行为和思想深深根植于"敬主爱人"的天条使命之中。为爱真主而行善是伊斯兰教慈善观的灵魂，善行始终以服从安拉为动机和目的。除了爱真主这一动机外，行善不得有其他目的。"爱人"是效法真主"至仁至慈"的属性，将慈爱施与周围的一切人，包括非穆斯林，是"敬主"的延伸。"敬主爱人"是伊斯兰教信仰的最高宗旨，也是伊斯兰教行善观念最凝练的表达。

（二）劝善

伊斯兰教要求所有穆斯林均应行善，而且《古兰经》中强调首要的是自身行善。伊斯兰教号召人人行善、个个施舍。所以，穆斯林无论贫富都应行善。富裕者以他们的财产和名誉等行善，而贫穷的人则能以自己的心灵、双手、语言、行为去做善事。

（三）善有善报

伊斯兰教肯定"善人有善报"，善报是指获得来自真主的喜悦和爱。穆斯林接济贫民、善待孤儿、款待旅客等慈善行为并不是为了博取他人的"报酬和感谢"，而是为了得到真主的回赐。穆斯林认为：行善者能够获得真主的喜悦，来世可以进入乐园，实现两世幸福的目标。

第二节 西方国家的慈善实践

由于人口状况、自然地理环境、文化传统、经济与社会发展阶段等诸多因素的叠加影响，众多西方国家和地区的慈善事业发展呈现出极为不同的历史轨迹和特点。本节将对在慈善事业上具有代表性的英国和美国进行比较详细的介绍。

一、英国慈善事业

英国是一个历史久远、文化丰富、法律及行政体制复杂的君主立宪制国家，由英格兰、威尔士、苏格兰和北爱尔兰4个部分组成。英国的公益慈善事业在诸多方面堪称世界典范，对其他国家或地区产生了持久而深刻的影响。从英国历史的早期到当代，其慈善事业的发展大致经历了5个阶段。

（一）英国慈善的初始期（公元元年前后至15世纪末）

在英国慈善事业的早期发展中，宗教信仰发挥了重要作用。真正让慈善观念在西方世界产生长远影响的主要渠道是基督教信仰。① 公元43年，罗马帝国第四任皇帝克劳狄征服了大不列颠地区，并将其纳为古代罗马帝国的一个行政省。英国人在罗马统治时期接受了基督教，"在罗马帝国的不列颠省，基督教大约在2世纪末就在本地人中找到了信徒。在4世纪，基督教似乎普遍被接受，并在北方传播到苏格兰地区"②。6世纪末，基督教在英格兰地区广泛传播，特别是在601年，奥古斯丁成为首任坎特伯雷大主教，此后，教堂和主教区纷纷在英国建立起来。"到7世纪下半叶，英格兰全境基本上都皈依了罗马基督教。"③ 基督教的生活方式逐渐占据了英国社会的主流。

英国早期基督教的传播极大促进了英国慈善活动的开展，基督教有两个重要的机构，即修道院和教会。修道院不仅是教徒修道的机构，它也提供重要的社会服务，诸如照顾老弱无依者，提供医疗帮助和各种紧急救助等。在修道院，克制、秩序、仁慈、友爱等一系列的道德标准逐渐建立起来，成为指导人们的准则，并通过各种形式和活动传播到了基督教所及的区域。

教会是基督教各派组织形式的统称，教会把劳动视为拯救灵魂的重要途径。教会作为当时社会唯一强大而广泛的社会组织，承担着现世的各种责任。教会不仅为贫困者提供物质供给，而且为其提供基本的生活指导，帮助他们渡过生活的难关。宗教律法明确规定，照顾穷人是神职人员的责任之一。教会还向穷人提供医药救济，照顾病人。以教会为中心的社会环境也使教会慈善随之成为英国社会济贫的一个主要方式。在中世纪的英国，"每

---

① 周真真. 英国慈善活动发展史研究 [M]. 北京：中国人民大学出版社，2020.
② 毕尔麦尔. 古代教会史：第1卷 [M]. 南京：江苏人民出版社，2016.
③ 蒋孟引. 英国历史 [M]. 北京：中国大百科全书出版社，2013.

一座寺院都有责任收容乞丐、救助老弱病残，并安排有劳动力的流浪者劳动自救，同时也有权劝说或强迫其所管辖范围的有产者捐款济贫"①。"宗教改革前，英国教会什一税的1/3用于慈善事业"②。

兄弟会是英国慈善活动开展的另一种组织形式。"他们把宗教理解为一种以社会关系为核心的生活体验，这些兄弟会表达宗教虔诚的方式是多种多样的"③，不仅包括救济贫困、苦难人士，也包括维护和修缮医院、桥梁和堤坝等。

尽管这一时期慈善活动正式的历史记载并不多少见，但也出现了专门的慈善组织或机构。据戈斯登的研究，公元55年有组织的志愿活动（如互助会和友谊会）就已经出现。建立于公元597年的坎特伯雷国王学校（King's School Canterbury）是英格兰地区最古老的慈善机构，一直开办至今。早在12—13世纪，英国民间就出现了500多家志愿性的公益慈善机构。

（二）从都铎王朝到"光荣革命"（1485年至17世纪末）

宗教改革后，国王控制了宗教，极大削弱了宗教组织的权威，这不可避免地影响到慈善的开展。大量修道院和教会被解散，教会财产被没收，其社会救助力量变得极为有限。宗教改革对教会产生了极大影响，一定程度上削弱了教会的力量，但是教会救济一直存在于英国社会，仍是英国社会的重要救助力量。

一方面，贵族在慈善事业中发挥着作用。贵族拥有自己的封地，对其封地内的活动拥有权利，也承担义务。贵族们不仅救助穷人，还修建教堂，创建济贫院，修筑桥梁以及改善其他公共设施等。在17世纪及以前，英国慈善活动的主要表现形式即是救济院、学校和收容所。这一时期，在英国慈善事业的发展中，贵族是核心力量。

另一方面，政府开始实施系统的社会政策。1572年，英国政府通过强制征收济贫税的条例，为政府的济贫活动提供稳定的资金来源。1597年出台的《济贫法》规定，救济贫困既是地方政府的责任也是中央政府的责任，具体由教区和郡县共同负责开展救济。1601年颁布的《伊丽莎白济贫法》，建立了国家济贫制度，核心内容是以教区为单位对城市贫民实行有条件的救济，其救济对象是有劳动能力的贫民、无劳动能力的贫民和无依无靠的孤儿。此后，《伊丽莎白济贫法》在社会救济方面发挥了重要作用。

（三）自由主义时代的英国慈善——工业革命和慈善的普及（18—19世纪）

工业革命后，英国开始了从农业社会向工业社会的转型，慈善事业也进入了从传统向近代的转折时期。这一时期，宗教慈善、贵族慈善和政府慈善仍然发挥着作用，而商人慈善开始活跃起来。

教会慈善依然是处理贫困问题的重要力量。在18世纪，教会不仅仍然强调道德及善行的宗教价值，而且还承担着救济社会的公共责任。教会参与到济贫院、医院、学校等一系列活动中。特别是在教育领域，18世纪的英国政府并不过问教育，在教育问题上承担

---

① 资中筠. 财富的责任与资本主义演变 [M]. 上海：上海三联书店，2015.
② 丁建定，杨凤娟. 英国社会保障制度的发展 [M]. 北京：中国劳动出版社，2003.
③ 刘明翰. 欧洲文艺复兴史·城市与社会生活卷 [M]. 北京：人民出版社，2008.

主要责任的是各宗教教派尤其是国会,教育的主要形式也是国会教会及其他教派兴办的各种慈善学校。

贵族慈善依旧十分重要。贵族也承担着相应的义务和某种道德责任,作为传统的领导阶层,无论是物质层面还是在价值观方面,贵族都主导着当时的英国社会,有责任缓解社会疾苦、帮助贫弱者。此时,贵族慈善依然非常活跃。

《伊丽莎白济贫法》依然在继续发展。1796年,英国议会认可了《斯品汉姆兰法》,并在全国范围内推广。该制度"把就业者与失业者都包括在救济范围内,只要他们的收入低于一种最大生存标准"。1834年颁布的《新济贫法》认为,政府负有实施救济、保障公民生存的责任,救助是一项积极的福利举措。《新济贫法》的出台被看成现代福利保障制度的萌芽。1853年10月,负责管理英格兰和威尔士地区慈善事业(尤其是慈善信托组织)的慈善委员会成立,这是世界上第一个由国家设立并获得法定授权的专业化慈善监管机构。

商人的慈善活动开始活跃起来。随着工业革命的发展,英国的财富增长十分迅速,伦敦等重要城市出现了大量的富豪商贾,他们为改善贫穷城镇的生活条件提供援助,并帮助修缮或重建教堂,或医院、孤儿院、学校等。伦敦弃儿收容所(London's Foundling Hospital)是一个志愿性组织,也是英国第一家专门的儿童慈善机构,专注于救助被遗弃的儿童,保障他们的生活和教育。今天,这家机构已经发展为托马斯·科拉姆儿童基金会(Thomas Coram Foundation for Children),继续着培养教育儿童的事业,每年从中受益的儿童及他们的家长超过1.3万人。[①]

这一时期,慈善事业出现了一些新的特征,大量的全国性慈善组织纷纷建立,同时开始探索慈善的最佳形式,除了贫困救济外,对教育、医疗、住房等方面也十分关注。随着慈善事业的发展,慈善思想也发生了变化。就财富观而言,奉献财富,荣耀上帝的观念激励了慈善事业的发展。自助思想,则进一步明确了救济的新机制,不再以盲目的救济为主,更多强调自力更生。此外,实用主义价值观兴起,使得慈善更多地关注社会效益,而不仅是灵魂的救赎,使得慈善具备更多的社会责任感。

(四)20世纪英国慈善的发展

19世纪末至20世纪50年代是英国国家垄断资本主义确立的时期,这一时期的慈善事业也出现了非常大的变化。

阅读资料3-1

英国的济贫院

1. 教会职能削弱

随着国家干预的增强,原先由教会管辖的很多事务逐渐被政府接管,教会对教育、家庭、社会秩序等方面的影响不断减弱。同时,1868年教区济贫税的废除和1894年"London Government Act"的颁布,将教区的世俗职能分别纳入一系列不同政府机构的管理下,教会开始逐渐

---

① WILLIS F ROY. Western Civilization(Fourth Edition),Volume II. D. C. Heath and Company,Lexing - ton,Massachusetts,Toronto,1985:205.

脱离社会服务。进入 20 世纪，英国教区主要致力于教会事宜，只保留和发挥宗教角色，其社会救济职能则不断减弱。

2. 政府的社会责任增强

一方面，改革济贫院，把济贫院内的贫民划分为不同的群体，改善济贫院的环境，增加济贫医院的床位，改善济贫院的伙食；另一方面，对养老、失业和卫生医疗等问题进行区别救济。1908 年通过的英国《养老金法》，"明确规定了英国国家养老金制度的普遍性和免费性原则"①。1905 年，英国颁布《失业工人法》，正式对失业问题承担起国家责任，但中央政府并没有对解决失业问题的责任作出明确规定，也不是一种全国性的措施。1911 年，《国民保险法》颁布，其中的《失业保险法》《健康保险法》在失业、医疗、养老、伤残、疾病、产妇等方面建立了完善的社会保障制度。1960 年，英国政府出台了综合性的法律《慈善法》（Charities Act 1960），之后又多次补充和修订。

3. 慈善组织和机构规模迅速扩大

伦敦慈善机构在 1883—1884 年的年收入是 450 万英镑，1912 年增长到 850 万英镑，1913 年近 900 万英镑，这意味着志愿捐赠大约相当于国民收入②。"根据统计，慈善组织共建立各类医院 550 多家，其病床数占英格兰和威尔士全部病床数的比例在 19 世纪末为 18.1%，20 世纪初增加到 21.89%，而济贫医院所提供的病床数仅占 16.7%。一些慈善组织和机构还建立了巡回医疗，并在各地建立诊所，为许多人（包括贫民）提供医疗及健康方面的服务。20 世纪初，仅伦敦地区的慈善医院就收治病人数十万次。"③ 志愿服务的普及和民间慈善捐赠的增加，使慈善事业得以持续发展。

4. 慈善事业越来越国际化

典型的事例是乐施会（Oxfam）的成立和发展。1942 年，英国牛津的一群社会活动家、学者和宗教信徒为救助希腊饥民成立了牛津饥民救济委员会，并在第二年以乐施会的名义注册为慈善机构。70 多年来，乐施会成长为一个以扶贫济困和紧急救援为主要工作、由 17 个国家的同名机构联合而成的大型国际性援助组织联盟，它的雇员和志愿者遍布全球 94 个国家或地区，影响广泛。④

（五）全球化时代的英国慈善

从 20 世纪下半叶至今，英国慈善事业在全球化时代发生了巨大的变化。福利国家制度的建立必然对传统的社会救助力量——慈善的发展产生深远影响，以慈善组织为代表的社会组织，不再是社会责任的主要承担者，而是成为政府力量的有益补充。

1. 政府进行了以新立法为主要内容的慈善改革

2006 年，英国议会通过了新的《慈善法》（Charities Act 2006），这部法律的最大贡献

---

① 丁建定. 英国社会保障制度史 [M]. 北京：人民出版社，2015.
② GRANT P. Philanthropy and Voluntary Action in the First World War: Mobilizing Charity [M]. London and New York: Routledge，2014.
③ 丁建定. 英国社会保障制度史 [M]. 北京：人民出版社，2015.
④ 英国乐施会（Oxfam GB）的官方网站有关于乐施会历史的详细介绍，见 biap：/www.otfan.orguk/.

是对慈善事业给出了体现历史传承和时代特点的新定义,进一步明确了作为政府监管机构的慈善委员会的组成和职责。2011年,英国又修订了《慈善法》(Charities Act 2011),这部法律是对英国半个多世纪各种慈善法律和法规的一次总梳理和总修订,成为英国慈善事业的一部全新的根本大法,从2012年3月14日起生效。

2. 民众互助慈善广泛兴起

志愿组织的发展与市民责任感是密不可分的,"市民自豪感是志愿行为发展的一个主要推动力"①。英国社会有一种向上看的风气,下层模仿中层,中层追随上层。19世纪中期后,工人阶层兴起了自助和自尊运动,即"希望通过勤奋、节俭、对知识的渴求与道德的改进,一步步进入社会的较高层次,以获得社会的承认和尊重。一句话,沿着中等阶级已经走过的路前进"②。这激发了普通民众的责任感。下层民众在享有公民权利的同时,亦学习中等阶层通过积极行善主动承担起社会责任。民众在互助慈善活动中亦将自己的价值观引入其中,慈善活动被工人阶层的文化再次塑造。Voluntary的流行很好地传达了工人阶层的互助理念及其与其他社会阶层的互动。正是这一互助理念使慈善成为所有社会阶层的一项经常性活动,并使其能够在福利制度下得以继续发展和完善。

2011年英国《电讯报》总结了当时英国慈善事业发展的十大趋势:①私人财富猛增(2007年英国已经有亿万富翁68名);②出现了更年轻、更有风险承受能力的新型捐赠人群;③越来越多的英国人乐于在有生之年捐赠行善;④富裕的父母更愿意把钱捐赠给慈善事业,而不是留给自己的子女享用;⑤捐赠者更加关心自己善举的结果;⑥更多的捐赠者喜欢结伴捐赠;⑦慈善方面的财务创新层出不穷;⑧越来越多的慈善组织关注并努力提高善款的效用;⑨慈善组织的信息越来越公开透明;⑩私人捐赠对于整个社会公民组织的发展起着越来越重要的作用。③

二、美国慈善事业发展的历史变迁

美国是一个由来自世界各地的移民组成的多民族国家,欧洲移民建立了美国。虽然美国文化也呈多样性,但其主流文化是基督教新教徒所信奉的宗教价值观。美国社会也深受欧洲文化传统、宗教信仰的影响,由此构成了美国慈善事业兴起的历史和文化渊源。美国是发达国家,其慈善事业的繁荣是举世瞩目的。虽然美国建国的历史只有200多年,但由于在慈善事业上有许多制度性创新,加上美国民众中根深蒂固的志愿服务传统,使美国成为当今世界上的"慈善大国"。美国的慈善事业大致可以划分为四个阶段。

(一)美国慈善事业的起源(17世纪—19世纪中后期)

美国是一个移民国家,欧洲移民从17世纪初起陆续迁徙到北美大陆进行殖民开发。

---

① SMITH J, ROCHESTER C, HEDLEY R. An Introduction to the Voluntary Sector [M]. London and New York: Routledge, 1995.
② 钱乘旦,陈晓津. 英国文化模式溯源 [M]. 上海:上海社会科学院出版社,2003.
③ "Philanthropy in Britain: Top 10 Trends among This Century's William Morrieses", The Telegraph, 27 April 2011, available at: http://www.telegraph.co.uk/news/uknews/8475771/, 2023年4月11日。

基督教的慈善传统与英国的慈善观念随着清教徒的到来开始在美洲大陆传播。《"五月花号"公约》结成了"自治团体"的共识,"他们首先建立能够自治的宗教团体,这些团体随后迅速成长为学校教育、卫生保健和其他社会服务的主要提供者"[①]。同时,新教伦理所提出的"勤奋、诚信、克制、节俭、禁欲"等观念为美国社会发展奠定了思想基石,也提供了美国慈善事业的发展路径。美国著名清教徒牧师科顿·马瑟的《论行善》一书,对美国慈善事业影响深远。

在慈善实践方面,1630 年,约翰·温思罗普在阿尔贝拉号上向人们布道,主张人们应有仁慈之心,互帮互助。1684 年成立的苏格兰慈善协会,旨在救助残疾人、遗孀等弱势群体。18 世纪中期,乔治·怀特菲尔依靠募捐建立孤儿院。1736 年,本杰明·富兰克林在费城组织了北美的第一个义务消防队,并很快风靡各地。还有 1797 年成立的贫困寡妇协会、1800 年设立的从良妓女协会、1816 年创建的贝德福德妇女协会、1831 年创办的希伯来救助协会等。总的来说,1834 年之前,美国慈善救助主要依靠社会团体、教会和私人举办的救济院、养育院、收容所等慈善性机构提供。"为消除救济过程中的混乱和浪费现象,从 19 世纪 60 年代开始,美国相继成立了'慈善组织协会'、'社会去联合'和'美国社区组织协会',统一协调和管理社区、地方或全国范围内的慈善事业。"[②]

南北战争激发了美国人民的志愿服务精神和人道救助行动。1865 年 3 月,美国"难民、自由人和废弃土地局"成立,负责全国流离失所人民的救济、安置等工作,服务对象主要还是获得自由的黑人,也有少数白人劳动者。南北战争时期,另一项重要的公益慈善事业是医疗和公共卫生服务。譬如,1861 年,由纽约一名牧师发起,美国成立了卫生委员会,设法联合全国分散的志愿组织协助政府,共同为改善军营的医疗卫生条件而工作,从紧急救死扶伤到建立军医院,从完善医疗制度到募款募捐,从宣传教育到增进公众的参与意识,取得了较好的效果。

随着慈善的发展,捐赠的重点也开始集中于教育。19 世纪初,美国只有二十几所大学,到 1860 年猛增至 500 多家,少数是州立(公立)大学,大多是私人或教会捐赠的私立大学,培养牧师的神学院也占相当大的比例。一些名牌大学,如哈佛大学、约翰·霍普金斯大学等,当时也在这一风气下得到大笔捐赠,获得扩大和发展。

(二)美国慈善事业大发展时期(19 世纪后期—20 世纪前半期)

19 世纪末 20 世纪初,随着垄断资本主义的发展,生产和资本向大企业集中造就了美国的富人阶层,悬殊的贫富差距、激烈的社会对立以及美国精神中的开拓进取观念和基督教文化中关于行善的精神内涵,使得一些富豪认识到自身的社会责任,积极投入到社会慈善事业中。

这一时期美国公益慈善事业的一个重要特征是团体公益事业逐渐取代个人慈善事业。

---

① 乔尔·L. 弗雷施曼. 基金会:美国的秘密[M]. 北京师范大学社会发展与公共政策学院社会公益研究中心,译. 上海:上海财经大学出版社,2015.
② 邓大松. 美国社会保障制度研究[M]. 武汉:武汉大学出版社,1999.

大约在19世纪中晚期，就整体而言，美国的慈善事业基本上完成了从分散的个体善举到提升公民素质的非营利机构性慈善的转变。这一时期同时伴随着"大众慈善"的蓬勃兴起。所谓大众慈善，就是千家万户的普通民众都积极参与慈善事业并能够实施民主管理、民主监督。来自个人的零星捐款或遗赠资产通过一定形式的公共慈善机构集聚和分配，使善款的细流汇成荡涤贫困、疾病和其他社会问题的大潮。大众慈善的兴起，一方面受到慈善组织协会的影响。英国的慈善组织协会运动给了许多美国人以启发，一批大力倡导优化慈善救助工作的人士在美国各地纷纷成立起慈善组织协会或类似机构。他们认为，城市的贫困是人的道德缺陷所致，通过矫正道德缺陷便可以消除贫困，这需要各个慈善组织的携手合作。慈善组织协会运动客观上促进了美国慈善工作的专业化和职业化。1898年，第一个利用暑假为学员提供6周慈善专业培训的机构——纽约慈善学校（New York School of Philanthropy）诞生，几年后，短期培训变为正式课程，在此基础上发展起哥伦比亚大学的社会工作学院。另一方面，两次世界大战和美国的参战把爱国主义、公民义务和慈善捐赠紧密联系起来，极大地强化了全体公民的捐赠意识，全面促进了各项慈善事业的发展。在这些战争中，美国政府在动员民众方面发挥了巨大作用。

另一个值得注意的转变在于美国本土慈善组织的诞生，出现了私立基金会。美国问题专家资中筠指出："基金会成为一种完备的制度，数量之多、规模之大和影响之重要，确实是20世纪美国的独特现象。"①

私立基金会（由个人、家族或者私营企业设立）是美国公益慈善业的重要力量。私立基金会是一类非政府、非营利的公益慈善组织，有自己的基金，由基金的受托人或者理事会进行管理，以维持或协助某种公共服务为目的，并为此提供资助。私立基金会的基本特点是，所从事或赞助的事业公益性强、起点高，着眼于公众和社会的长远利益。在早期的基金会中，值得一提的是美国皮博迪教育基金和斯莱特基金。皮博迪教育基金成立于1867年，由银行家乔治·皮博迪出资，专用于发展南方的教育，以此促进南北战争后遭严重破坏的南方地区的和解与复兴。最初捐款为100万美元，后来增至200万美元，主要用于发展南方地区城乡的公立学校，改善州教育系统，特别是培养师资。1914年，皮博迪基金解散，并入斯莱特基金。斯莱特基金成立于1882年，重点资助对象也是黑人教育。

这一时期最有代表性的人物非美国钢铁工业巨头安德鲁·卡内基莫属。卡内基在商业上的成功使他成为所处时代的巨富，但令他流芳百世的不是他的财产，而是他对待财富的态度。这在他1889年写的《财富信条》（Gospel of Wealth）里表达得十分清楚，其中最著名的论断是：富人仅仅是财富的受托保管人，他们在道义上有责任把财富分发给社会，使自己掌管的财富能够增进大众的福利和幸福。一个人若守着财富而死是可耻的。本着这种新型财富观，卡内基热心资助各种慈善事业。卡内基是20世纪初美国首批私立基金会的缔造者和资助人，1910年12月14日以1 000万美元捐款起家的卡内基国际和平基金会是美国也是世界上第一个专门研究国际事务的民间非营利组织和全球型智库，具有极高的国

---

① 资中筠.财富的归宿：美国现代公益基金会评述［M］.增订本.北京：生活·读书·新知三联书店，2011.

际声望①。1911年11月设立的纽约卡内基基金会是当时美国最大的单一慈善信托机构，旨在促进科学教育的进步和对知识的理解。② 到1919年辞世时，卡内基累计捐款3.5亿美元。

在卡内基之后，一大批富豪也纷纷捐资捐助成立了私立基金会，如洛克菲勒基金会等。这些慈善基金会资金规模大、活动范围广、影响力高，将美国慈善事业推向了一个前所未有的新高度。

阅读资料3-2

洛克菲勒与慈善

这一时期，联邦政府通过法律鼓励慈善捐赠。基于政府和公民应当共同分担社会责任的理念，1913年美国联邦政府开始征收所得税时，相关法律就对慈善组织给予了免税优待。此后，美国国会又不断修订针对慈善组织的法律条款，1917年《税收法》对个人所得税重新开征，遗产税首次被永久化和制度化，并首次规定慈善捐赠开始享受优惠扣除待遇，美国联邦所得税制度的巩固进一步促进了慈善事业的发展。1931年，联邦法院第七巡回法院在一项判决中提出，对慈善绝不能拘泥于狭隘的传统性理解，慈善事业必须随着文明的发展和人的需求的增加而扩展。

（三）第二次世界大战结束以后时期（1945—1990年）

这一时期，美国经济获得长足发展，人民的生活水平也显著提高。在这个大背景下，美国的慈善事业呈现出一派新气象。

1. 慈善法制更加完善

联邦政府机构一系列与时俱进的法律修订、司法解释或法院判决，改革了全国的慈善法律体系，使各种公益慈善事业获得了前所未有的发展空间。首先，政府对民间组织慈善目的的判断挣脱了传统思维的束缚，反映出时代的特点，更加灵活和包容，更能体现公益性。其次，私立基金会也明确地获得了与传统意义上的慈善组织同样的免税待遇，而且公民个人对基金会的捐赠也可以抵扣税款。1969年《税收改革法》对美国的慈善法律进行了全面改革，把所有慈善组织划分为公共慈善机构和私立基金会两大类，并为保障私立基金会的公益性作出了详细规定。1986年修订的《联邦税收法典》是对战后慈善法改革的一次总结，基本上囊括了此前的改革成果。

2. 政府与非营利部门建立协作关系

第二次世界大战结束后，美国迎来了非营利部门的大发展，而这个部门的主力军就是各种各样的公益慈善机构。20世纪60—70年代，美国兴起的人权运动、妇女解放运动和环境保护运动等一系列社会运动，催生了一大批新型慈善组织。这些组织，无论在事业定

---

① 卡内基国际和平基金会（Carnegie Endowment for International Peace）的总部设在美国首都华盛顿，还在布鲁塞尔建立了卡内基欧洲研究中心，在莫斯科设立了卡内基莫斯科中心，在贝鲁特设立了卡内基中东中心，在北京与清华大学合作开办了卡内基-清华中心。关于该基金会的更多详情，可见其官方网站：http://www.carnegieendowment.org/。

② 纽约卡内基基金会（Carnegie Corporation of New York）的详情，可见其官方网站：http://www.car-negie.org。

位、组织形式、议程设置、项目运行还是募捐手法上，都不同于传统的慈善组织。1973年成立的法勒委员会（Filer Commission）对美国非营利部门的状况进行了大规模的系统性调研，经过深入研究与辩论，在1975—1977年间连续发表了五卷报告，呼吁政府更加重视民间慈善事业与公共需求之间的关系，用制度创新鼓励非营利部门发挥更大作用。与此同时，各级政府可支配的资源有限，无法应对层出不穷的新问题，同非营利部门建立伙伴关系便顺理成章。这方面的成功案例可谓不胜枚举。例如，20世纪80年代后期，慈善家艾琳·戴蒙德女士开始通过自己的基金会为纽约市预防和治疗艾滋病的事业捐款，之后该基金会又与纽约市政府和公共医疗机构合作组建了阿伦·戴蒙德艾滋病研究中心，由著名华裔科学家何大一领导。现在这个中心是全球规模最大的专门研究艾滋病的民间慈善机构，2011年度支出额1 620万美元。

3. 涌现出一大批以海外救援、发展援助和对外交流为主业的国际性慈善组织

第二次世界大战后，美国成为利益遍布全球、与各国联系广泛的超级大国，美国政府需要借助民间力量扩展对外影响，维护美国的领导地位和国家安全。20世纪40年代中期到90年代初，数千家以国际事务为主业的公共慈善机构和私立基金会在美国成立，"国际美慈组织"是其中的佼佼者。这家创办于1979年的组织主要在遭受灾难、战争和持续贫困的国家或地区活动，至2012年已经累计向114个国家提供了22亿美元的资助。一项专题研究表明，战后约40%的美国海外非军事类援助资金是通过慈善组织输送的。[①]

（四）冷战结束以来的慈善事业繁荣期（1991年至今）

1991年冷战结束之后，美国进入了一个慈善事业空前繁荣的时期。1991年到2010年，获得联邦税务局免税待遇的各类公益慈善组织的数量从51.6万个猛增到128万个。同期慈善捐赠占国内生产总值的比例从1.7%上升到2.0%，2000年和2005年还创出了2.3%的历史新高；若使用现行美元标准衡量全国的总捐赠价值，同期的捐赠额从不足1 000亿美元攀升到3 000亿美元。

冷战结束后，美国的慈善事业之所以能够持续和快速地发展，并在全世界产生重大影响，与以下四个方面的因素有直接关系：

1. 联邦政府对志愿服务工作的制度化

1983年，里根总统签署法案，确定每年1月份的第三个星期一为纪念美国人权运动领袖马丁·路德·金的全国法定假日。1994年，美国国会将这一天确定为全国服务日。从此，各行各业的美国人，包括总统在内，都在那一天踊跃参加各种公益慈善活动，志愿奉献自己的时间、精力、知识，为本社区或社会服务，或者进行慈善捐赠。2003年，小布什总统成立了由各界人士组成的"服务与公民参与总统委员会"。该委员会设立了"总统志愿服务奖"，以褒扬为公益慈善事业作出卓越贡献的志愿者和慈善组织。截止到2013年

[①] MCCLEARY RACHEL M, BASRO ROBERT J. U.S. Based Private Voluntary Organizations: Religious and Secular PVOs Engaged in International Relief & Development, 1939—2004, National Bureau of Economic Research, Working Paper 12238: 3-5.

4月初,全美共有超过254.7万的个人或民间团体获得奖章。

2. 超级慈善基金会的诞生

在所有私立基金会中,实力最强大的是由比尔·盖茨创办并得到著名投资家沃伦·巴菲特鼎力支持的比尔和梅琳达·盖茨基金会。这家1997年首创、2000年重组的私立基金会有三大资助领域——全球发展、全球医疗卫生和美国公益慈善事业,接受资助的非营利组织和政府机构遍布美国各地和全球100多个国家。截止到2014年3月31日,该组织基金总值达400亿美元,工作人员有1 241名,累计资助公益慈善项目的金额为301亿美元。其中,2012年资助34亿美元,2013年资助36亿美元。①

比尔·盖茨开创了这样一个时代:私人慈善机构富可敌国,不仅成为影响国际政治和经济的重要的非国家因素,而且开始拥有越来越大的话语权。

3. 美国历史上规模空前的慈善捐赠和紧急救援

进入21世纪以来,美国大规模的慈善救助有三次:对2001年"9·11"事件恐怖袭击受害者的捐助,对2004年印度洋特大海啸灾民的援助以及对2005年卡特里娜超强飓风灾民的救助。其中,"9·11"事件激发的捐赠热潮既是美国人民爱国心的集中体现,是对全体公众的一次慈善总动员,也是所有慈善组织应急救助能力的一次严峻考验。据统计,全美上下为"9·11"事件的捐赠总额高达28亿美元,其中来自公民个人的捐赠占61%,来自基金会和企业的捐赠占39%。②

4. 沃伦·巴菲特的捐赠承诺及相关呼吁

从2010年起,巴菲特联合比尔·盖茨等,以捐献声明的方式对社会郑重承诺,要在自己活着的时候就把名下半数或者更多的财富捐献出来,用于各项公益慈善事业。到2013年2月为止,已经有102名亿万富商签署了承诺书,并通过专门网站将自己的捐赠感言公之于众。这些富商不仅有美国人,还有来自英国、德国、奥地利、乌克兰等欧洲国家,甚至南非、印度和马来西亚的富商。他们树立的榜样无疑将影响越来越多的人。

第三节 中国古代慈善思想

中国传统的慈善思想发轫于先秦时期,各学派纷纷提出各自的慈善思想。实际上,中国早在先秦时期就产生了以诸子百家为代表的慈善思想体系。其中,儒家慈善思想以"仁爱"为核心。道家慈善思想的核心则是"无为而善",宣扬"积善修德""赏善罚恶""善恶报应"的慈善理念。墨家主张"兼爱非攻",倡导人们不分远近亲疏贵贱,彼此相

---

① 比尔和梅琳达·盖茨基金会(Bill&Melinda Gates Foundation)正式组建于2000年,前身是1997年成立的威廉·盖茨基金会(William H. Gates Foundation)和盖茨学习基金会(Cates Learning Foundation)。基金会总部设在西雅图,官方网站为http://www.gatesfoundation.org/。

② The Foundation Center, September 11: The Philanthropic Response, December 2004, New York.

爱互助的慈善思想。佛家提出了以"慈悲"为核心的慈善理念，宣扬通过"修福田""布施"等慈善行为来感化他人，普度众生。

一、儒家慈善思想

儒家思想是中国两千多年传统社会的主流文化，其中"仁义"是儒家思想的核心内容，并在此基础上衍生出民本思想、大同思想等，从而成为中国慈善思想最主要的理论渊源，对后世慈善事业的发展产生了深远影响。

（一）"仁爱"思想

"仁"是儒家思想的核心内容。在上古时代，已见"尚仁爱"的记叙，《诗》《书》等典籍中也不乏"仁"的记载。在此基础上，孔子将"尚仁爱"的理论作了进一步发挥，最终为儒家慈善观的形成奠定了基础。

从儒家的观点来看，仁就是爱人。《论语·颜渊》云："樊迟问'仁'。子曰：'爱人'。"以"爱人"来解释"仁"，提出"仁者爱人"的思想，指出爱人是"仁"者的基本品格。孔子认为"仁爱"应该从"孝悌"开始，最根本的就是血亲关系，并将"仁爱"推广到"泛爱众"。孔子说："弟子入则孝，出则悌，谨而信，泛爱众而亲仁。"① 这种由亲而疏的特点，使得孔子的仁爱思想具有更强大的生命力。孔子主张让人将心比心，他认为："夫仁者，己欲立而立人，己欲达而达人。能近取譬，可谓仁之方也已。"若自己有立、达的愿望，就应该设身处地想到别人也有同样的愿望，因而努力帮助别人达到立与达。这表明："仁"是一种责任，一种义务，更是一种推己及人的利他风尚和助人为善的精神。在孔子的思想体系中，"仁"是一个含义广泛的道德观念，是各种善的品德概括，其核心意涵是人与人的相互关爱。总体来说，"仁"是孔子最高的道德准则，也奠定了儒家慈善思想的理论基础，对后世影响深远。

孟子继承并发展了孔子的思想，形成了"仁义"学说。所谓"仁，人心也；义，人路也"②，故仁义成为每个人的修身之为，成为儒家道德之标志。孟子的"仁义"说是建立在"性善论"基础上的，在孟子看来"恻隐之心，仁之端也"③。恻隐之心，就是孟子对"仁"观念的发展。"恻隐之心"的道德感情，又直接发展成为道德价值观，所谓"恻隐之心，仁也；善恶之心，义也"，把"仁"和"义"当作基本道德规范。

孟子将"仁义"的思想推演到政治领域，提出"仁政"主张，指出："先王有不忍人之心，斯有不忍人之政矣，以不忍人之心，行不忍人之政，治天下可运之掌上。"④ 即君主有了"仁爱之心"，方能施行仁政。"三代之得天下也以仁，其失天下也以不仁。国之所以废兴存亡者亦然。"⑤ 这也成为战国时期以及后世封建君主统治中国与"法治"相配

---

① 《论语·学而篇》。
② 《孟子·告子章句上》第十一节。
③ 《孟子·公孙丑章句上》第六节。
④ 《孟子·告子章句上》第六节。
⑤ 《孟子·离娄章句上》第三节。

合的指导思想。

荀子在注重儒家的操守及道德礼仪前提之下,提出如何从善事中求得个人道德修养的具体方法,"见善,修然必以自存也;见不善,愀然必以自省也"①。荀子在推动善行走向伦理化方面起了重要的引导作用,这种从个人角度出发的修身,成为中国古代社会人们行事的基本准则。

西汉武帝时期,董仲舒提倡"罢黜百家、独尊儒术",儒家思想逐渐成为中国封建社会的主流思想,儒家的慈善思想也逐渐成为中华慈善事业思想体系的支柱。汉代以降,孔孟之道在慈善事业方面得到了继承和发扬。董仲舒说:"天者,群物之祖也。……故圣心法天而立道,亦溥爱而无私"。"仁之法,在爱人,不在爱我。……人被其爱,虽厚自爱,不予为仁。"②董仲舒认为,人相互救助是天之意志,人应效仿老天之仁,无私地去爱护人、救助人。

汉唐之后尤其是宋明时期,儒家的仁爱观更为主张博爱和追求心理需求。韩愈认为:"博爱之谓仁,行而宜之谓义。"③朱熹提出:"仁者,爱之理,心之德也"④,这两位儒学大家都把"仁"提到了心之德、爱之柄的高度。张载主张"以爱己之心爱人则尽仁",爱当尽可能普及,"大仁所存,盖必以天下为度"⑤。王阳明认为,良知即仁心和良心,主张致"视人犹己"之良知,以救助天下之人为己任的泛爱救助思想。可见,当儒学逐渐成为统治阶级思想体系后,内化的对自己的反省成为主流。

儒家的仁爱思想确立了一种基本的道德规范,要求人们在处理与外部关系时秉持仁爱之心,并推己及人。这实际上也是一种慈善的道德规范,它规定了帮助他人的必要性以及提供帮助时的优先次序。

(二) 民本思想

"民本思想"更加凸显了政治角度的慈善需求。中华文明自古就有"民为邦本"的思想,民本思想萌生于殷商,到了春秋时期,敬畏民心、注重民事的思想在相关典籍中屡见不鲜。孔孟在此基础上对其作了更深刻的阐述,从而使民本思想成为儒家重要观念。《论语·宪问》,有云:"修己以安百姓。"也就是说,统治者须以民为本,修仁政,关心和体恤民瘼,"节用爱民"。

孟子更是从"得天下"的政治高度劝诫为政者接受"民为贵,社稷次之,君为轻"的思想。在孟子的基础上,荀子则进一步提出:"君者,舟也,庶人,水也;水则载舟,水则覆舟。"⑥民贵君轻、君为舟民为水思想的提出,标志着春秋战国时期儒家民本思想

---

① 《荀子·修身篇》第二。
② (汉)董仲舒:《春秋繁露》卷八,仁义法第二十九。
③ (宋)黎靖德:《朱子语类》卷六《朱子语类》,中华书局1986年版,第52页。
④ (宋)朱熹:《〈论语·学而〉注》,《四书章句集注》,《新编诸子集成》(第一辑),中华书局1983年版,第48页。
⑤ (宋)张载撰,(明)王夫之注:《张子正蒙注》卷四《中正篇》。
⑥ 《荀子·王制》。

已经发展到了一个新的高度。

儒家学说中"民为邦本"的思想反映到社会慈善观方面，就是主张君要"惠民"，施行仁政。孔子提出"养民也惠"，即施惠于民被视为"君子之道"的表现之一。孟子认为，采取"与之聚之"的惠民举措，予民众以福利，使"民之归仁也，犹水之就下"，才能赢得天下。荀子亦基于君为舟、庶人为水的民本思想，提出了"收孤寡，补贫穷"的具体善举，并特别强调"节用裕民，而善臧其余"。

孔孟都大力提倡"民为邦本"思想，在实践上主张"惠民"，而这也被看作儒家慈善观的又一重要内容。儒家的民本思想推及社会生活，便成为历代王朝统治者实行种种惠民政策的文化基础和思想渊源。一旦发生灾祸，有些统治者就会谨奉"民为邦本"的古训，通过施粥、赈谷、调粟等多种慈善救济措施来赈恤灾民和流民，以期达到"博施于民而能济众"的目的。唐宋明清诸朝的一些统治者在很大程度上受到这种传统民本思想的影响，力行仁政，敬德保民，兴办或扶持慈幼局、养济院、普济堂等各种慈善机构，中华民族的慈善事业也由此相承弗衰。

（三）大同思想

大同思想亦是儒家学说体系的一个重要组成部分，它对后世的社会慈善事业产生了极大的影响。

应该说，儒家大同思想的形成与孔子主张的财富均分，反对贫富悬殊有关。《论语·季氏》曰："闻国有家者，不患寡而患不均，不患贫而患不安。盖均无贫和无寡，安无倾。"① 孔子认为，在安定和谐的社会中，人们无贫富差别则"老者安之，朋友信之，少者怀之"。《礼记·礼运》篇提出"讲信修睦，故人不独亲其亲，不独子其子，使老有所终，壮有所用，幼有所长，鳏寡孤独废疾者，皆有所养"② 的"大同"思想。孟子则提出"出入相友，守望相助，疾病相扶持，则百姓亲睦"③ 的理想社会，与孔子的"大同"之说前后呼应，共同构成了儒家的大同思想。宋代思想家张载将"老吾老以及人之老"的思想推而广之，表达了他"乾坤父母""民胞物与"的看法，使得儒家的慈善伦理得到进一步扩充。这种"天下为公"的大同思想，对后世慈善事业影响深远。

可以说，儒家的大同社会理想是慈善事业的终极目标，无论是政府开办的慈善事业，还是民间慈善，它们的共同目标都是帮助需要帮助的人，使百姓安乐、社会和谐。

（四）"义利观"

儒家的三大慈善理论渊源，除了仁爱、民本和大同思想之外，义利观也是儒家慈善思想的一个重要方面。孔子最早对义利关系进行讨论。《论语·里仁》中提出："君子喻于义，小人喻于利。"④ 又言："君子义以为上。"所谓义，是指道德标准；所谓利，是指物

---

① 《论语·季氏将伐颛臾》。
② 《礼记·礼运大同篇》。
③ 《孟子·滕文公章句上》第三节。
④ 《论语·里仁篇》。

质利益。"君子"原指"劳心者","小人"原指"劳力者"。这句话的原意是统治者应加强自身的道德修养,应将利益赐予劳动者,使劳动者富足。后来君子被用于指称道德高尚、以义为重的人,而小人则指以利为重、重利轻义的人。这也要求人们在义和利之间抉择时,应敦诚而信义,舍利而取义。孟子对于义的重视程度更甚于孔子:"生我所欲也,义亦我所欲也,二者不可得兼,舍生而取义者也"①。

正是受儒家义利观的熏陶,古代众多儒者大都重义轻利,不言名利,孜孜致力于开展救困扶危的慈善事业。在古代,"商"虽为四民之末,亦有不少商人自幼习儒,不以利害义,在经商致富之后,乐输善资。由此,散财种德、市义以归亦成为中国古代商人立身宏业之本,乃至成了传统社会一些商人的慈善观。明清时期,随着商品经济的发展及其影响力的不断扩大,商人开始自觉地参与到社会慈善活动中,并扮演着极为重要的角色,大大地推动了民间慈善事业的发展。

儒家的慈善思想强调政府对天下苍生的责任和个体对家庭、社会、天下的责任,因而可以将儒家慈善划分为官方慈善和民间慈善两大体系。所谓官方慈善,是指政府依据儒家思想而实施的荒政、社会救济等制度;民间慈善,是指民间社会中奉行儒家思想的人们举办的慈善事业和开展的慈善活动。纵观历史,与儒家文化相关的慈善,既有慈善组织,也有个体慈善的形式。慈善组织有多种类型,如安济院、慈幼局、婴儿局、同善会、广仁会、同仁会、同仁堂、义庄、义学等。绅商领导下的会馆、公所、行会、商会等也参与筹集救济金等,也是重要的慈善组织形式。

阅读资料3-3

明代江南地区民间慈善活动的开展:以同善会为例

二、道家及道教的慈善思想

道家文化是中国传统文化的重要一脉,道家以老庄为代表,道家的经典教义《老子》《庄子》等都蕴含着丰富的人文伦理思想。东汉末年,道教创立,成为中国本土宗教。道教创立之初,即以《老子》《庄子》为经典,其中的行善积德、善恶报应、赏善罚恶等道德观念也逐渐随着道教影响的扩大而成为中国古代慈善思想体系中又一重要内容。

(一)行善积德

作为道家的创始人,老子在《道德经》中明确提出人要为善的主张。《老子》第七十九章云:"天道无亲,常与善人。"道家对于什么叫作"善"有极为广泛的解释。老子说:"居善地,心善渊,与善仁,言善信,政善治,事善能,动善时。"②人在生活中时时事事处处都面临着善与恶的考量,因此善恶报应才能常常"显灵",才能掌控人心。老子认为,圣人的慈爱是博大的,他爱一切的人和物,且这种爱没有任何条件限制,"圣人常善救人,

---

① 《孟子·告子上》。
② 《老子·八章(修身)》。

故无弃人；常善救物，故无弃物"①。"善者，吾善之；不善者，吾亦善之，德善"②。这些无疑都为"以善为核心价值"的中华慈善提供了宝贵的思想源泉。

继承老子的思想，庄子认为"技兼于事，事兼于义，义兼于德，德兼于道，道兼于天"③。人们可以通过修养得"道"升天，得"道"之人就是"真人"。而得道之法即是做善事。庄子认为，做善事顺应自然，即"可以保身，可以全生，可以养亲，可以尽年"④，让善人修身颐养天年，高寿善终。可见，善恶自有报应是庄子与老子共同的主张。以老庄为代表的道家思想，具有劝人为善的教化功能。

《老子想尔注》中更提出将道教的道和善结合起来，认为"天地像道，仁于诸善"⑤。《太平经》中提出"乐生""好善"的教义，提出"乐以养人""周穷救急"的慈善观，若是"积财亿万，不肯救穷周急，使人饥寒而死，罪不除也。"⑥ 魏晋时期，道教获得了大发展，道教的慈善思想也得到进一步丰富。葛洪的《抱朴子》一书提出："欲求长生者，必欲积善立功，慈心于物，恕己及人，仁逮昆虫，乐人之吉，愍人之苦，赒人之急，救人之穷，手不伤生，口不劝祸，见人之得如己之得，见人之失如己之失，……如此乃为有德，受福于天，所作必成，求仙可冀也。"⑦ 换言之，他要求所有信奉金丹道教的人，在处理人与人的社会关系时，都要做到"乐人之吉，愍人之苦"，周穷救急，见到别人受损失如同自己受到损失，见到别人有所得如同自己有所得，推己及人，自觉去为求仙而行"善"。

唐代道士孙思邈在其影响深远的医著《千金要方》中就提出，医家须具备"人命至重，有贵千金"的医德，还应当"志存救济"⑧，有慈济救人的普爱之心。"若有疾厄来求救者，不得问其贵贱贫富，长幼妍蚩（媸），怨亲善友，华夷愚智，普同一等，皆如至亲之想，亦不得瞻前顾后，自虑吉凶，护惜身命"⑨，对病人要一视同仁，竭力抢救。这种以医济世的慈爱思想启迪了后世惠民药局、医治所等慈善救济机构的设立，民间善士施医给药的善举屡见不鲜，可以说此为其端倪。其他道教学者（如成玄英、司马承祯等人）在修行崇道中，也时时留意对道教信仰及善恶观的宣传，希冀人们在尘世积功累德，行善乐施以感动太上，死后升入神仙之列。

在老庄道家看来，行善积德的人不仅利人利己，而且昭显了自我生命对他人、对社会的意义和价值。并且，善与仙的品位成正比关系，善德积累得越多，升仙的品位也就越高。

---

① 《老子·二十七章（治国）》。
② 《老子·四十九章（治国）》。
③ 《庄子·养生主》。
④ 《庄子·养生主》。
⑤ ［汉］张道陵：《老子想尔注》。
⑥ 《太平经》丁部之十六（卷六十七）《六罪十治诀》。
⑦ ［晋］葛洪：《抱朴子·内篇》。
⑧ ［唐］孙思邈：《千金要方·序》。
⑨ ［唐］孙思邈：《千金要方·卷一》。

(二) 善恶报应观

善恶报应是道家反复强调的社会伦理,在道家经典中得到反复的申述,如:"积功累仁,祚流百世""施恩布德,世代荣昌""人行善恶,各有罪福,如影之随形,响之应声",等等。道德信念被视作道教理想社会的支柱。

这其实是殷商时代就有的"积善余庆""积恶余殃"之说的一种阐发,并进一步使之世俗化。《周易·坤·文言》:"积善之家,必有余庆;积不善之家,必有余殃。"[1]《尚书·商书·伊训篇》:"惟上帝不常,作善降之百祥,作不善降之百殃。"[2] 上古时期的善恶观念,被道家(教)继承和发扬,并屡屡论及。如此一来,道家的善恶观便深深地影响了中国民众的选择和行为,并衍生为本土根深蒂固的慈善伦理传统。

汉代张道陵的《老子想尔注》言:"圣人法天地,仁于善人,不仁恶人……是以人当积善功,其精神与天通。"《老子想尔注》中说明:"道设生以赏善,设死以威恶。天地,为物之至大者,赏善罚恶,各有职司,报应之理,毫分无失"[3]。可以说,在道教经典中人的生老病死均是由于善恶不同,使得天道给予的境遇出现差异。

《太平经》中的"承负说"发展了道家的善恶报应说,认为任何人的善恶行为不仅使自身遭报应,而且对后世子孙也会产生影响。天道承负说认为,天道能够赏善而罚恶。"承负说"的提出,不仅推动了后世道教信徒力行善事义举,而且在中国民间也产生了重要影响。

宋代的《太上感应篇》是依道教经籍辑录的一部著名的劝善书,它以道教司命神"太上君"规诫的方式,宣扬善恶报应,"善恶之报,如影随形"。如果人们笃行善事,那就"人皆敬之,天道佑之,福禄随之,众邪远之,神灵卫之,所作必成,神仙可冀"[4]。反之,若犯有恶行,司命神定将"依人所犯轻重以夺人算,算减则贫耗,多逢忧患,人皆恶之,刑祸随之,吉庆避之,恶星灾之,算尽则死"[5]。简言之,"积善天必降福,行恶天必降祸"。这种以行恶遭祸减算、损害现实利益的劝诫,对注重现世利益、希求福寿的中国人来说,具有很大的影响力。道教另一部重要的劝善书《文昌帝君阴骘文》也广刊于世,使民间行善之举蔚然成风了。北宋的道教书《云笈七签》也言,"行善益算,行恶夺算,长生之本,惟善为基也",要求道者"存念善道,远离恶道"[6]。天道承负说围绕人的生死问题,提出"天道有循环,善恶有承负"的观点,认为善恶为凡人能否通大的重要评判标准,天道也成为凡人积极行善的重要目的。

道家及道教的慈善思想为慈善活动提供了动力,对我国慈善事业的发展产生了深远的影响。从形式上看,道家和道教通常也开展济贫扶弱、治病救人、赈灾救灾等慈善活动,

---

[1] 《周易·坤·文言》。
[2] 《尚书·商书·伊训篇》。
[3] [汉] 张道陵:《老子想尔注》。
[4] [宋] 《太上感应篇》。
[5] [宋] 《太上感应篇》。
[6] [宋] 张君房:《云笈七签》卷十《三洞经教部·经五》。

如葬骸骨、放奴婢、收容难民等。作为一种宗教，道教还弘道劝业、慰藉心灵。除此之外，道教还形成了独特的劝善方式——劝善书。《太上感应篇》《文昌帝君阴骘文》《太微仙君功过格》作为道教的三大劝善书，影响广泛。

三、墨家的慈善思想

除了儒家和道家，先秦诸子百家中的墨家也是中国社会慈善思想一个比较重要的来源。墨子创立的墨家学派，与孔子创立的儒家学派并称为当时的"显学"。《韩非子·显学》中开篇便提到："世之显学，儒墨也。儒之所至，孔丘也。墨之所至，墨翟也。"墨家文化中蕴含的慈善思想也极为丰富。

（一）兼爱思想

"兼相爱"是墨家思想文化的核心，也是墨家慈善思想的集中体现，兼爱思想是墨家学派的精神支柱，也是其成员终身为之奋斗的最高理想。它代表了当时迫切希望改变自己社会政治地位的小生产者们的利益，反映了社会下层劳动人民之间相爱互助、互利互惠的朴素美德。

墨子提出"兼爱"是为了救世济民，实现自己"平治天下"的政治目标。《兼爱上》开篇云："圣人以治天下为事者也，必知乱之所自起，焉能治之。"[①] 要使天下大乱达到天下大治，就要弄清楚乱的缘由。墨子把社会弊端归于人们之间的"不相爱"，墨子希望"天下之人皆相爱，强不执弱，众不劫寡，富不侮贫，贵不敖贱，诈不欺愚"，并号召世人"视人之国，若视其国；视人之家，若视其家；视人之身，若视其身"。他设想说："若使天下兼相爱，国与国不相攻，家与家不相乱，盗贼无有，君臣父子皆能孝慈，若此则天下治。"[②]

墨子特别强调爱不分亲疏贵贱，主张"爱无差等""兼爱天下之人"，"兼爱"思想由此具有了平等性；墨子认为，兼爱应该"远施周遍"，即人与人之间要普遍、平等地互相关爱。在《兼爱下》中，墨子以对话的方式，让两派人士现身说法，阐明各自的基本观点，从而将兼爱和别爱之间的区别表现得淋漓尽致。

（二）爱利合一，贵义尚利

墨子把"爱"和"利"相统一，认为"兼而爱之"，就是"从而利之"，因而提出"以兼相爱交相利之法易之"[③]。墨子主张一切善恶是非，均可用"兼相爱，交相利"这一标尺来衡量。在他看来，"兼相爱"就是善，凡主张兼爱的人就是善人、仁人。墨子以利人，去实践"兼爱"的理念，如此，"则饥者得食，寒者得衣，乱者得治"。因而，"兼相爱"不仅是善恶评价的标准，更是趋善避恶的途径和方法。可见，墨家兼爱思想充满着乐善好施、广济天下的精神。

---

① 《墨子·兼爱上》。
② 《墨子·兼爱中》。
③ 《墨子·兼爱中》。

墨子的义利观可概括为尚利与贵义。在他看来，"利"也属于义与善，兴利除害是善恶评价的根本尺度。在墨家思想体系里，利与义相一致，重利也就是贵义。当然，"利"在墨子看来，并非单指个人利益，而是更多地指"天下之利"，利天下乃是最大的义。墨子讲"交相利"，主要是指人与人应互帮互助，不能损人利己，"亏人自利"。"财多，财以分贫也"，如此"则饥者得食，寒者得衣，乱者得治"。① 墨家这种贵义尚利的思想，促使古代劳动人民养成乐于助人的道德品质和扶困济危的精神风尚，对后世影响十分深远。

除了以上思想，墨家还提倡"非攻"，主张勿杀无辜，矜恤弱寡。另外，墨家还强调积贮粮食对救灾备荒的重大作用，认为五谷是防范饥荒的必备物资，不可不备，亦不可不节用。"凡五谷者，民之所仰也，君之所以为养也。故民无仰则君无养，民无食则不可事。故食不可不备也，地不可不用也，用不可不节也。"② 这成为后来义仓、常平仓积谷备荒的思想渊源，它们在我国长期的慈善救济过程中发挥了重要作用。总之，墨家兼爱、尚利、贵义等观念构成了中国传统慈善思想的一个重要源头，后世慈善事业的发展也深受墨家"摩踵而利天下"精神的影响。

四、佛教的慈善思想

佛教诞生于古印度，至西汉末年由西域传入我国。传入中国后，其受到中国传统文化特别是儒家思想的影响，逐渐本土化。中国佛教伦理思想趋向一种劝善化俗之道，以通俗的教化劝导人们止恶从善，避恶趋善。佛教教义中蕴含着丰富而深刻的慈善思想，可概括为慈悲观、修善功德观、因果报应说。

（一）慈悲观

慈悲是佛教教义的核心，同时也是佛教慈善思想最重要的渊源。在梵文中，"慈"意为友爱之情，"悲"为哀怜、同情之意。《大智度论》中说："慈悲是佛道之根本。""一切佛法中，慈悲为大。"《观无量寿经》上称："佛心者大慈悲是"，即说佛教以慈悲为本。对于奉佛信众来说，欲成圣佛，必须胸怀慈悲，以慈爱之心给予人幸福，以怜悯之心拔除人的痛苦。佛的这种慈悲是深厚的，清净无染的，视众生如己一体。正如《大宝积经》里说的"慈爱众生如己身"，知其困厄，如同身受，由此而生成了"众生度尽方成正觉，地狱不空誓不成佛"的菩萨人格。

佛教以正、悟、智、善的慈悲普度众生，实行"与乐、拔苦"的义举，为一切众生造福田。《大宝积经》云："能为众生作大利益，心无疲倦"，"普为众生，等行大悲。"佛法中这种不舍世间、不舍众生的利他精神也同样在《法华经》中得到揭示："大慈大悲，常无懈息，恒求善事，利益一切。"所以，佛教高僧都深怀大慈大悲之心，把赈济、养老、育婴、医疗等救济事业看成慈悲之心的外化。同时，又以"慈悲喜舍"的四无量心善待众生，以宽宏的胸襟劝谕世人发慈悲之愿而生救世之心，广行善举，求得菩提的护佑。

---

① 《墨子·尚贤下》。
② 《墨子·七患》。

（二）修善功德观

在印度佛教中，善恶原指心性的净染。《大乘义章》卷十二有言："顺理为善，违理为恶。"《成唯识论》卷五也说："能为此世他世顺益，故名为善"；反之，违损此世他世则恶。由此看来，佛教最初的善恶观是以能否契合佛理为标准，凭染净为善恶的尺度。具体而言，顺应佛法、佛理是善，心地清净无染是善；违理背法是恶，烦恼痴迷是恶。

佛教认为"善恶是根，皆因心起"。于是，制定了一系列戒律约束众徒，以断恶修善。佛门认为，只有不断改过，心地才能恢复清净，才能修成善果。因此，佛门中有"十善十恶"之说。"十恶：杀、盗、淫、妄言、绮语、两舌、恶口，乃至贪、瞋、邪见，此名十恶。十善者，但不行十恶即是也。"这样，佛教徒以十善十恶为准尺，明善辨恶并求改过积德，产生一种崇贤尚善的力量。

（三）因果报应说

基于上述的善恶观念，中国佛教为实现劝善化俗的目的，还提出了因缘业报说，也称作"果报论"。佛教认为，"业有三报：一现报，现做善恶，现受苦乐。二生报，今生作业，来生受果。三后报，或今生受业，过百千生方受业"。善恶行为的潜在力量在时空中承续相沿，生起一种"业力"，它将带来或善或恶、或苦或乐的因果报应，由前世引发至今世，并延伸至来世，便形成善业善果、恶业恶果的业报轮回。

业报轮回之说给人的这种伦理承诺在佛教经卷中比比皆是，更容易为下层民众所接受，也便于人们行善。佛教的因缘业报说渗透到社会伦理生活中，唤醒了众人的道德自觉与自律。从某种意义上说，因缘业报说更具威慑力地规范着人们的善恶行为，并进一步充实了中国民间社会的伦理观念。

综上而论，本土化了的中国佛教实际上已经是一种劝导人们止恶从善、避恶趋善的伦理宗教了。它以行善止恶、改恶迁善为佛法之大端，要求断一切恶，修一切善。这即是在慈善的伦理价值层面上规范人们的心理动机和行为倾向，敦促人们在社会生活和个人生活中内省律己、克服私欲、去恶从善，培养高尚的人格情操。

至于行善的方法，佛家也有其特别的论述，如"修福田""布施"等。所谓福田，就是行善有如农民播种于田，必有秋收之获，多行善事于前，将会受诸报于后。"福田说"即以此为譬，劝导世人多行善举，多积功德。这成为佛教教义中最有影响力的慈善思想。唐宋时的悲田养病坊、福田院之名就直接源于此。至于布施，大乘佛教就认为，"以己财事分与他，名之为布；己惠人，名之为施"。除布施外，佛教还讲爱语与利行，以此度众生。爱语是以善言相劝谕，并以众生平等之心，亲近众身，随机教化；利行则是笃行诸种善举，以利众生。

五、小结

综上所述，诸子百家的思想对中国慈善事业产生了深远的影响。儒家的仁爱、民本、大同和义利思想，对中国传统社会慈善伦理的构建和慈善事业的实践都产生了不容低估的作用与影响①。尤其是民为邦本、仁者爱人的思想观念，成为自先秦以降历代统治者实行种种惠民之政的文化基础和思想渊源。唐宋明清历代在灾荒年景都通过施粥、赈谷、调粟等多种慈善救济措施来赈恤众多的灾民和流民，或创办慈幼局、养济院、普济堂等各类慈善机构，以期"博施于民而能济众"。道家及道教的行善积德和善恶报应观，不仅推动了众多道教信徒行善事义举，而且在中国民间社会也产生了巨大影响。墨家的兼爱思想和尚利贵义等思想也可为当代慈善事业的发展提供有益的借鉴。而佛教传入以后，基于佛教的慈悲观、修养功德观及因果报应说，也对促进民众乐善好施的风俗习尚具有重要作用。以上诸方面构成了中国古代慈善事业的思想基础。上述合力，加上社会因素的作用，推动了中国古代慈善事业不断趋向兴盛。

第四节　中国近代慈善思想及其实践

近代，中国社会急剧变化、发展，新的社会思潮不断产生，猛烈冲击旧的秩序，社会发展呈现出错综复杂的状态，各个方面或快或慢地随之发生变化。在这一过程中，中国传统救济方式很难适应这些变化，慈善事业开始出现明显的近代化转型。与此同时，慈善思想也亟待更新，原有的慈善思想因受外力的冲击，由传统向近代嬗变，近代慈善思想开始形成。

一、中国近代慈善思想的来源

在中国近代慈善思想形成和发展的过程中，传统慈善思想的影响持续，同时西方慈善思想的传入也产生重要影响。

（一）传统慈善思想的持续影响

首先表现在中国传统的"仁爱"思想延续。近代时期很多的慈善家均以"仁爱"作为其力行慈善的重要动力。比如晚清时期的著名慈善家经元善，他认为"从不忍人之心发出，不期善而自善；从忍人之心发出，不期恶而自恶。有不忍人之心，是为善行……故诚以仁之为道大也"②。张謇经常用仁义之说，作为劝说他人进行慈善资金募捐的重要理论基础。近代很多慈善机构的设立也是秉承"仁"的理念。正如康有为所说"近善堂林立，广为施济，盖真行孔子之仁道者"③。熊希龄创办的慈幼院，张謇创办的育婴堂、养老院、盲哑学校等无不以"仁爱"为指引。

其次是"善报"观念的影响。余治是一位善恶报应思想浓厚的慈善家和慈善理论家，他曾说道："救灾获福确有证验事难枚数。略举其概如此。夫释氏因果之说近于荒诞，而

---

① 宗银桂. 中国传统文化中的道德理性分析［J］. 求索，2006（10）.
② 经元善. 经元善集［M］//虞和平. 金观察办赈获墓记. 武汉：华中师范大学出版社，2011：78.
③ 康有为. 两粤广仁善堂圣学会缘起［M］//中国近代教育史资料汇编. 上海：上海教育出版社，2007.

善恶感应周有昭然不爽者。"① 经元善也经常用善恶之报警醒自己，认为"善恶之报，如影随形，可不惧哉，可不以为鉴哉"②。"善报"的慈善理念也被近代慈善组织和社会理论界发挥及宣扬，作为行善的动力，"何善不可为，何福不可致，果行育德，孰大于是"③。近代这种"求报"的宗教慈善思想，有效地激励着人们坚持从事慈善事业。

最后是教化与劝善理念的影响。在中国的传统慈善思想中，存在明显的教化与劝善理念。近代时期，慈善思想中的教化和劝善理念表现得更加明显。比如，郑观应在丁戊奇荒和长江水灾时，曾先后两次刊印《救灾福报》，以修德获报者的事迹"以为之劝"④。余治认为义学与积善之间有着紧密关系，创办义学可积善，更易实现劝善，尤其注重蒙童的教养劝善。民国年间的《同善社说明书》中，开宗明义地提出创办同善社，就是"以劝善归过，正心养身为宗旨"⑤。

（二）西方慈善思想的传入的影响⑥

中国近代慈善思想的形成，受西方社会慈善福利思想的若干影响。具体言之，主要有教会慈善事业、西学报刊、国人海外见闻三个方面。

1. 教会慈善事业的影响

近代时期，一些传教士或教会在通商口岸及内地兴办了育婴堂、孤儿院、诊所、医院等育婴与医疗慈善机构。在教会慈善机构的影响下，沿海通商各埠一些开明的绅商开始联络西方人士，着手开办医院诊所。这类医疗机构对穷苦之人往往多有免费施救的慈善之举。此外，教会赈灾慈善活动也对中国的慈善事业产生了影响。西方传教士主持的洋赈，对正在兴起的有近代民族意识的中国绅商也产生了强烈刺激。

2. 西学书报的传播

在近代出版的报刊书籍中，多有涉及西方国家慈善事业方面的内容，这个时期中国人自办的报刊也多有介绍西方各国的社会制度，包括慈善福利制度的内容。这都使得更多的中国人对西方慈善事业有了进一步的了解。

3. 国人海外见闻的影响

从19世纪60年代开始，清政府派出了一批官员赴英、法、美、俄等国交涉外交事务，随后又有更多的中国士大夫、留学生出洋。他们将所见所闻载录下来，写成了日记或游记，其中也多有包括各国近代慈善事业的相关情况。这些著述对中国正在兴起的近代慈善事业也有相当大的社会影响。

---

① 余治. 得一录［M］//中华文史丛书（第84辑）. 台北：华文书局股份有限公司，1969：402.
② 经元善. 急劝四省赈捐启［M］//虞和平. 经元善集. 武汉：华中师范大学出版社，2011：5.
③ 冯桂芬. 上海果育堂记［M］//沈云龙. 近代中国史料丛刊（第85辑）. 台北：文海山，1972：1417.
④ 救灾福报［M］//李文海，夏明方，朱浒. 中国荒政书集成（第8册上）. 天津：古籍出版社，2010：5252.
⑤ 四川名山县同善社事务所. 同善社说明书［M］. 民国线装本.
⑥ 周秋光，徐美辉. 论近代慈善思想的形成与发展［J］. 湖南师范大学社会科学学报，2005，34（5）.

二、中国近代的慈善观与实践

随着西方慈善事业在中国的传播，传统的慈善思想在近代发生了较大变革，主要表现在三个方面：行善的社会责任观、"教养兼施"观、"工赈"思想。

（一）行善的社会责任观

传统的慈善活动多基于宗族关系，以血缘或亲缘为纽带。传统慈善，方式上以"布施"为主，到近代，这种消极的、家族、地域式的慈善活动发生了变革，逐渐形成了积极的"互助"及"公共责任"的观念[①]。近代出现了慈善家和专门的社会组织，更多的人意识到："生活在同一社会的人类，彼此之间都有连带的关系，个人的不幸能影响社会全体……所以对这个不幸者大家都应表同情，并给以帮助。"从思想上认识到个人的不幸既是个人责任，也是社会责任，"凡不合时代需要之旧习，应排而去之，即昔日所谓各家自扫门前雪之自利主义，更不容再存于今日……救济政策为吾人所应负之一种伟大职责"[②]。由此可见，行善的社会责任观念逐渐形成并传播开来，成为传统道德观和宗教观行善之外的又一种新观念。

行善的社会责任观的体现如下：

首先是义赈，其是近代慈善社会责任观的具体体现。光绪年间的义赈开启了近代慈善救济的新模式，义赈也成为民间救济的重要形式。义赈不仅自己捐款救助，还发动社会各界，呼吁同胞尽公民之责。

其次是近代形成的社会养老观念，也是社会责任观及公益慈善思想的体现。受传统的儒家仁爱思想与孝道观的影响，家庭养老一直是国人养老的主要方式。然而，近代灾荒频繁，国力衰落，造成人们无力供养老人，逐渐形成了社会养老观念。张謇认为，当国家战乱不断，家庭遭到破坏，老人流离失所时，社会应当承担起救助"无告老人"的责任。此外，报刊也大多呼吁唤起公民责任意识。1931年夏，长江流域发生了一次近代史上最严重的灾荒，社会各界纷纷捐款助赈。天津《大公报》刊登诸多捐启，呼吁同胞："发扬中华民族仁侠之精神，牢记救人救己社会连带之真理，各量其力，有所捐助。"[③] 该报还将1931年9月1日定为"救灾日"。社会各界对《大公报》的倡议给予积极的回应，当时以报纸为代表的新兴媒体在传播灾情、唤起大众公民意识和公民责任方面发挥了举足轻重的作用。

在近代，传统的家族式、地域式的慈善救济观念逐渐发生了变化，救济活动变为一种跨区域的救助，表明近代慈善事业正在逐渐转变成为整个社会的责任。此时，无论是个人呼吁、慈善机构组织还是大众宣传都传递了行善的社会责任观念。

---

① 陈凌云撰写的《现代各国救济》一书，提出："过去消极的'慈善''布施'等方式急应改变，使成立积极的'互助''公共责任'之观念。良以人生于世，不能脱离社会，除家属亲友以外，尚有广大之社会在，一切衣食住行，既系社会供给于社会，则个人对于社会应尽相当责任，实为无可非议之理论，此乃指个人而言。"

② 梁维四. 慈善政策论［J］. 中国建设，1930（2）.

③ 请求全国读者捐赈［N］. 大公报，1931-08-20.

（二）"教养兼施"观

自古以来，中国慈善以施与为主要办法，关注被救助者的生存问题，如天冷施衣，有病施医，凶岁赈食，对贫穷乞讨者施以金钱，这是以"养"为主的救济方法。进入近代以后，传统慈善组织不断进行自我调整以适应社会环境的变动。随着中西文化的交流，受西方教会慈善组织的影响，国内慈善组织开始注意到以"养"为主慈善方式存在的问题。一方面，被救助者人数日增而资金有限，"以有限之金钱而应无限之需求"也容易使施救者陷入困境；另一方面，被救助者容易养成懒惰、贪婪的习性，"永无自立之余地"，长此一来就不是施惠于人，而是害了他们。随之，"教养兼施""以教代养"的慈善思想开始被慈善界和学术界普遍认可和接受。

近代对慈善教育思想的系统研究可追溯到 18 世纪 60 年代。1860 年，冯桂芬的《收贫民议》就提出学习西方国家对贫民实行教养兼施的慈善制度的建议，倡设新式育婴堂、读书室、严教室等慈善组织，开启了近代慈善教育观念的先河。① 这在当时引起了人们相当大的关注。而后，陈炽在《庸书》，郑观应在《盛世危言》中亦分别呼吁借鉴西方慈善事业的良法，变重养轻教而养教兼施。戊戌时期，慈善教育思想有了更广泛传播，一些善士还开始付诸行动。1897 年底，经元善就称"女学堂之教人以善与赈济之分人以财可同日而论，且并行不悖"②，遂开天下风气之先，在慈善界同仁的支持下，捐资创办了中国第一所女学堂，由此揭开了近代慈善教育事业大发展的序幕。

近代以来特别是民国以后，"教养兼施"的慈善方式也被慈善工作者所普遍采用。张謇是清末民初教养兼施思想最成功的践行者。在张謇看来，慈善教育是救人救彻的一条有效办法。为此，他在南通不仅兴办盲哑学校，还兴办女子学校、师范学校、医学专门学校和贫民工厂、图书馆、博物馆等慈善设施，以己之力推行广泛的慈善教育，大力培养受教育者的知识和技能。熊希龄把慈善教育作为兴国利民的一项举措，他认为，在国家动荡时代，救人之"身"，救不胜救；而慈善教育是救人之"心"，欲挽救这个混乱的社会，就必须兴办教育，从幼童开始入手，医治人心。大量慈善组织在这种慈善理念指导下从事慈善活动，无论是世界红十字会、中国红十字会、中华慈幼协会等全国性的慈善组织，还是地方性慈善团体，如洗心局、迁善所、济良所、工艺局、习艺所及教养局等，都莫不奉行"教养兼施""以教代养"的慈善理念。

阅读资料3-4

张謇的慈善教育思想

总之，近代时期，慈善教育已日益为慈善界人士所重视，各种类型的慈善教育机构纷纷涌现，扩充和丰富了慈善活动的内容。慈善教育机构实行教养兼施的理念，不仅教会孤贫、盲哑儿童谋生的技能，还将之塑成社会有用之人，以回报社会。

---

① 冯桂芬. 校邠庐抗议 [M]. 郑州：中州古籍出版社，1998.
② 虞和平. 经元善集 [M]. 武汉：华中师范大学出版社，1988.

(三) 工赈思想

清末民初，为应付连绵不绝的水旱各灾，全国各地成立了名目各异却职能相类的慈善机构，从事各项救灾活动，像华洋义赈会、国际统一救灾会及各省的筹赈会等。面对灾害，赈灾固然必要，但不能单以赈灾为临时应付之策，采取标本兼治的工赈措施，才能达到救人救彻之效。

1. 以工代赈

近代中国灾害频发，在赈灾的过程中，形成了丰富的工赈思想。经元善认为："放赈是无底之壑，久而久之，难以图存。"① 熊希龄曾比较全面地阐述过他的工赈思想："中外论赈者无不谓以工代赈为办赈最良之方法，如浚河、筑堤、造路，及各工厂，既可成一有益事业，并令得习技能，免成游惰，且以壮丁一人所得工资，足养五口之家，苟有作工之壮丁二十万人，则可养活一百万名之人口，其法之善，即在于此。"② 熊希龄认为，以工代赈不仅可以获得一技之长，还可以获得工资，养活自己及家人，是最良的赈灾方法。张謇的慈善活动中也蕴含着工赈思想，在张謇看来，"以工代赈，为中国向来办赈至善之策"③。以工代赈是近代慈善组织办赈救灾的一种比较积极的方式。例如，在1917年的顺直赈灾的办理过程中，熊希龄主持创行了以工代赈之法，即组织灾区的大批青壮灾民，修筑马路。这种以工代赈，既救济了大批失业的饥民，又为地方办了一项永久的建设。

2. 治水代赈

由于中国水患频繁，为害最重，治水代赈的思想也是工赈思想的重要内容。经元善认为，传统的赈济犹如负薪救火，"赈无了期"④，"欲救人救彻，必兴助水利"，主张"广开新河，宣泄积涝，排决归路"⑤，这样才能兴利除害。张謇也认为"水道不修，则水灾必有之事，有灾即又须赈，徒赈无益，甚且养成一般人民之依赖性"⑥。因此，对于水患灾害，不能单纯地赈济，还要标本兼治，从水患治理上下功夫。

兴修水利是解决水灾的根本之法，并提出疏通淤泥，夹河驻堤、沿堤植树等"水灾一劳永逸之法"。熊希龄在主持顺直水利委员会时，为解决顺直地区全面治水的根本问题，就以解决各河决口堵塞，办理治标工程为要务。

除了强调治水，也要注意防护。熊希龄在督办顺直水灾中指出，滥伐森林是造成水灾发生的主要原因之一。所以，熊希龄认为要治水就要保护森林，保持水土。同时，他还提出了采伐森林的办法，"亦须仿外人轮伐之例，植新去旧"⑦ 并"于沿河诸山增植树株，

---

① 经元善. 畿辅水利专事堤工似利实害说 [M] //虞和平. 经元善集. 武汉：华中师范大学出版社，2011：22.
② 周秋光. 熊希龄集（下）[M]. 长沙：湖南人民出版社，1996.
③ 李明勋，尤世玮. 张謇全集（第四卷）[M]. 上海：上海辞书出版社，2012.
④ 虞和平. 经元善集 [M]. 武汉：华中师范大学出版社，1988.
⑤ 虞和平. 经元善集 [M]. 武汉：华中师范大学出版社，1988.
⑥ 李明勋，尤世玮. 张謇全集（第四卷）[M]. 上海：上海辞书出版社，2012.
⑦ 熊希龄. 呈大总统为请禁滥伐森林以防水患 [M] //周秋光. 熊希龄集（6）. 长沙：岳麓书社，2008：341.

庶节宣有度，节候堪调，则剽悍之势可减，泥沙之垫自轻"①。郑观应在治理旱灾时，也强调了广开沟洫和种植树木是解决旱灾的"治本"之法。

工赈措施在近代慈善救济过程中起到了举足轻重的作用，表现在两个方面：一是以工代赈的地位日愈突出。清末工赈之议再兴后，很快就与单纯赈抚的地位相侔，及至民国年间已跃居其上。二是以工代赈的次数多、项目繁。举凡近代列次灾荒的善后之策，尤其甲午战后，屡有以工代赈的慈善救济项目，或疏浚河渠，或修筑堤坝，或砌建城垣，或设工艺局，或兴路开矿，次数之频甚至难以精确统计。

总之，近代慈善组织在恤贫济困、赈灾救荒过程中，逐渐重视工赈，采取积极、治本的慈善举措，收效良好。

第五节　当代中国慈善事业的发展

1949年新中国成立后，尤其是改革开放以来，我国慈善事业发展取得了飞速发展，特别是在1998年和2008年经历两次巨大跨越，中国的慈善事业正在迈入全民性公益慈善时代。纵观70多年的慈善历程，中国慈善事业的发展并非一马平川，大致可以划分为曲折发展、恢复与发展、快速发展三个阶段。

一、中国慈善事业的曲折发展

（一）国家承担社会救济任务

新中国成立初期，我国开始实行计划经济，慈善事业也被纳入了统一管理，停止了一切民办的慈善事业，对一些慈善机构、社会救助团体进行了关停、合并、改造，只有宋庆龄创办的中国儿童福利会等若干社会慈善组织保留下来。不过，它们划归统战部门管理，不可自主组织任何慈善活动。

1949—1978年，"社会福利"代替了"慈善事业"，由政府承担社会救助的任务，政府领导下的社会团体开始承担部分福利救济的慈善工作，具体包括：①中央人民政府政务院专门设立内务部，全国各地区也都设了民政机关，管理各地民政事务。民政部门的基本职责包括社会救济、生产救灾、困难补助、优抚安置等。此外，还成立了中央救灾委员会，使社会救助工作有了组织保证。②政府兴办了一批社会福利机构和设施来安置老弱病残、救济生活困难的群众。③1951年中央政府颁布了《劳动保险条例》，在全国范围内逐步建立起以国家保障为主要方式，以全民所有制单位职工为主要对象，以企业和机关事业单位为基本管理层次的国家保障制度。统计数据表明，1949—1954年全国新建或改建666个残老、儿童福利机构，其中收养在院抚育教养的婴幼儿达到25 960人，加上残疾儿童福利机构

---

① 熊希龄. 督办永定河决口堵筑工程事宜处报告（序）［M］//周秋光. 熊希龄集（7）. 长沙：岳麓书社，2008：812.

等其他机构，解放初期国家共收养了20多万孤儿、弃婴、残疾儿童和流浪街头的儿童。[①]

这一时期的社会救助工作主要包括以下几个特点：①对不同的群体进行针对性的救助。新中国成立初期，社会上的弱势群体数量巨大，情况复杂，不同的群体面临不同的困难，有着不同的特征。因此，党和政府在社会救助工作中提出了遵循因类而异、因人而异的原则，对不同的群体采取不同对策。②思想宣传教育。在全社会传播新的社会观念，从价值导向上提倡平等相待、扶弱济贫的团结互助理念，反对社会歧视，让全社会都关心社会弱势群体，为弱势群体的救助和自救营造良好的社会氛围。

（二）慈善事业面临困难局面

"文化大革命"时期，慈善事业的发展面临困难局面，主管社会福利的机构被撤销，福利事业长期停滞不前，残疾人、孤残儿童、老年人和普通市民生活状况普遍恶化，甚至一些弱势群体的基本生活也无法保障。在改革开放前的一段时间里，慈善事业还陷入了"姓资姓社"的争论之中，有人认为慈善是资本主义社会的东西，社会主义不需要也没有必要搞慈善事业。

二、中国慈善事业的恢复与发展

（一）中国慈善事业的重新开启

1978年党的十一届三中全会召开，重新确立了解放思想、实事求是的思想路线，全国工作的重点也从"以阶级斗争为纲"转为"改革开放和社会主义现代化建设"。慈善事业也重新出现在大众的视野内，中国慈善事业进入重新恢复时期。

改革开放后，一批慈善组织和机构应运而生。1981年7月28日，中国少年儿童基金会由全国妇联批准建立，它的成立开启了我国慈善事业发展的新时代。1982年5月，宋庆龄基金会成立，主要服务对象是贫困条件下的少年儿童和处于弱势的少年儿童。1984年3月15日成立了中国残疾人福利基金会。民间公益慈善组织也广泛兴起，如1985年成立的南京爱德基金会。之后，各种类型社会团体纷纷建立，各省、市、县纷纷设立慈善组织，甚至一些街道和乡镇也组织注册慈善会。

1978—2003年，成立了许多慈善组织，但是一些机构并不是真正意义上的慈善组织，这些组织早期的命名和活动开展也没有使用"慈善"，而是用"人道救助""公益事业"等词汇替代。1991年出版的《中国大百科全书》对"慈善事业"如此定义："从同情、怜悯或宗教信仰出发对贫弱者以金钱或物品相助，或者提供其他一些实际援助的社会事业……带有浓重的宗教和迷信，其目的是为了做好事求善报；慈善者通常把慈善事业看作是一种施舍……它只是对少数人的一种暂时的、消极的救济……它的社会效果存有争议。"在募集资金方面，当时政府是慈善资金的主要提供者。这一时期也没有出现大规模的慈善捐赠和救济活动，国家对此也没有给予引导，慈善意识尚不普及。

---

① 周秋光. 中国慈善简史 [M]. 北京：人民出版社，2006.

（二）对慈善从排斥到接纳

1989 年成立的中国青少年发展基金会等一批中国社团组织，在当时大都认为自己所从事的事业是公益而不是慈善，因为在大家看来，社会组织和企业的捐助活动属于公益的范畴，不属于慈善。

20 世纪 90 年代后，中国的慈善事业逐渐得到丰富与发展，人们对慈善开始转为接纳。党和政府也支持慈善的发展，政府主导制定并出台了一批鼓励慈善事业发展的具体措施。

1994 年 2 月 24 日，《人民日报》发表社论《为慈善正名》指出，"社会主义需要自己的慈善事业，需要自己的慈善家"①。"慈善"又一次以正面的形象出现在公众的视野，人们对慈善的认识开始转向积极。中华慈善总会在 1995—1996 年专门组织了若干次旨在为慈善正名的研讨会，活动的开展促使社会大众开始思考有关慈善的问题。

与此同时，一大批慈善机构纷纷成立。1993 年 1 月 8 日成立了吉林省慈善总会，这是 1949 年以来政府批准设置的第一个慈善组织。1994 年 4 月 12 日，中华慈善总会在北京成立，是中华人民共和国成立后第一个全国性的慈善团体，中国的慈善事业进入了一个新的发展阶段。此后，北京市、济南市、辽宁省、广东省、浙江省等纷纷成立慈善总会，指导各省慈善事业的发展。除此之外，还有一些特殊的专门性的慈善机构。据资料显示，截至 2000 年，全国共建有慈善组织 306 个，其中地（市）级慈善会 109 个，县（市）级慈善会 106 个，乡（镇、街道）级慈善会 66 个。② 慈善会在推进慈善事业恢复与发展中发挥了不可替代的作用，但其进一步的转型与发展也被提上了议程。

各地慈善总会成立之后，发动和依靠社会各界力量赈灾救难，开展了形式多样的慈善救助活动，各地的慈善事业的慈善救济也由原来的间歇性转向经常性。从传统的赈灾募捐、扶贫济困、助残恤寡、养老慈幼，到慈善意识的启蒙与教育、创办慈善超市、提供心灵抚慰、环境保护等。1998 年特大洪灾，政府从慈善活动中接受的捐助高达 40 亿，而全国性及地方性的慈善团体募集到善款善物为 30 亿左右。③ 这场救灾行动，不仅极大地改变了人们之前对慈善、慈善事业的消极认识，也让政府看到了民间救援、慈善救济活动的力量。

在慈善宣传方面，随着慈善事业的发展，各地慈善组织开始通过各种途径来普及和培育人们的慈善意识，如通过新闻媒体、报纸杂志和电视节目来宣传慈善。中华慈善总会 1998 年创办《慈善》杂志，又与《人民政协报》共同主办了《慈善周刊》，与中央电视台十频道合作开设了慈善专栏，以及后来又编撰了《中国慈善年鉴》，对宣传慈善事业起到了一定的作用。1995 年成立的北京西城慈善协会，依托《中国社会报》《北京日报》《北京晚报》等 13 家报纸共同开设了名人访谈、午间新闻等节目，通过这些节目加强对慈善的宣传，培育大众的慈善意识。总之，通过各种渠道和资源帮助民众认识、了解慈善事业，逐步培养和树立慈善意识。

---

① 孙月沐. 为慈善正名 [N]. 人民日报，1994-2-24（004）.
② 周秋光，曾桂林. 当代中国慈善事业发展历程回顾与前瞻 [J]. 文化学刊，2007（5）.
③ 郑功成. 当代中国慈善事业 [M]. 北京：人民出版社，2010.

三、中国慈善事业的快速发展

进入 21 世纪，我国慈善事业的发展前景更加广阔，不仅慈善事业的积极作用得到进一步肯定，而且政府重要会议和文件中多次提出慈善事业是社会保障体系的重要组成部分，充分支持慈善事业的发展。同时，强调提高全民的社会责任意识，形成广泛的慈善文化，以引领更多的社会大众参与到慈善事业发展中。此外，为保障慈善事业的健康发展，出台了《慈善法》，慈善事业进入法治化发展阶段。

（一）慈善事业是社会保障体系的重要组成部分

2004 年 9 月，党的十六届四中全会通过的《中共中央关于加强党的执政能力的决定》明确提出，"健全社会保险、社会救助、社会福利和慈善事业相衔接的社会保障体系"[①]。慈善首次正式进入中央文件，成为社会保障体系的重要组成部分。2005 年 10 月，党的十六届五中全会提出"加快完善社会保障体系"的号召。2007 年 10 月，党的十七大报告指出："要以社会保险、社会救助、社会福利为基础，以基本养老金、基本医疗、最低生活保障为重点，以慈善事业、商业保险为补充，加快完善社会保障体系"[②]，中国慈善事业成为政府工作的有益补充。习近平总书记在主持召开中央全面深化改革领导小组第十九次会议上强调："推动基本医疗、大病保险、医疗救助、商业健康保险、社会慈善等衔接配合，努力构建多层次的医疗保障体系。"[③] 由此可见，在此阶段，党和政府一直把公益慈善事业作为社会保障体系的重要组成部分。

除强调慈善事业的重要性外，党和政府还明确大力支持慈善事业的发展。2005 年 3 月，温家宝总理在十届人大三次会议上所作的《政府工作报告》中第一次明确提出"支持发展慈善事业"。从 2005 年起，每年的政府工作报告中都提及慈善事业的发展，对其高度重视，慈善事业的发展迈入了一个关键时期。党的十八大报告明确提出"完善社会救助体系，健全社会福利制度，支持发展慈善事业，做好优抚安置工作"[④]，党的十九大报告中，习近平总书记进一步强调社会保障体系的建设，指出要从制度层面保障慈善事业、社会福利等事业的发展。[⑤] 慈善事业在我国的发展正迎来新的机遇期。

（二）增强慈善事业的社会责任意识

慈善事业的发展需要全社会的支持和帮助。2008 年，胡锦涛在中华慈善大会上指

---

① 中共中央关于加强党的执政能力建设的决定 [EB/OL]. (2004-9-19) [2023-6-6]. http://cpc.people.com.cn/GB/64162/71380/102565/182138/10326365.html.
② 胡锦涛. 高举中国特色社会主义伟大旗帜，为夺取全面建设小康社会新胜利而奋斗 [EB/OL]. (2017-10-26) [2023-6-6]. https://news.sina.com.cn/c/2007-10-26/102412791115s.shtml.
③ 习近平主持召开中央全面深化改革领导小组第十九次会议 [EB/OL]. (2015-12-09) [2023-6-6]. 央广网. http://news.cnr.cn/special/zglz/zglzxsj/20160115/t20160115_521148475.shtml.
④ 胡锦涛在中国共产党第十八次全国代表大会上的报告 [EB/OL]. (2012-11-18) [2023-6-6]. http://cpc.people.com.cn/n/2012/1118/c64094-19612151-7.html.
⑤ 习近平. 决胜全面建成小康社会 夺取新时代中国特色社会主义伟大胜利：在中国共产党第十九次全国代表大会上的报告 [J]. 党建, 2017 (11)：15-34.

出:"进一步发展中国慈善事业,需要各方面的热心支持和鼎力相助。希望海内外社会团体、各类企业和各界人士进一步发扬人道主义精神,乐善好施,扶危济困,热情参与慈善活动,向需要帮助的人们献出更多的关爱。希望各级慈善机构充分发挥自身的优势,积极传播慈善文化,不断创新募捐方式,切实管好用好善款,以良好形象取信公众,取信社会。"① 2008年连发的大灾进一步激发了全民慈善意识,汶川地震、南方雪灾、玉树地震引发了全民的捐助高潮。对灾难的救援不再是政府独自包揽,而是受到全民关注。

慈善事业的发展需要广泛的慈善文化和价值引领,鼓励自觉履行社会责任。2014年5月16日,习近平在北京会见第五次全国自强模范暨助残先进集体和个人表彰大会受表彰代表,并发表重要讲话:"助残先进以及他们所代表的关心和帮助残疾人的社会各界人士,也堪称楷模,引领社会风气。'赠人玫瑰,手留余香'。大爱无疆、仁者爱人。这种舍己为人、乐善好施的高尚品质,是社会主义核心价值观的具体体现,是中华民族传统美德的具体体现。"② 慈善事业的发展需要广泛的慈善文化和价值引领,让社会大众参与慈善事业,自觉履行社会责任。习近平认为,慈善对于整个社会而言,有利于促进社会公平和福利的提升,有利于弘扬社会主义荣辱观,有助于增强社会凝聚力,进而提升整个社会的文明程度。

(三)慈善事业发展的法治化

经过70多年的社会主义建设,我国对慈善思想的认识逐步深化,并向法治化方向发展。

从1993年起,我国便开始出台一系列对慈善机构起到直接规范作用的法律法规,如1993年的《中华人民共和国红十字会法》、1998年的《民办非企业单位登记管理暂行条例》,同时还修订了《社会团体登记管理条例》《中华人民共和国公益事业捐赠法》,2004年又颁布新的《基金会管理条例》,等等。这些均是慈善事业可遵循的法律政策依据。

党的十八届四中全会提出要"加强重点领域的立法工作",提出"依法加强和规范公共服务,完善教育、就业、收入分配、社会保障、医疗卫生、食品安全、扶贫、慈善、社会救助和妇女儿童、老年人、残疾人合法权益保护等方面的法律法规"③。这些规定表明我国慈善事业的发展要走法治化道路,为慈善事业发展提供法律保障。在公益慈善发展过程中,《慈善法》的制定意义重大,"通过慈善立法的手段,加强约束监督,吸收更多社会力量参与慈善事业,让慈善事业在法治轨道中运营,让法律为慈善事业发展保驾护航"。2015年,《中华人民共和国慈善法(草案)》征求意见稿形成,2016年3月16日第十

---

① 胡锦涛等会见出席中华慈善大会的代表并发表重要讲话[EB/OL].(2008-12-5)[2023-6-6].http://www.ce.cn/xwzx/gnsz/szyw/200812/05/t20081205_17596798.shtml.
② 刘维诗.更加勇敢地迎接生活挑战 更加坚实地为实现梦想努力[N].人民日报,2014-05-17.
③ 中共中央关于全面推进依法治国若干重大问题的决定[N].人民日报,2014-10-29(001).

二届全国人民代表大会第四次会议通过了《中华人民共和国慈善法》，自 2016 年 9 月 1 日起实施，这是我国慈善领域第一部专门的法律。

《慈善法》的出台，把传统意义上"扶贫济困"的慈善概念扩展到了一切有利于社会公共利益的活动。《慈善法》明确规定，公益慈善事业包括促进教育、科学、文化、卫生、体育等事业的发展，保护环境等有利于社会公共利益的活动，公益慈善事业超越社会保障体系的范畴，上升到了一个新的高度。《慈善法》为我国公益慈善事业的发展提供了规范性的制度文本，为深化公益慈善事业的改革提供了指南，标志着中国公益慈善事业进入现代公益慈善的新阶段。

随着慈善事业的发展，慈善在我国社会经济建设中的积极作用也越来越受到关注。慈善不仅在改善民生、促进社会和谐方面有重要作用，在精准扶贫和灾害救助中也不可或缺。《中共中央关于全面深化改革若干重大问题的决定》充分肯定了慈善事业在扶贫救困过程中的积极作用。《中共中央关于制定国民经济和社会发展第十三个五年规划的建议》也对慈善事业与社会救助、志愿活动等作出了相关指导。在 2015 年的中央扶贫开发工作会议上，习近平总书记强调，应充分利用慈善事业吸纳的社会资源，这些帮扶资源要与基层贫困户实现精准对接。① 习近平强调，发挥社会主义制度优势，重点关注深度贫困地区公共服务、基础设施和基本医疗保障等问题，实现集中力量办大事……同时加大对因病致贫群众的帮扶力度，并对那些产业扶持和就业帮助作用乏力的家庭提供政策性保障兜底。② 习近平总书记的重要讲话和中央出台的一系列文件都体现出慈善在精准扶贫中发挥着重要作用。

四、小结

当代的中国慈善事业经历了停滞、复苏与发展及蓬勃发展几个时期，从谈"慈善"色变到越来越多的人投身于公益慈善事业，保持着持续发展的态势。目前，中国慈善组织数量不断增加，慈善社会化程度不断加强，慈善社会捐赠总额稳步上升。1998 年特大洪水推动了中国慈善事业的发展，2008 年汶川地震进一步激发中国的慈善热情，《慈善法》的出台将使得越来越多的公民将参与到社会慈善中来，全社会的现代慈善意识会进一步得到提高。

习题

1. 简述基督教的慈善思想。
2. 简述伊斯兰教的慈善思想。
3. 请谈谈英国慈善事业的五个发展阶段。

---

① 习近平. 在中央扶贫开发工作会议上的讲话：2015 年 11 月 27 日［M］//中共中央党史和文献研究院. 十八大以来重要文献选编（下册）. 北京：中央文献出版社，2018：51.
② 习近平. 在深度贫困地区脱贫攻坚座谈会上的讲话［EB/OL］.（2017-9-1）［2023-6-6］. http：//politics. people. com. cn/n1/2017/0901/c1024-29508176-3. html.

4. 在第二次世界大战结束以后时期，美国慈善事业获得了哪些发展？
5. 简述儒家慈善思想。
6. 佛教有哪些慈善思想？
7. 谈谈中国近代慈善思想。
8. 论述中国慈善事业的三个发展阶段。

案例题

熊希龄的香山慈幼院

香山慈幼院成立于1919年，是熊希龄为收养受灾孤儿而设立的专门慈善教育机构，其办学宗旨是："教养孤儿失学之男女儿童，使有适当的智能、道德，俾可谋生于社会。"为了实现既定宗旨，香山慈幼院推行"三合一"的教育体制，即集学校、家庭、社会三位一体的教育体制。也就是，香山慈幼院不仅要供给孤贫儿童衣食住及其他生活用品，而且还得聘请大批的管理人员与教育人员来抚养他们，此外还要根据社会需要，设立各种类型的工场，让儿童学得一技之长，以便成人后能自食其力。为此，熊希龄实施了一整套教育教学制度。如他的管理机构有院内、院外之分，院内设事务股、教务股、保育股、职业股等四股；院外有香山感化院、北京贫儿院、香山初级小学事务所、慈祥工厂、慈云女子工厂等五处。教学方面，他根据初入院儿童的个性和年龄层次的不同重新分级，将智商高的儿童编为一级，智商低的儿童编为一级。普通者分作数级，具体规定为：婴儿年满4岁的入幼儿园；年满6岁至7岁的入初小；年满10岁的入高小。各级儿童都开设国语、算术、物理、化学、历史、地理、英语等文化课程。为配合职业教育的开展，熊希龄还陆续筹建了许多工场，如农场、陶工厂、鞋工厂、理发室、刺绣工场等。在生活方面，建院之初，熊希龄就商请夫人朱其慧以女红十字会名义在静宜园内开办了一所香山医院，后又设一病后疗养院，为儿童治病和恢复健康。如此健全的教育体制，当时的教育部科长戴观应在视察香山慈幼院时发出如是感叹："这样完美的组织，在中国教育界开了一个新纪元。"香山慈幼院办理30年，先后培养的学生总共6 000余人，这是一个了不起的成就。

资料来源：廖良梅. 近代中国社会慈善家群体的慈善事业述论［J］. 求索，2004（12）.

阅读案例材料，回答下列问题：
1. 熊希龄设立香山慈幼院反映出中国近代哪种慈善思想？
2. 熊希龄为何重视慈善教育？
3. 总结熊希龄慈善教育的具体做法。

第四章 慈善组织运作

学习要点与要求

1. 掌握慈善组织的概念。
2. 熟悉慈善组织的主要运作方式。
3. 了解慈善组织的运作技巧。
4. 了解慈善组织运作的常见问题。

本章思维导图

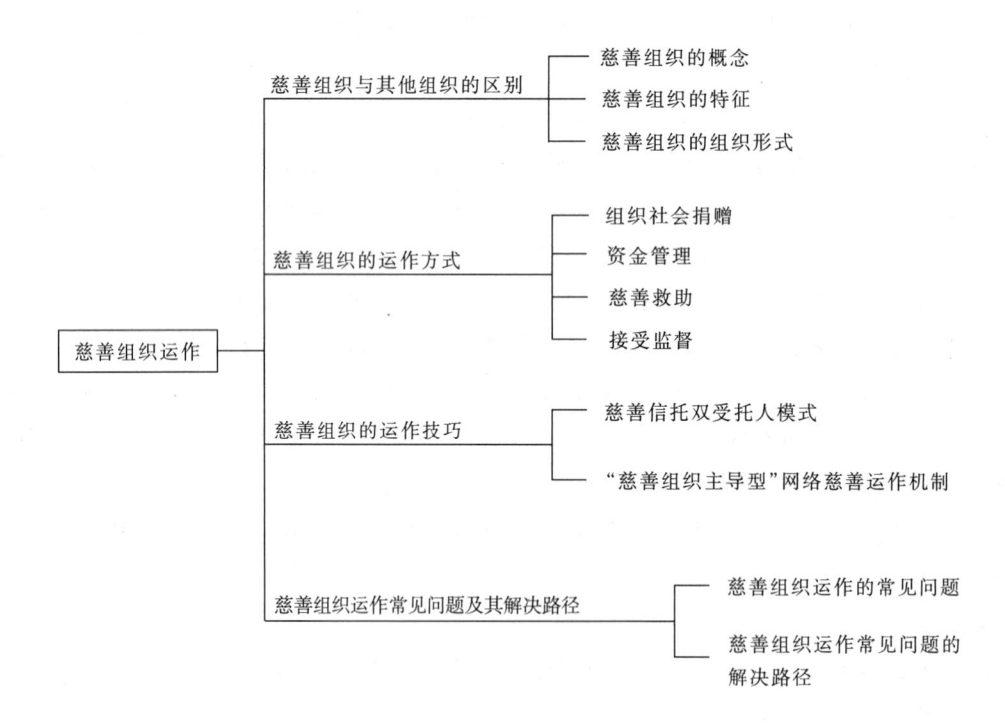

慈善组织运作
- 慈善组织与其他组织的区别
  - 慈善组织的概念
  - 慈善组织的特征
  - 慈善组织的组织形式
- 慈善组织的运作方式
  - 组织社会捐赠
  - 资金管理
  - 慈善救助
  - 接受监督
- 慈善组织的运作技巧
  - 慈善信托双受托人模式
  - "慈善组织主导型"网络慈善运作机制
- 慈善组织运作常见问题及其解决路径
  - 慈善组织运作的常见问题
  - 慈善组织运作常见问题的解决路径

引导案例

红十字会的公众信任危机

作为从事人道主义工作的非政府组织，中国红十字会（简称"红会"）在自然灾害和突发事件发生时，发挥着积极而重要的作用。2003年，在抗击"非典"期间，红会成功地诠释了政府人道领域助手的角色。2008年，"5·12"汶川地震发生后，红会在保障灾区群众基本生活需求方面发挥了重要作用。2010年，在4月14日青海玉树地震发生后的一周里，红会共为地震灾区募集款物超过6亿元，掀起了一轮热心捐款救灾的热潮。然而，2011年6月中旬网上爆发的"郭美美事件"有如导火索，引发了社会对红会等慈善机构的信用拷问。伴随着公众对"天价帐篷""天价餐费""8 000万善款去向"等一系列丑闻的追问和质疑，红会俨然成为公众讨论和媒体曝光的焦点，其来自社会的捐赠大幅下降。2013年4月20日雅安地震发生后，红会派工作组赶赴灾区考察灾情，却引来网民的广泛抨击，由红会引领的全民公益很快变成了全民问责，凸显出公众对红会的信任危机。

虽然引发这场危机的事件不一定全部是事实，但是随着负面事件的不断发酵，公众关注的焦点已不再是单个事件，已经形成和强化了其围绕红会运营管理的、带着自身情感倾向的态度观点，并在网络上进行公开、充分的表达。这些空前的关注和巨大的舆论力量，不仅暴露了红会自身存在的问题，也引发了人们对其公信力问题的深入反思。同时，在此次信任危机的应对过程中，人们发现红会存在反应能力不强，信息发布不够全面、不够透明等问题，这导致其一系列的应对措施非但未能有效扭转公众的负面认知，反而遭到公众持续诟病。

资料来源：沙勇忠，阎劲松，王峥嵘. 雅安地震后红十字会的公众信任研究——基于微博数据的网民情感分析[J]. 公共管理学报，2015，12（3）：93-104，158-159.

案例所示的是红十字会的公众信任危机。中国红十字会是从事人道主义工作的社会救助团体，是国际红十字运动的重要成员，以保护人的生命和健康，维护人的尊严，发扬人道主义精神，促进和平进步事业为宗旨。长期以来，红十字会在开展救援、救灾工作，建立红十字应急救援体系，开展应急救护培训，普及应急救护、防灾避险和卫生健康知识，组织志愿者参与现场救护，参加国际人道主义救援工作等方面发挥了重要作用。然而，一系列丑闻使其陷入公共信任危机，如何应对上述问题，实现良性运作成为红十字会面临的重要课题。慈善组织主要的运作方式、运作技巧，慈善组织运作中的常见问题及应对策略等是本章要解决的主要问题。

第一节　慈善组织与其他组织的区别

一、慈善组织的概念

我国的《慈善法》对"慈善组织"进行了界定，一般而言，它是指依法成立的，以面向社会开展慈善活动为宗旨的非营利性组织，可以采取基金会、社会团体、社会服务机构等组织形式。理解慈善组织的概念，需要掌握以下三个要义：

（一）慈善组织是非营利组织中一种特殊的类型

非营利性组织是指在政府、市场之外的，自主从事非营利活动的社会组织。"非营利"是指组织的成立完全基于非营利的目的，但并不意味着慈善组织不能从事任何经营性活动。事实上，"非营利"指其收入和利润不得分配给成员或发起人，必须用于慈善事业，以保证其慈善目的以及相关财产不会被私人所利用。由此可见，"非营利"突出的是慈善组织所承担的独特的社会公益功能，体现了利他主义，是慈善组织区别于企业、公司等营利性组织的根本标志。慈善组织与非营利性组织在逻辑上是种属关系。作为非营利性组织的种概念，慈善组织自然具有非营利性组织组织性、民间性、自治性、志愿性与利润非分配性的基本特征。非营利性组织作为慈善组织的属概念，其外延大于慈善组织。诸如学术团体、科研机构等非营利性社会组织的直接目的不是给社会提供慈善公益服务，所以不是慈善组织。

（二）慈善组织以面向社会开展慈善活动为宗旨

慈善组织的宗旨表明了其得以生存和发展的基础。开展募捐和慈善服务等慈善活动是慈善组织存在的意义和价值，也只有通过慈善活动，慈善组织才能为社会公众提供金钱、实物和服务，实现其公益性。慈善活动有"大慈善"和"小慈善"两个概念，其中，"小慈善"把慈善局限为扶贫济困救灾、扶助老幼病残等弱势群体的活动；"大慈善"把公益领域纳入慈善范围，慈善与公益被看作具有共同属性的范畴。我国《慈善法》关于慈善活动的界定指明了慈善活动属于公益活动，采用了"大慈善"的概念，与国际上的慈善概念相吻合，也为中国慈善事业开辟了广阔的发展空间。《慈善法》明确了慈善组织开展慈善活动要"面向社会"，即以不特定的社会公众为受益对象，具有公共性。

（三）慈善组织必须依法成立，符合《慈善法》的规定

申请设立慈善组织需依法向民政部门提出申请，民政部门依法进行审查，认为符合慈善法规定条件的则准予登记或认定。慈善组织成立的目的是创设法律人格，获得独立的主体资格。慈善组织依法成立后，享有慈善组织的权利，可以以组织的身份与相关主体订立协议并承担相应的法律责任。[①]

二、慈善组织的特征

一般来说，一个社会组织需要具备以下四个特征才能被认定为慈善组织。

（一）以弱势群体为对象

慈善组织从建立之日起，就以扶助社会中的弱势群体为己任，直到现在也不例外。社会中的弱势群体主要是鳏寡孤独废疾者以及老年人、贫困者等人群，慈善组织提供的支持主要就是满足这些人群的福利需求。在风险社会，还可能不断产生新的弱势群体（如失业

---

① 杨思斌，李佩瑶. 慈善组织的概念界定、制度创新与实施前瞻 [J]. 河北大学学报（哲学社会科学版），2016（5）.

人群），他们将成为慈善组织新的扶助对象。

（二）以非营利性为目的

慈善组织的成立完全基于非营利的目的，非功利性正是慈善事业的无私性和高尚性之所在，使得慈善组织区别于企业等营利性组织。

（三）以慈善活动为基础

开展慈善活动是慈善组织得以生存和发展的基础，也是慈善组织存在的意义和价值之所在。通过开展慈善募捐和慈善救助等慈善活动，才能为扶助对象提供实物和服务，真正帮助和支持弱势群体，实现慈善组织的使命。

（四）以民间性为归属

慈善组织是一种民间组织，民间性（非官方性或非政府性）使慈善组织区别于官方组织或政府组织。在政府部门中，也有一些机构接受社会捐赠，为弱势群体提供非营利性的服务，但由于它们自身的官方性而不属于慈善组织之列，如我国的民政部门和扶贫部门，就不能称之为慈善组织。[①]

三、慈善组织的组织形式

我国社会组织在具体实践中形成了基金会、社会团体、社会服务机构等三种组织形式。

（一）基金会

《基金会管理条例》明确规定，基金会以从事公益事业为目的，这与《慈善法》所采用的"大慈善"概念不谋而合。因此，以基金会作为慈善组织的基本形态具有较高的社会共识。

（二）社会团体

社会团体有互益类与公益类两种类型，互益性社团以服务会员利益为宗旨，而公益类社团以开展慈善公益活动为宗旨。现代社团已经突破仅服务于会员的传统和封闭性局限，可以从事慈善活动。我国大量的慈善会在法律地位上属于社团法人，也是我国众多慈善组织的最重要形态。

阅读资料4-1

壹基金的"前世今生"

（三）社会服务机构

目前，社会服务机构已取代了我国社会组织制度中的"民办非企业单位"概念。一是因为"民办非企业单位"是一个以否定方式进行定义的概念，内涵混乱、外延模糊。从字面上理解，基金会和社会团体大都属于"民办"的，也属于"非企业"，但是，法律上的"民办非企业单位"并没有包括基金会和社会团体。二是实践中一些民办非企业单位往往

---

① 毕天云. 试论慈善组织的福利供给 [J]. 云南民族大学学报（哲学社会科学版），2009（6）.

以公益自居却不接受利润分配限制的约束，给慈善事业的发展带来诸多负面的影响。使用"社会服务机构"旨在突出其公益性，强调其要遵守非营利性原则。三是能够为服务性社会组织依法登记或认定为慈善组织并为进行慈善税收优惠资格认定提供法律依据，有利于培育服务型慈善组织，弥补政府公共服务的不足，并带动更多的社会资源参与公共服务。

第二节　慈善组织的运作方式

从现代慈善事业的运作过程来看，它主要包括组织社会捐献、资金管理、实施救助以及接受监督等环节。在组织社会捐献环节中，我国的募捐机制出现了多元化、市场化、专业化与职业化的发展趋势。在资金管理环节上，慈善组织的任务是确保每一笔资金的安全，并使之用于捐献者指定的救助项目。慈善组织对社会成员捐献的资金只有看护权、管理权而无所有权，因此它需要建立健全的财务账册并严格执行财务管理制度，自觉接受捐献者、政府有关职能部门及社会各界的检查与监督。在实施救助环节上，慈善组织必须充分尊重捐献者的意愿，对救助对象及所需服务进行摸底。在做好与有关各方联系工作的基础上实施慈善性救助，保证将救助资金用在最适当的地方。接受监督管理方面包括主动遵守慈善相关法规、服从政府主管部门、慈善事业协调或自律机构和接受社会各界的监督管理。

一、组织社会捐献

募捐机制直接影响慈善资金的筹集，也是慈善捐赠机制研究的重要内容。近年来，中国募捐机制出现了多元化、市场化、专业化与职业化的发展趋势。①

（一）募捐方式的多元化与市场化

募捐方式的多元化与市场化是推动西方发达国家慈善事业持续发展的重要因素之一。募捐方式的多元化主要体现在如下几个方面。其一，根据不同慈善捐赠动机，采取多样化的捐赠策略主动满足捐赠者复杂多样的捐赠需求。慈善捐赠动机不仅是利他主义取向的，也含有复杂多样的具体利益需求以及各种各样的独特要求。慈善组织可以通过建立密切稳定的互动网络、为独特要求的捐赠者提供相应服务措施、采取会员制、举行特别筹款活动、赠送慈善捐赠礼品、购买慈善销售券等多样化方式筹集慈善资金。针对不同特点的慈善捐赠群体，可以采取不同的募捐方式。其二，慈善募捐营销方式多种多样。慈善机构可以通过上门联系、电话、电邮以及互联网等形式扩大慈善宣传；采取名人慈善营销策略、与知名企业合作筹款；举办各种形式的文体活动进行慈善宣传或直接筹款等。另外，在慈善募捐领域形成市场竞争，可促进慈善捐赠机构的优胜劣汰，有利于推动慈善捐赠机构不断提升透明度、开发优质捐赠服务，为捐赠者提供多样性、多元化、个性化的慈善捐赠

---

① 高功敬，高鉴国. 中国慈善捐赠机制的发展趋势分析［J］. 社会科学，2009（12）：52-61.

方式。

我国慈善捐赠领域中的募捐方式以往较为单一，捐赠来源主要依靠政府、企事业单位的内部动员，带有较强的行政化色彩。这导致大多数慈善捐赠机构忽略了慈善募捐方式与策略的开发，局限于传统的"等、量、要"被动思维，明显缺乏慈善募捐的主动性与创新能力。近年来，慈善募捐方式与策略出现了积极的变化。首先，相关机构开始认识到慈善捐赠动机的复杂性，主动满足慈善捐赠者的多样化需求。中国传统文化过于注重慈善捐赠动机的利他主义取向，强调慈善捐赠动机的纯洁性。众多大型的慈善捐赠机构认识到慈善捐赠动机的复杂性之后，主动通过满足不同企业、个体捐赠者的具体利益需求，实现互惠共赢。其次，注重慈善募捐策略的创新。大型慈善捐赠机构主动利用电视、网络等媒体，发布公益广告；利用明星效应，主动与知名企业、政府机构等合作，开发了多元化的慈善营销策略。最后，开始注重细化慈善捐赠群体。针对富裕阶层及富豪，注重营造作为一种高尚生活方式的慈善理念与现代财富观念；针对平民阶层，注重提供日常化的慈善捐赠渠道，并采取福利彩票、慈善有奖销售券等手段吸引小额慈善捐赠。在我国经济与社会的快速发展以及西方发达国家慈善捐赠理念与策略的影响下，募捐方式多元化发展的同时，也促进了慈善募捐领域的市场化转型。中国民间慈善机构的快速发展为捐赠市场带来了竞争。慈善募捐方式的多元化与市场化趋势，将加速慈善捐赠机构管理体制的变革，淘汰一批没有募捐竞争能力的机构，同时产生一批具有现代治理能力与劝募市场竞争力的机构。

（二）募捐活动的专业化与职业化

现代慈善募捐是一个较为复杂的运作系统，从策划、营销、开展活动到劝募资金的运作、评估及反馈，整个过程日益专业化、职业化。这主要体现在如下几个方面：第一，现代慈善筹款组织与机构大量产生，尤其是西方国家中慈善基金会快速发展，具有专业化素养的专职工作队伍不断涌现。西方发达国家慈善基金会的兴起已经有100多年的历史，成为第三部门的主导性力量，吸纳着大量的专门化人才。第二，该领域形成了成熟的职业技能与方法、职业伦理与规范。在美国，专业的筹款人员需要取得专业权威机构颁发的专业培训证书与相应的资格认证。第三，该领域形成了相对成熟的专业教育培训系统以及专门的研究机构。西方发达国家中的社会工作、社会福利服务等相关专业及专门培训机构为慈善捐赠领域所需的专门化人才教育培训提供了制度保障。另外，依托高等教育及专门的独立研究机构，对慈善事业的研究也逐步得到加强。第四，慈善领域拥有相应的行业组织管理协会。慈善捐赠领域组织协会的出现是专业化与职业化的重要标志之一。美国筹款咨询公司协会、筹款专业人士协会等众多专门化的行业协会，促进了慈善捐赠领域的专业化与职业化发展。

进入21世纪后，我国慈善募捐活动的专业化与职业化有了现实基础。首先，中国民间组织尤其是现代慈善组织与机构的快速发展催生了大量专业职位，迫切需要专业化人才尤其是高级人才。其次，中国社会工作专业教育的发展为慈善募捐领域提供了专业化人才储备。中国社工专业教育超前发展，众多高校开设了社会工作专业，提供了充足的相关专业人才储备。第三，政府积极推动慈善捐赠领域的专业化与职业化发展。在"建立一支宏大的社会工作人才队伍"方针的指导下，民政部门大力推动慈善领域社工人才队伍建设工作。最后，慈善募捐方式的多元化与市场化促使慈善募捐领域的专业化分工与职业化发展。慈善募捐组织为了生存与发展，逐渐认识到必须以专业化与职业化的水准，创造性地开发募捐策略与工具，准确进行募捐市场定位，实施慈善营销；形成慈善品牌，以获得募捐市场的竞争优势。我国慈善募捐活动的专业化与职业化步伐已经迈出，未来这种趋势将进一步强化，形成慈善募捐专业协会，建立行业标准与职业伦理。

二、资金管理

慈善被视为社会资源的第三次分配，慈善资金流包含资金来源和资金支出。从受赠者的角度看，源于基金会、红十字会等慈善组织支出的货币、有价证券、物质等可称为慈善资金。

（一）慈善资金的性质

一是公益性。一方面，慈善资金主要来源于社会捐赠，是公益捐赠的制度化和组织化形式的载体。另一方面，慈善资金使用有明确的公益宗旨和公益用途，并通过各种项目活动使特定群体及整个社会受益。

二是社会性。慈善资金委托慈善组织管理、代为分配使用，慈善组织的治理结构和运作机制不同于政府，民主治理、市场运行特征明显，其资金管理和使用体现社会性和非政府性，资金运营具有自主性和市场性。

三是非营利性。非营利性是相对于营利性而言的，与企业追求利润最大化目的存在本质差别。我国《慈善法》规定，慈善组织不以营利为目的，其财产应当根据章程和捐赠协议的规定全部用于慈善目的，任何组织和个人不得私分、挪用、截留或者侵占慈善财产。①

（二）慈善资金的来源

我国慈善组织资金的来源主要包括企业捐助、个人捐助、政府税收减免、会费、服务费以及投资收益，一些具有官方性质的慈善组织还能获得政府财政拨款。例如，中国红十字会是事业单位，其办公经费和人员费用主要来自财政拨款。

我国一些大型慈善组织目前的慈善资金结构尚未显示出多元性特点，社会捐助是其最重要资金源。以中华慈善总会为例，该会章程显示其经费来源分别为捐赠收入、会费、政府补助收入、在核准的业务范围内开展活动或服务的收入、利息以及其他合法收入。如表4-1所示，2019年、2020年中华慈善总会最大的收入来源均为捐赠收入，占总收入的比重超过了99%；次之的收入来源项目是投资收益，投资领域为信托投资与银行理财。从这里可以看出，该会的慈善资金几乎全部依靠募捐所得，慈善项目完成后的闲置资金会投入信托投资、银行理财。

---

① 郑方辉，周如卉. 治理视域的慈善资金绩效评价：意义与理性[J]. 广西大学学报（哲学社会科学版），2020(3).

表 4-1　中华慈善总会收入来源明细

项目	2020 年		2019 年	
	金额（元）	占比（%）	金额（元）	占比（%）
捐赠收入	735 939 139 418	99.622	891 995 690 501	99.768
会费收入	24 080 000	0.003	26 960 000	0.003
政府补助收入	150 000 000	0.020	80 000 000	0.009
投资收益	2 526 522 811	0.342	1 942 159 799	0.217
其他收入	90 251 023	0.012	20 784 813	0.002
合计	738 729 993 252	100.000	894 065 595 113	100.000

资料来源：中华慈善总会审计报告（2020 年度）［EB/OL］.（2021-06-08）［2023-10-06］.中华慈善总会. https：//res－img.n.gongyibao.cn/uploads/a01358c5－befc－4f81－9c85－48b42fa78b35/20210713/c059b6bef7b548408f92c8b15216512b.pdf.本书进行了整理。

（三）慈善资金使用原则

慈善资金是慈善事业的专用资金，必须按照慈善组织的宗旨以及慈善资金的使用范围实行专款专用。

由于慈善资金大部分来自国内外各界的捐赠和单位、团体的赞助，如果捐赠者有指定意向用于某项专项慈善事业，应该尊重捐赠者的意愿，坚持定向使用。慈善资金体现着捐赠者和赞助单位积德行善的美好愿望，对资金的投向，要依据财力的多少，分清先、后、缓、急，综合平衡，区分重点进行使用。

慈善资金的使用还要坚持民主理财。对于资金的投向、指标分配和数额较大的支出，须经过慈善组织集体研究决定。对于一般正常性开支，由秘书长审定即可。

（四）慈善资金的使用范围

慈善资金使用范围较广，但主要用于慈善公益事业的投入，包括资助兴办各类慈善机构、社会福利院、孤儿院、敬老院等公益性工程；开展社会救助，帮助社会上无依无靠、无生活来源的弱势群体；用于国内外慈善活动；用于慈善组织工作人员的工资、福利；其他符合慈善组织宗旨的费用。

（五）慈善资金的管理

为了加强慈善资金的管理，须健全财务制度。慈善组织应配备专职的财会人员，统一管理慈善资金的财务会计工作；其中会计、出纳要分设，账、钱和物要分人管理。慈善资金要设立专门的账簿，在银行开设专门户头，健全总账、明细账、银行账。慈善会计人员支付、汇拨和报销慈善资金的凭证，须经慈善会秘书长审核签批。慈善资金要按照使用范围，根据慈善组织决定的投向，实行有计划使用，并按照用款计划控制支出，做到收支平衡，略有结余。慈善组织的固定资产和用慈善资金购买的物资，要设立固定资产账和相应物资账，指定人员进行管理，各类物资实行收、发、领、报制度。

管理慈善资金的财会人员调动工作时，必须办理账、款移交手续，经接任人员复核无误，慈善秘书长批准后，方可离职。①

三、慈善救助

社会救助是社会保障体系中的基本制度，是民生保障和脱贫攻坚的一道安全网。作为社会的安全阀和减震器，社会救助受到世界各国的普遍重视，而慈善组织参与社会救助在世界范围内均已比较普遍。

无论是政府还是慈善组织，都不可能拥有开展社会救助的全部资源，需要通过吸收、引进、借助彼此拥有的资源来实现社会救助的目标与使命。一直以来，我国慈善组织通过筹集慈善物资、开展慈善项目、传播慈善理念等方式，在教育、医疗、扶贫等领域积极开展社会救助活动，取得了很多成绩。相对于政府，慈善组织在参与社会救助方面，物资内容更丰富，信息来源更加准确，方法措施更加灵活，应急反应更快捷，具有独特的优势作用，是当前我国构建功能完善、统筹衔接、务实管用、兜底有力的社会救助体系不可或缺的一支力量。②

政府机制是各国发展社会救助事业的主要工具，这种机制在实践中发挥了重要作用。中国社会救助的实践表明：离开政府强有力的资金支持和政策指导，社会救助无法在解决贫困问题上有大的作为。毋庸置疑，在发展社会救助事业中，政府的主导作用应该加强，但现代社会中各种社会问题日趋复杂，由政府包办救助服务不易全面有效地达到目的。更适宜的做法是以政府为主导进行多方合作，整合社区资源，培育社会组织这一公民社会的重要载体参与帮困救助。③

在应对政府社会救助中的失灵现象方面，慈善组织具有以下四个优势。一是由慈善组织提供救助资源内容更加多样。慈善组织具有不同类型，涉及教育、医疗、文化等多个领域，可以提供的社会救助资源内容也更加丰富。二是慈善组织在方式方法上更加灵活。相对于政府的科层制组织结构，慈善组织结构上更加扁平化，方式方法选择主观能动性强，可以依据社会救助的现实情况作出动态调整。三是慈善组织在需求响应上更加及时。慈善组织分布在城市社区、乡镇农村等诸多场所，与基层群众具有天然的关联性、相通性，困难群体的救助需求，尤其是急难性需求信息，能够快速传递到当地慈善组织。此外，由于决策程序简便，使得慈善组织能够迅速作出救助决策。慈善组织发起于民间，具有自治性，能够及时回应困难群体的救助需求。四是慈善组织对社会救助制度优化可产生积极作用。慈善组织作为困难群众的代言人，可以向政府传递民情民意，为社

阅读资料4-2

韩红与她的基金会

---

① 李华杰. 慈善资金的管理与使用 [J]. 中国社会工作, 1997 (3).
② 宋忠伟. 慈善组织参与社会救助的困境及对策 [J]. 人民论坛, 2018 (10).
③ 肖莎. 社会组织在社会救助事业中的参与：合作与互动 [J]. 经济体制改革, 2010 (6).

会救助政策制定建言献策；作为组织机构，通过对社会救助的探索创新，可以为政府在制度设计上提供有益的实践经验。①

四、接受监督

慈善事业是社会保障体系的重要组成部分，要发挥慈善事业以及慈善组织在社会保障中的作用，必须建立起完善的监督体系。慈善事业接受监督的最终目的是保证慈善资源分配的合理性，实现善款从善的最大目标。②慈善组织的监督应建立在法治的基础上，慈善组织的责任和义务需要法律加以明确规定，各类慈善组织的发展需要法律规范。《慈善法》是我国慈善事业的基本法，在我国慈善法律制度建设史上具有重大里程碑意义。当然，《慈善法》还应细化以增强其操作性，还应配套以增强其实效性，还应升级以适应新形势。③总的来说，应由多元主体协同监督慈善组织，包括政府监督、社会监督和内部监督等。④

（一）政府监督

政府监督是慈善组织外部监督的重要方式，但其具体内容在不同国家和地区模式又有不同。有的以政府部门中的业务主管机关作为主管机关，如我国内地和台湾地区。有的设立单一主管机关作为主管机关，如美国联邦政府设立税务署，其中专门设立了一个"免税组织局"，执行与非营利法人有关的事务。主管机关的监督主要是对慈善组织设立的监督，有登报声明制、登记备案制和许可批准制三种具体的监督模式。登报声明制是指成立时无须任何手续，只需登报告诉公众。登记备案制是指成立时需向政府登记备案。

我国对于慈善组织的设立采用的是许可批准制。依照我国当前法律实行"登记管理机关"和"业务主管单位"双重审核、双重负责、双重监管的原则，形成宏观登记管理和微观业务管理双管齐下的严格体制，以规范、监督和管理非营利组织。对于慈善组织的设立，登报声明制最为简单快捷，但是这一制度我国目前难以采纳。这主要是因为该制度过于宽松，难以避免被投机者滥用，与我国当前的信用环境也不相适应。登记备案制最大优点在于能有效维护国家安全、维护社会公共秩序和社会公共道德，不仅能够有效地防范登报声明制可能造成的混乱，也可以避免许可审批制所带来的负面效应。⑤

（二）社会监督

社会监督是公益慈善组织强有力的约束和激励机制，相比政府的监督，因为其操作成本低、社会效益好而被世界各发达国家采用。慈善组织第三方评估是社会监督的重要组成部分，对于提高慈善组织公信力的意义深远。我国《慈善法》第九十五条规定："民政部门应当建立慈善组织评估制度，鼓励和支持第三方机构对慈善组织进行评估，并向社会公

---

① 郑晓齐，宋忠伟. 我国慈善组织参与社会救助论析［J］. 吉林大学社会科学学报，2019（4）.
② 王俊秋. 论构建和谐社会中的慈善事业监督体系［J］. 社会科学家，2008（5）.
③ 周中之. 法治思维下当代中国慈善组织的治理和监督机制［J］. 上海师范大学学报（哲学社会科学版），2021（2）.
④ 周中之. 法治思维下当代中国慈善组织的治理和监督机制［J］. 上海师范大学学报（哲学社会科学版），2021（2）.
⑤ 肖和保. 我国慈善组织的外部监督［J］. 湖南大学学报（社会科学版），2011（1）.

布评估结果。"独立性是第三方监督的核心价值，正因为不受任何机构和个人干涉的独立性，才能够保证监督的公正性。专业性是第三方监督的固有价值，它要求第三方机构是专业机构，同时该专业机构的工作人员具有专业知识和专业技能。在对具体事务进行评估时，内行监督内行，专业指导专业，评估的结果更有说服力。

在许多国家，慈善组织的第三方监督已成为常态，但中国才起步不久。要推进慈善组织第三方评估的工作，必须健全相关制度，保障第三方监督的独立性不受干涉，明确第三方机构的职责。其应尽的具体职责包括对慈善机构的财物进行全面审计，对捐赠物的管理和使用流程进行全程监控，对慈善机构接受及购买的捐赠物进行评估，对慈善机构重大事项的决策进行监督。另外，现代社会生活中，网络社交媒体的影响力越来越大，可以通过微信、微博、论坛等方式开展慈善社会监督。现实中，许多慈善组织的问题往往是通过网络披露出来的，并且迅速传遍社会。青年人是网络社交的主力军，应该充分发挥他们通过网络对慈善组织进行监督的作用。

（三）内部监督

慈善组织本身的自律和自我约束是慈善事业健康有序发展的基础，也是监督体系的第一道防线。首先，慈善组织要落实《基金管理条例》和《基金会年度检查办法》对慈善组织的规范要求，设置监事理事，对财务、会计资料以及对慈善组织的业务工作进行监督检查，以确保基金会资产的规范运作；向基金会登记管理机关汇报财务会计报告、注册会计师审计报告，对开展募捐、接受捐赠、提供资助等活动的情况以及人员和机构的变动情况进行主动说明。其次，在机构自律方面，慈善组织应制定完备的规章制度，强化内部规范管理，吸收现代企业的管理理念，建立比较严格的资金管理、项目运作、财务审计等各项制度。主动强化财务管理和相关信息的对外公开，增强慈善机构处理捐赠问题的透明度，定期进行审计。

另外，慈善机构还应引入职业化管理运作模式，在组织内部将筹款和用钱明确分工，把慈善筹款机构和项目实施机构进行职能划分，做到各司其职。

慈善事业是一项系统工程，从宣传、策划、筹款、投资、援助到监督管理，如同一条完整的"生产线"。要驾驭这条"生产线"，慈善组织就必须有职业化的员工队伍，通过规范化的工作方式和高效的筹款能力，形成可持续发展的运作机制。[①]

第三节 慈善组织的运作技巧

一、慈善信托双受托人模式

我国《慈善法》规定，慈善信托属于公益信托，是指委托人基于慈善目的，依法将其

---

① 王俊秋.论构建和谐社会中的慈善事业监督体系［J］.社会科学家，2008（5）.

财产委托给受托人，由受托人按照委托人意愿以受托人名义进行管理和处分，开展慈善活动的行为。慈善信托作为一种新的慈善形态，虽然其还未进入规范发展轨道，但对于慈善组织和慈善事业而言都是一种制度创新。中国慈善联合会与中国信托业协会联合发布的《2022年中国慈善信托发展报告》显示，截至2022年末，我国慈善信托累计备案数量达到1 184单，累计备案规模达到51.66亿元。其中，2022年备案数量达到392单，比2021年增加147单，创历年新高。[①]

我国《慈善法》规定，慈善信托的受托人可由慈善组织或信托公司担任。由慈善组织和信托公司两种机构合作设立的双受托人慈善信托可以发挥两种机构各自优势，因为两者在很大程度上有着天然的互补性，严格区分反而不利于慈善事业的长远发展。信托公司与慈善组织在开展慈善事业上的关系并非相互竞争的，而是有着内在、主动的合作需求，可通过共同担任受托人设立慈善信托，发挥各自优势、取长补短，甚至发挥一加一大于二的效果。[②] 由信托公司和慈善组织担任双受托人的慈善信托项目中，信托公司作为金融机构，具有专业的资产管理和理财服务经验，负责资金划拨等信托事务；慈善信托中增加慈善组织担任慈善项目管理人，负责筛选、管理、实施慈善项目，确保资金真正运用到受益人身上，使慈善信托活动分工精细化，业务专业化。总之，双受托人模式能发挥信托公司和慈善组织各自的优势，提高慈善信托受托人整体信用度，使委托人的意愿和慈善目的更好地实现。[③]

二、"慈善组织主导型"网络慈善运作机制

网络慈善是伴随互联网和移动支付的广泛应用而兴起的慈善新形态，为我国慈善募款、项目设计及运行模式的创新发展注入了新的活力。21世纪的前15年是我国网络慈善的起步阶段。此阶段，网络慈善从无到有逐步发展，慈善募捐平台数量越来越多，公益活动设计注重平台和技术优势；网络慈善项目从少到多，在实践创新中"玩法"越来越多；慈善参与门槛降低，公众参与度越来越高；小额捐赠快速增长；网络慈善议题日趋多元，涵盖应急救灾、医疗健康、教育、生态环保、文化、女性帮扶等领域。此外，公众的慈善意识和捐赠习惯在网络活动中得到培养，互联网慈善文化逐渐形成。可以说，网络慈善在这一阶段积累了发展基础。[④]

"慈善组织主导型"网络慈善活动具有"慈善"与"组织"的双重特性。"慈善性"具体体现在网络慈善的主体是网络慈善组织或实体慈善组织，慈善的对象是面临危难的弱势群体，慈善的资源来自社会捐赠，慈善的本质在于非营利性，慈善的目标是满足需要、缓解贫困和增进社会福利。"组织性"是指开展此类活动的慈善组织具有一定的权威体系，

---

① 资料来源：2022年我国慈善信托发展迈上新台阶 [EB/OL]. (2023-01-16) [2023-05-19]. 中华人民共和国民政部. https://www.mca.gov.cn/n1288/n1290/n1316/c47997/content.html.
② 周建篡，王亢. 慈善组织与慈善信托合作模式的分析与展望 [J]. 当代经济，2019 (10).
③ 周建篡，王亢. 慈善组织与慈善信托合作模式的分析与展望 [J]. 当代经济，2019 (10).
④ 谢琼. 中国网络慈善的创新价值与未来发展 [J]. 社会保障评论，2022 (3).

有正式而明确的组织规定，有自己明确的组织目标，组织成员扮演着相应的组织角色，共同为组织目标努力。"慈善组织主导型"网络慈善，既包括由民间性的网络慈善组织发起的慈善活动，又包括由官方、半官方的慈善组织在自己的网站上发起的慈善活动。①

在"慈善组织主导型"网络慈善模式中，首先发挥作用的是动力机制，慈善组织带着自身的社会责任感与组织使命出发，为特定的慈善项目在网上筹集资源，并将筹集到的慈善资源依据最初的慈善项目目标进行合理的分配使用，整个过程接受慈善组织、社会公众及舆论媒体的监督。其次是来自对慈善组织和系统本身的信任机制，也是维系整个模式顺利运行的关键。

"慈善组织主导型"网络慈善模式的出现，体现了我国民间组织发展所带来的民间慈善行为方式的多样化。但是在我国现阶段，这一模式的发展受到了一些限制，使本来自觉主动、有活力的慈善行为变成了被动式的完成任务，这对网络慈善效果有所影响。为进一步推进我国社会结构的完善，实现政府、非政府组织与个人之间的良性互动发展，"个人作为公民应有的品性、能力与资质才得以形成"，才能保证"慈善组织主导型"网络慈善模式的顺利运作。

第四节 慈善组织运作常见问题及其解决路径

一、慈善组织运作的常见问题

我国现代意义上的慈善事业发展历程较短，慈善组织运行存在一些问题，主要表现有三：一是慈善组织公信力不足。公信力作为慈善组织的生命线，不仅关系到慈善组织的存在和延续，也会影响慈善组织的筹款能力，一些负面事件严重影响了公众对于慈善组织的信任度。二是慈善组织服务模式单一化。慈善组织在提高社会福利、帮助弱势群体方面发挥着重要作用，但慈善组织所采用的"扶弱"模式比较单一，发挥的成效有限。三是慈善组织发展滞后。具体表现为依法认定和新增的慈善组织发展缓慢，慈善资源动员能力有限，应急协调能力不足。

（一）慈善组织公信力不足

慈善组织公信力是指公众对慈善组织的信任程度或慈善组织赢得公众信任的能力。公信力是慈善组织的生命线，是维系慈善组织存在和延续的基础，也是决定慈善组织筹款能力强弱的主要因素，它反映了公众对慈善组织的满意度和可信度。② 目前，我国慈善事业发展在政府监管、内部监督和社会监督等方面都存在一些制度性问题，诸如"郭美美事件"等负面现象严重地影响了民众对慈善组织的信任度、认可度和认同度。

我国慈善组织公信力缺失的根源主要表现在以下几个方面：

第一，双重管理体制。按照有关法规，成立慈善组织需要得到业务主管机关的审查许

---

① 汪国华，张晓光. 中国网络慈善运作模式比较研究 [J]. 社会科学研究，2014 (3).
② 秦安兰. 慈善组织公信力重建的路径选择 [J]. 征信，2020 (2).

可和登记管理机关的登记许可。在双重许可制度下，慈善组织假如不能找到业务主管单位，就不能进行登记注册。登记注册的"高门槛"造成了法外慈善组织的出现。由于缺乏最起码的监督管理，这些法外慈善组织行为失范，甚至有的以慈善组织的旗号干着违法违规的勾当。双重管理制度还存在管理漏洞和管理空白。登记管理部门和业务管理部门之间的职责划分不清，加上对现实的理解、政策立场等方面的不同，二者之间容易产生扯皮推诿现象。政府监督乏力是不良慈善行为产生的重要原因。当前，我国一些慈善组织行政化色彩浓厚，慈善从业人员染上了官僚主义习气，降低了慈善组织的工作效率。

第二，信息不公开。我国慈善组织普遍存在工作不透明、信息不公开等问题。由于信息不公开，公众监督和媒体监督无从下手，慈善腐败现象频发。此外，公众对慈善组织的资金运营情况、捐款使用情况、受益人分布情况等不了解，易使慈善组织的公信力受到流言、谣言的伤害，并由此引发负面新闻频现网络媒体。一些网民或根据自己掌握的片面信息进行判断，或者以有色眼镜看待慈善行为，网络传播的"染缸效应"使负面消息快速扩散，甚至"失控"。①

阅读资料4-3

网络慈善岂能消费社会爱心

（二）慈善组织服务模式单一

虽然慈善组织在提高社会福利、减少社会贫困方面发挥着重要作用，但目前的慈善组织所采用的"扶弱"模式比较单一，体现在以下几个方面。

其一，资金来源单一。资金是保证慈善组织有效性的关键因素，慈善组织的资金来源是多种多样的，主要有社会捐赠、国家补贴、捐款收入、投资收入、产业收入等。由于国家对慈善组织的投入较少，慈善组织的投资潜力有限，大部分慈善组织主要通过聚集并调配社会资源来实现帮扶弱势群体的目的。典型的有慈善基金，如韩红爱心慈善基金会就是借助明星的影响力，通过与其他企业合作组织各类活动的方式，面向社会公众公开募捐，并将募捐所得的慈善资金和各类物资输送到贫困地区，发放给弱势群体。单一的资金来源使得慈善组织在一定程度上受制于社会公众。在经济下行、公众收入减少或是慈善组织爆出丑闻、社会公信力下降、公众捐款热情降低等情况下，慈善组织的资金调配必然会受到影响。

其二，"扶弱"措施单一。在"扶弱"过程中，一些慈善组织往往选择直接向贫困地区捐资捐物、给弱势群体发钱发物的方式。这种"扶弱"方式，虽然可以在短时间内提高弱势群体的生活水平，但长此以往可能产生一些不良后果。一方面，部分弱势群体可能会产生依赖心理，完全寄望于社会的帮扶；另一方面，获得了资金、物资的弱势群体可能因各种原因，善款耗尽之后又恢复到基本生活无法保障的状态。此外，无论是远离父母的留守儿童，还是鳏寡独居老人、残障人士，他们往往既处于经济上的弱势地位，又在生理、

---

① 孙发锋. 我国慈善组织公信力的缺失与重塑[J]. 郑州大学学报（哲学社会科学版），2015（6）.

心理和社会性方面面临较大的压力，而慈善组织单一的经济帮扶，对于这类群体在生理、心理、社会性方面弱势的成效不大。①

（三）慈善组织发展滞后

我国慈善事业发展的滞后，主要表现在以下几个方面。

第一，依法认定和新增的慈善组织发展缓慢。一方面，在全国社会组织中，认定为慈善组织的比例严重偏低。民政部《民政事业发展公报》的数据显示②，截至2019年底，全国共有社会组织86.6万个（其中基金会7 585个，含公募基金会和非公募基金会，下同）。截至2020年8月21日，全国民政部门登记认定为慈善组织的只有7 596个（其中基金会5 060个），不到全国社会团体的1%。即使是绝大多数可认定为慈善组织的基金会，也还有1/3没有认定为慈善组织。另一方面，在新增慈善组织数量方面，2017年全国新增1 025个，2018年下降到913个，2019年进一步下降到758个，2020年1月1日至8月21日则只有308个。社会组织转换成慈善组织的积极性不高，新增慈善组织数量呈逐年递减的态势，表明转为法定慈善组织并不具有吸引力。如果这种局面持续下去，我国慈善事业的发展将可能因缺乏足够载体而陷入停滞。

第二，慈善资源动员能力依然有限。2019年我国人均国内生产总值（GDP）超过1万美元，居民人均可支配收入30 733元、人均消费支出21 559元，城乡居民的恩格尔系数已降低到28.2%；居民储蓄存款超过80万亿元，居民家庭投资理财产品达20万亿元。③经过40多年来的发展，国民生活水平产生了质的飞跃，民间财富日益丰厚，这为我国慈善事业的发展奠定了物质基础。然而，全国每年接收的捐赠款物额在《慈善法》实施后虽有所增长，但慈善资源募集增幅却不大。2015年全国慈善捐赠总额为1 108.57亿元，2016年增长到1 295.26亿元，2017年增长到1 499.85亿元，2018年略有下降为1 439.15亿元，2019年为1 509.44亿元，总体上，我国慈善事业所筹集的款物占GDP之比约为0.14%~0.15%；人均捐赠额虽然从2015年的81.69元增长到2019年的107.81元，但占居民人均可支配收入额之比为0.34%、占居民人均消费支出额之比不到0.5%。④这是就捐赠总额计算的结果，如果扣除占3/4的企业捐赠，个人捐赠更低。这一组数据说明，我国慈善组织动员的慈善资源规模极其有限，个人捐献的款物极其有限。

第三，应急协调能力有限，枢纽型慈善组织缺乏。新冠疫情的暴发一度激发了社会各界的慈善热情，但疫情防控初期，个别地区、个别慈善组织暴露出来的信息披露不足、款物处置迟缓、协调机制缺乏等问题，引发了公众质疑，也影响了慈善事业正常功能的及时有效发挥以及社会各界人士进一步参与抗疫慈善的积极性。目前，我国慈善领域还缺乏应

---

① 陈成文，王雅妮，何培. 发展慈善事业与实现新时代的"弱有所扶" [J]. 中州学刊，2020 (10).
② 资料来源：2017、2018、2019、2020年《民政事业发展统计公报》，详见民政部官网站，https://www.mca.gov.cn。
③ 国家统计局. 中华人民共和国2019年国民经济和社会发展统计公报 [N]. 中国信息报，2020-03-02 (2).
④ 资料来源：2015、2016、2017、2018、2019年《中国慈善捐助报告》，详见中国慈善联合会网站，http://www.charityalliance.org.cn。

急机制和协调能力，也缺乏真正有协调能力并能起引领作用的枢纽型慈善组织，在遇到重大突发事件时很难及时高效地使用慈善资源。①

二、慈善组织运作常见问题的解决路径

针对上述慈善组织运作的常见问题，可以考虑从以下方面来解决。首先，对于慈善组织公信力缺失问题，推进"去行政化"改革和慈善组织的信息公开，提升慈善组织的公信力。其次，健全运行机制，保障慈善组织的"扶弱"效果，为各类弱势群体提供物质与精神的救助。同时，还应抓紧出台有力度的政策，促进慈善组织持续健康发展。

（一）提升慈善组织公信力

如何重建慈善组织公信力？从慈善组织的实践来看，必须推进"去行政化"改革，信息公开。

第一，推进"去行政化"改革。首先是深化双重管理体制改革，由民政部门对慈善组织履行登记管理和业务主管一体化职能，即慈善组织可直接登记，改变之前的双重门槛，打破慈善组织先天缺乏独立性的局面。其次，严格限制现任党政领导干部在慈善组织兼职任职，推进慈善组织与党政机关人员分离。然后，将存量改革与增量改革相结合。许多慈善组织是基于政府工作需要、由政府自上而下成立的，如中华慈善总会主要依托于民政部建立，中国人口福利基金会脱胎于原国家计划生育委员会，中国青少年基金会是从团中央分化出来的。对这些行政化程度较高的慈善组织进行"去行政化"改革的同时，还要注重对新成立的草根色彩较浓的慈善组织的扶持和引导。最后，构建慈善组织与政府间的契约合作关系。政府积极向慈善组织购买公共服务，将特定的公共服务项目发包给具有资质的慈善组织，使之不以独立性丧失为代价获取财政资金支持。②

第二，多措并举推进慈善组织的信息公开。一方面，明确信息公开的重点，分阶段、有步骤地有序推进信息公开。另一方面，充分利用各种新兴媒体等搭建信息公开的网络平台。此外，各种新闻媒体要不断反思自身的角色定位，不能仅扮演"揭发者"和"批判者"的角色，更应当从促进慈善组织健康发展的目标出发，在客观报道事实真相的同时对社会公众进行正确引导，防止以偏概全，更不能进行恶意炒作和不负责任地推波助澜。此外，为推进信息公开制度化、法制化，可以考虑建立慈善信息公开的第三方监督机制，以及信息公开受到挑战后的信息公开救济制度等。③

（二）健全运行机制，保障慈善组织的"扶弱"效果

对于弱势群体而言，单一的经济救助远远不够，慈善组织必须进一步拓展"扶弱"模式。慈善组织可以将其区分为经济型弱势群体、社会型弱势群体、生理型弱势群体、心理型弱势群体和文化型弱势群体，采取有针对性的帮扶举措。

---

① 郑功成. 中国慈善事业发展：成效、问题与制度完善［J］. 中共中央党校（国家行政学院）学报，2020（6）.
② 孙发锋. 我国慈善组织公信力的缺失与重塑［J］. 郑州大学学报（哲学社会科学版），2015（6）.
③ 侯利文. 被困的慈善：慈善组织公信力缺失及其重建［J］. 天府新论，2015（1）.

1. 要拓宽资金来源渠道

我国法律允许慈善组织用没有指定用途或暂时没有用处的资金购买风险较低的稳健型理财产品或进行股权投资，但禁止购买股票。因此，慈善组织可考虑委托专业机构，或由组织内专业人员自行进行投资，以此来获得收益，从而实现资金的保值增值，拓宽资金来源渠道。此外，在某个领域积累了较多经验的慈善组织还可以积极寻求与其他企业、机构的合作，通过提供专业化服务，向合作机构收取费用，获得一定收入。

2. 要丰富扶贫手段

古语有云："授人以鱼，不如授人以渔。""扶弱"的根本在于增强弱势群体的内生动力，而不是短期的"救济"。

第一，慈善组织可以专注于为贫困地区"赋能"。例如，在贫困地区进行基础设施改造，向弱势群体提供无息或低息贷款，组织弱势群体参加技能培训，帮助贫困地区打通信息流通渠道、市场链接和销售渠道，为贫困地区设计运营机制。鼓励、支持和引导弱势群体利用本地资源自食其力、自力更生，提高弱势群体的生产能力和生产水平，从而实现促进贫困地区发展、带领弱势群体摆脱弱势的目的。

第二，慈善组织应加强对贫困社区的整体营造。借助当地政府、经济合作社及当地居民的共同力量，引入各方资源，全面考量当地的发展情况，培育"本地能人"，打造地区经济组织，通过"培力"和"赋能"激发贫困社区的原生力量，增强贫困社区的发展活力，以实现贫困地区的全方位发展。对一些自然条件特别恶劣或多数人口已经搬离的贫困地区，慈善组织要积极寻求扶贫和城镇化的结合点，帮助弱势群体进行搬迁和安置。

第三，面对多样化的致弱原因，慈善组织要因地制宜，因人而异，分类施策，逐一解决，切忌大包大揽，千篇一律。具体而言，针对不同群体的致弱原因，慈善组织要设计并提供与现实情况相适合的慈善服务，解决致弱因素导致的贫困。例如，给受困于环境者修路通水供电，或者彻底进行移民搬迁，对收入匮乏者给予发展脱贫致富产业指导，对技能缺乏者进行基本技能培训，给因学因病返贫者以金钱资助。只有这样，才能从根本上解决问题。

阅读资料4-4

慈善事业、第三次分配与共同富裕的关系

3. 在帮扶弱势群体时，慈善组织应以"专"配合政府扶贫的"全"，即充分发挥自身的专业性，配合政府开展全面工作

作为对政府精准扶贫的有益配合，慈善组织应该在分类扶贫工作中确保对不同群体的扶贫精准度，如可针对留守儿童提供相应的公益项目，用慈善组织的专业技能去帮助和引导留守儿童健康成长。此外，慈善组织还可以针对失独老人、残障人士等群体提供精神方面的慈善服务。例如，医药卫生类慈善组织可以定期组织慰问、探访失独老人，在为其提供优质且廉价甚至免费的药品的同时，定期上门与老人进行交流，抚慰老人孤独的心灵。①

---

① 陈成文，王雅妮，何培. 发展慈善事业与实现新时代的"弱有所扶"[J]. 中州学刊，2020（10）.

(三) 抓紧出台有力度的政策，支持慈善组织健康持续发展

一方面，应坚持监管适度。例如，适当降低慈善组织登记门槛，转变政府职能，以专业服务取代传统管控，特别是要尊重慈善组织的自主权，取消对其不恰当的干预，将法治与自治有机结合起来，激发慈善组织与行善者的内生动力。另一方面，可以考虑加大税收优惠力度，并提供便捷的税收减免服务。此外，可以增加对枢纽型慈善组织发展和慈善应急机制的法律规制。法律应明确鼓励、支持枢纽型慈善组织的发展，并通过其发挥引领与协调作用。同时，基于重大突发事件暴发时很难按照常规做法操作到位，有必要将建立慈善应急协调的法律规制更加具体化，如明确赋予慈善行业组织建立共享信息平台、相互协商机制等职责，要求主管部门、慈善组织特别是行业性、枢纽型慈善组织应当制定慈善应急预案，以便在重大突发事件发生时有行动指南。另外，还应当强化对慈善行业组织的规制，在建立如中国慈善联合会等行业组织的同时，允许自发形成其他慈善行业组织，并明确其服务功能与协调功能。[①]

📝 习题

1. 简述慈善组织的概念。
2. 简述慈善组织的特征。
3. 简述慈善资金的性质及来源。
4. 简述慈善组织参与社会救助的优势体现在哪些方面？
5. 试分析慈善组织运作的常见问题及解决路径？

🗻 案例题

郭美美与红十字会危机

中国红十字会是从事人道主义工作的社会救助团体，是国际红十字运动的重要成员，是以发扬人道、博爱、奉献的红十字精神，保护人的生命和健康，促进人类和平进步事业为宗旨的具有国际影响的非政府组织。

2011年6月21日，新浪微博上一个名叫"郭美美Baby"的网友，在其微博空间发布了大量炫富照片，其认证身份是"中国红十字会商业总经理"，由此引发众多网友对中国红十字会（以下简称"红十字会"）的非议。

2011年4月20日，有网友在微博上曝光上海市卢湾区红十字会一张数额为9 859元的餐饮发票，立即引起了网友的围观和质疑。相关事件给红十字会提出警示，作为慈善机构的红十字会一直处于人们的关注之下。2011年6月20日，一个网名叫"郭美美baby"的网友在网上公然炫耀其奢华生活，并称自己是中国红十字会商业总经理，从而在网络上

---

① 郑功成. 中国慈善事业发展：成效、问题与制度完善 [J]. 中共中央党校（国家行政学院）学报, 2020 (6).

引起轩然大波。6月21日23时,"郭美美Baby"再度现身,澄清其身份,称自己"所在的公司是与红十字会有合作关系,简称红十字商会"。6月22日,红十字会称"郭美美"与红十字会无关,新浪也对实名认证有误一事而致歉。但网友对相关声明持续质疑,危机事态进一步恶化。

针对网络和媒体上热议的"郭美美事件",中国红十字会总会先后于6月22日、24日两次通过红十字会官方网站发表声明,并于6月24日向公安机关报案,决定启动法律程序,维护红十字会的合法权益和良好声誉。然而,红十字会的回应并未平息这一事件,各地有关郭美美和红十字会的负面消息依然接踵而至。2011年底,红十字会召开工作会议,出台了一系列形象修复政策,包括计划将公募职能剥离给基金会,并拟建社会监督委员会;撤销商红会,并在2012年建立信息平台以重塑组织公信力等。

资料来源:李华君. 网络危机事件中非政府组织的新媒体公关策略:以"郭美美与红十字会危机"为例 [J]. 电子政务,2013(1):42-47.

案例讨论:

1. 慈善资金使用范围应包括哪些方面?
2. 你认为红十字会应如何更加积极有效的运作?

第五章 慈善组织的发展现状与趋势

学习要点与要求

1. 熟悉我国慈善组织发展的历程、特点与成就
2. 了解我国慈善组织发展面临的困境
3. 了解我国慈善组织未来发展趋势

本章思维导图

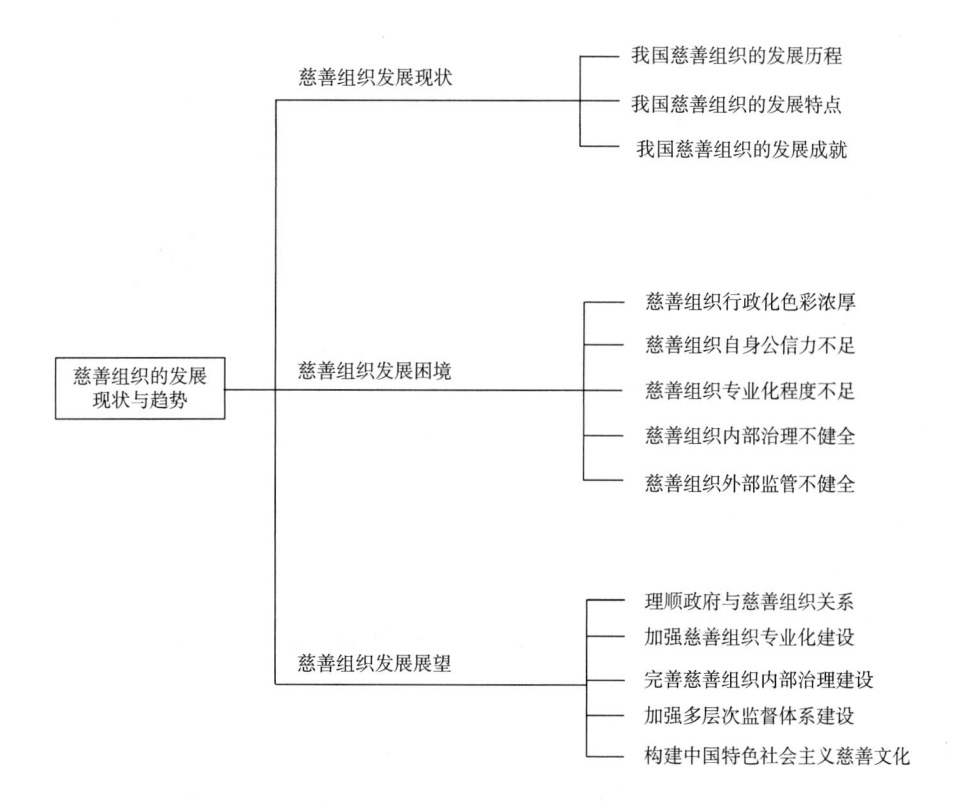

```
                            ┌─ 慈善组织发展现状 ─┬─ 我国慈善组织的发展历程
                            │                    ├─ 我国慈善组织的发展特点
                            │                    └─ 我国慈善组织的发展成就
                            │
                            │                    ┌─ 慈善组织行政化色彩浓厚
                            │                    ├─ 慈善组织自身公信力不足
  慈善组织的发展 ────────────┼─ 慈善组织发展困境 ─┼─ 慈善组织专业化程度不足
  现状与趋势                │                    ├─ 慈善组织内部治理不健全
                            │                    └─ 慈善组织外部监管不健全
                            │
                            │                    ┌─ 理顺政府与慈善组织关系
                            │                    ├─ 加强慈善组织专业化建设
                            └─ 慈善组织发展展望 ─┼─ 完善慈善组织内部治理建设
                                                 ├─ 加强多层次监督体系建设
                                                 └─ 构建中国特色社会主义慈善文化
```

引导案例

我国慈善事业的发展现状

习近平总书记在党的十九大报告中指出：要加强社会保障体系建设，完善社会救助、社会福利、慈善事业、优抚安置等制度，健全农村留守儿童和妇女、老年人关爱

服务体系。在我国慈善事业的发展进程中，2016年颁布实施的《中华人民共和国慈善法》（简称《慈善法》），为我国慈善事业健康发展提供了保障。它开宗明义地明确了发展慈善事业、弘扬慈善文化、规范慈善活动、保护慈善参与者合法权益，进而促进社会进步、共享发展成果的立法宗旨，为慈善事业的全面转型与发展提供了基本法律依据。

《慈善法》实施以来，相关法规的践行极大地激发了社会成员的慈善意识和参与热情，促进了大众参与的社区慈善与网络慈善，推进了慈善组织与慈善活动的不断规范，提升了包括款物捐献与志愿服务在内的社会资源动员能力，也开创了各种新型慈善活动形态及其与社会救助、社会福利及公共服务等相融合的创新性局面。目前，我国的慈善事业正在从传统走向现代、从少数人参与走向大众化，证明了《慈善法》的制定与实施具有十分重要的时代意义。然而，我国的慈善事业发展在总体上还处于滞后状态，集中表现在如下三个方面：一是被认定为慈善组织的数量比较有限。全国从事慈善及公益活动的社会团体数以十万计，但截至2020年6月30日，全国登记认定为慈善组织的只有7 169个，不到总数的1%。二是慈善资源动员能力有限。全国每年接收的捐赠款物额仅有1 000亿元左右，以慈善捐献为表现形态的第三次分配在国民收入分配体系中的体现比较微弱。三是应急协调能力有限。新冠疫情防控期间，慈善领域暴露出来的信息披露不足、款物处置迟缓、协调机制缺乏等问题引起了广泛社会讨论，影响了慈善事业正常功能的充分发挥。

资料来源：郑功成. 中国慈善事业的发展方向 [J]. 社会治理，2020（10）：10-13.

引导案例是郑功成教授对于我国慈善事业发展现状的分析。2016年，《中华人民共和国慈善法》的颁布实施在极大地促进了我国慈善事业的发展，然而慈善事业仍面临着慈善组织的数量有限、慈善资源动员能力有限、应急协调能力有限等问题。我国慈善组织发展的历程、特点与成就如何？我国慈善组织发展面临的困境有哪些？我国慈善组织未来发展趋势如何？这正是本章将要解决的主要问题。

第一节　慈善组织发展现状

我国慈善事业发展的历史悠久，中华民族自古以来就拥有乐善好施、扶贫济困的思想与美德，但我国慈善组织真正意义上的发展却是在改革开放之后。改革开放的实施使我国经济得到了快速、稳定的发展，慈善组织也随之蓬勃发展。

一、我国慈善组织的发展历程

（一）复苏重建阶段（1978—1993年）

新中国成立之后，由于特殊的时代背景，慈善被视为统治阶级缓解阶级矛盾的手段，慈善事业由此几乎陷入了停滞。改革开放之后，我国慈善组织发展进入复苏阶段。1978年5月11日，《实践是检验真理的唯一标准》冲破了"两个凡是"的束缚，党的十一届三中全会后，慈善事业得到了很大发展，涌现出大批半官方或官方的公益慈善组织。

1981年7月，中国儿童少年基金会成立，这也是新中国成立后的第一家国家级公募基金会。1982年5月，在邓小平同志的倡导下，中国宋庆龄基金会成立，主要开展少儿文教和妇幼福利方面的公益活动。1984年3月，中国残疾人福利基金会经国务院批准成立，该会的宗旨是弘扬人道、奉献爱心，全心全意为残疾人服务。1985年4月，爱德基金会成立，它是中国改革开放之后最早一批成立并具有公募资格的基金会。1988年9月，国务院颁布了《基金会管理办法》，这是我国第一部专门规范民间组织登记管理的行政法规，也是我国第一次以立法的形式明确了慈善基金会的法律属性，对我国慈善基金会的成立与发展发挥了重要作用。

1989年10月，共青团中央和中国青少年发展基金会共同发起希望工程项目，以社会集资的方式设立救助贫困地区失学少年基金，建立希望小学，资助贫困地区的失学儿童。这些具有半官方或官方性质的慈善组织的成立，开拓了我国现代慈善组织的发展道路，促进了慈善事业从官方向民间的转移。

阅读资料5-1

中国儿童少年基金会简介

（二）巩固提高阶段（1993—2004年）

1993年成立的吉林省慈善总会是我国最早以"慈善"命名的省级慈善组织，而1994年成立的中华慈善总会是我国第一家全国性的非营利公益机构。在这之后，各地民间慈善组织相继建立，各类慈善项目纷纷涌现，也标志着我国慈善事业进入了一个逐步提高、快速发展的阶段。

1994年2月24日，《人民日报》发表了一篇题为《为慈善正名》的特别社论，提出："社会主义需要自己的慈善事业，需要自己的慈善家。人们都心慈面善，都乐善好施，都乐于助人，那么，社会中的假丑恶便会无容身之地，我们为之奋斗的文明祥和、丰衣足食的社会主义现代化便会早日实现。"[①]该文使得慈善事业重返政治舞台，重新回到了公众视野当中，中国的慈善事业逐步走向正轨。随后，地方各级慈善协会纷纷成立，提升了国民对慈善事业的认知程度，深化了对慈善内涵的理解，我国慈善事业朝着大众化、全民化方向发展。1999年，《中华人民共和国公益事业捐赠法》颁布实施，对捐赠的原则、捐赠和受赠的程序、捐赠财产的使用和管理、捐赠的优惠措施等作出了规定。这是新中国成立之后慈善事业方面的第一部法律，为我国慈善事业发展奠定了一定的法治基础。2001年，国家第十个五年计划提出大力发展慈善机构，鼓励社会互助和各种形式的志愿活动，这是我国的五年计划纲要中首次出现对慈善事业发展的要求。同年，《中华人民共和国信托法》

---

① 孙月沐. 为慈善正名[N]. 人民日报, 1994-02-24（4）.

颁布实施，规范了信托设立的条件、信托财产的属性、信托当事人之间的权利义务关系等方面的内容。

在这一阶段，我国慈善组织的业务范围已涉及扶贫济困、助学助教、抗洪救灾等多个方面。特别需要提及的是，在1998年抗洪救灾过程中，我国慈善机构发挥了重要的作用。中央电视台联合中华慈善总会、中国红十字会共同举办电视募捐专场晚会，为抗洪救灾募集了数亿元资金。这是一场全民慈善大动员，极大地改变了民众对慈善活动的认知。

（三）成熟繁荣阶段（2004—2012年）

2004年3月，国务院颁布了《基金会管理条例》，明确界定了基金会的概念，基金会的民事主体地位被法定化。此外，该条例还规范了基金会的活动范围，维护基金会、捐赠人和受益人的合法权益，促进社会力量参与公益事业。该条例标志着我国基金会及其管理制度开始转型，我国慈善组织的发展逐渐成熟，社会影响力进一步提升。

2012年的社会服务发展统计公报的数据表明（见表5-1），自2004—2012年，全国社会团体的个数由15.3万个增至27.1万个，基金会数量也由892个增至3 029个，民办非企业由13.5万个增至22.5万个。进入21世纪后，市场经济的繁荣活跃促使我国慈善事业快速发展，慈善组织数量增加，民众参与度显著提升。2008年被众多学者称为中国的"慈善元年"，汶川大地震使得全国刮起了慈善热潮，客观上成为我国慈善事业迅速发展的催化剂。2008年9月，民政部社会福利和慈善事业促进司正式设立，明确了政府对慈善事业的管理监督职能。2011年7月，民政部在中华慈善奖表彰大会上发布了《中国慈善事业发展指导纲要（2011—2015年）》，明确慈善事业的五年发展目标，展示了我国慈善事业的发展宏图。

表5-1 2004—2013年社会团体、基金会、民办非企业的数量

指标	2004年	2005年	2006年	2007年	2008年	2009年	2010年	2011年	2012年
社会团体（万个）	15.3	17.1	19.2	21.2	23	23.9	24.5	25.5	27.1
基金会（个）	892	975	1 144	1 340	1 597	1 843	2 200	2 614	3 029
民办非企业（万个）	13.5	14.8	16.1	17.4	18.2	19	19.8	20.4	22.5

资料来源：民政部《2011年社会服务发展统计公报》《2012年社会服务发展统计公报》，详见民政部网站，http://www.mca.gov.cn/article/sj/tjgb/。

（四）蓬勃发展阶段（2013年至今）

党的十七届五中全会要求"大力发展慈善事业"，《国民经济和社会发展"十二五"规划纲要》提出"加快发展慈善事业，增强全社会慈善意识，积极培育慈善组织，落实并完善公益性捐赠的税收优惠政策"。

2016年9月1日《中华人民共和国慈善法》正式施行，该法是我国首部关于慈善活

动的法律，加强引导和规范慈善领域的活动，为我国慈善组织的进一步发展提供了广阔空间。2019 年，党的十九届四中全会提出"重视发挥第三次分配作用，发展慈善等社会公益事业"；同年，民政部设立慈善事业促进和社会工作司。截至 2021 年 10 月，民政部先后遴选出 3 批共 30 家慈善组织互联网募捐信息平台，为推动中国慈善事业迈入"互联网+"新时代，规范民众参与互联网慈善行为提供了有力的支持。

2020 年 2 月 23 日，习近平总书记在统筹推进新冠肺炎疫情防控和经济社会发展工作部署会议上再次强调"慈善组织要高效运转，增强透明度，主动接受监督，让每一份爱心善意都及时得到落实"①。2021 年，"十四五"规划纲要明确提出要"促进慈善事业发展，完善财税等激励政策。规范发展网络慈善平台，加强彩票和公益金管理"。2022 年，党的二十大报告提出，引导、支持有意愿有能力的企业、社会组织和个人积极参与公益慈善事业。慈善组织在推进共同富裕、实现中国式现代化进程中扮演着重要的角色。

阅读资料5-2

我国互联网公益
慈善发展迅猛

二、我国慈善组织的发展特点

自我国第一家公益基金会成立起，我国慈善组织发展已有 40 多年的历史，随着市场经济的逐步发展，社会生产力的不断提高，我国慈善组织的发展空间不断扩大，慈善服务能力不断增强。

（一）现代慈善观念逐渐得以确立

慈善文化早已深深融入中华文明当中，我国的慈善思想由来已久，起源于先秦诸子，如以孔孟为代表的儒家思想即崇尚"爱人"。至两汉时期，中国社会已逐步发展成为以儒家学派为主流，佛、道等为辅的传统文化，它们共同构成了中国慈善观念的渊源。佛教强调：要以"布恩施惠"来培养善心，以慈悲之心待人接物。道家讲述慈爱是超越了人伦之爱，强调要爱所有人，特别是鳏寡孤独等弱势群体。② 由此可见，儒教、佛教、道教对慈善理念的表述不尽相同，但其要义是相近的，强调为困难、弱势以及特殊群体提供物质上的帮助和救济。改革开放后，我国逐渐重新审视慈善的作用，邓小平指出，要在一定制度内发展"先富"，倡导先富的个人和地区回馈社会，中国特色社会主义的慈善思想逐步形成并不断发展。

当前，慈善服务对象的范围已经从困难、弱势或特殊群体延伸到整个社会所有人群。我国慈善事业正转向大众型，逐步改变依赖富人慈善捐款的传统观念，而是人人可参与公益慈善，慈善的目的也不再是针对某个人或某个群体的帮助和救济。除了捐赠财产、物资等物质帮助外，慈善活动的形式还包括提供器官捐赠、志愿服务和心理精神关怀等方面。

---

① 习近平. 在统筹推进新冠肺炎疫情防控和经济社会发展工作部署会议上的讲话［N］. 人民日报，2020-02-24（02）.
② 杨杰. 关爱弱势群体：道教的慈善理念与实践［J］. 中国宗教，2016（8）：52-53.

政府并不直接参与慈善活动，而是通过与其他社会组织、企业等合作，共同为社会及大众提供公共服务。

慈善事业已成为社会发展方面的一项重要内容，开始直接服务于经济社会发展。进入新时代，传统慈善理念正逐渐被现代慈善理念所取代，大部分慈善组织，尤其是民间组织中的慈善从业者往往是现代慈善理念的先行探索者。

（二）慈善组织运作向市场化转型

近年来，中国扶贫基金会、中国红十字基金会、上海市慈善总会等，积极运用市场理念、原则和方法，将市场机制融入慈善组织运作过程中。在品牌建设方面，慈善组织通过推出个性化的品牌项目打造品牌效应，提升组织的社会评价，扩大社会影响力。在团队建设方面，慈善组织积极招募具备社会工作、管理学、组织运营等专业知识和技能的复合型人才，人事管理去行政化，实行薪资待遇水平直接与项目基金挂钩。在财务管理方面，慈善组织通过建立健全财务公开透明制度，强化预决算管理和财务审计，不断提高其财务信息的透明度和质量。

以成立于1994年由民政部主管的中华慈善总会为例，近年来，该慈善组织注重发挥自身业务覆盖范围广泛的优势，开展了救灾、扶贫、安老、助孤、支教、助学、扶残、助医等八大方面几十个慈善项目，并逐步形成了遍布全国、规模巨大的慈善救助体系。但中华慈善总会在成立之初，管理经验不足，依赖政府的资源支持，不仅项目资金来源于政府拨款，财务体系也是依照事业单位而设。之后，中华慈善总会进行了市场化改革，将加强内部管理放在首要位置，调整和优化组织结构，提高员工业务素质和专业技能水平，制定了涵盖筹募管理、项目管理、财务管理等更加科学系统的管理体系。

（三）慈善组织服务群体更加广泛

慈善组织发展初期，制度建设、项目运作管理等方面尚未健全完善，扶持救助对象相对比较单一。中国少年儿童基金会是新中国成立后第一家国家级公募基金会，主要为儿童教育福利事业服务，其扶助的对象主要是儿童少年，特别是贫困地区的儿童少年。除此之外，其他慈善组织成立初期的救助服务主要针对某类群体，如青少年儿童、妇女、老人、残疾人等弱势困难群体。随着经济社会的发展，新问题不断产生，慈善组织的类型也更加丰富，其救助范围从传统的救助弱势困难群体拓展到医疗卫生、艺术文化、环境保护、公共服务、社区发展等社会公共领域。

阅读资料5-3

腾讯基金会简介

同时，随着互联网技术的日益发展，慈善的数字化程度不断加深。慈善组织的活动场域已不限于线下，网络慈善越来越呈现出无限活力，各类慈善组织均可在民政部指定的互联网募捐信息平台发起筹款项目。例如，由腾讯公益发起的"99公益日"活动已是全国性的募集慈善资源和实施慈善项目的综合性平台，其慈善项目以公开透明的方式面向大众，极大地调动了网络用户、企业、社会团体等参与的积极性。网络慈善议题十分广泛，涉及应急救灾、医疗健康、助学教育、生态环保、文化、女性帮扶等多个领域[①]，服务群体更加广泛。

三、我国慈善组织的发展成就

（一）法律法规体系逐步健全

1988年，《基金会管理办法》作为中国第一部关于慈善事业的法律出台，随着党和政府对慈善事业态度的转变，一系列法律法规相继出台，如《社会团体登记管理条例》（1989）、《中华人民共和国红十字会法》（1993）和《中华人民共和国公益事业捐赠法》（1999）等。2004年，国务院对《基金会管理条例》进行了修订，为慈善事业的发展提供了新的契机。

我国还制定了一些配套的税收法规，主要有：1991年颁布的《中华人民共和国外商投资企业和外国企业所得税法》；2001年财政部、国家税务总局发布的《关于完善城镇社会保障体系试点中有关所得税政策问题的通知》，同年，财政部、国家税务总局和海关总署联合发布了《扶贫、慈善性捐赠物资免征进口税收暂行办法》；2008年施行的《中华人民共和国个人所得税法》《中华人民共和国企业所得税法》。

"十二五"时期，国务院各部委以及地方各级政府相继出台了一系列鼓励支持慈善组织参与社会服务的政策。2011年，民政部颁布《民政事业发展第十二个五年规划》对慈善事业的发展作出了部署，慈善组织开始担当重任。同时，《中国慈善事业发展指导纲要》也开始单独出台，强调要发挥慈善事业在保障民生中的作用，推进了慈善事业的蓬勃发展。2016年，调研和起草长达十年的综合性慈善法律《中华人民共和国慈善法》发布，使慈善活动的各项操作有法可依，慈善组织、捐赠人、志愿者、受益人等慈善活动参与者的合法权益得到了保障，慈善信托、慈善捐赠、慈善组织监督管理、慈善服务等方面有了新的法律依据。

（二）组织数量及募捐规模不断扩张

自1981年第一家公益慈善基金会在北京成立以来，我国慈善基金会的数量就呈现逐年上升的态势。截至2021年底，全国共有社会组织90.2万个；社会团体37.1万个、民办非企业单位52.1万个、基金会8 800多个。[②] 一些慈善组织如中华慈善总会、中国红十字会、中国扶贫基金会、中国妇女基金会等，经历将近30年的发展，为我国慈善事业的发展提供了宝贵的经验。近年来，每当国内国际发生重大灾害之时，慈善组织总在第一时间加入救援活动，提供帮助；同时，关注灾前和灾后情况，建立灾前预警机制和灾后跟踪机制。各类慈善组织各自发挥自身的职能作用，共同建立救援救助网络，保障慈善救助活动的完整性和及时性。

---

① 谢琼．中国网络慈善的创新价值与未来发展［J］．社会保障评论，2022（3）：135-147．
② 资料来源：2021年民政事业发展统计公报［EB/OL］．民政部网站．https://www.mca.gov.cn/images3/www2017/file/202208/2021mzsyfztjgb.pdf．

从慈善捐赠规模来看，我国慈善款物捐赠主体呈上升趋势。《2020年度中国慈善捐赠报告》显示，2020年我国现金和物资捐赠均有一定的增长，其中现金捐赠达1 473.97亿元，并且连续3年均超过千亿元。① 相对于传统的慈善事业，互联网慈善在便捷性、可及性、智能化和透明度方面具有更加显著的优势，在整合慈善资源、号召公众参与和促进慈善事业可持续发展方面起到重要作用。《2020年度中国慈善捐赠报告》显示，2020年慈善组织通过20家互联网募捐平台筹集善款超过82亿元，超100亿人次点击、关注和参与捐赠。② 腾讯公益慈善基金会《2021年度工作报告》显示，2021年腾讯基金会共获得15.1亿元的捐赠收入，用于慈善活动的支出达15.5亿。

（三）作用发挥日益明显

党的二十大报告提出：坚持按劳分配为主体、多种分配方式并存，构建初次分配、再分配、第三次分配协调配套的制度体系；引导、支持有意愿有能力的企业、社会组织和个人积极参与公益慈善事业。党的十九届四中全会提出：重视发挥第三次分配作用，发展慈善等社会公益事业。慈善事业在发挥第三次分配作用、推进共同富裕进程中具有重要地位，承担了整合配置慈善资源、帮扶贫困群体、促使社会保障再分配等方面的责任，有助于弥补社会不公平、协调社会冲突、缓解社会矛盾。

慈善组织积极参与贫困治理，根据《2020年度中国慈善捐赠报告》，社会各界向扶贫领域的捐赠达385.58亿元，在改变贫困乡村落后面貌，改善贫困人口生活状况，提升贫困地区基层治理能力等方面发挥出积极作用。③

慈善组织在救灾抢险方面发挥了重要作用。以郑州慈善总会为例，2021年7月20日郑州市遭遇特大暴雨灾害，郑州慈善总会迅速成立抗洪救灾捐赠领导小组，汇集大量善款和物资发向救灾地区。同时，郑州慈善总会积极联系中国慈善联合会救灾委员会等单位联合成立"7·20洪灾社会组织和志愿者协调中心（郑州）"，开展社会协同、物资搬运、帐篷搭建、安全排查、群众转移、搜寻搜救等应急志愿服务。据不完全统计，在洪灾发生后，各救援队完成救援任务662次，转移群众98 000余名，转运矿泉水、食品等161 000余件，为抗洪救灾工作作出了积极重大的贡献。④

慈善组织在新冠疫情防控中也作出了重要贡献。在疫情暴发初期，慈善组织立刻响应，形成救援网络，积极组织行动。壹基金与湖北省慈善总会、壹基金救援联盟项目"武汉云豹救援队"、壹基金联合救灾项目湖北伙伴"孝感义工联"密切联系，积极响应政府号召，发放医疗物资、民生物资，开展现场心理疏导和社区防疫工作。中华慈善总会也在

---

① 2020年度中国慈善捐赠报告（精简版）[EB/OL]. 中国慈善联合会. http：//www.charityalliance.org.cn/news/14364.jhtml.
② 中国慈善联合会。
③ 2020年度中国慈善捐赠报告（精简版）[EB/OL]. 中国慈善联合会. http：//www.charityalliance.org.cn/news/14364.jhtml.
④ 徐嵩浩，桑暄越. 暴雨无情 绿城有爱：郑州慈善总会助力抗洪救灾纪实[EB/OL]. 映象网. http：//gongyi.hnr.cn/gyyw/article/1/1434707275053928448.

疫情暴发初期即成立了"抗击疫情行动领导小组"和6个专门工作机构，制定具体工作方案。

阅读资料5-4

中华慈善总会
助力乡村振兴

第二节 慈善组织发展困境

改革开放以来，我国慈善组织蓬勃发展，组织数量和募捐规模不断增长。但由于我国慈善组织的发展，起步较晚，与政府的关系还未理顺，其自身建设尚未完善，难以满足社会多样化的需求，慈善组织在发展过程中仍面临诸多现实困境。

一、慈善组织行政化色彩浓厚

慈善组织"行政化"是指我国一部分慈善组织比照准政府的地位，在人员构成、经费来源、组织结构、运作规范等方面，体现出强烈的行政色彩。[①] 慈善组织的行政化特征具有双向性：一方面，慈善组织的发展必须依靠政府的支持和推进，在资金运转、人事制度、项目运作等方面受制于政府的管理和控制；另一方面，慈善组织对政府的强烈依赖导致其自身的非政府性和志愿性削弱，缺乏独立性和灵活性，工作效率低下。

慈善组织"行政化"具体表现为以下四个方面[②]：①设立方式行政化。慈善组织的成立通常是在当地政府部门的支持和推动下实现的，慈善项目的策划和实施大多依照政府部门的运作方式进行，使得慈善组织在根源上依赖政府。②治理结构行政化。大部分慈善组织在内部治理结构上与政府部门具有强烈的同构性，有的直接归属于政府部门，具有明显的行政色彩。从结构上看，慈善组织的理事会或组织内部应当掌握组织的决策权，但一些慈善组织内部重要决策受政府部门操控。③人事管理行政化。大部分官办慈善组织的法定代表人、主要负责成员由政府部门委任，政府部门与慈善组织之间实际上属于领导与被领导的关系。④资源筹集与分配行政化。有的慈善组织的资金来源于政府部门，其项目的策划、运作、实施所需要的各项资金主要依靠政府的财政供给。在资金管理过程中，政府部门将一部分慈善资金纳入社会救助、社会福利、疫情防控等方面的规划中进行分配，而不是由慈善组织直接进行管理与分配。总之，由于受政府的管控，一部分慈善组织将慈善事业视为政府事务，对于提升服务品质、拓宽筹措渠道、提高自身公信力等并没有很高的积极性。

二、慈善组织自身公信力不足

公信力是指公民与政府、团体之间建立起的一种公共信任感。公信力是慈善组织提高

[①] 宋英启. 我国慈善组织"行政化"及其改革问题研究 [D]. 济南：山东大学，2013.
[②] 梁梦梦. F市慈善组织"去行政化"改革研究 [D]. 泰安：山东农业大学，2020.

服务品质、实现组织自身目标的必要前提，是慈善组织和慈善事业的生命线。

中国的慈善组织在一定程度上公信力不足，原因有以下几个方面：①信息披露制度不健全。慈善组织的发展依赖其信息透明度，社会公众主要依据公开的捐赠信息进行监督，而我国缺乏统一的信息公开标准，导致一些慈善组织善款来源、使用及分配等财务明细披露不全面、不及时。②内部管理机制不健全。部分慈善组织的内部管理机制不健全，组织内部缺乏自律性和专业性，如财务、人事管理制度不够成熟，专业管理人才数量有限。③外部监管力量不足。政府监督不足以及第三方评估制度不够完善，都会导致慈善组织的外部监管乏力。

我国民众广泛关注慈善事业的发展和慈善组织的运行，慈善风波极易刺激民众情绪。慈善组织只有加强自身公信力建设，才可以健康有序地发挥慈善效用。

三、慈善组织专业化程度不足

慈善组织专业化是指组织通过规范化、标准化管理流程，提高提供产品和服务的效率。① 目前我国慈善组织的发展趋势良好，组织数量与规模都有显著提升，但在专业化上存在一定的劣势。

造成慈善组织专业化程度不足的原因主要有两方面：①缺乏专业的人才队伍。当前，慈善事业的参与者大多是社会爱心人士、志愿者，社会保障、社会工作、财务管理等专业人才的参与不足，直接影响组织的服务质量和可持续发展。腾讯公益基金会、南都公益基金会、刘鸿儒金融教育基金会联合零点研究咨询集团共同完成的《中国公益人才发展现状及需求调研报告》显示，近半数的公益机构全职人员在3人以下，还有10%的机构无全职人员。同时，公益人才流失严重，56.5%的公益机构存在人才流失。②缺乏专业的技能培训和规范。筹资的评估与管理、专业人员的职业资质等对慈善组织提高专业化水平非常重要，目前我国慈善组织的志愿者、救助参与者等缺乏统一的专业技能培训和规范的职业资格认证。

慈善组织要想走向专业化，从捐赠体系、组织结构到最后的服务体系，每个环节都需要专业的人才队伍。当前，我国慈善组织缺乏对员工的激励机制，人员流动性大，直接影响专业化、现代化水平的提高。

四、慈善组织内部治理不健全

慈善组织内部治理是指慈善组织基于所有权、经营权、受益权三权分离的产权特性，在特定组织文化理念指导下，通过合理设置组织内部治理结构并配置机构间分权制衡的权责关系以及构建完善的内部治理机制，以实现慈善组织内部的有效运作，完成组织使命、践行组织宗旨的过程。② 慈善组织内部治理机制主要包括决策机制、监督机制、

---

① 崔静红. 慈善基金会参与社会治理的困境分析与对策研究 [D]. 济南：山东大学，2017.
② 李锋. 官办慈善组织内部治理路径完善研究 [D]. 济南：山东大学，2018.

激励和约束机制以及信息披露机制等，对慈善组织实现良好内部治理具有举足轻重的作用。

造成慈善组织内部治理不健全的原因有以下多个方面：①慈善组织自主性不足。一些慈善组织受政府部门的约束较大，几乎丧失了决策权，同时也缺少慈善资金的经营权与使用权，对其内部治理产生了不良影响。②慈善组织外部治理未发挥作用。慈善组织的内部治理与外部治理是相辅相成的关系，外部治理未能发挥实际作用也是内部治理不健全的重要的原因。由于外部捐赠者、媒体、社会公众等无法对慈善组织进行有力监督，对其内部治理产生的倒逼作用不够强。③慈善组织缺乏健全自身内部治理的动力。一些官方性质慈善组织背靠政府，不仅可以获得政府大量的财政资金支持，还可以通过政府增加其影响力，号召社会公众、企业进行捐款，因此缺乏完善组织内部治理结构和机制的动力。

五、慈善组织外部监管不健全

考虑到慈善组织会出现"志愿失灵"现象，慈善组织需要依靠完善的监督机制维护其公信力，政府和社会有必要从慈善组织外部环境入手对其进行有效的监督和管理。《中华人民共和国慈善法》的颁布在一定程度上有利于慈善组织的运行和发展，使得对慈善组织的监管逐渐走上正轨，但现阶段我国慈善组织外部监管体系仍不够完善。

慈善组织外部监管体系不健全存在以下几个方面的原因：①行政监管失灵。一方面，政府的过度干预使得慈善组织的内部治理机制失灵，浪费了监管资源；另一方面，政府对慈善组织的监管具有滞后性，使得监管战线拉得过长。②监管制度不健全。目前有关慈善组织外部监管的规定分布零散，缺乏操作性强的规章指引，惩处规定模糊、执行盲区较多。③社会监管不健全。相较行政监管，社会对慈善组织的监督形式更加多样，如第三方评估体系、财务审计、社会公众监管等，但当前我国慈善组织的社会监管资源较为匮乏。④税收监管机制不健全。目前我国法律在慈善组织捐赠免税方面的条款，表述过于原则性，缺乏执行配套措施，慈善组织的免税资格认证和税务监管有待进一步完善。

第三节 慈善组织发展展望

慈善在构建共建共治共享的社会治理格局中的承担重要使命，慈善事业的发展和慈善组织的建设需要政府和社会各界的力量共同推动。发挥慈善在第三次分配中的作用，助力实现共同富裕，慈善组织应当有所作为。

一、理顺政府与慈善组织关系

慈善组织过于浓厚的行政化色彩不利于慈善事业的发展，因此需要"去行政化"。但慈善组织"去行政化"并不意味着其与政府完全脱离关系，而是要减少对政府的依赖，强化自身的能力建设，确保开展慈善活动的自主性和独立性。在慈善事业发展上，政府与慈善组织的关系应当是互相协作的关系，政府对慈善机构进行日常监督而非直接管理。

为理顺政府与慈善组织的关系，应做到以下几点：

首先，慈善组织要主动完成角色的转变。慈善组织是重要的社会力量主体，应以灵活的工作机制和工作方式开展慈善项目，为特殊群体提供个性化的服务，发挥其在社会治理中的独特作用。

其次，政府要科学定位自身角色。在管理理念上，政府应从体制上推进慈善组织的"去行政化"，让慈善组织社会化、市场化发展。在登记管理体制上，要降低慈善组织的登记门槛，简化注册程序，放宽慈善组织设立条件。严格的准入许可会降低慈善组织开展慈善活动的积极性，降低标准、简化手续，可以让更多的有识之士投入慈善事业当中，促进慈善事业的发展。在日常管理中，政府应扮演好引导者、管理者和监督者的角色，并为慈善组织提供资金上的支持和税收优惠。慈善组织的非营利性限制了慈善组织获取社会资源的渠道，政府的扶持尤为重要，应实行多样化的免税政策，积极引导和鼓励企业、社会爱心人士参与慈善事业。

最后，要完善政社协同机制。在新冠疫情防控期间，各个慈善组织积极响应政府号召，但几乎都是各自为战，缺乏相互合作，造成了重复捐赠以及需求与供给不匹配等问题。建立政府与慈善组织的协同机制可以加强双方的合作联动，统一调度物力人力，引导统筹慈善组织有序参与救助工作。

阅读资料5-5

实事助学基金会在湘西州助学纪实

政府与慈善组织是相互依赖、非对称共生的关系：[1] 一方面，政府需要慈善组织提供特殊服务的供应，在缩小贫富差距上发挥重要的作用；另一方面，慈善组织需要政府的引导、支持和监管，培育和发展力量尚显薄弱的慈善组织。但双方这种非对称共生关系不利于慈善组织的长远发展，因此政府需要科学定位自身角色，在登记管理体制、捐赠激励机制等方面为慈善组织提供更多的自主空间。慈善组织则要努力提高自身的专业能力和内部治理能力，推进我国慈善事业的长远、可持续性发展。

---

[1] 徐顽强. 资源依赖视域下政府与慈善组织关系研究[J]. 华中师范大学学报（人文社会科学版），2012(3)：14-19.

二、加强慈善组织专业化建设

对慈善组织来说,最重要的是先"修炼好内功",只有这样才能提升民间慈善组织争取资源和利用社会资源的能力;换言之,慈善组织的内部化建设是慈善组织发展的核心。

首先,完善民间慈善组织的内部治理结构,健全以组织章程为核心的法人治理结构,逐步推行决策、执行和监督分离的运行机制。建立健全理事会、监委会制度和换届选举制度,完善民主决策程序、财务会计制度、人事管理制度、考核评估制度等,努力向专业化运作管理的方向发展。在此基础上,要打造个性鲜明的慈善品牌,以解决慈善组织的收入问题,增强竞争力、弘扬组织价值理念并增强组织的活力。从长远来说,民间慈善组织必须立足于自身努力,通过创新工作机制,打造优质、长效的项目品牌,立足竞争激烈的劝募市场中,才能逐步发展壮大。民间慈善组织往往因为规模小、资源少,很难投入大量的资源和精力进行品牌的建设和宣传,因此首先要明确品牌定位,把握社会需求,选准慈善项目,以有吸引力的救助项目来带动募集。在明确项目方案、制定预算的基础上开展劝募活动,既可保证捐助内容、捐助对象、捐助金额的公开透明,又有利于吸引资金,符合资助者和受助者双方的心理需求,能扩大社会影响并起到一定的带动作用。

其次,为提升慈善组织的专业能力,要进一步提升行业人才的专业技能,加强人才队伍建设。一方面,可以通过引进高素质专业人才,开办培训班、研讨会等方式提升工作人员的技能和素质。培训的内容可以涉及慈善公益组织的战略规划与项目开发、相关法律事务、内部财务管理、专业服务技能等,而慈善从业者职业的素质提高后必然能为慈善组织的发展提供更加持久的动力。另一方面,慈善组织应围绕慈善事业的理论研究、高级管理、项目实施、专业服务和宣传推广等,对接学校、科研机构等,加快培育各类专业人才。此外,健全慈善从业人员激励机制,探索建立公益专业人才的资格评价体系,提高职业吸引力;完善志愿服务体系,建立志愿者注册制度、培训制度、服务时间记录制度、激励回馈制度,推动志愿服务规范化、专业化。

最后,注重慈善组织行业内的学习与合作。这涉及多个慈善组织间、慈善组织-慈善信托、慈善组织-基金会,以及慈善组织内部志愿者和专业工作人员等。慈善事业是一项社会事业,中国特色社会主义慈善事业需要动员全社会的力量参与,既涉及社会团体间的合作、民间组织和政府的良性互动,也涉及社会成员的有机合作。例如,慈善组织应由专业工作人员和长期志愿者共同组成,这样的合作模式有利于促进慈善组织的稳定发展,形成健康的发展环境。

三、完善慈善组织内部治理建设

慈善组织的内部治理包括组织文化理念,以及静态的内部治理结构和动态的内部治理机制,是一个囊括"理念、结构、机制"的统一体。因此,应紧紧围绕"三位一体"的思路,开展完善慈善组织内部治理建设具体路径的探索。

(一) 培育良好的组织文化理念

良好的组织文化理念是健全慈善组织内部治理的精神驱动力,既能激发组织成员工作积极性,充分发挥主观能动性,又能对组织成员起到制度的约束作用,抑制组织成员做出徇私枉法的行为。积极汲取传统慈善文化的有益部分,有助于渲染良好的慈善氛围;设立具体、明晰的组织宗旨和使命,将文化理念内化于心并外化于行,有助于组织内部健康运转。

(二) 健全组织内部治理机构

我国慈善组织大多为社团法人,组织架构一般包括会员代表大会、理事会、秘书处及监事会,通过在这四大机构间合理分配权利,形成权责明确、相互制衡、运转协调的组织结构。具体来说,会员代表大会作为最高权力机构,拥有有关组织发展方向的决策权以及对于包括理事会、秘书处和监事会在内的整个组织的监督权;理事会作为官办慈善组织内部治理的核心,拥有组织运营方面的决策权,并且承担监督执行机构(即秘书处)的权力;秘书处掌握组织的执行权,负责具体的决策执行;监事会的职责主要是对理事会的决策权和秘书处的执行权进行监督。对于这四大机构的权力分工,不仅要在组织章程上予以明确规定,还要科学建立相应的制度,确保各个机构切实履行各自职责权限,为慈善组织良好内部治理奠定坚实的组织基础。

(三) 完善组织内部治理机制

首先要健全内部决策机制。必须充分发挥理事会的决策功能,提高理事会成员的独立意识,厘清与业务主管部门的联系,确保理事会的自主性。在理事会下设各专业委员会,参照企业内部治理经验,设立专家咨询顾问委员会、募捐委员会、资产管理委员会等,以适应现代慈善事业日益专业化的需要。

其次要构建严密的监督体系。理事会是慈善组织内部监督的核心,因此要充分发挥理事会的监督作用。优化监事会成员结构,明确监事会工作原则,做到监事和理事不得兼任。可利用多重监督手段如现场监督、跟踪监督、内部审计监督等,合力实现全过程监督。健全印章管理制度、人事管理制度、财务管理制度等内部管理制度,从制度上督促组织成员按规章办事。

再者要完善激励和约束机制,增强内部治理动力。坚持物质激励和精神激励相结合,建立科学、合理、可操作的绩效评估体系,实现薪资与个人业绩挂钩的弹性化薪酬制度。向组织成员灌输组织的使命和目标,充分发挥精神激励的作用。坚持外在约束和内在约束相结合,通过组织章程、法律法规对组织成员进行约束;通过自我约束教育,增强约束能力。

最后要提高慈善组织的透明度。通过多渠道披露信息,确保信息的系统和全面性。基本的信息如内部规章制度、善款使用情况、慈善活动开展情况以及年度报告等,均要如实、及时地向公众公开，方便公众获取信息。

四、加强多层次监督体系建设

建立全方位、多层次的慈善监督体系，对于提升慈善组织的公信力具有重要的意义，对慈善组织的监督可以分为内部监督和外部监督。

内部监督主要包括慈善组织的自我监督和慈善领域内的行业监督。慈善组织应加强其自身管理，从组织的公益性、财务、信息披露等方面建立完善的规章制度，并在工作中严格执行；要定期审视组织行为与组织目标是否出现偏离，并及时调整；要完善慈善组织的审批、备案、通报等工作制度，建立严格的项目评估和审核程序，规范善款的使用与管理。此外，还要建立规范、公开的财务管理制度，强化预决算管理，促进慈善资金的高效使用。慈善行业内应建立行业协会，制定共同的条约，来规范各类慈善组织的行为，形成有效的行业自律。

外部监督则包括政府部门的监督、第三方评估机构的监督和社会公众的监督。政府部门在慈善事业的发展中扮演制度提供者和监督者的角色。政府部门可以设立管理公益慈善事业的专门机构，负责对各类公益组织的监督管理。这样既可以有效加强相关部门、机构间的沟通与协作，又能有效监督和保护公益财产及其运作。与此同时，还应逐步建立起一批相对独立的第三方评估机构，制定评估程序和评估标准，及时对慈善机构进行第三方评估。第三方评估结果要予以公示，作为民众参加慈善捐款活动时的参考依据以及慈善监管机构等级评定依据。而在加强社会监督方面，要积极推行慈善信息公开透明制度，为大众媒体和社会公众提供畅通的监督渠道。完善捐赠款物使用的追踪、反馈和公示制度，加强慈善行业信息统计制度，利用慈善公益信息统计平台，及时向公众提供慈善数据以及年度慈善事业发展报告。

另外，还要推动社会全员监督。监督可以有效提升公信力，只有全方位的监督，才能为慈善事业的健康运行和发展，提供透明、公正、阳光的环境。独立的第三方机构、政府部门、社会群众及大众媒体等可以为慈善事业提供全方位的监督。例如，由一些独立的不属于任何组织或个人的第三方机构定期对慈善基金会进行监督审查，并公示结果。此外，还可加强慈善监管执法监督力度，通过严厉打击慈善领域的不法行为，及时开展基金会公益慈善项目专项抽查审计工作，推动执法监督工作创新发展，加强慈善事业规范管理。信息透明是最好的"杀毒剂"，是慈善事业的生命线，也是保障慈善基金会健康运转、慈善款物合理分配使用的必要手段，应是慈善基金会必须达到的硬性指标。推进慈善基金会信息公开，首先应围绕社会关注的重点信息，由政府或慈善行业组织统一规范信息披露标准，向社会主动公开组织章程、组织机构代码、登记证书号码、负责人信息、年度工作报告、经审计的财务会计报告以及开展募捐、接受捐赠、捐赠款物使用、慈善项目实施、资产保值增值、行政工作经费和工作人员工资福利等情况。

阅读资料5-6

遏制网络慈善骗捐乱象

进入新时代，慈善领域可以建设信息化数据平台，实现监督信息化。例如，使用云计算、大数据、区块链等信息技术，保障公众的知情权，通过"云监督"等信息化手段实时监督各类慈善活动及公益资产动态，让大众随时了解慈善组织的运营状况、财务明细、物资发放进度等。这样不仅有利于维护民众对于慈善基金会处理捐赠款物的知情权、监督权，还能增强慈善组织的责任意识、法律意识、规范意识，确保慈善捐赠运作的高效、透明、公平、合理。慈善组织还可以运用信息公开平台，实现慈善资产的使用全程留痕、有据可查，公众也可通过一键浏览、一键关注等便捷化操作，及时跟踪慈善组织的有关慈善活动。

五、构建中国特色社会主义慈善文化

中国特色社会主义慈善文化是一种以中国共产党为领导，广大人民群众为参与主体，在中国特色社会主义理论体系主导下，建立在中国特色社会主义政治、经济、文化的基础上，继承发扬中国传统慈善文化精髓并汲取西方先进慈善文化经验，同时根据我国社会的现实需要加以改革创新而形成的具有本民族特色的社会主义慈善文化模式。[①] 首先是以人为本的核心理念。以人为本，就是要满足人民的物质文化需求，从而促进人的全面发展。中国特色社会主义文化也有着同样的追求——通过充分调动社会各界的力量，强调人与人之间相互帮助，最后达到人的全面发展。其次是共富共享的发展理念。邓小平同志提出了"先富带后富，实现共同富裕"的战略构想，这种共富共享的发展理念也是中国特色社会主义慈善文化的重要组成部分。构建中国特色社会主义慈善文化，培育全民慈善理念，引导社会公众积极参与组织化的慈善事业，能够为慈善事业的发展提供广泛坚实的群众基础和经济基础。具体来说，要做到以下几点：

（一）重视慈善文化宣传，营造良好慈善氛围

由于慈善活动参与主体的广泛性，慈善宣传需要加强与政府宣传、教育、民政、文化部门的联系，同时还要注意充分利用报刊、广播、电视等传统媒体和微信公众号、微博、抖音、小红书等新型传媒。制定符合现代传播学理念的宣传计划，对慈善进行广泛宣传和重点报道，尽可能地对接好社会各方面群体，让各方面群体都能融入慈善活动当中，发挥慈善文化的传播效果。

（二）普及慈善教育，提升公民个人慈善意识

增强个人的慈善意识，可以促进形成和谐友爱的良好社会风气，形成人人为我、我为人人的现代慈善局面。首先，要重视家庭的教育。加强家庭慈善爱心教育，父母要发挥好示范引导作用。其次，要加强学校慈善教育。在学校里开展相关慈善讲座和慈善课

---

① 郭昕. 中国特色社会主义慈善文化研究 [D]. 上海：上海师范大学，2018.

程，定期举办慈善爱心活动。最后，要加强社区慈善宣传。将社区慈善融入社区建设当中，广泛开展慈善宣传活动，建设社区慈善捐赠体系和慈善公益基金。设立社区捐赠点，鼓励社区居民积极参与募捐活动，引导社区居民认识到个人的慈善力量。还要构建社区的慈善服务体系，组建社区的社工和志愿者队伍，通过帮助困难群体来感染社区群众，使各类居民群众都能够广泛参与到社区慈善当中。

（三）培育企业慈善文化，提升企业慈善意识

随着我国企业数量与规模的迅速扩张，为社会创造巨大的经济利润的同时，也有越来越多的企业加入慈善事业当中。对于企业来说，主动参与慈善事业、将慈善文化融入企业文化是一件双赢的事情，既可以拓展企业自身的影响力，树立良好的品牌形象，同时也能帮助特殊群体，体现社会责任感。

阅读资料5-7

古都安阳：
人人皆可慈善

习题

1. 简述我国慈善组织的发展历程。
2. 简述我国慈善组织的发展特点。
3. 简述我国慈善组织发展取得的成就。
4. 试分析我国慈善组织发展的困境体现在哪些方面？
5. 试分析我国慈善组织未来发展趋势。

案例题

福建泉州慈善组织的进阶之路

福建泉州的慈善事业群众基础扎实，但一些初具规模和号召力的民间互助互济团体，却由于缺乏专职人员、管理人才、办公场地和注册资金等原因，迟迟未进行行业登记。

《慈善法》出台、《福建省慈善事业促进办法》施行后，泉州市、县两级民政部门积极指导和推动这些民间互助互济团体登记为社会组织，引导其规范内部管理，建立健全法人治理结构和运行机制，规范开展业务活动，走专业化发展之路，获得明显成效。

一、规范化建设助慈善组织行稳致远

泉州的市、县两级民政部门为了鼓励和引导符合条件的民间互助互济团体登记为公益慈善类社会组织，针对社会组织登记和年报材料难以备齐、表格易于填错等问题，做精做细办事指南，所有申请表格全部上传示例范本，帮助申办者减少表格填写错误，还通过调用电子证照等方式为申请者减负。"现如今，登记成立公益慈善类社会组织在程序上透明、方便、快捷。登记后，一趟也不用跑就能完成年报等工作。"市民政局儿童福利和慈善事

业科科长邱亮亮说。

惠安县小马哥合众救助慈善公益协会是一家致力于开展大病孩童救助的慈善组织，2021年登记前已开展活动多年。登记后，该协会制定了法人章程，建立了内部组织架构，按照慈善组织规范完善了年检、年报、财务审计、捐赠收支公开等制度，运作较以前更加规范了。

2022年6月19日，该协会志愿者在"月行一善"活动中探访涂寨镇新亭村8岁的脑髓母细胞瘤患者小毅（化名），了解到小毅父母外出打工，之前给小毅治病已经借遍了亲戚朋友，而后续化疗仍需经济支持。经评估后，协会当日将相关资料和募捐启事公布在协会创建的志愿者、爱心人士微信群里，664名志愿者和爱心人士在24小时内捐款15万元。随后，在多方见证下，15万元爱心款项存入了小毅的住院账户。

"多亏了协会的帮助，孩子目前治疗情况很好！"小毅父亲感激地说道。

二、专业化发展为慈善组织赋能增效

在泉州，市、县两级慈善总会分门别类地实施了助困、助学、助医、助残、助老等项目，推动慈善救助与政府保障有效衔接。在工作中，他们坚持救急与助困、"输血"与"造血"、临时救助与项目救助相结合，尤其注重提供送技术、送培训、送信息等救助服务，进一步提高了困难群体的发展能力。在慈善救助工作中，慈善组织的公信力、专业性得到持续提升。

其中，晋江市慈善总会设立精准扶贫公益基金，开展了"四帮四扶"（帮就业、帮就医、帮就学、帮安居，扶贫困、扶老幼、扶伤残、扶志气）、革命老区村援建项目等慈善事业。

晋江市慈善总会、晋江市英林心公益慈善基金会、惠安县亮亮教育基金会的理事会成员多为民营企业家，他们注重运用现代企业管理理念推动慈善组织规范管理、健康发展。

"晋江市英林心公益慈善基金会创办了'英林心·心商店'，致力于打造'公益+商业+创业+人文+精准扶贫（乡村振兴）'的新型运营模式。该商店常年售卖爱心企业以及行业协会、商会、个人捐赠的商品，售卖所得全部进入基金会账户。从2016年成立至今，该商店销售额累计达4 000余万元，为基金会创收500万元。"基金会发起人代表、常务副理事长洪文革说。

为加大监管力度、规范慈善组织的业务运作，泉州市、县两级民政部门健全管理机制，对全市慈善组织严格开展年报年检工作。同时，配合市人大常委会开展《慈善法》实施情况执法检查，走访调研泉州市鲤城区、晋江市、惠安县的捐赠企业和慈善组织，推动慈善事业高质量发展。

截至2022年底，泉州市认定登记慈善组织共161家，其中基金会105家，在全国的地级市中名列前茅。目前，全市的慈善组织中，具有公开募捐资格的有12家，评为3A等级以上的有30家。2022年，全市慈善组织共筹集善款15.4亿元，支出14.07

亿元。

三、体系化格局促慈善事业根深叶茂

近年来，泉州慈善组织通过规范化和专业化建设，实现了规模化扩张和体系化构建。市、县两级慈善总会日趋成为枢纽型慈善组织，镇、村两级慈善类社会组织以街道（镇）、村（居）为活动范围，专业性社会组织以专业帮扶救助为服务内容，社区社会组织以志趣为纽带，四者相得益彰，共同构成立体化的慈善组织及服务体系。

泉州市慈善总会过去主要是与企业和政府部门合作设立基金进行筹款，近年来设立了多只项目基金，其中"共同托起他们的理想"助学项目，每年的认捐均兴起热潮。

惠安县形成了"县有慈善总会，镇有慈善工作站或慈善类公益组织，村有慈善救助站点"的慈善网络。在全县12个乡镇中，9个乡镇已成立慈善工作站，余下的3个乡镇也正在筹备成立。一些规模较大的社区设立了慈善网格，如螺城镇霞园社区慈善公益协会以社区网格为基础搭建了慈善网格。

晋江市形成了由市有慈善总会、镇有慈善协会、村有爱心慈善援助站、企业发起成立基金会的慈善组织体系。市慈善总会在13个乡镇设置了慈善联络组，主导活动策划、参与善款发放。

晋江市英林心公益慈善基金会坚持党建引领，按照"教育、慈善、强村、敬老、生态"五位一体总体目标，设立了"一办五组"——办公室、教育发展组、慈善敬老组、强村生态组、产业投资组、海外联络组。体系化建设有力地推动了专业化发展。"教育发展组策划的'英林大讲堂'已经举办了62期，基金会理事长洪忠信和本土作家蔡崇达先后作了'长大后你就成了我'主旨演讲。慈善敬老组举办重阳节慰问等活动82场次，累计慰问百岁老人19人次、90岁以上老人334人次、四世同堂家庭527户，投入资金140.5万元，营造了浓浓的敬老爱老氛围。"洪文革说。

"下一步，我们将制定促进慈善事业发展的相关配套措施，推动慈善组织依法公开慈善信息，探索建立政府部门、群团组织与慈善组织灵活、便捷的沟通对接渠道，进一步形成慈善工作合力。"泉州市民政局副局长李玉霜说。

资料来源：福建泉州慈善组织的进阶之路．[EB/OL]．（2023-3-28）[2023-11-29]．中国社会报．https：//www.gov.cn/xinwen/2017-01/10/content_ 5158327.htm.

为共享发展贡献力量 多措并举发展我国慈善事业

大力发展慈善事业，对于落实共享发展理念、促进社会进步具有重要意义。新形势下，促进慈善事业持续健康发展，需要凝聚多方力量，创造良好环境，培育慈善文化，引导更多人参与到慈善事业中来。

一、积极转变政府角色

发展慈善事业，政府应积极转变角色，将自身定位为引导者、管理者和监督者，努力保护好慈善组织、捐赠人、志愿者、受益人等慈善活动参与者的合法权益，为慈善事业发展保驾护航。2016年9月1日起施行的《中华人民共和国慈善法》是我国第一部规范慈善事业发展的法律，进一步明确了政府在发展慈善事业中的职责。政府履行好自身职责，一方面要做好减法，简化程序、做好服务；另一方面要做好加法，加强对慈善组织和慈善活动的监督管理。政府不缺位、不越位、不错位，与慈善组织实现良性互动，就能为慈善事业发展提供有力保障。

二、提升慈善组织能力

作为慈善事业发展的重要推动者，慈善组织能力如何，直接关系慈善事业发展水平。慈善组织在运营管理中应以开展慈善活动为宗旨，不以营利为目的，做到严于律己、乐于助人。在人员构成上，慈善组织不仅要遴选有爱心、热心于慈善事业的人士，还要注重提高工作人员的文化素养。慈善组织要勇于创新，敢于突破传统思维模式，汲取先进慈善理念，不断提高开展慈善活动的能力。同时，慈善组织还要定期公开财务、人事等信息，进一步提升慈善活动的透明度，接受政府有关部门的监管和社会的监督，让慈善事业在阳光下健康发展。

三、强化企业社会责任

企业的积极参与对于发展慈善事业具有重要意义。衡量企业的价值不能仅仅看其创造了多少利润，还要看其在发展过程中对社会所作的贡献。作为国家的法人公民，企业理应热心公益，注重履行社会责任。企业应将慈善文化融入企业文化建设之中，努力打造具有中国特色的企业慈善文化，使企业成为慈善事业发展的中坚力量。

四、弘扬优秀传统文化

"慈心为人，善举济世"，我国自古以来就有扶贫济困、乐善好施的优良传统，慈善是中华民族的传统美德。我国古代许多优秀思想都是当下培育慈善文化、推动慈善事业发展的宝贵文化资源。例如，中华传统文化中的仁爱思想，从人的自我完善意义上讲，具有个人安身立命之本的意义；就其更大的目标而言，可以引领社会风气、助推慈善事业发展。新形势下，我们要大力弘扬中华优秀传统文化，激发人们的慈善、助人之心，帮助人们树立慈善理念、参与慈善活动。

五、营造良好社会氛围

慈善事业的发展离不开政府部门、慈善组织的大力倡导，离不开名人的示范、公众的参与，也离不开媒体的大力宣传和积极提倡。只有多措并举、形成合力，才能营造有利于慈善事业发展的良好社会氛围。比如，我国慈善领域最权威、参与度最高的奖项"中华慈善奖"，对于表彰社会各界奉献爱心、回报社会的慈心善举，弘扬中华民族乐善好施、扶贫济困的传统美德发挥了十分重要的作用，其社会影响力和感召力越来越大，应在新形势下进一步用好。此外，随着大众传播媒介的多样化，我们可以采用多种形式积极报道慈善人士与慈善活动,传播慈善正能量。

资料来源:张静. 为共享发展贡献力量 多措并举发展我国慈善事业[EB/OL]. (2017-1-10) [2023-11-29]. https://www.gov.cn/xinwen/2017-01/10/content_ 5158327. htm.

案例讨论:

你认为应该如何进一步促进我国慈善事业的发展?

第六章 志愿服务概述

学习要点与要求

1. 掌握志愿服务的含义、特点和原则。
2. 了解志愿服务的功能和价值。
3. 了解中西方志愿服务发展历程。
4. 了解志愿服务的实践领域。

本章思维导图

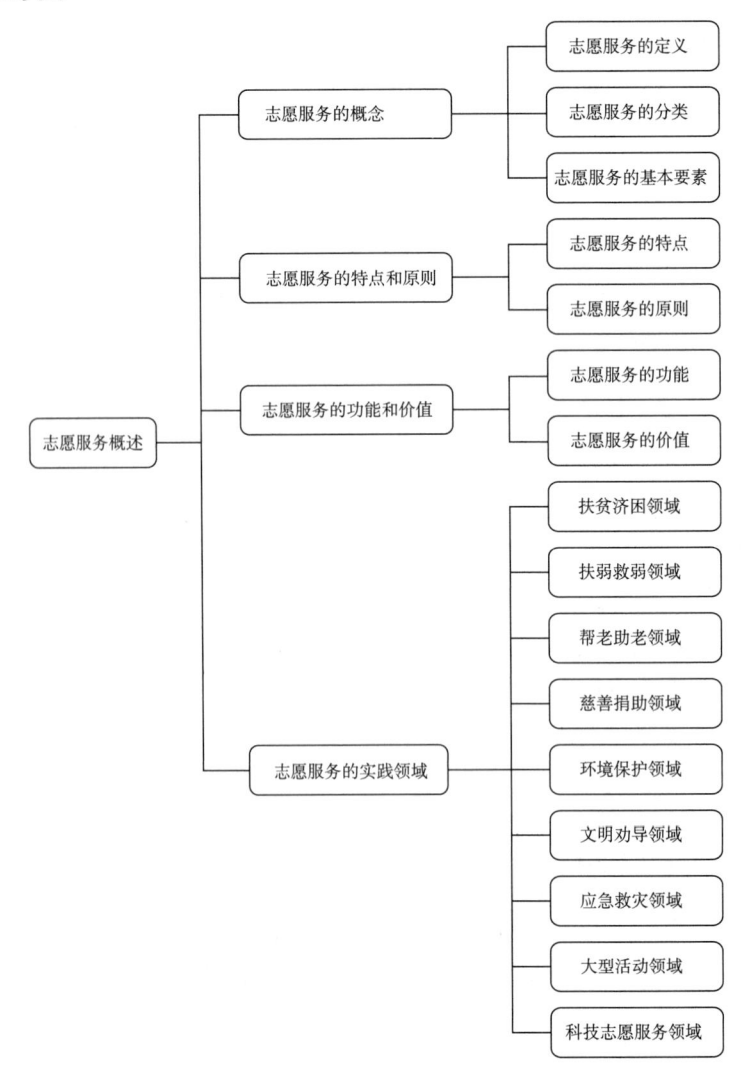

- 志愿服务概述
  - 志愿服务的概念
    - 志愿服务的定义
    - 志愿服务的分类
    - 志愿服务的基本要素
  - 志愿服务的特点和原则
    - 志愿服务的特点
    - 志愿服务的原则
  - 志愿服务的功能和价值
    - 志愿服务的功能
    - 志愿服务的价值
  - 志愿服务的实践领域
    - 扶贫济困领域
    - 扶弱救弱领域
    - 帮老助老领域
    - 慈善捐助领域
    - 环境保护领域
    - 文明劝导领域
    - 应急救灾领域
    - 大型活动领域
    - 科技志愿服务领域

引导案例

全国参与疫情防控的注册志愿者达到 881 万人

2020 年 6 月 7 日，国务院新闻办公室发布的《抗击新冠肺炎疫情的中国行动》白皮书[①]指出，截至当年 5 月 31 日，全国参与疫情防控的注册志愿者达到 881 万人，志愿服务项目超过 46 万个，记录志愿服务时间超过 2.9 亿小时。

疫情防控期间，千家万户关门闭户，全国 180 万环卫工人起早贪黑、不辞辛劳，高标准做好卫生清扫、消毒杀菌、医疗废物集中处理、垃圾清理清运。数千万道路运输从业人员坚守岗位，许多城市出租车司机没有停工，有力保障疫情防控、生产生活物资运输和复工复产。新闻工作者深入一线，记录中国抗疫的点点滴滴。许多普通人投入一线志愿服务，社区值守、排查患者、清洁消杀、买药送菜，缓解居民燃眉之急。

据不完全统计，从疫情发生伊始（2019 年 12 月 27 日），截至 2020 年 5 月 31 日，不到半年的时间，全国参与疫情防控的注册志愿者达到 881 万人，志愿服务项目超过 46 万个，记录志愿服务时间超过 2.9 亿小时。各行各业的志愿者成为全社会抗击疫情的中流砥柱，他们的广泛参与激励着更多人参与到志愿服务中，投入到抗疫第一线。志愿者在危急时刻的挺身付出，也让志愿服务再次出现在大众视野，使其越来越成为全社会公共事务不可或缺的力量。

资料来源：燕客卿. 白皮书：全国参与疫情防控的注册志愿者达到 881 万人 [EB/OL]. (2020-06-07) [2023-04-16]. http://www.shanda960.com/shandaguan/article/19939.

志愿服务在社会中的作用越来越凸显，那么什么样的服务才能称之为志愿服务，从事志愿服务的志愿者应该具备怎样的品质？

第一节 志愿服务的概念

志愿服务起源于 19 世纪初西方国家以宗教性活动为依托的一种救济活动——为了帮助贫民获得社会地位，弥补社会制度在解决贫困问题时上的缺陷，一些具有慈善之心的宗教人士和社会人士自发组织起来无偿对贫民进行救助。作为政府救助的补充，这些具有公益慈善性的社会救助一定程度上可以帮助改善贫民的生活状况，同时缓解政府行政救助的压力，以非正式的救助方式，整合社会资源，接济贫民。随着经济的发展和社会的进步，这种救助被更多人所熟知，人们逐渐认识到社会上人们之间的互相帮助，既可缓解困境，

---

① 参见《抗击新冠肺炎疫情的中国行动》白皮书（全文），http://www.scio.gov.cn/zfbps/ndhf/42312/Document/1682143/1682143.htm.

打破陌生感，同时施助者也能获得精神上的满足。经过有序的组织和延续，这种非正式的无偿救助已经发展成为民间自发性的互助服务，涉及社会生活的各个领域，如今在世界范围内得到广泛发展。

一、志愿服务的定义

志愿服务是社会文明进步的重要标志，是发展社会主义精神文明的必然要求。它体现了人类社会普遍存在的精神追求，为社会个体积极参与公共生活提供了重要的平台，逐渐成为人们的一种生活方式，成为当代社会精神文明的重要组成部分。

对于志愿服务的定义，学界有不同的理解。缪其克（Marc A. Musick）和威尔逊（John Wilson）从活动的组织性出发，认为志愿服务是一种致力于解决问题并帮助他人的有组织的志愿服务活动，不包括诸如照看孩子或者像帮邻居照顾一下宠物之类的非正式的随意的帮助。[1] 邓恩（Dunn P. G.）把志愿服务界定为，出于社会公益责任的自愿行为，具有无偿利他、非强迫参与等特点，强调人与人之间互动及社会民主与经济发展的过程。[2] 国内学者丁元竹等认为，志愿服务是任何人在不计报酬的前提下，为推动人类发展、社会进步和社会福利事业发展而提供的服务活动，体现志愿服务的社会公益性。[3] 魏娜认为，志愿服务指的是造福近亲属以外的他人（个人或团体）或环境的所有活动。[4] 潘昕等人认为，志愿服务是志愿者基于对志愿服务价值的深刻认识与领悟，本着不求回报的无私奉献精神，自觉自愿地为社会公益事业或陌生他者特别是弱势群体提供无偿服务或帮助的行为，是出于理性自觉的伦理行为。[5]

联合国把志愿服务（volunteer service）定义为任何人自愿贡献时间和精力，在不为物质报酬的前提下为推动人类发展、社会进步和社会福利事业而提供的服务。对于志愿服务，2015年民政部发布的中华人民共和国民政行业标准《志愿服务信息系统基本规范》给出官方界定：志愿服务（Volunteer service）是"不以获取物质报酬为目的，自愿以自己的时间和知识、技能、体力等帮助他人、服务社会的公益活动"[6]。虽然上述定义对志愿服务的表述不同，但其核心都是利他主义，具有自愿性、无偿性和公益性的共性，认为志愿服务是出自人们社会责任意识之上做出的社会公益事业。基于此，可以对志愿服务作出以下界定：不以获取物质报酬为目的，自愿以自己的时间和知识、技能、体力等帮助他人、服务社会的公益活动。

---

[1] 马克·A. 缪其克，约翰·威尔逊. 志愿者 [M]. 北京：中国人民大学出版社，2013.
[2] DUNN P C. Volunteer management. In Encyclopedia of Social Work (19th), 1995, pp. 2843-2490.
[3] 丁元竹，江汛清，谭建光. 中国志愿服务研究 [M]. 北京：北京大学出版社，2007.
[4] 魏娜. 志愿服务概论 [M]. 北京：中国人民大学出版社，2018.
[5] 潘昕，彭柏林. 志愿服务的伦理学界定 [J]. 湘潭大学学报（哲学社会科学版），2022，46（3）.
[6] 志愿服务信息系统基本规范 [EB/OL]. (2015-07-22) [2023-06-08]. 中华人民共和国民政部. https：//xxgk.mca.gov.cn：8445/gdnps/n164/n230/n240/n681/n692/c13047/attr/88852.pdf.

二、志愿服务的分类

根据不同的分类标准，我们可以将志愿服务划分为不同的类别①：

从服务内容来看：有社会福利类，如为老人服务，为残疾人服务，为妇女儿童提供陪护、慰藉、辅助等服务；还有文化娱乐类、医疗卫生类、环保类、权益类、治安类、救援类；等等。

从时间来看：有定期性的志愿服务，提供服务的时间相对固定、有规律，如每周两个半天，每年固定多少周等；还有临时性志愿服务，包括临时性的服务任务以及不定期地参与某种服务。

从服务的组织程度来看：有正式的志愿服务，指在一定组织结构或者平台支持下从事的志愿服务；还有非正式的志愿服务，指相对松散、个人自愿提供志愿服务的行为，如人们直接为亲友、邻居、陌生人所提供的无偿志愿服务。②

从服务的地点来看：有在线志愿服务，信息技术的发展，网络社会的到来，拓展了志愿服务的实践方式，在线志愿服务指利用信息技术作为渠道或者工具来从事志愿服务活动；还有在场志愿服务，强调实践活动中，面对面互动的特征，地点可以分为社区、国家和国际层面三种。③

从志愿服务发起单位来看：主要有政府组织、企业组织和公益慈善组织，这些组织可以单独发起志愿服务，也可以联合发起志愿服务。

从服务的专业程度来看：有专业性较强的志愿服务，也有一般性质的志愿服务。

从服务范围和规模来看：有大型活动的志愿服务，如体育赛事、庆典、会议等，也有小型的、常规性志愿服务。

无论是什么类别的志愿服务，其服务的核心要素都应该符合志愿服务的定义和基本特征。

三、志愿服务的基本要素

根据志愿服务定义和志愿服务活动的构成，志愿服务应具备志愿精神、志愿者、志愿行为这三个基本要素。

阅读资料6-1

全职志愿者：卞学忠

（一）志愿精神

志愿服务是一种在志愿精神感召下的实践活动，既包括具体和实务的社会公益活动，也包含理念和精神层面的内容。志愿精神是志愿服务过程所遵循的理念、精神追求和价值体系，是志愿服务内在的动力和价值支撑，也是志愿服务的精髓。联合国志愿服务者组织将志愿精神理解为"是一种自愿的，不

---

① 魏娜. 志愿服务概论［M］. 北京：中国人民大学出版社，2018.
② 何祎金. 文明实践与当代志愿服务［M］. 北京：社会科学文献出版社，2020.
③ 何祎金. 文明实践与当代志愿服务［M］. 北京：社会科学文献出版社，2020.

计报酬或收入条件下,参与推动人类发展、促进社会进步和完善社区工作的精神",是公众参与社会生活的内生力量。联合国前秘书长科菲·安南指出,志愿精神的核心是"服务、团结的理想和共同使这个世界变得更加美好的信念",将志愿服务概括为一种指引志愿服务活动的崇高精神,体现志愿服务精神的道德内涵和思想价值,是人类社会精神发展的积极表达和人类共有的一种精神财富。在当代,中国志愿服务精神与中华民族团结友善的历史文化一脉相承,与当代社会主义核心价值观相契合,中国青年志愿者协会将志愿精神综合概括为"奉献、友爱、互助、进步",体现了志愿精神的基本内核。①

(二)志愿者

不以获取物质报酬为目的,自愿以自己的时间和知识、技能、体力等帮助他人、服务社会的公益活动的人们被称为"志愿者"。志愿者(volunteer)一词来源于拉丁文中的"voluntas",意为"意愿"。对于这一概念,我国不同地区对 volunteer 的译法不一,中国大陆一般称为志愿者,中国香港称之为义工,中国台湾称之为志工。虽然译法不同,但实质内容基本是一致的。志愿者是"不以利益、金钱、扬名为目的,而是为了近邻乃至世界进行贡献活动者",指在不为任何物质报酬的情况下,具有志愿精神,主动帮助他人、承担社会责任的人。在志愿者队伍里,既有白发苍苍的老人,也有家长带领下的儿童,既有身体健康的人,也有身体残疾的人,等等。由此可见,志愿者不分年龄、地域、性别、种族、宗教、贫富等,只要有服务他人的意愿,每个人都可以成为志愿者。②志愿者是志愿服务活动的主体,是"奉献、友爱、互助、进步"志愿精神的实践者,是志愿服务活动中的中坚力量。

(三)志愿行为

志愿行为是伴随志愿服务存在的一种社会公共行为,是志愿服务主体——志愿者从事志愿服务的具体实践操作。通过志愿行为,志愿服务活动得以实现和完成。志愿行为具有一些基本的特征③:第一,针对服务对象的需求,以对象需求为本。志愿者没有必然服务的职业要求,而是发现社会建设需求、弱势群体需求之后,主动开展服务。第二,率先探索和实践。志愿服务往往是政府服务、市场服务所难以顾及的领域,缺乏前人经验借鉴,必须通过志愿者大胆探索、勇于实践,从而满足对象的服务需求。第三,微观性及影响力。志愿行为来自广大公民,但仅仅是公民生活中的小小组成部分。这样,在从事志愿服务的时候,各种行为创新不会直接产生太大影响,容易为社会接受。但是志愿服务中的一些有价值的行为模式、理念模式,逐渐具有社会推广价值,就能够渗透到社会其他领域④。

阅读资料6-2

挺身而出:社区抗疫志愿者

---

① 佘双好.志愿服务概论[M].武汉:武汉大学出版社,2013.
② 魏娜.志愿服务概论[M].北京:中国人民大学出版社,2018.
③ 谭建光,朱莉玲.中国社会志愿服务体系分析[J].中国青年政治学院学报,2008(3).
④ 佘双好.志愿服务概论[M].武汉:武汉大学出版社,2013.

第二节 志愿服务的特点和原则

一、志愿服务的特点

(一) 自愿性

自愿性是指志愿服务行为的发生受个人意志支配,个人有参与志愿服务和不参与志愿服务的自由,并不受外界的干扰和束缚。自愿性是志愿服务的核心要素[1],是区别志愿服务与其他公益服务的典型特征,决定了志愿服务参与者的主体地位。一方面,由于志愿服务是具有独立的意志、尊严和人格的人们自由选择其身份的结果,志愿者是个人自主选择"我是谁"的积极方式,所以没有自愿便不能称其为志愿服务。[2] 另一方面,自愿性是相对于人的社会权利来说的,人们享有自由参与社会事务的权利,而志愿服务作为一项社会公共事务,人们参与志愿服务的程度取决于个人的参与意愿。自愿性不排斥组织化的社会动员行为,但要求动员行为体现对志愿者意愿的充分尊重。[3]

阅读资料6-3

做志愿者其实很简单

志愿服务秉承奉献、友爱、互助、进步的高尚理念,作为道德层面的自我塑造,这种善意发自内心地表达出对他人的尊重、理解和关怀,从而愿意奉献自己的时间、技能等资源实施助人行为,充分发挥个体的主观能动性。

(二) 无偿性

无偿的服务对应于有偿的劳动,雇佣关系下的人们用劳动换取报酬,劳动成为有偿的商品。志愿服务则相反,志愿服务因具有无偿性,无偿性的特征使其彻底摆脱了雇佣劳动关系的束缚,志愿服务不是商品,志愿者与其服务劳动是内在同一的,是志愿者通过自身劳动回归人的本质属性的一项自愿积极行动。[4] 无偿性是志愿服务区别于其他服务活动的重要标志,这里的无偿性有两层含义:第一,志愿服务是指志愿者不以物质报酬为目的,利用自己的时间、技能等资源,自愿为国家、社会和他人提供服务的行为,志愿者"不得向志愿服务对象收取或者变相收取报酬"[5]。第二,志愿服务的无偿性虽然意味着一种通过免费、自愿地贡献自己的时间使得他人、团体或组织受益的行动,但这一界定并不否认

---

[1] 张晓红,苏超莉.大学生"被志愿":志愿服务的自愿性与义务化[J].中国青年社会科学,2017,36 (1).
[2] 王洪松.当代中国的志愿服务与公民社会建设[M].北京:中国政法大学出版社,2015.
[3] 魏娜.志愿服务概论[M].北京:中国人民大学出版社,2018.
[4] 魏娜,刘子洋.论志愿服务的本质[J].中国人民大学学报,2017,31 (6).
[5] 志愿服务条例[EB/OL]. (2020-12-27) [2023-09-06].中华人民共和国中央人民政府.http://www.gov.cn/zhengce/2020-12/27/content_5574451.htm.

志愿者从志愿活动中获益①，获得的利益包括额外的物质和精神奖励，志愿服务并不排斥志愿者抱着获益的心态参与志愿服务。志愿服务的动机未必一定要非常纯粹，只要能与营利目的相区别，相比动机，结果、成效更重要。志愿者希望通过志愿服务发现自我、实现自我，或者希望因此获得一份特别的经验积累或者交际网络，实现自我成长，并不妨碍一个人成为一名优秀的志愿者。过多强调动机的纯粹性，可能也不利于志愿活动吸引更广泛的认同与参与。②

（三）公益性

公益性指志愿者从事的服务行为及其导致的结果是符合社会公共利益要求、符合公序良俗原则和志愿服务道德伦理的。③ "公益"是"公共利益事业"的简称，具有明显的指向性——社会公众的利益，指有关社会公众的福祉和利益，包含了"公共福利"（public welfare）、"公共利益"（public interest）以及"公共物品"（public good）的内涵。④ 志愿服务不是个人的私人生活处理，它体现的是人的社会性，是在一定的公共空间内和特定人群之间的互助和他助。⑤ 因此，志愿服务公益性体现的是拒绝私益，必须排除人们基本义务内的活动，即指道德伦理以及习俗规范等对人的一种潜在要求，如照顾朋友和家人等。《中国志愿服务大辞典》关于"志愿服务"的定义中明确提出"服务于非近亲属"。比如学生回家做家务、照顾生病的父母等，都不是志愿服务⑥，像为贫困地区儿童提供心理咨询、大型体育活动维持秩序等都属于志愿服务。

（四）服务性

服务性是志愿活动得以开展的前提，指通过非物质性的资源流动和资源共享提供服务。志愿服务强调非物质化的援助，如献血、捐款行为虽然本身是自愿援助，但属于物质化捐助，不属于志愿服务。如果参与献血动员宣传、服务于献血者等自愿贡献时间、精力的行为，就是志愿服务，同样，在募捐中参与动员、宣传、组织管理等服务也是志愿服务。⑦

现代社会提供服务的主体包括政府、市场和非营利组织，非营利组织的出现弥补政府和市场职能的空缺，有效发挥提供服务、创新和社会纽带的作用。⑧ 志愿服务作为非营利组织服务的一部分，区别于政府和市场提供的服务，强调与服务对象进行深入具体的感性互动，根据服务对象的不同需求进行灵活调整，而不拘泥于形式的同一性和普遍性，全面把握服务需求，实现服务效益的最大化。近年来，志愿服务在大型赛会、抗震救灾等具有

---

① 马克·A. 缪其克，约翰·威尔逊. 志愿者 [M]. 北京：中国人民大学出版社，2013.
② 丁元竹. 中国需要怎样的"志愿者文化" [N]. 解放日报，2008-05-01（A01）.
③ 魏娜. 志愿服务概论 [M]. 北京：中国人民大学出版社，2018.
④ 杨超. 公益创业教育价值研究 [M]. 北京：人民出版社，2018.
⑤ 钟辰. 推进志愿服务的理论视野 [J]. 当代青年研究，1998（3）.
⑥ 张晓红. 提升全社会服务认知 [N]. 光明日报，2020-12-17（5）.
⑦ 张晓红. 提升全社会服务认知 [N]. 光明日报，2020-12-17（5）.
⑧ 林伟杰，李宇立. 非营利组织与政府的合作关系、背景及影响：文献综述 [J]. 财会通讯，2022（5）.

高度不确定性、高度复杂性特征的社会服务领域所展现的不可或缺的服务就是最好的例证。①

（五）组织性

由特定人数组成，以帮助他人和促进社会进步为目标，具有信息交流和协作配合的特性，即志愿服务的组织性。组织性是现代志愿服务发展过程中一个重要特征，体现了志愿者从自发自为朝着共促共进发展，能够有效提升志愿者对群体的认同和志愿服务的专业化水平。②

个体服务行为是志愿服务的基础，个体的志愿服务行为，组成了群体的志愿服务行为，进一步发展成为具有一定运行机制的志愿服务组织。志愿服务组织是调动和安排志愿服务的机构，是志愿主体与志愿受体之间信息沟通的重要桥梁。③志愿服务是否具备组织性关乎志愿服务的成效，有组织的志愿服务能够极大提升志愿服务的贡献力，有利于推动志愿服务、制度化、专业化发展，比如规范志愿者招募和培训等，促进志愿服务事业持续健康发展。④目前，我国的志愿服务可分为党建引领的志愿组织、民间力量志愿组织、社区志愿组织、高校志愿组织以及国际在华志愿组织等多种力量，成为一种普遍的志愿服务形式。在组织性的基础上，做好扶贫、济困、扶老、救孤、恤病、助残、救灾、助医、助学和大型社会活动等领域的志愿服务⑤，会产生事半功倍的效果。

二、志愿服务的原则

2017年国务院发布的《志愿服务条例》指出，开展志愿服务，应当遵循自愿、无偿、平等、诚信、合法的原则，不得违背社会公德、损害社会公共利益和他人合法权益，不得危害国家安全。⑥

（一）自愿性原则

自愿是建立在志愿者理性自觉基础上的，自愿性原则就是志愿服务的开展要尊重志愿服务主体，即志愿者本人的个体意愿，是非强制性的。个人可以决定参加志愿服务或不参加志愿服务，参加这个领域的志愿服务或那个领域的志愿服务，参加一次或多次的志愿服务，不论何时何地参加何种形式的志愿服务均不受外界因素的干扰。

（二）无偿性原则

志愿服务本质上是一种以利他主义为核心价值观的伦理行为，志愿服务之所以奉行无

---

① 魏娜，刘子洋. 论志愿服务的本质 [J]. 中国人民大学学报，2017，31（6）.
② 魏娜. 志愿服务概论 [M]. 北京：中国人民大学出版社，2018.
③ 金伟，鞠彬彬. 中国特色志愿服务的边界分析 [J]. 学习与实践，2022，456（2）.
④ 张晓红. 提升全社会服务认知 [N]. 光明日报，2020-12-17（5）.
⑤ 八部门印发《关于支持和发展志愿服务组织的意见》[EB/OL].（2016-07-13）[2023-09-08]. 中华人民共和国中央人民政府. http：//www.gov.cn/xinwen/2016/07/13/content_ 5090720.htm.
⑥ 志愿服务条例 [EB/OL].（2020-12-27）[2023-07-19]. 中华人民共和国中央人民政府. http：//www.gov.cn/zhengce/2020-12/27/content_ 5574451.htm.

偿性利他主义，这是由其公益性本质决定的。既然志愿服务是一种以实现社会公益为基本价值取向的社会伦理行为，那就应当奉行无偿性利他主义，因为公益性是以无偿性为前提的，离开了无偿性，也就无所谓公益性。

尽管志愿服务的顺利开展离不开一定的经济基础，尤其是现代志愿服务机构和组织的发展需要雄厚的经济基础来支撑，但是从志愿服务的本质来说，它是志愿者依其自由意志和人道主义信仰，本着对社会公益事业及其发展的道义责任，自觉自愿、积极主动地通过援助、慈善、惠生等方式奉献于社会公益事业和他人需求的纯伦理行为。因此，志愿服务作为一种纯粹的公益性社会伦理行为，应该是无偿的，不以任何功利为目的，除了获取精神上的回报，任何人都不能，也不应该从志愿服务活动中尤其是从服务对象那里获取任何物质和金钱的回报[①]，这为志愿服务的无偿性原则奠定了基础。

（三）平等性原则

平等性原则指志愿服务主体和服务对象彼此是平等的。志愿服务主体自愿贡献自己的时间和精力，出于道德层面的善意向他人施以援手，道德行为的前提就是要尊重服务对象。平等性原则要求志愿服务主体不得以施舍的态度或者高高在上的姿态对待服务对象，不得歧视服务对象。志愿服务对象自愿接受志愿者的帮助，不能因为自己是受助者向服务主体提出过分的要求。服务主体和服务对象双方是平等的，服务关系始终建立在双方平等自愿的基础上。

（四）诚信原则

我国大力推进社会诚信体系建设，"诚信"作为社会主义核心价值观公民的基本道德规范，要求公民自觉做到诚实劳动、信守承诺、诚恳待人。志愿服务是社会精神文明建设的重要内容，志愿服务的诚信建设对社会诚信体系建设发挥着强有力的推动作用，诚信在志愿服务中越来越受到人们重视。志愿服务是主动奉献自己的时间和精力，不求回报地帮助有需要的人，相对于其他社会工作岗位来说，志愿服务工作缺少了职业化的约束和要求，更多凭借志愿者的内在自觉性去从事助人活动。这样既能带动真正愿意从事志愿服务的人加入志愿服务队伍，形成良好的志愿风尚，又能通过志愿者的诚心诚意去帮助他人，提高助人效率。正因为志愿服务对个体层面的道德水平要求高，更需要个人信守承诺，做到诚实守信，实事求是，不能因为志愿服务是个体的主观意愿就不予重视甚至弄虚作假。一旦承诺了参与志愿服务，应该听从志愿服务团队的意见和建议，认真落实志愿服务的行为细则。从事具有挑战性、危险性的志愿服务活动，志愿服务组织和志愿者双方应签订协议，明确双方的权利和义务，如果一方不能守信，做出有违反志愿服务协议的行为，就会启动法律程序。

阅读资料6-4

让志愿服务的灯温暖众人心

---

① 潘昕，彭柏林．志愿服务的伦理学界定［J］．湘潭大学学报（哲学社会科学版），2022，46（3）．

（五）合法性原则

合法性原则是指从事志愿服务不得违背社会公德、损害社会公共利益和他人合法权益，不得危害国家安全。这要求志愿服务组织合法——招募志愿者过程及手段合法、开展志愿服务活动内容合法、志愿者在服务过程中遵守法律道德底线，不做有损服务对象、志愿服务团体利益和危害国家安全的事情。

第三节　志愿服务的功能和价值

志愿服务总能用身边的暖心善举汇聚起服务大众的点点善意，像钱海军用从事20多年的志愿服务，点亮了公众心中的无数明灯，为志愿服务行业添砖加瓦，掀起社会志愿服务的热潮。志愿服务不仅对个体的提升具有正向作用，而且能够带动和影响更多的人投身志愿服务活动，给社会带来价值。

一、志愿服务的功能

（一）促进个体成长

个体本着自愿、不求回报的信念投身志愿服务，这本身就是一种高尚的道德行为，通过帮助他人和社会，让自己的心灵进一步获得满足与升华，正所谓"赠人玫瑰，手留余香"。志愿服务属于社会事务领域，能够为个体提供参与社会公共事务的机会，通过亲身参与，个体可以走出原有的社交圈，接触来自不同领域、具有不同身份和地位的人群，进一步拓宽眼界，增进交流，提升自我修养。由于志愿服务涉足多个领域，志愿者们往往根据自己的喜好选择的服务领域，在这个领域内他们能够培养自己的兴趣，学习相关技能，从而掌握一项甚至多项社会技能，满足个人发展的需要，促进个体成长。

（二）培育公共精神

公共精神是人们在正确认识自身的社会伦理角色及拥有良好社会道德的基础上，遵循社会发展规律、遵守公共规定，主动关注和参与社会治理的一种积极的情感、意志和思想，是人类社会文明高度发展的必然结果，其基础是基于正确社会观的大众社会责任。[①]志愿服务可以从以下几个方面培育社会公共精神。

首先，志愿服务强调"奉献精神"，倡导"人人参与，人人奉献"的无偿助人行动，能够帮助人们形成正确的价值观，减少由于个人主义、拜金主义的盛行对社会风气造成的不良影响，对提升公众素质，促进社会文明起到积极作用。

其次，志愿服务可提升社会道德水平，引领文明社会风尚。社会上涌现出的不少志

[①] 郑士鹏.公共精神培育与社会责任建构：学习伟大抗疫精神启思[J].中国特色社会主义研究，2020（Z1）.

服务先进人物和发生的典型案例彰显奉献精神越来越得到社会公众的认可。志愿活动能够汇集具有道德情操，扶持伤残、帮助弱小、热心公益的志愿者队伍，让志愿者在帮助他人过程中体会到志愿行动产生的集体力量。受助对象在接受志愿者帮助的同时，也会通过同样的方式回馈给其他需要帮助的人，"奉献、友爱、互助、进步"的志愿服务精神能够被更多人所熟知和践行，打造"人人为我，我为人人"的互惠互利网络，促进公民道德水平的提升。

最后，志愿服务能够促进社会参与，激发社会活力。志愿服务是人们参与公共生活的重要方式，通过志愿活动为社会出力，尽公民应尽的义务，获得社会层面上的参与感和幸福感，有利于激发公众社会责任，广泛参与社会事务，提升社会活力。

（三）增进社会福祉

志愿服务秉承奉献、友爱、互助、进步的服务理念，符合人道主义救援精神，与社会发展的主流趋势相一致，如今已在世界范围内获得广泛发展。由于志愿服务通常为贫弱的社会群体开展服务，能够及早发现和帮助在资源占有、社会地位方面均处于劣势的边缘弱势人群，通过公共资源的配给，为弱势人群提供相应的志愿服务，增进社会福祉。[①] 志愿服务呼吁人们关注社会上的弱势群体和热点问题，用特有的非正式的志愿互助网络为有需要的人提供服务，帮助人们走出困境，以大众化视角关注社会问题，弥补政府宏观救助中的缺点和不足，缓解政府救助压力的同时，兼具人文关怀，在一定程度上促进社会和谐，增进社会福利。

（四）构建基层社会治理新格局

社会治理需要整合多种社会力量参与社会建设，是加快完善共建共治共享的社会治理制度创新的重要举措。志愿服务是构建基层治理新格局的重要方式和路径，是构建基层社会治理新格局的重要实践载体，而志愿服务组织也是基层治理新格局的重要参与主体。社会大众需求的多元化和社会管理体制的改革创新丰富了公众参与社会的途径，为志愿服务的进一步发展创造了机会。

志愿服务以无私奉献、服务社会的利他主义精神，凝聚各阶层群众，吸纳不同身份地位的成员参与社会实践，运用宣传、教育、倡导、协调、民主协商等贴近群众、具有人文关怀、容易被群众接受的柔性手段帮助民众积极参与公共生活，推动基层源头治理，有利于提升基层治理的效能。志愿服务组织具有贴近基层的优势，可以及早发现具有普遍社会意义的问题，从而通过宣传、倡导，借助各类媒介手段和利益表达渠道，显现社会问题，形成舆论效应，进而影响政府决策，助推基层社会治理。志愿服务通过把不同身份、不同职业、不同年龄甚至不同民族的群众凝聚在一起，扩大了社会成员的交往范围，促进了社会融入，使社会成员之间形成互惠的网络，从而加强基层社会的社会联结，增进社会资本生成。有序的志愿服务是具有组织性质的，志愿服务组织通过良好的内部治理和外部服

---

① 王彦东，李妙然. 志愿服务在构建基层治理新格局中的功能及发展路径［J］. 齐鲁学刊，2020（6）.

务，能够提升志愿者对志愿服务组织的参与度、认可度，进而增强组织的公信力，提升社会的内聚力，增强社会的凝聚力和黏合度，畅通社会基层治理网络，彰显志愿服务在基层社会治理中的作用。①

二、志愿服务的价值

志愿服务是人们在不计报酬的前提下自愿为推动人类发展、社会进步和社会福利事业而从事的公益活动，是将个人的幸福感与对自己所在社会的团结和整体福利紧密地结合在一起②，并通过个体的努力使整个社会变得更加美好的一种行动，这既是对个体的提升和考验，同时也赋予个体和社会广泛深远的价值，有助于个体和社会的进步。

（一）志愿服务的个体价值③

志愿服务作为一项崇高的社会实践活动，帮助参与的志愿个体从中获得正向的反馈，实现个体身心健康、个体社会发展和个体精神发展的价值。

在身心健康方面，劳动是人的天性，劳动不仅创造了人的本质，人从社会的劳动中也获得了生存的机会和实现自我的途径，促进了个体身心的发展。志愿服务作为一种志愿从事的劳动活动，是个体根据兴趣爱好主动选择的劳动，充分体现个体意愿，个体能够从中获得身心的愉悦，有利于身心健康。心理学的研究表明，从事志愿活动有助于缓解抑郁症等心理障碍，帮助治疗心理疾病，促进身心健康。

在社会发展方面，主要体现在对人的社会化发展的价值。人的本质属性是社会属性，人是社会中的人，离开了社会，就无从谈起"人"，社会化的过程贯穿人的一生。志愿服务是一种有效的社会化方式，通过志愿服务，志愿者搭建了奉献社会、服务他人的重要平台；建立了与其他志愿者、组织、服务对象良好的人际关系；开拓了知识视野，学习了新知识与技能，增加了服务社会的本领；丰富了人生阅历和生活体验。这有利于培养志愿者个体的亲社会行为，为个体适应社会创造良好的条件。

在精神发展方面，志愿服务作为人类一种崇高的精神追求，对个体精神世界的提升和良好品德的形成起着重要促进和推动作用。奉献、友爱、互助、进步的志愿精神符合大众的价值追求，个体通过参与志愿服务活动可增进个体认知，培养社会意识，不断塑造个体的精神世界，促进个体精神发展。

（二）志愿服务的社会价值

志愿服务为推动人类社会福利事业的进步而存在和发展，志愿服务对人类社会的贡献了巨大的价值，包括经济价值、精神价值、文化价值、社会价值。④

---

① 王彦东，李妙然. 志愿服务在构建基层治理新格局中的功能及发展路径 [J]. 齐鲁学刊，2020 (6).
② 钟辰. 推进志愿服务的理论视野 [J]. 当代青年研究，1998 (3).
③ 佘双好. 志愿服务概论 [M]. 武汉：武汉大学出版社，2013.
④ 魏娜，刘子洋. 论志愿服务的本质 [J]. 中国人民大学学报，2017，31 (6).

1. 经济价值

尽管志愿服务是一种志愿进行的无偿行为，志愿服务过程中志愿者没有获取或很少获取经济上的报酬，但这并非意味着志愿服务活动不具有经济价值，志愿服务的经济价值主要表现为志愿服务所创造的产出。①

第一，志愿服务在国民经济中贡献了重要的经济价值，有利于推动经济持续健康发展。2020 年，我国志愿服务价值贡献总量 4 007.38 亿元，占中央公共财政收入的 2.19%，占全国 GDP 的 0.39%。表 6-1 中所示为志愿服务在各国国民经济中的经济占比。与欧美发达国家相比，虽然我国志愿服务的价值贡献及其 GDP 占比都相对较低，但我国志愿服务的价值贡献要高于慈善捐赠②的贡献，这与发达国家的情况相似③。作为增进国民经济发展的重要力量，我们不能低估志愿服务对我国社会发展的价值贡献，未来需要更加重视志愿服务在国民经济发展中的创造性作用。

表 6-1 志愿服务在各国国民经济中的经济占比

国家（年）	每周每人提供志愿服务时间（小时）	价值贡献总量（亿美元）	当年 GDP（亿美元）	志愿服务价值贡献总量占 GDP 的比例
中国（2020）	0.64	626.15	158 700	0.39%
美国（2019）	2.78	7 041.02	190 300	3.7%
英国（2019）	1.6	354.33	30 000	1.18%
德国（2019）	2.72	1 075.95	45 500	2.36%

第二，志愿服务节约了政府公共财政开支。志愿服务可以通过减少成本来提高经济效益，实际上也等于创造了经济价值。志愿服务在大型体育赛会贡献的经济价值受到了特别关注，2008 年奥运会志愿者为中国乃至世界留下了无比珍贵的记忆和财富，志愿者的微笑成为北京最好的名片，与此同时，志愿者也为奥运会节省了巨大开支。据统计，在 2008 年的北京奥运会上，170 多万志愿者（20 万赛会志愿者、50 万城市志愿者、100 万社会志愿者）提供了超过 2 亿小时的志愿服务，节省了 42.74 亿元的赛会成本。

2. 精神价值

志愿服务是一种在志愿精神感召下的活动，它继承了人类社会美好的社会性情感，是对中华民族优秀道德传统和中国革命精神的传承和发展，是与社会主义核心价值体系相协

---

① 余双好. 志愿服务概论［M］. 武汉：武汉大学出版社，2013.
② 中国慈善联合：《2019 年度中国慈善捐助报告》［EB/OL］.（2020-09-22）［2023-06-18］. 公益时报网. http://www.gongyishibao.com/article.html? aid=15648. 2019 年我国大陆地区慈善捐赠总量为 1 509.44 亿元，占全国 GDP 的比重为 0.15%。
③ 邓国胜，魏冰玲. 志愿服务在第三次分配中的作用及其价值测量［J］. 社会政策研究，2021（4）.

调的思想道德观念，具有永恒的精神价值。志愿精神倡导的主动精神，是一种对人类生活的积极面对，体现了人类社会昂扬的精神状态；志愿服务体现的利他精神，是人类得以生存和繁衍的重要支柱，体现了人类对自我发展的超越精神；志愿服务体现的关爱精神，是人类积极的社会性情感，体现了人类共同体的相互关怀；志愿精神体现的公益精神，是人类对社会事务的一种关心，体现了人类对社会发展的关注；志愿精神体现的责任精神，是人类对共同命运的关切，体现了一种崇高的使命感。有研究者认为，志愿精神对当代中国，具有凝聚功能，为构建社会主义核心价值体系提供了更为广泛的社会公众支持；具有人文教育功能，为构建社会主义核心价值体系提供了具体的精神支持；具有示范功能，为社会主义核心价值体系提供了动力支持。① 志愿服务的精神价值远不止以上这些，它为人类社会向着美好方向发展提供了一座精神的丰碑，是人类不断向前发展的永恒的精神动力。②

3. 文化价值

志愿服务的文化价值，既包括在志愿服务活动中生成的文化实体元素，也包括满足人和社会发展需要所体现的潜在效益。总结、推广和弘扬志愿服务的文化价值，对于公民道德的塑造、社会的和谐发展十分重要。志愿服务的文化价值主要表现在：志愿服务创造了物质形态的文化实体，丰富了志愿文化的内容。例如志愿服务中的口号、标识、徽章、旗帜、吉祥物、服装、歌曲等，都是人们可以直观感受和体会到的志愿文化，是整个志愿文化最直接、最形象的表现形式。志愿服务促进了公民道德的养成，提升了个体的文化涵养。志愿服务所体现出的行善立德、服务社会的理念对于个体世界观、人生观和价值观的树立，理想信念的导向，个体人格的塑造具有重要意义。志愿服务推动了不同国家、不同民族文化之间的交融。比如共青团中央开展的"大学生志愿服务西部计划"，每年向新疆、西藏派遣大学生进行志愿服务，有利于增进各民族间的相互认同。在国际志愿服务领域，中国志愿服务联合会和中国民间组织国际交流促进会共同发起成立了国际志愿服务工作委员会，致力于为国际志愿服务搭建交流合作平台，推动中国志愿服务走向世界。③ 在"一带一路"倡议框架下，我国与联合国志愿人员组织等国际志愿服务组织的合作持续深化，有力传播了中国志愿者的声音，促进了中国与各国的文化交流与深厚友谊。

4. 社会价值

志愿服务作为志愿者自愿开展的无偿的社会公益活动，主要指向推动社会发展，促进社会和谐，帮助社会进步，具有巨大的社会价值。志愿服务以扶贫济困、扶弱助残为主，在城乡发展、社区建设、抢险救灾以及大型社会活动等公益事业中推动经济和社会进步。

---

① 丁元竹，江汛清，谭建光. 中国志愿服务研究 [M]. 北京：北京大学出版社，2007.
② 佘双好. 志愿服务概论 [M]. 武汉：武汉大学出版社，2013.
③ "看今日中国，谋全球发展"系列主题活动启动会和中国志愿服务联合会国际志愿服务工作委员会成立大会在京举行 [EB/OL]. (2022-04-27) [2023-06-24]. https://www.idcpc.gov.cn/lldt/202204/t20220427_148772.html.

志愿者通过帮助他人、服务社会，加强了人与人之间的交往与关怀，消除了彼此之间的疏远感，培植了积极的社会性情感。志愿组织的存在是对政府与市场功能的重要补充，它以独特方式为社会提供了大量服务。另外，通过共同参与志愿活动，不同社会群体阶层之间加强了相互了解和沟通，缓解了彼此的矛盾，增进了信任，对社会问题的消除发挥了积极作用。志愿服务活动还是推动我国社会成为和谐社会的重要杠杆，当前我国处于社会转型的重要时期，经济体制的深刻变革、社会结构的深刻变动、利益格局深刻调整和思想观念的深刻变化，既给我国社会发展带来了空前的活力，也必然带来这样或那样的问题。面对社会矛盾，志愿服务采取一种积极主动的态度，从力所能及的一些事做起，进而通过积累小善成为大善，直到推动整个社会大的改变。从这个意义上来看，志愿服务活动虽然只是从身边微不足道的小事做起，却是社会建设中的一支不可忽视的积极力量。

第四节　志愿服务的实践领域

一、扶贫济困领域

扶贫济困是指志愿服务组织及志愿者扶助贫困户或贫困地区发展生产，改变贫困面貌，用金钱或物资帮助生活困难人群的志愿服务行为。

阅读资料6-5

志愿服务助力垃圾分类新时尚

扶贫济困主要针对的是生活困难群体，包括城乡因贫致困、因病致贫、因教致困等危困家庭及人员。常见的帮扶行动有捐款捐物、爱心助学、生活照料、义务家教、技术培训、文化娱乐、医疗卫生等志愿服务。近年来，影响力较大的志愿服务活动有"大学生志愿服务西部计划"、"卫生志愿者扶贫接力计划"、"研究生支教团"等。

二、扶弱救弱领域

扶弱救弱是指志愿服务组织及志愿者长期或持续地帮助弱势群体解决生活实际困难的志愿服务行为。

弱势群体包括残疾人、未成年人、妇女、孤寡老人、农村特困人员、流动人员等。扶弱救弱主要帮助弱势群体进行生活照顾、医疗保健、接受教育、文化娱乐、情感慰藉、政策宣传、法律援助、心理援助、学习培训、就业服务等。弱势群体在生活和生存上相对处于劣势，从事志愿服务应当注意尊重他们的人格，尽可能从经济、政治、文化、教育、就业、医疗等多方面关心帮助弱者，帮助他们改善生存状况，提升生活质量。常见的服务活动有"关爱农民工子女志愿服务活动""留守儿童公益陪伴志愿服务活动""帮助残疾人就业志愿服务活动"等。

三、帮老助老领域

帮老助老指志愿服务组织及志愿者长期或持续地帮扶年满60岁以上公民解决生活照料、精神赡养等方面难题的志愿服务行为。

老年人群体心理上更为脆弱，生理上具有多病共存、自理能力低的特点，家庭养老很难满足需要，随着老龄化社会的到来，养老的社会压力也越来越突出。帮老助老志愿服务主要针对城乡空巢老人、高龄老人、残疾老人等，主要服务内容有：生活照顾、医疗保健、文体娱乐、情感慰藉、政策宣传、法律援助、心理援助等。通过一系列行动，帮助解决老人的实际生活困难，缓解生活困境，让他们安度晚年。常见的帮老助老志愿服务活动有"关爱空巢老人志愿服务活动""为孤寡老人送温暖""老人临终关怀与护理"等。

四、慈善捐助领域

慈善捐助是指志愿组织或志愿者一次性或者持续地为解决某地区、重大灾难事件、某些特定的人或家庭的经济困难，出于自愿而奉献爱心、捐赠款物的善行义举。

慈善捐助志愿服务主要是针对生活困难的群体，主要服务项目为灾民救助、孤儿救助、扶残救助、安老救助、医疗救助等的开发和实施。慈善捐助志愿服务可以推动慈善文化建设，激发公众慈善捐赠的积极性，促进慈善捐助活动的多样化、经常化和实效化，真正替困难群体排忧解难，实现诚信友爱、扶危济困、互帮互助、奉献社会的良好风尚。具有代表性的志愿服务活动主要有：2008年抗震救灾大型募捐活动、"情系玉树 大爱无疆——抗震救灾大型募捐活动"等。

五、环境保护领域

环境保护是指志愿组织或志愿者利用环境科学的理论和方法，协调人类与环境的关系，解决各种问题，保护和改善环境的一切志愿活动的总称。

环境保护志愿服务主要是因生产发展导致环境污染问题而兴起的保卫生态环境和有效处理污染问题的活动。环境保护主要内容包括义务植树、绿化美化、整治污染等。通过全民参与环保志愿服务，将绿色低碳、节能减排、生态文明的生活引向纵深发展，实现人与自然的和谐共处。典型的志愿服务活动有：长江大保护志愿服务活动、湿地生态保护志愿服务活动、垃圾分类志愿服务活动等。

六、文明劝导领域

文明劝导是指志愿服务组织或志愿者为摒弃陋习、树立新风、增强公民的道德意识及文明修养，对公共生活领域中的不文明行为进行善意规劝的一种志愿服务活动。

文明劝导活动的对象是城乡居民，其主要服务内容包括环境卫生清洁行动、公共秩序整治行动、社会文化环境净化行动、文明新风倡导宣传活动等。通过志愿文明劝导，帮助公民意识到并改善自身的不文明行为，加强自身道德修养，推动形成良好的社会文明风尚。常见的文明劝导志愿服务包括："迎冬奥 讲文明 树新风"志愿服务、"培育好家风"志愿服务、"道路交通安全"志愿服务等。

七、应急救灾领域

应急救灾主要指针对突发、具有破坏力的紧急事件采取预防、预备、响应和恢复的活动。

应急救灾的对象是突发性和后果与影响严重的公共安全事故、灾害与事件，它们严重危害人们生命安全、造成公众财产损失、扰乱公共秩序。应急救灾志愿服务可以短时间内汇集大量志愿者应对灾难，以有效保护人民群众的生命、财产和环境的安全，最大限度地降低人员伤亡及财产损失，是有效防范灾害和维护社会安全的一种社会服务。大型应急救灾志愿服务有："驰援汶川大地震"志愿服务、"雅安芦山抗震救灾"志愿服务、"河南暴雨抢险救援"志愿服务等。

八、大型活动领域

大型活动是指法人或者其他组织面向社会公众举办的体育赛事、演唱会、音乐会等文艺演出活动，以及展览、展销，游园、灯会等活动。

大型活动的志愿服务通过秩序引导、接待咨询、语言翻译、媒体服务、应急救援等服务，为大型活动的顺利开展提供有效协助。具有代表性的大型活动志愿服务有：北京奥运会志愿服务、上海世博会志愿服务、博鳌亚洲论坛志愿服务等。

九、科技志愿服务领域

科技志愿服务是指运用系统性的科学技术知识为推动社会进步而提供的志愿服务，是科技志愿者、科技志愿服务组织为服务科技工作者、服务创新驱动发展、服务全民科学素质提高、服务党和政府科学决策，自愿、无偿向社会或者他人提供的公益性科技类服务。[①]

科技志愿服务是我国志愿服务的一部分，具有一定的科学性、技术性和专业性。事实上，除了作为志愿者的科技工作者，许多不具备科技相关背景的普通人，也可以在一些志愿服务项目中成为科技志愿者。相对于前者的专业主义，后者突出了全民参与的属性。常见的科技志愿服务有：科普志愿服务、博物馆科技志愿服务、社区和农村科技志愿服务。[②]科技志愿服务是推进我国新时代文明实践中心建设、发展基层文化事业的重要力量，对促进社会和谐、推动社会文明进步有重要意义。

---

① 2019年中国科技协会办公厅的《科技志愿服务管理办法（暂行）》明确了科技志愿服务的公益性。
② 何祎金.文明实践与当代志愿服务[M].北京：社会科学文献出版社，2020.

习题

1. 志愿服务的含义。
2. 志愿服务的特点和原则。
3. 志愿服务的功能和价值。
4. 试述数字技术如何赋能志愿服务高质量发展。
5. 志愿服务的实践领域。

案例题

桐花万里丹山路 爱心一片助扶贫
——记陕西宝鸡上善公益联合会志愿者张红兵

张红兵,陕西宝鸡上善公益联合会党支部书记、会长,20多年坚持投身志愿服务。他把一群充满爱心的志愿者紧密凝聚在一起,克服资金匮乏、人员缺少、办公场所不足等种种困难,投身宝鸡扶贫事业,为西山地区的特困家庭、留守儿童、残疾少年等弱势群体,送去温暖。

2018年五四青年节前夕,张红兵组织志愿者开展了"红五月·青春在行动"活动,携手宝鸡实验小学,走进陈仓区坪头镇新民小学,为孩子们送去励志报告以及语文、数学、科学、美术学科辅导图书,现场进行免费义诊。同时,他和志愿者团队锁定重点困境儿童,制订精准帮扶方案,改善了多名困境儿童的生活。张红兵和他的团队推进城乡手拉手——乡村青年教师培养计划,由宝鸡实验小学和陈仓区新民小学、宝鸡高新一小和凤县平木镇中心小学、宝鸡高新四小和陈仓区拓石镇第三九年制学校分别结对子一对一帮扶,展开传帮带,提升乡村特岗教师的师资力量,为青年教师和困境儿童提供发展机会,通过教育来助力脱贫。

张红兵联合志愿者一起参与大湾河村委会环境整治,为该村爱心超市捐赠爱心衣物等物品,助力大湾河村脱贫攻坚。据不完全统计,志愿者团队累计捐款捐物已达60余万元,结对帮扶14户,参与单位及组织达40余家,志愿服务参与人数550余人。2020年,张红兵带领的宝鸡上善公益联合会联合北京红爹之家妇女儿童志愿服务促进中心开展了"名师教你当主播"助力农村妇女精准扶贫项目,邀请知名导演、主持人、农技专家、资深媒体人、新媒体专业运营者、网络红人、爱心企业家和国际品牌研究专家等业界大咖共同参与,培养乡村妇女直播带货技能,提升妇女直播的策划、拍摄、传播水平,带动乡村地区增产增收,重点帮扶那些返贫、因病致贫的农村妇女。

张红兵本人先后被授予陕西省岗位学雷锋标兵、陕西好青年、宝鸡市十大杰出青春榜样等荣誉称号,荣登陕西好人榜。他带领的团队自开展扶贫工作以来,累计组织大中型活动240余场(次),受益者12万余人次,志愿服务时长达到3.2万小时,被授予全国最佳志愿服务组织、陕西省"社会力量参与精准扶贫"项目优秀扶贫案例单位、宝鸡市社会组织扶贫先进集体等国家和省市级荣誉。

资料来源：桐花万里丹山路，爱心一片助扶贫[EB/OL]．（2020-10-29）[2023-08-07]．https：//mzzt.mca.gov.cn/article/zt_2020tpgj/zyrs/202010/20201000029770.shtml.

案例讨论：

1. 根据本章所学知识分析上述事例体现出志愿服务的哪些特点？
2. 上述事例体现出志愿服务的哪些功能和价值？

第七章 志愿服务政策法规

学习要点与要求

1. 了解志愿服务政策法规体系建设的必要性。
2. 了解国内外志愿服务政策法规体系。

本章思维导图

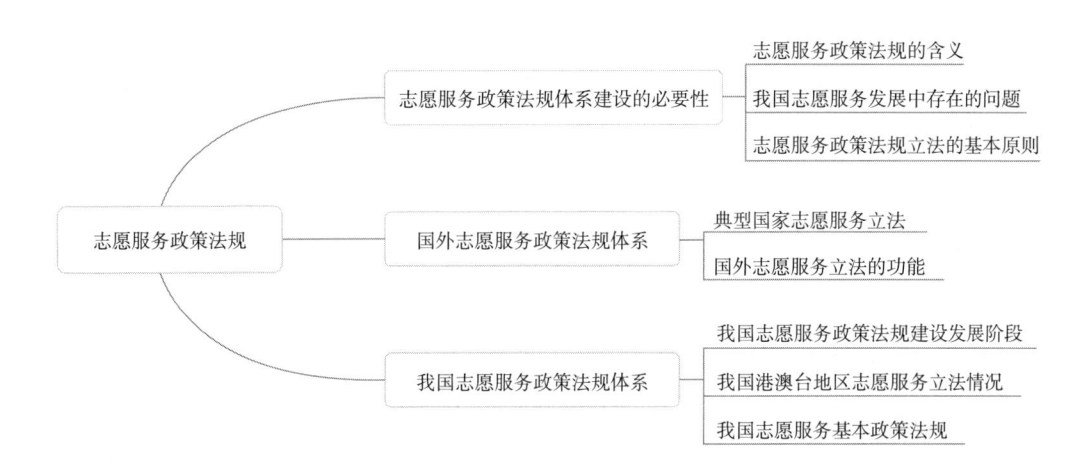

```
                         ┌─ 志愿服务政策法规体系建设的必要性 ─┬─ 志愿服务政策法规的含义
                         │                                   ├─ 我国志愿服务发展中存在的问题
                         │                                   └─ 志愿服务政策法规立法的基本原则
                         │
志愿服务政策法规 ────────┼─ 国外志愿服务政策法规体系 ───────┬─ 典型国家志愿服务立法
                         │                                   └─ 国外志愿服务立法的功能
                         │
                         └─ 我国志愿服务政策法规体系 ───────┬─ 我国志愿服务政策法规建设发展阶段
                                                             ├─ 我国港澳台地区志愿服务立法情况
                                                             └─ 我国志愿服务基本政策法规
```

引导案例

志愿者出现伤亡,谁来承担责任?

新冠疫情发生后,王某接某社区居委会通知,于 2020 年 2 月 2 日赴值班卡点处值班。2020 年 3 月,王某在值班过程中回家取开水,因突发心脑血管疾病在家中去世,亲属遂起诉至法院要求社区居委会赔偿死亡赔偿金、丧葬费等。一审法院经审理后认为,虽然王某与社区居委会之间不存在劳务关系,但在新冠疫情防控工作中,该居委会安排 68 岁高龄的王某值班前,未对其身患高血压尽到必要审查义务,且值班时间从早上 8 点到晚上 12 点,值班时间安排过长,不合理亦不科学,社区居委会存在一定过错。因此,社区居委会应对该起事故承担赔偿责任。王某身患高血压,但未主动向社区居委会说明身体情况,未尽到必要的注意义务,因此,可减轻社区居委会的赔偿责任。一审法院判决社区居委会承担 30% 的责任。后王某家属不服一审判决提起上诉,二审法院考虑到王某作为退休党员响应党组织号召的模范性，为群众服务的积极性，提供劳务的志愿性，二审改判社区居委会承担40%的赔偿责任。

资料来源：安徽省马鞍山市中级人民法院（2021）皖05民终335号。

以上情况中，法律法规回应了"志愿者遭遇人身伤害甚至死亡，谁来补偿、如何补偿"的问题。另外，志愿者在服务过程中对服务对象造成了伤害，谁来承担责任？参加志愿服务，志愿者有哪些权利？志愿者可以通过什么样的法律和措施保护自身权利？

随着我国政府和社会对志愿服务的重视程度越来越高，志愿服务队伍不断壮大，制定和完善相关法律法规的要求也愈加强烈。为保障志愿者的合法权益以及志愿服务的良性有序发展，各国都积极完善志愿服务制度，开展志愿服务立法，推进社会协调发展。党的十九大报告中明确指出，要"推进诚信建设和志愿服务制度化，强化社会责任意识、规则意识、奉献意识"。法律是制度建设的重要成果和形式。近年来颁布的慈善法、民法典、志愿服务条例等，将我国志愿服务制度建设推进了一大步。本章将从三个方面梳理志愿服务政策法规相关内容，如志愿服务政策法规建设的必要性，国外志愿服务政策法规体系建设情况，我国志愿服务政策法规体系建设情况。

第一节 志愿服务政策法规体系建设的必要性

志愿服务起源于西方国家宗教性的慈善服务，为保障志愿者的合法权益以及志愿服务的良性有序发展，各国都积极完善志愿服务制度，开展志愿服务立法。一方面，激发社会力量、各类有效资源积极投入志愿服务；通过政府的政策导向，形成保障志愿服务发展所需的财力、物力、人力支持系统，促使志愿组织不断成长壮大，推动志愿服务的可持续、常态化发展。另一方面，加强志愿服务的立法能够缓解社会矛盾，加快社会发展，它的获益对象不仅仅是受服务一方，也能给志愿者自身带来精神的满足，同时对国家社会的稳定也有明显的作用。本节内容包括什么是志愿服务政策法规，我国志愿服务面临着哪些问题，制定志愿服务法规需要遵循什么样的原则，等等。

一、志愿服务政策法规的含义

（一）政策法规的定义

政策是指政府和政党为实现其目标而制定的总体方针、行动准则和具体行动的总和，包括政府和政党有关行动的规则体系，也包括为了促进各项事业发展而制定的各种规划和方案、投入公共资源、设立和实施项目等方面的具体行动。广义上的法规包含"法"和"规"两个层次的含义。其中"法"是指国家及地方立法机构制定的法律，而"规"则是指除了正式的法律之外的其他规范性文件。从狭义来看，"法规"通常指的是国家正式法律体系之外的规范性文件。在我国，政策法规一般包括中共中央、国务院及其部门制定的规定、办法、准则以及行业的规范和条例规章等。

（二）志愿服务政策法规

志愿服务政策法规指的是党政机关制定的关于处理志愿服务相关事务的工作文件，一般包括中共中央、国务院及其部门制定的规定、办法、准则、规范和条例规章等，如《志愿服务条例》《志愿服务组织和志愿者参与疫情防控指引》等。

二、我国志愿服务发展中存在的问题

我国志愿服务事业起步晚但发展快，近年来，我国志愿者队伍更是得到了迅速壮大，注册志愿者人数从2012年的292万增长到2021年的2.17亿，增加74倍，约占总人口比例的15.4%。在各种大小型赛事、文化活动、救灾现场，志愿者的身影越来越常见。疫情防控时期，志愿服务力量在抗击疫情、守护群众生命健康方面更是起到了前所未有的重要作用。然而，我国的志愿服务，无论是广度和深度，还是质量和效益仍需进一步提升。

（一）志愿服务主体关系不清

在我国志愿服务发展过程中，党委、政府扮演重要角色，《志愿服务条例》规定了各级政府部门要将志愿服务纳入国民经济和社会发展规划，合理安排志愿服务所需资金，加强对志愿服务工作的统筹规划、协调指导、督促检查和经验推广。党和政府对志愿服务的重视与统筹指导，一方面推动了志愿服务的迅速发展，志愿队伍和志愿者人数大幅增加，志愿服务组织更加规范；但另一方面也加重了志愿服务的政治化色彩，降低了志愿服务组织的自主性。随着政府职能转变和志愿服务事业的发展，政府必须从"台前"退到"幕后"，逐渐转换为志愿服务精神的倡导者、规则的制定者、服务的协调者、资金支持者、组织监管者、表彰奖励者和应急状态下的志愿服务的统一协调者[①]，避免过多的行政干预，尊重志愿服务的群众性、社会性等本质属性，是我国志愿服务发展中需要注意的重要问题。

（二）志愿者权益保障法规缺失

现有法律法规虽在一定程度上能够保障志愿者合法权益，但仍不够健全，让一些想要从事志愿服务的公众有所迟疑。

志愿者在参加志愿服务活动期间，因某些意外原因或是各类突发状况，造成不可逆的人身伤害或财产损失，受到的伤害或者损失该由谁弥补，该怎样弥补？对此，《志愿服务条例》缺少相关规定，《慈善法》相关的条文为：慈善服务过程中，志愿者故意或者重大过失造成损害的，慈善组织承担赔偿责任后可向其追偿；志愿者受到损害的，慈善组织按过错原则承担赔偿责任；损害是由不可抗力造成的，慈善组织应当给予适当补偿。这对于伤害产生之后各方权责划分有一定的参考意义，但较为简单，难以覆盖所有可能情景，在

---

① 杨帆. 我国志愿服务立法：原则、体系与特色［J］. 中国矿业大学学报（社会科学版），2015，17（3）.

志愿者权益保护方面仍显薄弱。为此，应不断完善我国志愿服务政策法规体系，尤其是保障性、支撑性、激励性政策，保障志愿服务资金来源，保护志愿者合法权益，激励公众积极参与，推动形成社会多元主体参与志愿服务的良好局面。

（三）志愿服务管理和运行体制不健全，服务质量和效益较低

现有政策法规在推动高效高质量志愿服务方面仍有欠缺。首先，志愿服务培训的重要性未被提到应有的高度。虽然《志愿服务条例》和《慈善法》都提及志愿者要接受相关培训，但缺少硬性要求。在志愿服务实践中，志愿服务组织和志愿者未充分重视接受专业培训的重要性，导致志愿服务行为上的非专业性和盲目性，造成志愿服务质量不高，效益低下，有时甚至造成不良影响。其次，志愿服务组织者的专业素养和专业成长未受到充分重视。志愿服务的组织者缺少系统性志愿服务活动组织策划思维，志愿服务目标计划不清，造成志愿服务只停留在较浅层次，如大量志愿者只能从事打扫卫生、捡垃圾等简单的志愿服务，缺少更高层次的价值感和意义感，长此以往，会消耗志愿者参与服务的积极性。再次，对志愿服务与相关方的联动未有相关规定和指引。志愿服务组织者和管理者缺少与其他组织之间的联动、资源共享，在行动力量上较为薄弱。最后，志愿服务组织的管理机制缺少规范。多数志愿者服务组织仍然是粗放管理，在人员选拔培训、项目开发、资金筹集运作等方面基本上无章可循，对团队文化建设、团队凝聚力提升、价值感的激发和志愿精神激励等方面缺少重视，容易导致志愿者积极性降低，使志愿组织发展受到影响。

（四）志愿服务缺乏有效的协调机制

1. 志愿服务与相关服务缺少协调机制

志愿服务与社会工作、社会保障等关注弱势群体民生的服务有着较强联系，在功能上具有一致性，在目标上具有统一性，在行动上具有互补性。① 然而在实际志愿服务中，三者之间缺少有效的协调机制，造成了服务资源的浪费以及弱势群体服务的某些真空。

2. 官方志愿服务组织与民间志愿服务组织缺少有效衔接机制

各种志愿服务组织系统自行开展制度建设、宣传推广、人员招募、服务培训、组织管理以及表彰激励等工作，志愿服务组织之间缺乏有效的统筹协调机制、服务信息与资源共享的平台。

3. 志愿服务管理登记平台众多，缺少信息共享机制

2015年，中央文明办、民政部和共青团中央组织有关单位制定了《志愿服务信息系统基本规范》并推广应用，以规范各地区、各组织志愿服务信息管理。近年来，全国层面和地方层面，志愿服务组织和志愿服务项目层面又自主开发了相应的志愿服务信息系统，为志愿服务信息管理提供了便利。但因业务流程不规范、数据标准不一致等原因，各系统之间不能互联互通、信息共享，影响了信息系统的效能，制约了志愿服务的发展。

---

① 纪文晓. 志愿服务发展研究：志愿服务与社会工作差异互动分析 [J]. 中国青年研究，2010（10）.

对此，整合志愿服务与相关服务、政府力量与民间力量、官方平台与地方平台，建立统一的志愿服务协调机制，有助于志愿服务的良性发展、实现资源之间的优势互补。纵观各国志愿者发展历程，建立全国性的志愿服务协调机构是各国志愿服务立法规范的主要内容。

（五）对志愿服务和志愿组织运营的监管仍有缺失

现有政策法规未涉及所有形式志愿组织的促进与监管。作为慈善组织的形式之一，志愿服务组织的设立、组织机构、组织的变更终止、财产、财务和会计以及监督管理等在《慈善法》中有全面的规定。然而，对于我国占比较大、具有行政色彩的特殊志愿服务组织，无论是《慈善法》还是《志愿服务条例》对其都缺少相应的促进和监管措施规定。我国志愿服务活动存在着监管部门的"多重性"，将容易发生因"权责不分""分工不清"所衍生的各种乱象与弊端，从而损害与消减了志愿服务者的合法权益与积极性，同时也阻碍了志愿服务事业的健康发展。[①]

（六）志愿服务资金来源不足，保障措施不力

《志愿服务条例》关于志愿服务组织的经费规定了由政府划拨，但是对志愿服务经费的额度没有相关的标准，由此导致政府在划拨志愿服务经费上存在很大的随意性。对于志愿服务经费如何申请使用也缺少较为明确的规定。尤为常见的是，目前很多志愿者在参加志愿服务活动中会因为各种各样的原因而自行承担一部分的费用，造成志愿者"出人出力还出钱"的尴尬局面，而这部分费用该由谁"买单"尚有争议。当志愿服务组织的经费不足时，志愿服务组织如何开展志愿服务活动，也是有待政策澄清的问题。

三、志愿服务政策法规立法的基本原则

立法原则是创立法律的指导思想、基本方针和出发点。志愿服务立法的基本原则是在总结志愿服务实践经验基础上，依据对志愿服务事业发展客观规律的深刻认识，体现在立法过程及其法规条文中的价值理念，它贯穿于志愿服务的具体法律规范中，指导着法规的运行和完善，是志愿服务法律的灵魂。根据我国志愿服务的实践和部分省（市区）出台的地方性法规，学习借鉴域外志愿服务立法的经验，在志愿服务立法中应坚持以下基本原则。

（一）民主协商原则

民主协商原则不仅是志愿服务产生的基础，也是其内在的要求。在志愿服务立法过程中，应当遵守民主协商原则。首先，有关部门依据志愿服务立法规划、计划，与立法相关主体就重点立法项目进行协商，采用讨论会、座谈会、听证会和网络调查等多种形式广泛征求社会公众，特别是广大志愿者、志愿服务组织的意见。其次，在各协商主体充分了解、讨论协商主题，并且达成初步共识的基础上，由立法机关组织立法协商会，进行正式

---

① 杨志伟. 台湾地区志愿服务立法经验及其启示 [J]. 中国非营利评论，2015，16（2）.

的交流、沟通、辩论、协调。最后，建立立法机关对立法协商意见采纳情况的反馈机制，让各主体参与志愿服务立法的民主协商结果真正落到实处。

（二）科学立法原则

立法的科学性，是指符合法律之所以能作为一种行为规范而给人们带来明确的指引、稳定的预期等功能的一些基本要素，包括完备的立法程序，成熟的立法技术，法的一般性，法律的公布，法不溯及既往，避免法律间的矛盾，法律的可行性，法律的稳定性等方面。科学性原则要求志愿服务立法要尽力确保立法过程和立法结果的科学性，避免法律间的矛盾，保证法律的可行性和法律的稳定性，注重理论与实际相结合，使志愿服务的立法水平与我国的基本国情、社会保障水平相适应，法律手段与其他社会调控手段相结合。

（三）平等自愿原则

平等原则，指的是志愿服务主体之间的法律地位平等；自愿原则，即各主体基于自由意志作出自主选择。自愿原则以平等原则为前提。在志愿服务活动中，志愿者、志愿服务组织以及志愿服务对象之间是一种平等自愿的关系，彼此基于自愿原则结成志愿服务关系，通过签订志愿服务协议的形式自主约定相互之间的权利与义务。志愿者参与志愿服务、志愿服务组织开展志愿服务活动以及志愿服务对象接受志愿服务都是自主自愿的，而非强制性的。

（四）保障权益原则

志愿服务相关法律主体权益的保障是志愿服务政策法规制定的重要目标。我国《慈善法》《志愿服务条例》和相关法规明确了志愿者、服务对象和志愿服务组织的合法权益，以及当相关主体法律权益受到侵害时的法律责任判断依据，这些法律规范为当事人的合法权益提供了法律保障。同时，志愿服务政策法规也为相关法律主体提供了行为上的法律约束，以最大限度避免各法律主体侵害其他相关方的合法权益。首先，在志愿者的合法权益保障方面，法律法规明确规定了志愿者在服务过程中的知情权、参与培训权、免于风险权、接受荣誉表彰权等。其次，在服务对象合法权益保障方面，规定了志愿者和志愿服务组织不得侵犯服务对象的隐私权、人格尊严等合法权益，不得面向服务对象收取或者变相收取报酬。最后，在志愿服务组织合法权益保障方面，志愿服务条例规定了政府应为志愿服务组织提供资金支持、指导和帮助，不得强行摊派志愿服务活动等，《基金会管理条例》也规定了志愿服务组织成立基金会的条件和相应管理，有助于保障志愿服务获得合法的资金来源和可持续运行。

（五）刚柔相济原则

志愿服务相关政策法规属于社会法的范畴，即以增进社会福利，促进社会发展，维护特殊群体与弱势群体利益为目的。兼具公法"刚性"和私法"柔性"因素的社会法在规范社会关系方面具有刚柔兼济的特征，刚柔兼济是志愿服务立法的基本原则。

从刚性方面来看，我国《慈善法》、全国和地方的志愿服务条例中，对政府发展志愿服务的职责以及维护志愿服务法律关系主体合法权益等方面都作出了强制性规范，一些侵权行为需承担相应的法律责任。从柔性方面来看，志愿服务条例中相当比例的条款都属于私法规范，主要表现出倡议性、指导性、激励性等法律功能。这些法律功能的实现在很大程度上要依赖"软力量"，如政府鼓励、舆论引导、社会促进、行业内部监督和个体自律等。

我国志愿服务队伍规模的迅速扩大，为各领域志愿服务注入了活力，也对我国志愿服务事业的发展提出了诸多新的问题和挑战，亟待制定更加系统全面的政策法规，尤其是位阶更高的《志愿服务法》，以推动我国志愿服务事业全面、深入的发展。

第二节　国外志愿服务政策法规体系

一、典型国家志愿服务立法

（一）美国的志愿服务立法

美国志愿服务相关立法具体包括：1973 年制定的《国内志愿服务法》（Domestic Volunteer Service Act of 1973），并在 1976 年、1979 年、1983 年、1986 年、1989 年进行了五次修订。之后，美国于 1990 年制定《国家与社区服务法》（National and Community Service Act of 1990），1993 年克林顿总统签署《国家与社区服务信托法》（National and Community Service Trust Act of 1993），1997 年颁布《志愿者保护法》（Volunteer Protection Act of 1997），2002 年通过《公民服务法》（Citizen Service Act of 2002），2009 年奥巴马总统签署《服务美国法》（Serve America Act）。上述立法大体上可以分为两大类，一类是志愿服务促进法，一类是志愿者权益保护法。[①] 一方面以项目为抓手，加大政府对志愿服务的切实投入，积极推动志愿服务发展；另一方面通过志愿者权益的保护，维持以志愿者贡献为基础的服务项目、非营利组织以及政府运行的有效性。[②]

阅读资料7-1

德国关于志愿服务的各项法律是如何衔接的

志愿服务促进类立法是依据国家和社会的现实需求，开发有针对性的志愿服务项目，设置相应的协调管理机关，完善配套的管理规范和激励保障制度，从而培育志愿精神，促进服务理念传播，动员全民参与，解决具体社会需要。

1. 登记注册制度

在美国，登记注册志愿服务组织是在公司法和税法等有关法律规定下进行的。由于实

---

① 夏雨.完善我国青少年志愿者激励制度研究——基于中美比较视角[J].中国青年研究，2018（4）.
② 许莲丽.论我国志愿服务的法律适用[J].青年探索，2019（3）.

行联邦制,美国的志愿服务组织注册在各州进行。美国公民成立非营利组织可以自由选择是否注册。注册的非营利组织具有法人资格,由州税务局审定是否享有本州的免税资格。不注册的不具有法人资格,不能享受免税待遇。①

2. 政府对志愿服务的支持与激励

美国政府对志愿服务的支持与激励可以分为对志愿服务事业和对志愿者的支持与激励两个方面。首先,当前美国政府对志愿服务发展的支持主要表现在税收减免、合同购买和资金提供等方面。税收减免是对志愿服务发展最为普遍的支持方式,税法列举了教育、宗教、卫生、科学发展、消除贫困等27种可以享受税收减免的组织。同时为鼓励公民支持志愿服务事业发展,对公民捐赠部分免征财产税和遗产税。政府通过购买合同及基金等形式为志愿服务发展提供资金支持,这部分资金约占志愿服务组织收入份额的31%。② 其次,在美国做一名志愿者也是能获得一定回报的,如针对学生的"美国服务"志愿项目,只要志愿者参与该项目并达到规定的时长,就可申请"美国服务"志愿项目奖学金,该奖学金可以用来偿还大学时期的助学贷款。同时,这个项目不限于学生时代,它还对学生的发展作了延续性的安排,参与该项目的学生毕业后,还能在就业后得到一次性就业奖励、工作休假补偿等。

3. 对志愿服务的监督制度

长期以来,美国并没有形成统一的法律来监督、指导志愿服务事业的发展。州检察长在志愿服务组织的监督过程中发挥着重要作用,若志愿服务组织负责人或信托人存在滥用、侵占、挪用资金等违规违法行为,州检察长会提起控告并索取赔偿。对志愿服务组织进行监督的另一个重要机构是国税局,但由于国税局工作人员较少,不能兼顾所有登记注册的志愿服务组织,通常会采取重点审查或抽查的办法进行监督。此外,还有法律部门、审计部门及慈善信托登记处等机构对志愿服务组织进行专门管理。以上这些机构共同作用,形成了可靠的志愿服务监督安全网,有效地保障志愿服务组织依法运行。

4. 对志愿者的保护制度

1997年美国颁布的《联邦志愿者保护法》规定了志愿者的免责条款,意在最大限度保护志愿者权益,减少志愿者的后顾之忧。在下列情况下,志愿者从事志愿服务时有伤害发生,将不予追究责任:其一,志愿者行为属于其所服务的非营利组织或政府机构的职责范围;其二,志愿者持有该活动所需要的执照或认证;其三,损害不是由故意或构成犯罪的不当行为、严重疏忽或者对受害者权利及安全公然的不重视所造成的;其四,伤害不是因志愿者驾驶车辆、船只或飞行物所造成的。③

(二)英国的志愿服务立法

英国关于志愿服务的立法最早可追溯到1601年伊丽莎白女王颁布的《济贫法》,主要

---

① 李磊,席恒. 英美志愿服务立法的经验及启示 [J]. 郑州大学学报(哲学社会科学版),2017,50 (2).
② 丁元竹. 当前美国的社会管理 [N]. 学习时报,2005-11-24.
③ JOHN WILSON, MARC MUSICK. Who Cares? Toward an Integrated Theory of Volunteer Work [J]. American SociologicalReview, 1997 (5).

是鼓励人们在力所能及的情况下去帮助贫穷的人。经过几百年的发展，英国形成了丰富的单行法规及判例法为志愿服务事业提供保障，如1853年《慈善信托法》，1872年《慈善受托人社团法》，1888年《永久营业和慈善促进法》，1958年《休养慈善组织法》，1960年《慈善法》和1992年《慈善法》，以及在此前基础上制定的2006年《慈善法》，形成了以《慈善法》为核心，以单行法和判例法为补充的志愿服务法律体系。[1]

1. 登记注册制度

在英国，只要成员数在三人以上且拥有自己的章程，便有资格申请成立一个志愿服务组织，其基本形态主要有慈善法人和慈善信托。英国法律并未要求义工组织必须取得法人资格，慈善法人作为独立的法律主体，适用于长期从事慈善活动，规模大、稳定性强的志愿服务组织，而慈善信托的存续则较具弹性。究竟选择慈善法人还是慈善信托，完全基于志愿服务组织独立、自由的利益考量。

根据英国2006年《慈善法》规定，除了免税组织、临时存在的慈善组织以及净收入不超过5 000英镑的慈善组织以外，任何慈善组织都必须进行登记注册。其条件包括：

第一，必须具有《慈善法》上认可的"公共利益"性的慈善目的。

第二，必须具有备忘录和章程（在标准章程不适用的范围内），备忘录只需简单载明设立该组织的愿望，章程可以是理事会的文件、组织宪章或相应的法规。

第三，必须具有理事会及其秘书的声明（没有秘书的私人公司除外），依照英国《托管人管理法》组成托管理事会，理事会成员应包括来自政府公共部门、所在社区、私人企业部门的代表。

第四，必须具有以下一项或多项财产：①年度经费超过1 000英镑；②使用或占有土地或建筑物；③拥有永久性资产。

登记注册程序非常简单且是免费的，注册后该组织的信息将被登记在公开的志愿服务机构注册中心，可以取得所期待的独立的合法资格，实现志愿服务合法化，由此获得公众和政府的认可和信赖，自动获得政府提供的各种相关的优惠政策（包括税收减免和财政资助，如国内税收署应慈善委员会的要求承认并且优待所有经注册的慈善组织）。[2]

2. 政府对志愿服务的支持与激励

英国志愿服务已经被纳入学校道德品行教育的要求中，英国的学生每年都会抽出一定的时间（一般情况下需要3个月左右）进行志愿服务活动，如打扫公共场所的卫生等，政府会为志愿者提供交通费、误餐费等作为经济补偿。政府对志愿服务事业的其他支持主要表现在：以税收优惠的方式激励志愿服务组织募捐、接受捐赠或交易，如返还所得税制度或者减免志愿组织的各项活动税收和资金负担；通过购买合同的形式，间接支持志愿服务事业发展；成立专项基金支持志愿服务事业发展，如每年政府基金将16.7%的博彩业收益

---

[1] 孙雪梅，陈树文．英国志愿服务的发展特质及经验借鉴［J］．贵阳市委党校学报，2020（2）．
[2] 汤玉枢．英国义工组织慈善化及其制度供给［J］．兰州学刊，2016（11）．

用于志愿服务组织①。

3. 对志愿服务的监督制度

加强对志愿服务组织的监督，增强公众对志愿服务的信任，对于志愿服务事业的发展非常重要。1988 年，英国第一版 SORP（《会计实务建议的说明》）出台，历经数次修改，该准则得到逐步完善，并具有明显的企业会计制度特征。SORP 要求英国志愿服务组织采用活动分类（附注）和整体（基本财务报表）相结合的方式披露财务信息，采用财务报告、文字叙述等形式，说明慈善机构实施的活动，同时每年需要提交年度报告书。②

20 世纪 80 年代，由利物浦和伦敦两地的监督部门共同组成的监督机构，对志愿服务方面的投诉进行单独调查。根据"关系协议"约定，英国成立了全国志愿服务组织联合会，以领导、协调、指导、评估、监督全国所有的志愿组织和志愿服务。目前，志愿服务委员会承担重要的监督职责，所有的志愿服务组织每年须向其提交报告。报告内容包括志愿服务组织的基本信息及其变动、财务记录情况等。志愿服务委员会将这些报告向社会公开，以接受公众的监督和检查。

（三）其他国家的志愿服务立法

1. 德国志愿服务立法

德国作为大陆法系的典型，在志愿服务立法方面较为成熟，先后颁布了《奖励社会志愿者年法》《奖励生态志愿者年法》和《促进青年志愿服务法》等法律。为了推进全民志愿服务计划，联邦政府向联邦议会提交了《联邦志愿服务法（草案）》，于 2011 年 4 月 28 日获得议会通过，并于 2011 年 7 月 1 日起正式生效。德国志愿服务立法中最大的特点就是对"志愿者服务前接受培训"作出了完善的规定。在接受系统的志愿服务培训后，志愿者掌握相关服务知识和技能，在社会管理中扮演重要角色，同时也从根源上降低了侵权事件发生的概率。《联邦志愿服务法》的第 11 条规定：志愿者组织应当与志愿者签订志愿服务协议，双方可以约定志愿服务培训制度、服务时间和内容、相关补助费用及意外保险金等。在侵权责任方面，《德国志愿服务法》规定，志愿者在志愿服务活动中超出服务内容造成他人损害时，由志愿者作为侵权人承担责任；同时在《德国民法典》中规定志愿者在符合被安排的服务内容和法律规定时，志愿者仅承担故意造成他人受损的责任。从这两部法律的规定可以总结出，志愿者从事组织安排的服务时，只有在故意的情形下才需要承担责任，一般过失和重大过失都是由志愿者组织承担替代责任，这样的立法价值取舍极大地鼓励了公民参与志愿服务事业。③

2. 日本的志愿服务立法

日本的志愿服务政策法规包括《志愿服务者养成基本要领》《推动志愿服务活动七年计划》《第二次市民志愿服务活动推动的五年计划》《志愿服务振兴法》等，1995 年阪神

---

① 李磊，席恒. 英美志愿服务立法的经验及启示 [J]. 郑州大学学报（哲学社会科学版），2017，50（2）.
② 周冬戈. 民间非营利组织财务信息披露的国际经验借鉴 [J]. 财会通讯，2022（21）.
③ 许江华. 志愿服务活动中的侵权责任问题研究 [D/OL]. 南昌：江西财经大学，2019.

大地震时，日本志愿者团体在救灾抢险和灾后重建中作出了重大贡献，并催生了《特定非营利活动促进法》，推动和促进了公民的共同参与、私立非营利组织内部的志愿服务活动。① 此外，在日本的《学校教育法》《社会教育法》《灾害对策基本法》《联合国维持和平行动合作法》《高龄社会对策基本法》《特定非营利活动促进法》等多项法律中均有关于志愿服务的条款②，日本还通过立法将邮政储蓄利息的30%抽出，设立志愿者活动专项基金，这都促进了志愿服务事业的发展。

3. 西班牙志愿服务立法

西班牙于1996年颁布《志愿服务法》规定，必须经过注册登记成为志愿者才受法律的保护，并且强调志愿者组织必须与志愿者签订志愿服务协议才可安排服务任务，要求志愿者组织开展活动时须依据有效的服务计划。《志愿服务法》还规定了志愿服务各方主体的权利义务、各方主体法律关系、侵权责任分配原则、志愿服务组织须为志愿者购买平安保险（含意外及疾病保险）等内容，同时区分了志愿者与雇佣关系、劳动合同关系等民事关系，规定了在特殊情形下志愿者免责的具体条件，即因故意或重大过失侵害他人权利时，由志愿者组织承担赔偿责任，志愿者组织保留追偿权；一般过失时则由组织承担全部责任，不享有追偿权。这些规定不仅仅从源头上减少了志愿服务侵权事件发生的概率，也妥善了处理了侵权事件发生后的责任分配问题。

二、国外志愿服务立法的功能

（一）建立协调机制提升志愿服务协作效率

世界多个国家都根据需求建立了自己的志愿服务协调机制，以提升志愿服务开展和部门协作效率。例如，美国以全国与社区服务组织为官方志愿服务协调机构，西班牙由内阁统筹志愿服务工作推进，日本由社会福祉协议会统筹志愿服务，澳大利亚由"志愿澳大利亚"组织来协调志愿服务活动。

（二）保障志愿者合法权益

保障志愿者合法权益是各国志愿服务立法的重要内容，主要通过三种形式来体现：一是规定志愿者应享有的权利，二是建立志愿者免责机制，三是建立风险预防机制。

1. 立法规定志愿者应享有的权利

西班牙的《志愿服务法》在志愿者权利部分规定：志愿者有获取相关信息、训练、引导与支持等权利；一视同仁，尊重志愿者的自由、尊严、隐私与信仰；享有因从事志愿服务直接造成的意外及疾病保险；报销志愿服务相关费用；拥有志愿者身份证明；在适当安全与卫生条件下从事活动；等等。德国《志愿服务法》则规定志愿者可享有税收、交通或社会保险等方面的优惠奖励，并可领取必要的服务津贴等。

---

① 李琳. 突发事件应急志愿者权益保障的立法研究 [D/OL]. 济南：山东大学，2022.
② 潘雪婷. 国内外志愿服务标准化比对研究 [J]. 中国质量与标准导报，2022（6）.

2. 建立志愿者免责机制

世界多个国家立法都规定有志愿者从事组织安排的服务时，只有在故意的情形下才需要承担责任，一般过失和重大过失都是由志愿者组织承担替代责任。例如：西班牙的《志愿服务法》规定了在特殊情形下志愿者免责的具体条件，即因故意或重大过失侵害他人权利时，由志愿者组织承担赔偿责任，志愿者组织保留追偿权；一般过失时则由组织承担全部责任，不享有追偿权。德国《促进青年志愿服务法》第9条第1款的规定，如果志愿者在联邦政府的要求下从事了某一行为，在从事这一行为的过程中志愿者因故意或者过失引起损害，则由此引起的损害由联邦政府承担。①

3. 建立风险预防机制

建立风险预防机制包括为志愿者购买保险，在意外发生时能够对志愿者提供保障；为志愿者提供服务前的培训，使志愿者掌握服务相关的知识技能，减少侵权事件和各类意外发生的概率，从根源上保障志愿者权益。如美国地方政府为参与应急救援活动的志愿者提供保险。德国《联邦志愿服务法》第11条规定：志愿者组织应当与志愿者签订志愿服务协议，双方可以约定志愿服务培训制度、服务时间和内容、相关补助费用及意外保险金等。

（三）制定志愿服务促进措施

以立法形式制定志愿服务促进措施，可以有效推动志愿服务事业的发展。例如，美国《服务美国法》提出，通过设立教育奖、计入学分等方式激励6~12年级的学生参与社区志愿服务，提高志愿者津贴和志愿者教育奖励，把每年的9月11日设为"全国爱国服务纪念日"，发起全国性志愿服务宣传活动等激励性措施，极大地提高了美国民众的志愿服务热情。西班牙在《志愿服务法》的"志愿服务促进措施"部分规定：政府部门应为志愿服务提供技术援助、教育训练、信息服务，宣传以及表彰；志愿者在使用公共交通工具以及进入国营博物馆时，享有折扣或津贴；志愿服务可以折抵兵役；等等。

（四）保障志愿服务经费来源

北欧国家90%的志愿者组织由政府付费。法国设立长期基金支持志愿者训练和参与海外志愿服务。日本立法将邮政储蓄利息的30%抽出设立志愿者活动专项基金。这些措施保证了志愿服务经费的来源，促进了各国志愿服务的健康发展。

第三节 我国志愿服务政策法规体系

由以上案例可见，目前我国尚无与志愿者权益直接相关的法律法规可以参考，不得不通过"排除法"来认定该志愿者的遭遇不属于工伤范畴，对于志愿者的伤害补偿规定不够

---

① 王漠. 德国志愿服务立法的特点[J]. 新疆人大（汉文），2016（1）.

明确，主观处理空间较大，志愿者的合法权益难以得到保障。虽然我国《慈善法》和《志愿服务条例》规定：慈善组织安排志愿者参与可能发生人身危险的慈善服务前，应当为志愿者购买相应的人身意外伤害保险。但该规定并不具有强制性，在实际操作中往往有较大弹性，多数志愿组织并未帮志愿者购买人身意外伤害保险，在志愿者受到意外伤害时，常常缺少要求合理补偿的途径，这种现状无疑会影响群众参与志愿服务的积极性。

阅读资料7-2

下班途中参加志愿服务受到伤害，是否属于工伤？

一、我国志愿服务政策法规建设发展阶段

随着志愿服务需求和志愿服务队伍的不断壮大，对法律法规的需求不断凸显，我国志愿服务法律法规近年来发展完善速度逐渐加快。1999年，广东省颁布实施了全国第一部志愿服务地方性法规《广东省青年志愿服务条例》，经历了20余年的发展，我国志愿服务立法以2008年奥运会、汶川地震和2017年《志愿服务条例》的颁布为界，经历了起步期、发展期、深化期三个阶段（见表7-1、图7-1）。

表7-1 我国志愿服务政策法规数量

级别	中央		地方	
类型	行政法规、部门规章	其他规定性文件	行政法规、部门规章	地方规范性文件
志愿者相关政策法规数量	70	122	0	164
志愿服务相关政策法规数量	105	128	83	226
总计	175	250	83	390

资料来源：编者整理，数据截至2023年6月。

图7-1 我国志愿服务政策法规数量变化趋势图

(一) 我国志愿服务政策法规起步期(1999—2006年)

1999年,广东省颁布实施了全国第一部志愿服务地方性法规《广东省青年志愿服务条例》;该条例共27条,主要内容包括青年志愿服务相关概念、立法宗旨、青年志愿者协会、青年志愿者的基本条件、青年志愿者的权利和义务、志愿服务的范围、志愿服务的保障和激励以及志愿服务的法律责任等,规定了青年志愿者的年龄为16~35周岁;该条例的颁布标志着我国志愿服务政策法规开始起步。这一时期,山东省、宁波市、福建省、黑龙江省、杭州市、抚顺市、银川市、成都市、南京市、吉林省、宁夏回族自治区、湖北省、济南市、江苏省、北京市先后颁布志愿服务条例。这一时期的志愿服务条例从名称上来看,多数以"青年志愿服务"为名,即志愿服务的提供者以青年群体为主;从条例内容上来看,条款较少,内容简单笼统,但为后来的志愿服务条例制定和自身的完善提供了宝贵的经验。

(二) 我国志愿服务政策法规发展期(2007—2016年)

2008年的北京奥运会促进了志愿服务政策法规的建设与完善,2007—2008年全国共颁布志愿服务相关地方性法规和规范性文件25件。2007年北京颁布实施《北京市志愿服务促进条例》,天津市、江西省、浙江省、江苏省、广州市和青岛市等也先后颁布志愿服务条例。

2008年5月12日汶川地震爆发,大量的志愿者涌入灾区,既显示了大众志愿服务的热情,也暴露了缺少规范性组织之下志愿服务的无序与混乱。2009年颁布的《四川省志愿服务条例》将突发事件志愿服务的统一组织和管理规定纳入其中,2012年民政部专门制定了《民政部关于加强减灾救灾志愿服务的指导意见》

2013年12月民政部颁布《中国社会服务志愿者队伍建设指导纲要(2013—2020年)》从队伍规模、能力素质、队伍结构、发展环境、服务效益等方面提出了目标规划。随后,海洋局、教育部、生态环境部、司法部、工业和信息化部以及中央文明办等部门陆续发布各自领域志愿服务相关的管理办法、工作方案等政策文件。

这一时期,产生了一大批志愿服务政策法规,志愿服务的重要性日益得到重视,相关规范性文件的制定数量逐年攀升,内容也更为丰富、全面。

(三) 我国志愿服务政策法规深化期(2017年至今)

2017年8月22日,国务院颁布了《志愿服务条例》,这是我国第一部全国性的志愿服务法规,包括总则,志愿者与志愿组织,志愿服务活动,促进措施,法律责任,附则六个部分44条内容,明确了志愿服务的基本原则,志愿服务的主管部门和资金来源,相关主体的法律责任与义务,志愿服务的促进措施等内容。随后,民政部制定了全国志愿服务信息系统、志愿服务身份标识等志愿服务管理的规范性文件,各地区也相继制定相关文件,促进了志愿者管理的规范性和有效性,推动全国志愿服务信息共享。

新冠疫情防控期间,2020年3月民政部颁布实施《志愿服务组织和志愿者参与疫情防控指引》,从10个方面对志愿服务组织和志愿者如何参与疫情防控作了具体指导,各地区相继制定文件进行落实。在疫情防控期间,志愿者在疫情防控工作中发挥了重要作用。

2017 年以后,我国具体领域的志愿者规范和标准大量涌现,如文化旅游、生态环境、脱贫攻坚、法律援助、食品安全等,志愿服务内容和领域更加细化。形成了从中央到地方,从宏观到具体执行层面的志愿服务行政法规网络,促进了志愿服务在各省、自治区的规范性开展。相关法律法规从较为具体的层面规定了志愿者招募、注册、管理、激励、财务保障等各方面的做法,对志愿服务起到了规范作用。

这一时期,我国的志愿服务政策体系得到了进一步的完善,志愿服务的制度化建设进入了快速发展,不断深化的阶段。志愿服务在多个领域都开始发挥着重要的作用,同时也产生不少挑战,对我国志愿服务管理与制度完善提出了新的要求。[①]

二、我国港澳台地区志愿服务立法情况

(一)我国港澳地区志愿服务立法

港澳地区志愿服务事业深受外国影响,同时又保留了中国传统特色,形成"政府统筹,社团管理,公民参与,法律监督"的服务状态,志愿服务运行上"社工+义工"的模式,每一个重要岗位上由专业社工人员担任导师,进行宣传和培训,保障了义工服务过程中的专业水平,减少了侵权事故发生的概率。在 1999 年出台的《社会工作者注册条例》以及 2000 年出台的《促进青少年义工条例》,对社工和义工的培训制度、服务时间、服务内容、侵权责任分配以及专项基金制度等进行了详细的规范,从立法层面减少了侵权事件的发生,也保障了侵权事件发生时各方主体的权益。

(二)我国台湾地区志愿服务立法

台湾志愿服务事业同样经历了由松散到体系、不完善到完善的转变。早期,民间自发式的志愿服务发展空间狭小,志愿者没有得到认可,志愿服务事业受到抑制,志愿服务侵权事件也是参照相关条款进行规范,忽略了志愿服务各方主体的特殊性。21 世纪初,台湾地区规范了志愿服务主体的法律关系、权利义务,志愿服务培训制度等。在侵权责任方面明确了志愿者组织作为管理者的替代责任,同时保留了志愿者组织对志愿者故意和重大过失情形下的追偿权。后来相继出台了等配套规定,使志愿服务管理体系更加完善。

三、我国志愿服务基本政策法规

(一)我国志愿服务政策法规体系

1. 我国志愿服务专门性政策法规

在我国志愿服务领域,目前最基本的法规是《志愿服务条例》,这是我国第一部关于志愿服务的专门性法规;同时,《慈善法》中也有部分关于志愿服务的规定,这两部法律法规为我国志愿服务事业发展提供了法律支持。

---

① 曾茂雪. 政策工具视角下我国志愿服务政策研究[D/OL]. 济南:山东大学,2021.

2. 我国志愿服务配套政策法规

根据志愿服务事业发展的需要,我国相继出台了一批政策文件,包括《关于进一步推进志愿者注册工作的通知》《志愿服务记录与证明出具办法(试行)》《关于做好志愿服务组织身份标识工作的通知》《推广使用全国志愿服务信息系统的通知》《关于在全国推广"菜单式"志愿服务的通知》等,为志愿服务事业的发展提供了政策上的规范性依据。

(二) 我国政策法规中志愿服务中各方的权利与义务

我国的《慈善法》和《志愿服务条例》对志愿服务活动中涉及各方权利义务关系作出了较为详细的规定,使志愿服务有法可依,有效地促进了志愿服务的规范化发展。

1. 志愿服务组织的权利与义务

(1) 志愿服务组织的权利。这主要包括:

根据《志愿服务条例》并综合有关规定,志愿服务组织具有以下主要的权利。①可根据志愿服务活动的目的、要求以及申请参与志愿服务活动的个人的实际情况,招募志愿者。②可与志愿者、志愿服务对象,根据需要签订协议,明确当事人的权利和义务约定志愿服务的内容、方式、时间、地点、工作条件和安全保障措施等。③志愿服务组织开展志愿服务活动,可以使用志愿服务标志。④可以给予适当的补贴,用于志愿者在从事志愿服务活动中由本人所支出的交通、误餐等费用。⑤可以通过接受社会捐赠、资助等形式,筹集开展志愿服务活动的经费。⑥志愿服务组织可以依法成立行业组织,反映行业诉求,推动行业交流,促进志愿服务事业发展。⑦其他依法享有的权利。

(2) 志愿服务组织的义务。这主要包括:

根据《慈善法》《志愿服务条例》及有关规定,志愿服务组织在开展志愿服务活动过程中主要有以下几个方面的义务。①依法招募、登记、培训、管理、考核、表彰志愿者,在招募志愿者时,应当说明与志愿服务有关的真实、准确、完整的信息以及在志愿服务过程中可能发生的风险。②组织安排志愿者参与志愿服务活动,应当与志愿者的年龄、知识、技能和身体状况相适应,不得要求志愿者提供超出其能力的志愿服务。③组织安排志愿者参与的志愿服务活动需要专门知识、技能的,应当对志愿者开展相关培训。④开展专业志愿服务活动,应当执行国家或者行业组织制定的标准和规程。⑤制定完善志愿服务工作制度、志愿服务评价制度,建立志愿服务档案。⑥对需要志愿服务的组织或个人提供的信息进行核实,并及时予以答复。⑦依据法律法规筹集、使用和管理志愿服务活动资金、物资。⑧为志愿者参与志愿服务活动提供必要条件,解决志愿者在志愿服务过程中遇到的困难,维护志愿者的合法权益。安排志愿者参与可能发生人身危险的志愿服务活动前,应当为志愿者购买相应的人身意外伤害保险。⑨安排志愿者参与志愿服务活动,应当如实记录志愿者个人基本信息、志愿服务情况、培训情况、表彰奖励情况、评价情况等信息,按照统一的信息数据标准录入国务院民政部门指定的志愿服务信息系统,实现数据互联互通。志愿者需要志愿服务记录证明的,志愿服务组织应当依据志愿服务记录无偿、如实出具。⑩开展志愿服务,应当遵循自愿、无偿、平等、诚信、合法的原则,不得违背社会公德、损害社会公共利益和他人合法权益，不得危害国家安全。⑪应当尊重志愿者、志愿服务对象的人格尊严，未经志愿者本人同意，不得公开或者泄露其有关信息；不得侵害志愿服务对象个人隐私，不得向志愿服务对象收取或者变相收取报酬。⑫开展应对重大自然灾害、事故灾难和公共卫生事件等突发事件的志愿服务活动，应当接受有关人民政府设立的应急指挥机构的统一指挥、协调。⑬应当向政府有关部门报告接受政府扶持和社会捐赠的财物的使用、管理情况并向社会公开。信息公开应当真实、完整、及时。⑭志愿服务组织章程规定的其他职责。

2. 志愿者的权利与义务

（1）志愿者的权利。这主要包括：

根据《志愿服务条例》并综合有关规定，志愿者在参与志愿服务过程中享有以下权利：①志愿者可以将其身份信息、服务技能、服务时间、联系方式等个人基本信息，通过国务院民政部门指定的志愿服务信息系统自行注册，也可以通过志愿服务组织进行注册。②获知与志愿服务有关的真实、准确、完整的信息以及在志愿服务过程中可能发生的风险。③根据自己的意愿和时间、能力等条件，可以参与志愿服务组织开展的志愿服务活动，也可以自行依法开展志愿服务活动。有权拒绝超出约定范围的志愿服务。④获得志愿服务必需的条件和必要的保障。⑤获得志愿服务活动所需专门知识、技能的相关培训。⑥请求志愿服务组织帮助解决在志愿服务活动中遇到的问题。⑦有困难时优先获得志愿服务组织和其他志愿者提供的服务。⑧志愿者个人有关信息保密权。⑨对志愿服务组织进行监督，提出批评和建议。⑩自愿加入或者退出志愿服务组织。⑪其他依法享有的权利。

（2）志愿者的义务。这主要包括：

综合《慈善法》《志愿服务条例》等有关规定，志愿者的义务主要包括：①遵守志愿服务活动的管理规定。②参加志愿服务所需的教育和培训。③按照约定提供志愿服务，因故不能按照约定提供志愿服务的，应当及时告知志愿服务组织或者志愿服务对象。④按照规定佩戴和使用志愿服务标识。⑤维护志愿者、志愿服务组织的形象和声誉，传播志愿服务理念。⑥不得向志愿服务对象收取报酬。⑦尊重志愿服务对象，保守在参与志愿服务活动过程中获悉的隐私、秘密或者其他依法受保护的信息。⑧不得损害志愿服务对象的合法权益。⑨不得利用志愿者身份从事与志愿服务活动宗旨、目的不符的行为。⑩法律、法规及志愿服务组织章程规定的其他义务。

（三）我国政策法规对志愿服务各方的权益保护

1. 保护服务对象权益

志愿服务组织、志愿者应当尊重志愿服务对象人格尊严，不得侵害志愿服务对象个人隐私，不得向志愿服务对象收取或者变相收取报酬。

2. 保护志愿者的隐私权

志愿服务组织泄露志愿者有关信息、侵害志愿服务对象个人隐私的，由民政部门予以警告，责令限期改正；逾期不改正的，责令限期停止活动并进行整改；情节严重的，吊销登记证书并予以公告。

3. 志愿服务的无偿性

志愿服务组织、志愿者向志愿服务对象收取或者变相收取报酬的，由民政部门予以警告，责令退还收取的报酬；情节严重的，对有关组织或者个人并处所收取报酬一倍以上五倍以下的罚款。

4. 依法记录出具证明

志愿服务组织不依法记录志愿服务信息或者出具志愿服务记录证明的，由民政部门予以警告，责令限期改正；逾期不改正的，责令限期停止活动，并可以向社会和有关单位通报。

5. 政府及有关部门的法律责任

县级以上人民政府民政部门和其他有关部门及其工作人员有下列情形之一的，由上级机关或者监察机关责令改正；依法应当给予处分的，由任免机关或者监察机关对直接负责的主管人员和其他直接责任人员给予处分：

（1）强行指派志愿者、志愿服务组织提供服务；

（2）未依法履行监督管理职责；

（3）其他滥用职权、玩忽职守、徇私舞弊的行为。

6. 关于侵权问题的规定

《慈善法》第一百零六条规定：慈善服务过程中，因慈善组织或者志愿者过错造成受益人、第三人损害的，慈善组织依法承担赔偿责任；损害是由志愿者故意或者重大过失造成的，慈善组织可以向其追偿。

志愿者在参与慈善服务过程中，因慈善组织过错受到损害的，慈善组织依法承担赔偿责任；损害是由不可抗力造成的，慈善组织应当给予适当补偿。

（四）我国政策法规对志愿服务的鼓励与促进

为鼓励和支持国家机关、企业事业单位、人民团体、社会组织等成立志愿服务队伍开展专业志愿服务活动，鼓励和支持具备专业知识、技能的志愿者提供专业志愿服务，鼓励和支持公共服务机构招募志愿者提供志愿服务，《志愿服务条例》有如下规定：

（1）县级以上人民政府应当根据经济社会发展情况，制定促进志愿服务事业发展的政策和措施，应当在各自职责范围内，为志愿服务提供指导和帮助。

（2）国家鼓励企业事业单位、基层群众性自治组织和其他组织为开展志愿服务提供场所和其他便利条件。

（3）学校、家庭和社会应当培养青少年的志愿服务意识和能力。高等学校、中等职业学校可以将学生参与志愿服务活动纳入实践学分管理。

（4）各级人民政府及其有关部门可以依法通过购买服务等方式，支持志愿服务运营管理，并依照国家有关规定向社会公开购买服务的项目目录、服务标准、资金预算等相关情况。

(5) 自然人、法人和其他组织捐赠财产用于志愿服务的，依法享受税收优惠。

(6) 慈善组织、捐赠人、受益人依法享受税收优惠的，有关部门应当及时办理相关手续。

(7) 捐赠人向慈善组织捐赠实物、有价证券、股权和知识产权的，依法免征权利转让的相关行政事业性费用。

(8) 对在志愿服务事业发展中作出突出贡献的志愿者、志愿服务组织，由县级以上人民政府或者有关部门按照法律、法规和国家有关规定予以表彰、奖励。

国家鼓励企业和其他组织在同等条件下优先招用有良好志愿服务记录的志愿者。公务员考录、事业单位招聘可以将志愿服务情况纳入考察内容。

(9) 县级以上地方人民政府可以根据实际情况采取措施，鼓励公共服务机构等对有良好志愿服务记录的志愿者给予优待。

(10) 县级以上人民政府应当建立健全志愿服务统计和发布制度。

(11) 县级以上人民政府应当建立与其他部门之间的慈善信息共享机制。

(12) 广播、电视、报刊、网络等媒体应当积极开展志愿服务宣传活动，传播志愿服务文化，弘扬志愿服务精神。

习题

1. 什么是志愿服务政策法规？
2. 我国志愿服务发展中存在的问题有哪些？
3. 国外立法主要从哪些角度维护志愿者的合法权益？
4. 遇有居民主动给予志愿者财物，要求差别化或快速处理其个人需求，志愿者应如何处理？

案例题

2009年，张某开始接触艾滋病病毒感染者群体。"当时有一名同学不幸感染，因为不了解病情，最终因为心理压力过大轻生。"张某回忆说，当看到这名同学爸妈来收拾遗物时，他就想着要是在紧要关头有人能拉同学一把，也许就不会是这样的结果，遂萌发了做志愿者的念头。

之后，张某购买专业书籍自学，积极参与当地红十字会相关培训，希望帮助这个群体及其家人们。在成为志愿者后，张某尽心尽力为艾滋病病毒感染者群体提供公益服务，被这群特别的朋友称呼为"爱心弟"。

2013年，在一次公益服务中，张某抢夺意欲轻生的感染者手中的刀具时，与其血液发生了交叉感染。之后，张某立即前往医院服用阻断药物。"在两个小时内服下阻断药，可以保证99%避免感染，那次可以说是我有生以来求生欲最强的一次。"张某谈起这段经历仍心有余悸，所幸他在规定时间内服下了阻断药。

据张某介绍，服用阻断药后副作用明显，不仅有严重的腹泻，还伴有抑郁倾向，需要请假休息。"而当时医生开的病假条就是照实开，写的是 HIV 暴露者，向公司交完病假条之后，事情就传了出去，等我再回来上班时，一到吃饭时候，同事们都离我特别远。"张某说。

尽管身体承受着折磨，心理上也备受煎熬，在服用 28 天阻断药的过程中，张某却深深感受到艾滋病感染者所经历的痛苦，更加坚定了从事相关志愿工作的想法。

痊愈后，张某继续投入帮扶艾滋病感染人群的公益事业，先后荣获青春榜样、全国向上向善好青年等称号。

然而，让张某没想到的是，这段经历被人恶意剪辑，做成短视频发布到网上，说他就是一名艾滋病患者。2022 年 8 月，张某在某短视频平台上刷到了关于自己的视频。在视频中，他被配上"染上了艾滋病，被同事孤立，心中抑郁"的字幕，且视频相关评论中更是充斥着消极言论。

案例讨论：
1. 我国哪些法律规定可以维护张某的合法权益？
2. 张某作为志愿者享有哪些合法权益？

第八章 志愿服务文化

学习要点与要求

1. 了解志愿服务理念的内容。
2. 了解志愿服务伦理的基本属性与传承。
3. 辨析中西方志愿服务伦理的异同。
4. 了解志愿服务精神的基本内涵。
5. 了解志愿服务的当代价值。

本章思维导图

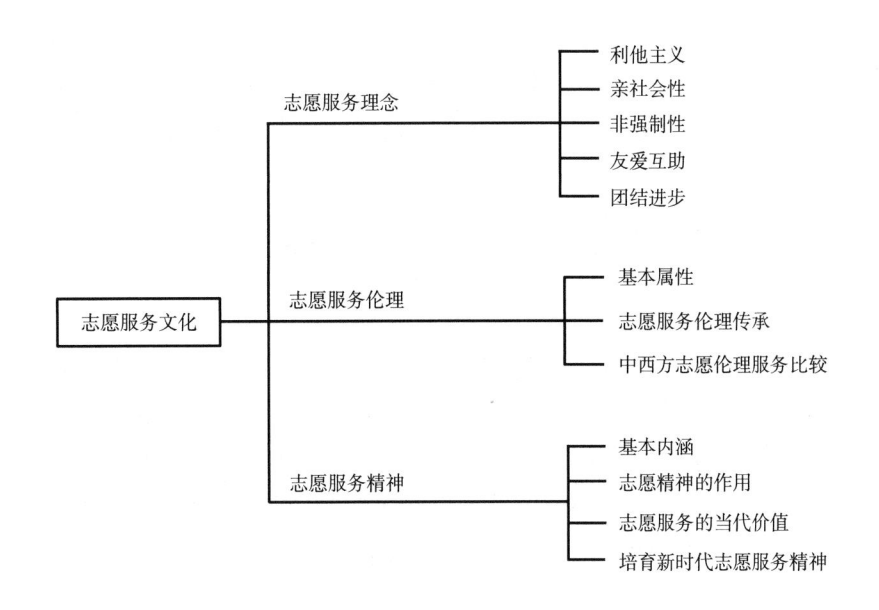

- 志愿服务文化
  - 志愿服务理念
    - 利他主义
    - 亲社会性
    - 非强制性
    - 友爱互助
    - 团结进步
  - 志愿服务伦理
    - 基本属性
    - 志愿服务伦理传承
    - 中西方志愿伦理服务比较
  - 志愿服务精神
    - 基本内涵
    - 志愿精神的作用
    - 志愿服务的当代价值
    - 培育新时代志愿服务精神

引导案例

全国先进社会组织：慈溪市钱海军志愿服务中心

慈溪市钱海军志愿服务中心（以下简称中心）成立于2015年3月，由全国劳动模范、全国最美志愿者、中华慈善奖"慈善楷模"获得者钱海军领衔，主要成员为电力技师志愿者，致力于关心帮助残疾人、孤寡老人等弱势群体，为困难群众无偿提供电力维修改造等志愿服务。目前，中心已发展出25支志愿服务分队，与19家单位建立了联动共建关系，拥有在册志愿者1 219名。

中心成立以来，始终秉承"用心服务"理念，长期开展困难残疾人室内照明线路改造、表后电力维修、乡村电工培养、"复兴少年宫"公益托管课堂等系列暖心服务，把电力工人的暖心爱心送进千家万户。同时，不断延伸服务内容，相继组织了"暗夜精灵"点亮楼道灯、助残"爱心田"等志愿服务活动。6年来，累计开展公益活动3 800余次，服务时长8万余小时，行程20.8万公里，实施电力改造5 200余户，惠及群众11万余人，服务范围覆盖浙江、西藏、吉林、贵州、四川等省份，为东西部协作、乡村振兴和爱心城市建设点亮了一盏又一盏暖灯，"千户万灯""星星点灯""灯亮万家"等行动照亮了万千群众心坎，成为全省乃至全国志愿服务的一张"金名片"。

资料来源：全国先进社会组织：慈溪市钱海军志愿服务中心 [EB/OL]．（2022-2-21）[2023-11-29]．中国志愿服务网．http：//chinavolunteer．mca．gov．cn/site/sitenewsInfo/1050c240066a4e47b1b892b7c72024b7．

引导案例展示的是一个全国先进社会组织——慈溪市钱海军志愿服务中心开展的志愿服务。在全国劳动模范、全国最美志愿者、中华慈善奖"慈善楷模"获得者钱海军的带领下，电力技师志愿者秉承"用心服务"理念，在帮助困难残疾人室内照明线路改造、表后电力维修、乡村电工培养、"复兴少年宫"公益托管课堂等方面提供了大量的志愿服务，且取得了亮眼的成绩，成为浙江省乃至全国志愿服务的一张"金名片"。

第一节 志愿服务理念

志愿服务是指任何人志愿贡献个人的时间及精力，在不为任何物质报酬的情况下，为改善社会、促进社会进步而提供的服务。理念是我们对某种事物的看法、观点和信念，它是客观事实的本质反应，是事物内在的外在表征。志愿服务理念是指志愿者从事志愿服务所持的基本观点，是志愿者思考从事志愿服务的出发点。中国志愿者协会提出的志愿服务理念是"学习雷锋、奉献他人、提升自己"。

概括来说，志愿服务的理念可以归纳为以下几个方面：

一、利他主义

利他主义最初是伦理学中的一种概念。一般泛指把社会利益放在第一位，为了社会利益而牺牲个人利益的生活态度和行为的原则。19世纪，法国哲学家、社会学家孔德（Auguste Comte）第一次提出"利他主义"，他用这个词来表达自己所倡导的伦理学说，即认为评价行为善恶的总原则是无私利他，只有无私利他才是善的、道德的，而只要目的利己便是恶的、不道德的。在孔德看来，利己是人类天性中的一大病痛。由于"自私之心，植根甚深，则其强度，将远过于社会同情心。社会本能将不能得势"[1]，因此他提出以义务代替权利，以为社会着想代替为个人着想，即倡导一种利他克己的道德追求。

阅读资料8-1

稻盛和夫的"经营哲学"

（一）近代西方的利他主义思想

随着西欧资本主义制度的建立、巩固，以及资本主义经济、政治和科学技术的发展，近代资产阶级伦理思想体系也建立起来。出于维护资本主义私有制度的目的，西方思想界发生了一场利他与利己之间的激烈争论，在这场争论中，形成了近代西方利他主义伦理思想学派。近代西方利他主义有两种典型的表现形式：一种是仁爱的利他主义，另一种是利己的利他主义。

仁爱利他主义把人的天然情感或仁爱情感和同情心看作道德的本源，他们虽然不否认利己情感，但更强调利他情感，并把促进共同幸福作为道德目的和善恶标准。利他主义者认为：人不仅有自爱、利己的本性，而且有仁爱、利他的本性，道德就根源于这种仁爱、利他的本性；他们认为：人先天就具有利他的仁爱本性，而其最重要的论据基础就在于人的社会性。

利己的利他主义试图把利己与利公、自爱与仁爱协调起来，以适应资产者个人和资产不否认利己情感，但更强调利他情感，并把促进共同幸福作为道德目的和善恶标准。利己的利他主义试图把利己与利公、自爱与仁爱协调起来，以适应资产者个人和资产阶级整体利益的要求，这中间包括合理利己主义以及功利主义的伦理思想。

（二）中国传统的利他主义思想

利他主义是中华优秀传统文化的一部分，无论是长期作为社会主导思想的儒家文化，还是曾被人们所称道的墨家文化，乃至道家文化，都包含有利他思想，而志愿服务理念对这些思想都有继承。

在儒家思想体系中，孔子提出的"己所不欲，勿施于人"，以及孟子提出的"老吾老以及人之老，幼吾幼以及人之幼"，均体现了利他主义的思想。此外，孔子强调的"礼"虽包含自我约束的意义，但正如胡平生对《礼记》的译注指出"礼者，所以定亲疏、决嫌疑、别同异、明是非也。礼，不妄说人，不辞费。礼，不逾节，不侵侮，不好狎"，"礼"的弘扬充分体现了"利他"主义思想。换言之，遵守"礼"这一规范绝不是虚伪地做做样子，必须遵循内心且充分认同，这样才算是对"礼"的遵守。足以证明利他思想本来就是人性的一部分，需要用良好的文化氛围去启发民众，将其推广与弘扬。

"兼爱"是墨子学派的重要思想。在墨子学派的思想体系中，认为人爱自己是没错的，但只要把自己的一点爱给别人就是"利他"行为。如果人人都秉持利他主义思想，即墨家倡导的"兼爱"，那社会就将呈现和谐的状态。在当今社会，这一行为准则对人们来说较为容易接受，倘若人们都能给予他人一些关爱并形成习惯，就会形成利他的社会风尚，一些社会问题也能得到解决。

---

[1] 孔德. 实证主义观[M]. 萧赣，译. 商务印书馆，1938.

道家著作《道德经》中也有利他的思想，"上善若水，水善利万物而不争"，告诉我们人应当像水一样，待人真诚友爱。

倡导志愿服务行为实质上是放大人的利他性而压缩人的利己性，这是符合社会整体发展需要的。当然利他主义思想必须体现在具体的利他行为中，倡导志愿服务的目的在于传播志愿精神，加强改善人们的道德建设，从而提升社会文明。所以当今社会应当大力提倡以利他主义为导向的志愿服务理念，以推动和谐社会的构建。

二、亲社会性

不同于一般动物，人类具有高度的理性，这种理性使人们更加关注并能够实现长远利益，由此也就孕育出了互惠合作的倾向，而这也是人类的亲社会性。[①] 人类在社会互动过程中逐渐发展出亲社会性，亲社会行为是心理学家用来表达社会所确定的道德行动的术语，如分享、助人、合作、同情等。[②] 一般地，亲社会性使得人们的偏好具有社会性，亲社会行为背后的动机可能是期望得到回报，也可能是完全不图回报。亲社会可能会受个人特质和环境因素的影响，有安全性依恋和具有移情倾向的个体更容易表现出亲社会行为；个体的社会责任感不同，表现出的亲社会行为也可能不同。

志愿者的志愿行为实际上也是一种亲社会行为，志愿者在实施志愿服务的过程中，可能会得到一定程度的精神或机会上的回报，但也可能根本没有回报或者个体压根不在乎。例如，驱使大多数大学生参与志愿服务的主要动力是个体的社会责任感和荣耀感，寻求的是精神或者机会上的回报，大学生志愿者在志愿服务中表现出的精神核心就是亲社会动机。

三、非强制性

人类是社会的动物，一生下来，就必然与他人和社会发生种种的联系，这种联系必然需要一定的准则与规章来指导、规范与制约。从对社会成员的约束力来看，这种约束力可以分为两个方面，一个是强制性的，一个是非强制性的。所谓强制性的指的是在人的生活、人与人和人与社会之间的关系中的人人必须遵守和实行的部分。所谓非强制性指的是那些不直接对社会的秩序与运行产生影响的准则与规范。无论是人的生活、还是人与人的关系以及人与社会的关系，有关的规范不可能都是强制性的。而是强制与非强制也只是相对而言的，这里的强制只是说道德更倾向于要求全体社会成员实行，因而更多地与法律、制度等社会强制力量相联系；非强制性则更多地尊重个人意愿与个人选择，因而更多地诉诸观念、良心等自律性的东西。

以志愿精神从事的公益行为是一种基于个人的慈善与博爱行为，体现的是志愿服务的非强迫性，任何真正的志愿都只能是个人的志愿，排斥个人自由选择权的"集体志愿"或

[①] 朱富强. 如何理解人类文明的本质：亲社会性、人类理性与合作性伦理 [J]. 邓小平研究，2019（4）.

[②] 郑爽，张骊凡，曹仕涛，等. 志愿服务动机与志愿服务持续性的关系：亲社会人格的调节作用 [J]. 中国临床心理学杂志，2020（1）.

"社会志愿"都是强制的代名词。志愿行为的非强制性本来就是志愿行为有别于其他行为的根本特征。在中国的背景下,强调这一点尤其重要,因为中国的志愿服务很多时候具有较浓厚的行政色彩①。例如,当前许多高校将志愿服务纳入素质教育的量化考核,以这样的方式构建学生志愿服务的机制,往往就带有强烈的行政色彩。

四、友爱互助

友爱互助是中华民族的传统美德,是社会主义社会人际关系的重要特征,也是广大人民群众的向往和追求。儒家的"仁爱"思想已经根植于中华民族的血脉之中,成为友爱互助的伦理基础。传统文化中的友爱思想,在志愿服务行动中不断得到实践及发展,志愿服务赋予友爱思想以新的时代内涵和特质。友爱是一种基于地缘、血缘等因素而形成的私人之间的伦理关系,是一种类似血缘亲情的朋友之间的伦理关系。友爱不是人类与生俱来的本能,而是人类基于生存与发展的要求而在社会实践和人际交往中不断生成的②。不同的社会文化背景和政治经济发展水平下,友爱的含义、性质、特点及目的有着明显的差异。

友爱是志愿服务的实然意涵。每个人的内心都隐含着对爱和归属感的渴求,人们都希望得到爱,得到别人的安慰、支持和帮助,渴望人与人之间的关系融洽、友爱、真诚,同时人也都有被需要的需求,这样才能体现自己的价值所在。然而,现在社会中,人与人之间的关系渐疏渐远,而志愿者则是心中充满着爱,身上洋溢着爱的人,是主动打开心门的人。作为志愿者,首先要有仁爱之心,比如宠物保护协会的志愿者们会发自内心地保护宠物。志愿者们除了以仁爱之心帮助弱者,还要关注志愿服务对周围人和事形成的影响,用自己的善举感染和带动,从而创建诚信、友爱、和谐的新型人际关系和和谐的社会环境,实现志愿服务的最终目的。

五、团结进步

志愿服务体现着服务和团结的理想,有着让明天更美好的愿景。从某种意义上说,志愿服务应该是一种没有阶级性、全民参与的行为,但不同的国家、不同的体制下,志愿服务的发展路径是不一样的。中国的志愿服务带有深刻的中国的烙印,如在志愿服务形成初期,主要是计划经济体制下的"学雷锋做好事"、"青年突击队"、单位固定的慈善捐助等政府主导的志愿服务形式。随着全球化进程的加快,中国志愿服务渐趋社会化、民间化,如西部志愿者行动、奥运会志愿者等。但是无论是早期中国志愿服务的官

---

① 余双好. 志愿服务概论 [M]. 武汉大学出版社, 2013.
② 赵炎秋. 道德与人伦:论伦理中的强制性因素与非强制性因素 [J]. 伦理学研究, 2007 (5).

方化还是现在志愿服务的民间化，志愿服务都体现了爱国主义和集体主义的特点。这是在马克思主义指导下，在建设中国特色社会主义进程中所形成的具有中国特色的志愿理念。中国志愿服务理念的传播和弘扬，激励越来越多的人自觉地参与到志愿行动中来，从一个侧面体现了社会公民对当今中国的高度认同，也体现了当代国人爱国、进步的国家观，是社会主义核心价值体系中的两个重要层面构建程度的直接反映。①

同时，志愿服务也体现了进步的理念。所谓进步是指通过众多志愿者长期不懈的志愿服务，达到服务对象、志愿者本身、志愿组织机构乃至整个社会进步的结果，或者说志愿服务理念得到普及。在志愿者服务活动中，志愿者可以得到机会发挥锻炼自己的能力，同时发现自己的种种不足，及时加以适当的弥补，以提升自己的综合素质。另一方面，服务对象得到志愿者的帮助，境况得以改善。再者，在志愿服务的发展过程中，志愿机构的工作、作用以及困难逐步得到让社会关注，从而加强对志愿服务机构的社会支持。另外，志愿活动的开展有利于社会大众及志愿者从更广意义上向志愿者组织或机构提出建设性的意见，而志愿者机构通过合理利用社会资源，接纳改进意见，管理制度将得以不断完善，服务得到不断发展，最终实现共同的进步。

对弱势群体的重视和关注是一个社会制度文明进步的标志，这不仅是政府的职责，更是全体社会成员共同的义务和责任。在一定意义上，志愿服务可以承担政府的部分职责，弥补政府的缺陷，帮助政府完善职能，从而使全体社会成员共享社会发展成果，保持社会的公平正义。志愿者们的共同目标就是推动社会文明进步，这正是志愿者们内在的精神动力。志愿者是推动社会文明进步的重要力量，也是走在社会前沿的实践者。

第二节 志愿服务伦理

一、基本属性

（一）自愿性

从词源上看，自愿性（voluntarism）来自拉丁语的复合词 voluns，意思是选择，强调主体的自由意志；而 velle，意思是需要，强调主体的意志。大多数对志愿服务的定义包括四个层面，即自由意志的行为、非经济回报、帮助陌生人或受益人的目的以及永久性或连续性。这强调的是志愿者的自由意志，即志愿服务，志愿者的角色从一开始就要求主体拥有自由意志，在没有外部胁迫的情况下自愿参与志愿活动。②

自愿性是志愿服务的一个基本特征，本质上是指志愿服务不是强制性的，志愿者参与活动的愿望不受外界约束，而是出于自由选择、自由决定。一般来说，志愿服务是在志愿

---

① 丁元竹，江汛清，谭建光. 中国志愿服务研究［M］. 北京：北京大学出版社，2007.
② 邹宇春，李建栋. 青年爱国主义思想与志愿服务研究［J］. 青年研究，2021（3）.

者自愿登记的基础上,通过择优录取和公开招聘了解和接受个人,帮助组织开展相关服务活动。现在大多数志愿者在参与志愿服务过程中都基于自身的认识和共鸣,将服务社会视为己任,依靠良好的社会责任感,积极参与到社会服务活动中。

参加志愿工作是对个人主体的认识。就个人主体性而言,它是主体内在意志的表达。在共同信念和目标的基础上,志愿者利用自己的专业技能和资源,免费帮助他人和社会,并通过创建和整合志愿者组织来提供服务。志愿者从事志愿服务的动机各不相同,有些人想丰富自己的社会经验,有些人出于对他人的宽容,有些人则是为了增强自己的自尊心,等等。无论志愿者的志愿服务动机如何,参与的前提必须来自主体自身的意愿,如果迫于压力和强制而参与志愿服务,志愿服务就会失去主体性。志愿服务的道德性主要体现在一个人对道德责任的自觉和承诺。志愿者应是在志愿服务精神的指引下,主动帮助他人、服务社会,承担起对社会的公民责任,而被迫做志愿者的人不仅失去了个人的主体性,还破坏了志愿服务的精神。从受助者的角度来看,非自愿的志愿服务不仅损害了受助者的尊严,失去了其原有的社会价值,而且违反了志愿服务的道德规范。此外,非自愿的志愿服务很可能影响志愿者参与的积极性,最终破坏志愿服务的可持续性。

阅读资料8-4

同济大学互助共享文档

(二) 无偿性

志愿服务的无偿性在于志愿者帮助他人、社区并不要求有所回报,除了一些专业和带薪的志愿者之外。然而,志愿服务的无偿性并不意味着志愿者要放弃自己的基本利益,以牺牲自己的利益为代价来推动志愿服务。但志愿者的自主性和高尚性应该强调,以避免利益影响动机,进而影响其志愿行为。从这个角度来看,在志愿服务中应考虑志愿者的基本权益,不得损害。在志愿服务中保护志愿者的基本权益,可以帮助志愿者对志愿服务产生一定的归属感,更好地进行志愿服务。

无偿性是志愿服务的关键内容,突出展现了志愿服务的理念,也规定了其内在指向。在志愿服务中,避免经济物质的牵扯,能让志愿者和受助者更好地相互配合,减轻内在压力,也让情感的流动更加顺畅。

利他主义的最高境界是奉献精神,这是志愿服务的核心——我们要捍卫奉献精神和强调志愿者利他的结果。

阅读资料8-5

林化军:21年无偿献血111次

(三) 公益性

志愿服务的主要目的是帮助有需要的人,以各种方式帮助有需要的人,形成公益。经济行为是由利润驱动的,而志愿服务则反映了对社会的无私服务。因此,志愿服务与经济行为有根本的不同,它体现出很强的现实价值。志愿服务具有很强的社会属性,是为了更好地献身社会、服务社会。志愿服务的最终目的是无偿帮助社会和他人,通过投入自己的精力使社会更加和谐,人们更加幸福。共同利益是志愿服务的价值取向,志愿服务通过具体行动向社会展示良好的品格和高度的社会责任感、使命感。

公益性也是志愿服务的重要特征。志愿服务的精神体现了社会中人与人之间的相互关怀和团结，强调人类的社会性。公益作为评价社会精神和社会价值的重要标准，与志愿服务的社会属性相呼应。志愿服务是自愿和无偿的，其目的是为他人和社区服务，不断推进社区的公共利益。志愿服务可以弥补因利益分配不均造成的社会差距，为社会的和谐发展提供助力。

志愿服务源自传统的慈善理念和美德，为他人和社会提供无偿服务，并衍生和发展出一种为群体共同利益服务的道德生活方式。通过这种方式，目标群体从少数弱势群体扩大到整个社会，由少数人的生活问题变成整个社会的生存和发展。在中国，随着志愿服务的兴起和社会福利事业的快速发展，人们开始关注社会问题，如环保等，这种发展体现了社会的进步。这种进步，也提高了广大人民群众的生活质量，体现出良好的公共精神。

以"忠诚、友谊、互助、进步"为基本理念的我国志愿工作，不仅是社会主义基本价值观的生动实践，也是培育和实现这些价值观的重要手段。从这个意义上说，志愿服务也有助于整个社会精神价值的有序构建。

二、志愿服务伦理传承

在漫长的历史进程中，我们已经形成了一套稳定而持久的美德和习惯，如扶贫济困、尊老爱幼、相互扶持等。儒教、佛教、道教和佛教成为中国传统志愿服务的思想来源。[①] 中共中央、国务院2019年印发的《新时代公民道德建设实施纲要》强调指出，要"坚持在继承传统中创新发展，自觉传承中华传统美德"，并"适应新时代改革开放和社会主义市场经济发展要求，积极推动创造性转化、创新性发展，不断增强道德建设的时代性实效性"。因此，充分挖掘中国传统文化中所蕴含的志愿服务伦理思想，并从中吸取思想，营养和伦理智慧，是建设新时代中国特色社会主义志愿服务伦理不可或缺的环节和方面。[②]

（一）传统文化

1. 儒家"仁者爱人"思想

儒家思想是中国传统文化的主要脉络，经过不断的发展和演变，如今儒家思想已逐渐找到了新的表现方式。

首先，儒家思想中的"仁"作为意志主义精神和理念的具体化，包含现代意志主义的重点和价值。就工具理性而言，"仁"一方面是指仁政和遵循王道，要"尊亲"，又要尊重老幼，把这种尊重和爱扩展到社会的各个方面，建立一个儒家的"关爱社会"。这一概念与现代理想社会的定义、自愿主义的术语和哲学相一致。另一方面，就价值观的合理性而言，"仁"本身是儒家文化的主要关切。孔子认为"仁"是从对自己的小爱开始，延伸到对他人和社会的大爱。这是儒家思想中的一个基石性概念。在传统社会中，家庭内部和

[①] 肖雅月，张晓东. 志愿服务的伦理之维 [J]. 江苏社会科学，2021（1）.
[②] 彭柏林. 墨家志愿服务伦理思想及其当代价值 [J]. 北京大学学报（哲学社会科学版），2022（2）.

邻里之间的相互关爱和帮助是基于血缘和地缘，但儒家思想倡导的仁爱思想鼓励我们主动"爱他人"，包括陌生人。在"爱邻"过程中所表现出来的团结、互助和兄弟情谊的精神，对后世的志愿者和志愿服务产生了巨大的影响。

其次，儒家的"仁爱"思想是在"性本善"的基础上发展起来的。当人们发现自己面临道德决定时，往往会想起自己善良的本性，在这种移情作用下，通常会积极从事志愿活动来帮助他人。因此，我们对他人的善意来自我们的本性，它是我们不需要思考就知道，不用学习就能做到的部分。这种关于人性的假设支撑并解释了慈善事业的出现和发展，以及现代志愿服务的精神和理念。

阅读资料8-6
孔子的大同社会思想

同样，儒家的"仁者爱人"思想与志愿服务的基本概念有共通之处。孔子认为"不仁者不可以久留，仁者不可以久留"，这意味着不仁者在困难或良好的情况下都不能久留。同时，"己所不欲，勿施于人"，即自己不想接受或容忍的东西，不应该施加给别

阅读资料8-7
范仲淹义庄

人。因此，"慈善事业"的理念基于人与人之间的平等、尊重和爱，只有在此基础上，我们才能在真正意义上实践"慈善"。现代意义上的志愿服务，平等、尊重和兄弟情谊才是志愿服务的重要前提和保障。①

2. 墨子"兼爱非攻"思想

以墨子为代表的学派还提出了其对健康运作的社会秩序和人与人之间友好关系的"兼爱非攻"理念。这一思想出现的一个重要背景是墨子所面对的社会乱象，特别是其对当时道德失败现象及其原因的深刻分析。主张设身处地为他人着想，像关心自己一样关心他人，在与他人的关系中表现出兄弟情谊。希望通过倡导"兼爱非攻"的理念，建立一个充满人文关怀和思想价值的和谐友好国家。

从"兼爱非攻"的主张中也能看出，志愿服务是一种自愿和无偿的做法，归根结底，是通过志愿服务来帮助他人，在社会上创造一种积极的、多样化的互助氛围。在这个意义上，两者是相通的。因此，现代的志愿服务理念与墨子的"兼爱非攻"有很多共同之处，它为志愿服务提供了思想来源。

（二）宗教教义

1. 道家"尊道行善"思想

道教被鲁迅称为"中国的根在这里"，也是培养、体现和发展我国志愿服务精神的一个重要分支。道教认为抽象的、形而上的"道"是其最高信仰，并用它来解释一切事物的起源。在以老子"道"的哲学为基础的道教理论体系中，最重要的一点是积德行善、扶弱济贫。换句话说：只有为他人着想，为他人付出，才能增长德行，从而与道

---

① 杨迪. 儒家思想对当代志愿精神理论建构的意义探析［J］. 商业文化（下半月），2011（2）.

相融。这一行为准则源于"道",鼓励人们通过帮助他人来实践"道"。为什么道家认为这是一个指导原则？即通过坚持和严格遵守某些道教概念、仪式和要求,可以实现成仙的最终目标。基于这种功利性的目标,道教的行善和修行理念得到了很好的贯彻和传播,即便它是一种功利性的工具,是实现长生的手段。从今天的角度来看,这种"尊道行善"的助人行为与现代志愿服务精神有异曲同工之妙,为改进志愿服务提供了许多可资借鉴的思路。

2. 佛教"慈悲为怀"思想

佛教传入中国的时间很长,与传统文化经历了碰撞、融合和发展。从伦理学的角度来看,佛教的行善积德、洁身自好的概念是一种简单的道德准则,可以起到维护道德秩序的作用。慈悲精神最能代表佛教的基本精神,这个概念贯穿其道德规范体系。

佛教的慈悲精神不是简单的精神知识或抽象概念,它在实践中以布施和放弃杀戮的形式得到具体体现。严格来说,它指的是向他人分配和捐赠金钱和物品；在更广泛的意义上,它指的是任何行动,即一个人奉献自己的时间、精力、物品等来帮助他人,而不打算获得任何回报。这与我们今天提倡的志愿服务的核心概念相呼应,慈善的现代意义和仁爱的概念都暗合佛教的这种慈悲精神。

三、中西方志愿服务伦理比较

（一）西方的博爱精神

博爱精神是西方志愿服务的雏形,在16世纪至19世纪初标志着志愿服务的开端。由教会发展的宗教慈善机构,旨在加强美德,以达到善的目的,教会成员则通过帮助老人和穷人来履行教义。基督教徒团契和人文主义的影响推动了英国和美国志愿组织的发展。为配合政府和公益团体的活动,英国在伦敦建立了慈善会社（OS）,随后又成立了改造学区运动,其参与者成为志愿者。美国也出现了各种志愿组织,1813年妇女慈善机构开始招募志愿者,照顾病人和穷人。在废奴运动期间,出现了许多志愿团体,他们团结友爱,克服困难,互相帮助,逐渐形成了利他主义和助人为乐的群体精神。在这个阶段,宗教组织是西方志愿服务发展的主体,基督教的博爱和慈善思想成为西方志愿服务发展的精神源泉,其出发点是帮助和保护弱势群体。

工业革命后,技术创新带来了西方国家社会和经济结构的变化,加剧了西方社会不同阶层的分化。19世纪末20世纪初,欧洲和美国通过了一些福利法律和法规,使保护社会弱势群体成为政府的职能之一。社会团体试图建立非政府力量来保护弱势群体的利益。这些非政府组织的社会力量刺激了志愿服务的发展。同时,第一次世界大战带给欧洲巨大的破坏,交战国之间相互争斗,志愿组织主要为了重建国家,促进国家之间的理解和沟通。第二次世界大战期间,越来越多的志愿者中心成立,开展志愿工作,如收集战争物资和照顾受伤的士兵等。这一时期,志愿服务的发展得到了非政府组织的社会力量的支持。

利他主义和社会工作使西方志愿服务逐步进入规范阶段。第二次世界大战后，志愿服务开始注意调节与被帮助者的关系以改变他们的社会生活，同时还关注调节社区的结构和关系。1960年，和平队将普通美国人作为志愿者送到世界各地，支持当地的发展，同时扩大美国公民的视野，提高美国文化的影响力。随着社会工作在欧洲和美国的不断发展，社会工作逐渐发展成为一种由政府或私人协会组织的综合性社会服务。随后，社会工作成为一种由政府、协会和个人组织的综合社会服务，成为国际社会衡量一个国家或地区文明程度的重要指标。

(二) 中国的儒家文化

中国志愿服务的基本要素根植于中国传统文化，儒家伦理作为传统文化的核心，深深扎根于每个中国人的灵魂之中。中国传统文化中的仁爱、奉献、友爱互助、崇德向善等思想，为中国志愿服务的发展奠定了深厚的思想基础。儒家的"仁者爱人""老吾老以及人之老，幼吾幼以及人之幼"的说法以及互助的观念与现代志愿服务相呼应，侧重于"助人自助"的理念。

对儒家伦理和志愿服务的比较分析表明，它们是密切相关的。首先，儒家伦理和志愿服务的共同点是对个人卓越和生存的渴望，以及何为"仁"的问题。儒家伦理注重"德性教育、家庭关怀、国家领导、世界和平"，而志愿精神则注重在"奉献、友爱、互助、进步"的过程中追求进步和全面发展。在这方面，两者都是"以人为本"而非物质主义。其次，儒家伦理和自愿主义都认为，人类的改善和发展是教育和自我实现的结果。最后，儒家伦理和自愿主义都强调个人发展和社会共同体的辩证统一。前者认为社会共同体的和谐是对整个人类生活价值的追求；而"奉献、友谊、互助、进步"的志愿精神强调了共同体对个人的重要性。

"仁"是儒家道德的核心，儒家伦理不仅爱家人和朋友，而且爱他人，由内而外，进而实现"先天下之忧而忧，后天下之乐而乐""天下为公"。在儒家思想中，君子是一个仁慈的人、一个有道德的人，君子是儒家思想的理想人物，一个有理想的人可以成为一个君子。儒家伦理强调的是"知行合一"的实际应用，通过它来教育自己，成为仁者，最终实现"齐家、治国、平天下"的理想。从儒家伦理的角度来看，德行过程中的志愿者，一方面有助于个人的"德行修养"，另一方面也可向困难人群提供关怀和温暖，从而实现社会共同体的和谐与稳定，形成整个社会的德行。儒家帮助人们自我实现的伦理，包含了利他主义中自我实现和自我满足的成分，正如志愿精神所强调的。

综上所述，在实现社会主义核心价值观和弘扬中国传统道德文化的过程中，将儒家伦理思想引入志愿服务可以丰富志愿精神的理论和文化内涵。社会主义核心价值观将国家富强、民族复兴和人民幸福统一为社会主义的最高价值目标，把"忠诚、友爱、互助、进步"的志愿精神作为实现人民幸福的手段，这与儒家追求的"格物、致知、诚意、正心、修身"是相通的。它们虽然具体内涵不同，但理念大致相同。

第三节 志愿服务精神

一、基本内涵

志愿服务精神是凝结在志愿者实践活动中的精神力量。① 志愿服务在不同的国家和不同的时期有不同的表达方式。当今中国的主流观点是，志愿服务精神代表着深厚的人道主义信念、强烈的社会责任感和高尚的奉献精神，表现为个人或团体自愿参与公共生活和公共服务，推进社会发展和人类进步事业，不求物质回报，可以描述为奉献、博爱、互助、进步。

（一）奉献

奉献精神是志愿服务的道德境界，即志愿者通过志愿服务为他人和社会提供帮助和服务而不计报酬。奉献精神要求志愿者无私地参与，不求回报，努力追求个人高尚的道德品质，这也是志愿服务的本质。志愿服务是有意识地积极为他人服务，不求回报，为他人的利益奉献自己。例如，在新中国建设阶段出现的全心全意为人民服务的雷锋精神，就体现了志愿服务的特点。

（二）友爱

友爱要求人们抛开文化差异、民族差异和优越感，是一种对社会和谐稳定十分重要的"爱"的精神。志愿者从事社会活动，服务社区，关心他人，帮助他人，对他人和社区表现出纯粹的善意，这有助于建立一个有凝聚力和爱心的社区，促进和谐社会的形成。

（三）互助

互助是个人社会关系发展的先决条件。它是志愿服务精神的重要组成部分，也是个人慈善和公民意识的外在体现。

志愿服务的精神还包括互助的精神。互助是指在需要帮助的时候相互伸出援手，帮助他人不仅能促进自身价值的实现，还能传递出人性的温暖。它不仅鼓励受助群体自力更生，还要求培养对他人和社区的积极态度，有助于创造一种积极的社会氛围，符合"人人为我、我为人人"的理念。在新冠疫情防控过程中形成的"众志成城，全民抗疫"的抗疫精神，也是同舟共济的一个时代体现，极大地增强了人们的民族自信。

（四）进步

进步是人们在志愿服务中追求的目标，是培养志愿服务的必要条件，也是志愿服务的重要内涵之一。志愿服务是社会发展到一定阶段的产物，志愿服务的精神有其时代性和进步性。不同时代的志愿服务精神凸显了该时代的政治和经济发展水平，具有进步性。此

---

① 贾世琦，乌雅汉.重大突发事件应对视域下构建青年志愿服务工作机制的研究：以疫情防控为例［J］.高校共青团研究，2020（Z1）.

外，志愿者通过从事志愿工作，传递社会正能量，可不断为社会的进步和发展作出贡献。

二、志愿精神的作用

志愿工作引导人们形成合理、现实的价值取向，调动自身的精神力量，形成健康的思想品格，实现个人的健康发展，这对人的健康发展十分重要。[①] 志愿服务精神能够提高全社会的思想道德水平，鼓励更多的人主动投身于志愿服务活动，关心国家的前途命运，关心民族的繁荣和复兴，帮助解决社会矛盾，构建和谐社会。

（一）志愿精神能够引领中国志愿服务的发展

随着社会的不断进步，志愿者组织已经成为解决社会问题和矛盾的重要力量，在构建和谐的社会环境中发挥着决定性的作用。[②] 我国积极鼓励社区志愿者和青年志愿者公开为社会服务，志愿服务在过去十年中得到了基本普及。但是，志愿服务及中国志愿者组织的发展还面临着一些问题，如缺乏浓厚的志愿服务氛围，缺乏社区服务理念，志愿者组织的内部结构不够完善，相关的法律法规缺乏，志愿者的专业技能薄弱，一些志愿者没有耐力，无法长期服务，等等。这些困难和问题影响了志愿服务的顺利开展和志愿者组织的发展。志愿服务精神是志愿者组织的内在动力，也是志愿者系统发展的理念基础。为此，应培育志愿服务精神，引导志愿者积极无私地应对突发灾害，帮助需要帮助的群体；增强社会的自我调节能力，提高社会的作用，减少政府不必要的干预；营造人们积极参与志愿服务的良好氛围；培养人们对社会的强烈责任感。这有助于发展志愿服务，促进社会的和谐发展。

（二）志愿者精神能够提高青年的思想道德水平

青年是国家和社会未来的主人，未来的发展直接取决于他们的素质和能力。然而，一些人出现了拜金和享乐主义的倾向。积极发展志愿服务有助于提高人们的觉悟，使他们不仅关心自己的利益，而且关心国家民族的前途和命运，最终形成崇高的理想和信念。

（三）志愿者精神能够有助于社会问题的解决

中国经济虽然不断增长，但各种社会矛盾也层出不穷，存在许多需要解决的问题。诸如，偏远地区经济落后问题，资源保护、留守儿童和农民工问题等。这些问题仅靠政府是无法迅速和彻底解决的。民间社会组织的作用可以补足政府在这一领域的缺位，体现志愿服务的功能。在人们的物质需求基本得到满足，精神需求日益增长的今天，志愿服务精神还可以降低社会不同群体之间的差距，解决不同社会阶层间的各种矛盾，促进形成社会和谐。此外，对研究志愿服务的精神，我们可以进一步理解并内化志愿服务中奉献、友爱、互助、进步等元素，从而有效地推进志愿服务发展，进而实现人类社会的真正和谐。

阅读资料8-8

雷锋精神

---

① 汤紫媛.志愿服务制度化研究［D］.上海：上海师范大学，2020.
② 党秀云.论志愿服务可持续发展的价值与基础［J］.中国行政管理，2019（11）.

三、志愿服务的当代价值

2022年8月,中共中央办公厅、国务院办公厅印发了《"十四五"文化发展规划》,其中明确提出"健全志愿服务体系,广泛开展志愿服务关爱行动"。志愿服务对于国家、民族和社会的发展以及个人的发展都是至关重要的。志愿服务对于道德价值观的传播极为重要。志愿服务满足了人们拓宽社交生活、体验新事物的愿望,同时也让他们有机会发展自己的主动性。从这个角度来看,志愿服务是一种社会实践,对社会有贡献,也受到社会的欢迎。青年人在志愿服务中发挥着主导作用,这不仅是中国新时期志愿服务发展的一个重要特点,也是国际志愿服务发展的一个重要趋势。① 如何实现志愿服务在青少年健康成长和道德教育中的积极作用,这是新时期志愿服务需要认真探索的重要问题。

阅读资料8-9

北京冬奥会、冬残奥会志愿者

四、培育新时代志愿服务精神

促进责任感在某种程度上可以与道德、知识、情感、意图和行动的同步化联系起来,这样可以更有效地促进责任从知识到行动的转化。② 从志愿者的角度来看,增强责任感可以明确自己的定位,树立利他主义的责任观念帮助他人,从而促进责任感从知识到行动的转化。

党的二十大报告指出:"统筹推动文明培育、文明实践、文明创建,推进城乡精神文明建设融合发展,在全社会弘扬劳动精神、奋斗精神、奉献精神、创造精神、勤俭节约精神,培育时代新风新貌。完善志愿服务制度和工作体系。"③ 志愿服务是现代社会文明进步的重要标志,是加强和促进精神文明建设的重要载体,是培育践行社会主义核心价值观的生动实践。志愿者奉献给社会的不仅仅是服务,同时也向全社会昭示了一种内在的精神动力。因此,进入新时代,志愿服务更要展现新作为,助力新时代精神文明建设。我们要大力弘扬志愿服务精神,引导更多群众积极参与到志愿服务活动中来,不断提高群众文明素质和社会文明程度。

(一)培养独立的主体意识

志愿服务实践应结合具体情况,在面对各种可能的选择时,给志愿者以独立分析和判断的空间,使他们在实践中提高自己的判断力,纠正自己的思想和行为偏差,向正确的方向发展。但是,在志愿者作出选择之前,有必要进行道德教育,以确保志愿者具备基本的

---

① 陆士桢,李泽轩. 论新时代中国特色志愿服务的新格局 [J]. 中国青年社会科学,2019(5).
② 谭建光. 中国青年志愿服务的发展方向:新中国70年青年志愿服务回顾与展望 [J]. 中国青年社会科学,2019,38(2).
③ 习近平. 高举中国特色社会主义伟大旗帜 为全面建设社会主义现代化国家而团结奋斗:在中国共产党第二十次全国代表大会上的报告 [J]. 求是,2022(21).

价值标准和相关的背景知识,这是培养志愿者在活动中责任感的前提条件。① 另一方面,虽然我们不能直接干预志愿者的决策过程,但我们应该有必要的观察,从而能够直接分析志愿者的心理意识,更深层次地了解他们的思想动态。许多志愿者实际案例的积累将进一步丰富道德教育的内容。此外,一旦志愿者作出主观选择,就需要进行及时的监督和评估,充分鼓励和支持积极的选择,适时分析和纠正消极的选择。因此,培养责任感作为培养志愿服务的新工具,在培养过程中应与志愿服务的实践有机结合,而不是将这两个独立的过程简单地结合起来。

(二) 培养道德人格的形成

志愿服务是社会道德水平的标志,也是社会文明的象征。它以广泛的志愿服务项目为手段,是一种充满慈善和友谊的公共道德服务。在个人层面上,一方面,志愿者要培养高尚的道德人格,增强公民在社会共同体中的忠诚度和责任感,使社会的关系结构更加合理和稳定;另一方面,志愿者要自觉维护和尊重社会群体的利益,在志愿工作中培养对他人的信任、关心和尊重。一般来说,道德认同的发展应该植根于个人的责任感,而道德认同的形成是培养志愿服务中责任感的一个现实可行的方法。

形成道德认同是促进志愿服务责任感的一个现实可行的方法。② 在培养责任感方面,对志愿者的道德教育应着眼于道德人格的形成,要鼓励有道德责任感的志愿者参与志愿服务。如果只在志愿活动中鼓励责任感,将只是一种形式,不会有什么效果。

(三) 引入利他主义的概念

志愿服务是利他主义和慈善事业的重要方式,人们出于自己的自由意志和人道主义信念而服务和帮助他人,并与他人一起增强责任感,通过援助、慈善和仁爱之心无私地服务于他人和社会,以促使他人更好地生存和生活,体现了利他主义的社会哲学。志愿服务通过协调各种活动中的社会关系,化解社会矛盾,促进社会和谐和社会公正,实现社会进步,这是志愿服务理想的价值理念,也是力求实现的固有目标。③

从伦理角度看,社会需求和志愿服务价值的实现是志愿服务的主要目标,它使个人从社会的琐碎情绪、人际关系的冷漠和生存的紧迫感中脱离出来,使人有机会充分发展,从而通过利他主义实现幸福和超越自我的提升。因此,志愿服务中固有的利他主义成了志愿者必须具备的精神意识。它与生命的自我意识一起构成了志愿服务的价值意识。④ 从志愿者的角度看,这主要体现在以下几个方面:帮助、爱护自己的邻居,做志愿工作,让别人感受到社会的温暖,帮助人们走出困境,让他们感受到生活的乐趣。这一方面是对志愿者角色的道德要求,另一方面也是对生命自我意识的价值要求,体现了一种无私的精神。

---

① 陆士桢,马彬. 志愿服务与基层社会治理 [J]. 社会治理,2018 (11).
② 谢宇. 社会工作介入志愿服务:能力与需求的框架 [J]. 学术研究,2018 (8).
③ 王婕,蒲清平,刘晓云. 新时代志愿服务参与社会治理的逻辑方略 [J]. 重庆大学学报 (社会科学版),2018 (5).
④ 蒋巍. 中国志愿者服务动机结构研究:基于广东省志愿者的问卷调查 [J]. 中国青年研究,2018 (6).

(四) 加强共同合作、互相帮助的意识

对他人和社会的无偿服务是志愿服务的一种重要形式。虽然互助是志愿服务快速发展的一个重要因素,但它建立在对生命价值的理解和对人文主义的信仰之上。① 从另一个角度看,如果没有对生命价值和人道主义信念的理解,"互助"的概念将是脆弱的,会导致生命中固有的人文关怀被削弱,使合作变得困难。因此,生命的伦理意识和"互助"的人道主义信念是志愿服务的核心。志愿者需要进行自我教育,以加强他们的责任感,培养相互关爱和支持的意识。

志愿者在进行志愿服务活动时,首先要尊重受助者的平等地位,在服务活动中关注他们情感上的尊严与需求。在志愿服务过程中,如果一方向另一方显示自己的优越性,就意味着对志愿精神的歪曲和误解,带来的不是人与人之间的友爱,相反是对立和隔阂。其次,志愿行动是为了改善社会公共事务,志愿精神的价值目的是促进社会进步。如果志愿者在具体的活动中带着优越感,只能导致志愿者和受助者之间心理距离的拉大和人际关系的恶化,与志愿的精神背道而驰。② 再次,志愿精神强调的是奉献,是志愿者自觉、无偿地为他人利益和社会利益而付出自己的时间、精力、财物、技能等,体现高尚的道德人格。如果志愿者不能平等地看待受助者,那么服务将表现为一种施舍和同情,与志愿精神所要承载的高尚道德是相背离的。所以,在志愿精神培育过程中必须明确,志愿行动的主体不仅有志愿者,有受助者。二者之间的关系不仅直接决定志愿行动的成效,而且深刻影响志愿服务的基础,志愿者和受助者的关系是相互的。

(五) 营造自由、自律、人人负责的社会氛围

志愿者需要接受志愿服务培训,提高主观能动性;志愿者组织需要协调社会资源,保障志愿者的基本利益,成功实施志愿服务,为实施志愿服务作出贡献;政府需要从物质上、精神上、制度上为保障志愿者的权益;社会需要联合社会团体,为志愿者培训提供平台。

阅读资料8-10

马克思主义与志愿精神的互动

志愿服务强调个人的志愿和选择,但这并不意味着不需要培养责任感。从社会角度来看,责任感的实践需要一个活动平台,以促进志愿者负责任地行事。在打造志愿服务活动平台方面,我国的志愿者组织和共青团作为社会团体,是志愿服务活动的主要策划者和实施者,在推动负责任的志愿服务教育方面发挥着重要作用。

倡导志愿文化,营造"人人为我,我为人人"的社会环境。责任文化和志愿服务的发展是紧密相连、密不可分的。③ 强大的文化将产生强大的志愿精神;反之,强大的责任感也反映了强大的志愿文化,两者相互依存,相互促进。浓厚的责任文化为志愿服务精神赋

---

① 徐帅. 中国特色志愿服务体制研究 [D/OL]. 北京:北京交通大学, 2017.
② 张勤,张书菡. 志愿服务参与应急管理的能力提升探析 [J]. 中国行政管理, 2016 (5).
③ 张祖冲. 志愿精神中志愿者责任意识的培育研究 [D/OL]. 上海:上海大学, 2016.

予了更多的道德品质，而志愿服务精神也能为责任文化提供更明确的方向。

习题

1. 志愿服务的理念包括哪些内容？
2. 志愿服务的基本属性有哪些？
3. 志愿服务精神的基本内涵体现在哪些方面？
4. 志愿精神的基本作用。
5. 试分析如何培育新时代的志愿服务精神？

案例题

苏州市小红帽义工协会

江苏省苏州市小红帽义工协会成立于 2004 年 10 月，并于 2008 年 6 月 23 日依法登记注册，2020 年被评为 3A 级社会组织、首批苏州百家优秀社会组织、第六届"江苏慈善奖"最具爱心慈善行为楷模。

小红帽义工协会一直致力于通过先进的公益理念传播、创新的公益活动以及体系化的志愿者培训，唤起社会公众的认同及重视，以社会弱势群体为主要服务对象，为有志于志愿服务的市民提供志愿服务机会，鼓励协助各个社团开展志愿服务，通过志愿者培训为服务对象提供更好、更专业的志愿服务，同时，以"积小善为大善，善莫大焉"的新时代雷锋精神，倡导奉献、友爱、互助、进步的志愿者精神，做好新时代的引领者。

小红帽义工协会以"人人做义工，苏州更美丽"为愿景使命，为社会融合及和谐发展贡献心力。在环保宣传、老人关怀、困境儿童、残障人士关怀、患病儿童、视障关怀、大灾紧急募资、为落后地区捐助冬衣、无偿献血、公共志愿者服务、爱心手工义卖、公益理念宣传等方面，每年组织开展上百次公益活动。2004 年至今，小红帽志愿者有的每周一次，有的每月一次，不间断地为福利院、敬老院提供志愿服务，陪伴其生活，赋其以技能，疏导其心理。年复一年、日复一日，十几年过去了，有的服务对象现在已经成为小红帽的志愿者，也参与到日常的志愿服务中来。

小红帽义工协会通过与企业的合作、政府的合作，发起了一次又一次的创新性公益项目，也获得了各方的认可。2018 年开始，每年一次燃动苏城的"为爱暴走"，也成为每年 11 月公益筹款的一道志愿者风景线；2020 年发起的"发光行动"更是收到了全国各地的爱心人士的捐款与捐发，让更多的人了解到对白血病除了捐钱以外，还有更多的服务可以为患者提供。该项目受到政府及企业的高度认可，也获得了当地儿童医院的大力支持。

从 2004 年至今，小红帽义工协会一直致力于服务大众，关注社会弱势群体，2020 年小红帽义工协会的党支部构建完成，服务社区、服务群众，力争成为苏州公益界的一面旗帜，让更多的人了解公益、参与公益，人人做义工，苏州更美丽。

资料来源：苏州市小红帽义工协会［EB/OL］.（2023-8-14）［2023-11-29］.中国志愿服务网.http：//chinavolunteer.mca.gov.cn/site/sitenewsInfo/8f69d986dea34ca481450bbd5d33fd69.

案例讨论：

1. 结合上述案例，分析志愿服务精神的基本内涵体现在哪些方面？
2. 结合上述材料，谈一谈你认为志愿服务精神的当代价值体现在哪些层面？

第九章 志愿服务发展的历史

学习要点与要求

1. 了解中西方志愿服务发展历程。
2. 掌握中国志愿服务的发展特点。
3. 了解我国优秀传统文化对志愿服务发展的影响。

本章思维导图

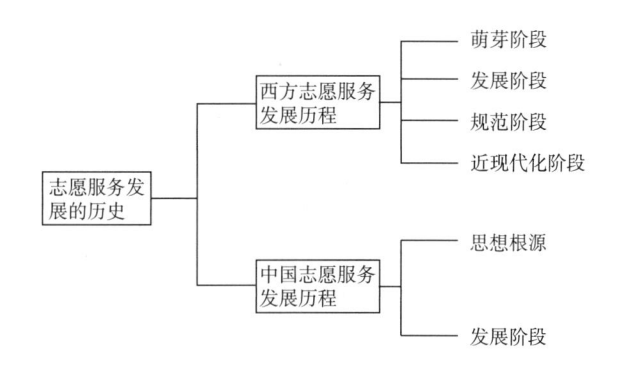

```
                    ┌─ 西方志愿服务    ┬─ 萌芽阶段
                    │   发展历程       ├─ 发展阶段
                    │                  ├─ 规范阶段
志愿服务发展的历史 ─┤                  └─ 近现代化阶段
                    │
                    └─ 中国志愿服务    ┬─ 思想根源
                        发展历程       │
                                       └─ 发展阶段
```

引导案例

微光成炬，志愿力量温暖人心

志愿服务的参与程度，彰显着一个社会的文明素养；千千万万志愿者，展现着泱泱大国的文明形象……在这场疫情防控阻击战中，千千万万志愿者用行动践行雷锋精神、奉献精神，用爱心筑起联防联控、群防群治的坚固防线。他们原本是老师、公司职员、快递员、水电工、学生等，如今有了一个共同的名字——"志愿者"；他们原本都是普通市民，如今却化身为信息员、采购员、宣传员；他们利用休息时间，成为照顾邻居孩子的"临时妈妈"、纾解情绪的"知心姐姐"。从城市到乡村，从线上到线下，一个个"红马甲"在疫情面前站出来、在关键时刻顶上去，在各个岗位上发光发热，成为防控一线不可或缺的力量。正如习近平总书记强调的，广大志愿者等真诚奉献、不辞辛劳，为疫情防控作出了重大贡献。

资料来源：人民日报评论员观察：微光成炬，志愿力量温暖人心 [EB/OL]. (2020-04-09) [2023-10-01]. 人民网. https：//baijiahao. baidu. com/s？id=1663456000046117961&wfr=spider&for=pc.

志愿服务的存在助推和谐、文明社会的形成。作为志愿服务的承载个体，也在参与服务的过程中形成了新的社会网络，增强其与服务领域的情感联结，进而对社会的团结、和睦产生积极的作用。

第一节　西方志愿服务发展历程

西方志愿服务源远流长，最早起源于原始的宗教思想，"博爱""利他"等信念推动了志愿服务的兴起。从志愿服务的历史发展脉络来看，西方志愿服务先后经历了萌芽阶段、发展阶段、规范阶段和近现代化这四个阶段。

阅读资料9-1

国际志愿者日的由来

一、萌芽阶段

西方志愿服务通常被视为诞生于19世纪初期，其活动的根源在于发展了数个世纪、经历多次变革的宗教思想。这一时期，依托于教会推动，西方各国的宗教性慈善活动发展极其迅速。

1601年伊丽莎白女王颁布《济贫法》，以教区为单位设置治安法官来落实对弱势群体的救济工作的做法成为惯例，政府承担着主导性的角色。19世纪，旧法已经过多次的修补，然而依然未能同剧烈变化的社会背景相匹配。第一次工业革命虽然带来了生产力的提升和生产方式的改变①，但是付出了农民土地的流失和生活的模式转变的双重代价，无地的农民被迫前往城市寻找生存的可能。生活模式的转变、个人价值的缺失等问题充斥着该群体之中②。进而，工业革命竞争中的失败者面临着饥饿、疾病乃至死亡的威胁，为了生存抢劫商店、夺取食物，引起众多社会问题③。

为了缓解社会矛盾，1834年议会以调查委员会起草的报告为基础，制定"济贫法修正案"。调查报告强调出济贫法实施后的弊端，尤其是救济对农业劳动人口品行带来的不良影响。由于是资产阶级利益主导的法案，政府的关注点更多聚焦于社会经济的发展，这部被寄予厚望的法律实际上并没能根本改善弱势群体的生存状况。不仅如此，受救济的贫民需要参与劳动，在救济院中接受监狱般的管理④，甚至于被收容贫民的习艺所被称为"劳动者的巴士底狱"，进一步加剧了他们的苦难。显而易见，这部法案并未重视受助者的尊严和人格，忽略了受助者健康、能力等客观现状，缺乏人道主义

---

① 柳卸林，葛爽，丁雪辰. 工业革命的兴替与国家创新体系的演化：从制度基因与组织基因的角度 [J]. 科学学与科学技术管理，2019，40（7）.
② 王思斌. 社会工作概论 [M]. 北京：高等教育出版社，2006.
③ 郭家宏，唐艳. 19世纪英国济贫院制度评析 [J]. 史学月刊，2007（2）.
④ 高潮，徐滨. 英国1834年济贫法改革的社会背景和思想根源 [J]. 山东师范大学学报（人文社会科学版），2011，56（1）.

精神。

由于工业化带来的社会问题无法在政府倡导的济贫法框架下解决,从而来自社会的补充服务为其提供了新的思路。最初,在教会的动员与组织下,一批具有宗教慈善意识的服务人员无偿地投入到社会福利有关的救助贫困、照护孤寡、扶助老弱病残等工作中去,这些服务人员就是最初的志愿者。这又推动了非宗教性质的慈善组织的出现,"英国出现了许多民间的社会服务组织,弥补政府推行的济贫活动之不足,同时在更广阔的范围内向失业者、贫民提供帮助"①。

而一部分为了反抗宗教迫害而来到北美大陆的移民们,互相约定彼此帮扶,将志愿精神与志愿团体带到了又一片新的土地。1818年,纽约救贫协会描述了志愿人员的服务行为:划分城市为许多小社区,然后指定2~3名志愿人员到这些小社区从事服务工作,他们要熟悉社区居民情况,经常拜访贫困家庭,帮助他们克服困难和改善困境,在经济和儿童教育方面给予支持②。

为此,志愿服务呈现出萌芽的形态,志愿服务活动也逐渐组织化,发挥价值引领、社会公益、维护秩序等方面的作用,并在观念层面被公众认识和接纳。

二、发展阶段

西方志愿服务的发展阶段也是志愿服务发展水平不断专业化提升的阶段,具体体现在专业性的社会工作职业的出现,以及志愿者的身份和定位更为清晰。而西方志愿服务所呈现出的积极的发展态势,得益于国家和政府予以的极度重视和支持。

(一)西方国家重视程度的上升

19世纪末至20世纪初,西方志愿服务进入发展阶段,志愿服务在西方各个福利国家得到了充分的发展。为了鼓励人们参与志愿服务,多个国家制定形成系列的法案。例如,1935年,美国制定了社会保障法案,它的内容主要包括三个方案:①社会保险方案,包括老年保险制度,失业补偿制度。②公共分类救助方案,以老年人、贫困盲人及失去依靠的儿童为救助对象。③卫生及福利方案,包括妇幼卫生服务、残疾儿童服务、儿童福利服务、公共卫生服务和职业培训等。③

这些社会福利和法案的落实需要众多社会成员的参与,并通过所需领域同社会成员的匹配,以此来实现制度法规的正常运行。由此政府招募了一批志愿者投身其中,并使得弱势群体的境况有所转变。此外,大量的社会团体和个人也开始致力于消除社会上存在的贫困、不公正问题。

---

① 王思斌. 社会工作概论 [M]. 高等教育出版社, 2006.
② 冯亮等. 外国的志愿者 [M]. 中国社会出版社, 2012.
③ 张敏杰. 欧美志愿服务工作考察(上)[J]. 青年研究, 1997 (4).

（二）社会工作者和志愿者的分化

在志愿服务发展阶段还需要注意的一点是志愿者渐渐分化成社会工作者和现代意义上的志愿者。1898 年，美国纽约慈善学院、荷兰阿姆斯特丹社会工作学院等培训机构成立，开始社会工作的专业训练。此后，社会工作专业培训和教育不断发展。1917 年，《社会诊断》一书问世，社会工作方法开始有了独立的知识体系。众多学员接受了社会工作的专业训练，形成了科学的工作方法，社会工作者也成为专业从事社会福利事业的人员。与社会工作者相比，志愿者由于缺乏专业的学习和培训，从而不具有专业的技术和方法①，致使服务过程中仅能置身于简单的工作，且不受雇于任何机构，与慈善组织间不存在劳务关系，凭其意愿参与福利事业。而社会工作者则可能受雇于政府，也可能受雇于非政府的慈善机构，但在工作中仍然承担着组织志愿者进行服务、推动志愿服务继续发展的重任。

三、规范阶段

> 阅读资料9-3
>
> 19世纪末德国养老保险制度

20 世纪初至 80 年代，由于国际环境的复杂性和社会秩序的动荡性，人们处于极度不安的境地。而志愿服务的注入，对上述状况进行了回应，并使得自身在此过程中逐步规范化和制度化。

在第二次世界大战的冲击下，不仅致使人类的物质文明被破坏，而且影响了各国的经济发展、民生水平和社会运转模式。在这种社会环境下，社会中存在的各种潜在问题亟待解决。由此背景，西方各国的志愿服务工作也呈现出了新的发展趋势，制度化、规范化是这一时期志愿服务工作的主要特点②。志愿服务从扶弱济贫扩展到了社会生活的各个领域，其目标也从单纯地帮助个人和家庭摆脱困境，上升为调整不合理的社会关系和不良的社会结构，达到维护社会稳定、促进社会发展的目的。

在该阶段，志愿服务也呈现出制度化的发展态势。许多欧洲国家引入了国家志愿服务计划，取代或扩大原有的公民义务。比如德国政府要求，如学生拒服兵役需从事一定时间无偿的志愿服务工作。以及美国肯尼迪总统签署《志愿服务美国法》，呼吁有奉献精神和技能的美国人志愿服务国家③。在制度化的保障下，志愿服务的对象不仅局限于本国的居民，也逐渐延伸至国外的居民。以美国为例，1961 年肯尼迪总统签署《1961 年和平队法案》，创建了第一支由政府资助和发起的"和平队"。吸引本土的志愿者前往其他国家（通常为发展中国家）开展医疗、卫生、教育等服务活动，该事件也标志着美国志愿服务进入了制度化发展阶段④。

---

① 纪文晓. 志愿服务发展研究：志愿服务与社会工作差异互动分析 [J]. 中国青年研究, 2010 (10).
② 吴小平. 福利国家与欧洲志愿服务发展 [J]. 中国志愿服务研究, 2021, 2 (1).
③ 高嵘. 美国志愿服务发展的历史考察及其借鉴价值 [J]. 中国青年研究, 2010 (4).
④ 王丽荣, 陈思. 中美两国志愿服务发展的比较及启示：基于居民消费变化的视角 [J]. 华南师范大学学报（社会科学版）, 2019 (1).

不仅如此，志愿服务的专业性也开始凸显，美国、荷兰、德国等国家在高校开设了社会工作专业课程。专业的社会工作院系相继成立，社会工作的学位体系设施逐渐健全。虽然这些社会工作专业学成的毕业生并不一定会以社会工作为职业，但是在社会工作理念和价值观的影响下，多数依然会选择将助人作为不计报酬的副业，以践行专业使命。在这种作用力下，无形中影响了志愿服务领域，使志愿服务的专业性得到了极大的提升。

阅读资料9-4

志愿组织："学习和服务美国"计划

四、近现代化阶段

自20世纪80年代开始，志愿服务步入了近现代化的新阶段，不仅国际性的节日出现，而且参与志愿服务活动的社会成员也逐渐增多，反映出各国对志愿服务认可度的上升。与此同时，志愿服务也获得了快速发展的新机遇，呈现出全球化、国际化的新趋势。

步入近现代，和平与发展成为时代的主流，志愿服务的领域和范围也渐趋扩大。面向现代化的志愿服务，更多地转向了环境保护、文化体育等以往较少涉及的领域，服务的范围也日渐扩大。随着国际志愿者节日的确立，国际性的志愿服务组织的出现，志愿服务也掀开了崭新的篇章。

具体来看，首先志愿服务国际化体现在国际性节日的确立。1985年12月，联合国大会通过决议，自1986年开始将每年的12月5日设立为"国际志愿人员日"。在1997年，联大决议又决定将2001年确定为"国际志愿者年"。国际性节日的确立不仅使得各个国家对志愿服务加强重视，也传播了志愿服务的广度和深度，服务的内容和意义被各个国家的居民所了解认可并践行，国际化趋势也日益显现。

其次，志愿服务国际化体现在国际志愿者组织的建立，诸如1970年12月联合国志愿人员组织（UNV）成立，向发展中国家提供积极有效的援助，以支持全球人类的可持续发展[①]。1971年，无国界医生组织成立，他们不分种族、宗教、信仰和政治立场，为身处困境的人们以及天灾人祸和武装冲突的受害者提供援助。目前该组织每年有3 000多位救援人员和全球3万多名来自项目所在地的当地员工在超过70个国家中服务。随后众多国际知名志愿组织纷纷建立，搭建起国际化的开放社会网络，实现了各国资源的流动，以志愿者合作行动的方式来应对人类面对的共同问题[②]。

此外，国际志愿组织在服务提供方面更发挥着重要的作用，英国海外志愿服务社每年

阅读资料9-5

中国青年志愿者海外服务计划：走向国际，讲好中国故事

---

① 江汛清. 国际志愿服务及其对中国社会建设的启示[J]. 中国青年政治学院学报，2008（3）.
② 魏娜，刘子洋. 论志愿服务的本质[J]. 中国人民大学学报，2017，31（6）.

阅读资料9-6

爱心食堂"授人以渔"：帮就餐者找工作

派遣数千名志愿者到不发达地区为当地提供技术指导与支持①，以帮助弱势国家和地区摆脱贫困。德国的志愿者在印度洋海啸发生时，积极地组织起来，配合当地做好伤员运送、灾后物资发放等工作。不仅如此，汶川大地震发生仅两天后，"心连心"国际组织的志愿者就已经抵达重灾区北川②，为灾区群众提供医疗援助。

第二节 中国志愿服务发展历程

一、思想根源

中国古代的思想文化是志愿服务思想的丰富源泉，在春秋战国时期，儒家、墨家、道家就已提出与慈善、助人等有关的思想③。邻里相助、扶贫帮困等价值理念也深植于中华民族的血脉之中。因此，儒家、墨家、道家等本土思想为中国志愿服务的形成与发展奠定了重要的思想基础。

（一）儒家思想的影响

孔子是中国儒家的创始人，是中国传统文化的代表人物。孔子的思想归结到一点，就是"仁"④，孔子对"仁"的定义为："夫仁者，己欲立而立人，己欲达而达人"⑤。儒家文化强调"仁者爱人"，即仁者是充满慈爱之心，满怀爱意的人。在此视野下，个人不仅要爱家人，同时还需要爱周围的人，这也是儒家思想中"天下为公"的体现。

阅读资料9-7

乡村儒学志愿者王春的讲学之路

孟子继承和发展了孔子的仁爱说，提出了"性本善论"，认为人的本心是善良的，人人皆具有恻隐之心，并需要后天不断修养，这十分重视发挥个人的社会责任和义务，将义放置于利的位置之上。"修身、齐家、治国、平天下"等主张也都是这一思想观念的体现。

进而，儒家思想作为中国传统文化的主流思想，其中的"仁爱、良知"的思想观念依然对今天的社会生活造成影响。

---

① 张丽君. 软实力视野下英国慈善组织的外交功能 [J]. 国际论坛, 2016, 18 (5).
② 金津. 5·12 生命大营救片段 [J]. 世界知识, 2008 (11).
③ 谭建光. 中国特色的志愿服务与青年发展：实施《中长期青年发展规划（2016—2025年）》的多维度研究 [J]. 中国青年社会科学, 2021, 40 (1).
④ 周中之. 慈善伦理的文化血脉及其变革 [J]. 东南大学学报（哲学社会科学版）, 2015, 17 (6).
⑤ 吴洁. "守望相助"传统文化的思想源流和现实意义 [J]. 艺术百家, 2021, 37 (2).

（二）墨家思想的影响

墨子提出"兼相爱，交相利"的主张，意为人们彼此之间互相有爱，则彼此也都能获利，并要求人们相互珍爱、相互仁爱①，在观念层面中倡导人们去爱他人。

墨家思想对志愿服务的重大影响在于规则意识的建构。在《法仪》篇中提出："为方以矩，以圆以规，直以绳，正以悬，平以水"。墨子认为上到智士、人臣，下到工匠能人，其做事都是有一定的标准和规矩的，只有遵从这种约定俗成的规矩才能更好地完成工作②。显而易见，作为志愿服务的运行机构和执行人员，也处于规则和模式之中，正是内化并遵循规则意识，才能对志愿服务开展的效果产生有力的保证。

阅读资料9-8
墨家志愿服务伦理思想

（三）道家思想的影响

道家提出"大爱无形"的思想，强调"爱"不应当拘泥于任何固化的内容和表现形式，而是个体的默默付出，是一种无私无欲、贵柔不争、以德报怨的精神品质③。以利他来助己，利他的过程也是个人品德形成，顺应内心的过程。这种"大爱无形"的思想在近代个体及群体行为中均有体现。以雷锋同志的事迹为例，在20世纪60年代，社会主义建设处于新的阶段中，雷锋同志无私助人的事迹感染了千百万青年，这种价值观引领该时代社会成员以匿名的方式积极采取无私奉献的善意行为，其背后便映射出道家所主张的"大爱无形"的思想观念。

阅读资料9-9
道教的慈善伦理思想

二、发展阶段

古代社会便有志愿服务的思想萌芽和实际行动，据《魏书·文帝本纪》记载，北魏太和七年（483年），当冀、定二州遭遇饥荒灾害时，就有许多地方贤良人士自发"为粥与路以食之"，救活灾民数达十余万人④。但是现代意义上的志愿服务于20世纪初由国外传入中国。在19世纪40年代，受西方文化（如基督教等）的影响，民间组织围绕"救国"的目标开展了一系列的志愿服务活动⑤，具体由以下阶段构成：

（一）20世纪50年代到80年代——志愿服务的萌芽与初创阶段

中国的志愿服务发展并不是一蹴而就的，而是在社会思想的影响下，投身志愿服务活动的萌芽形成，随着志愿服务活动的不断开展，表现出积极的发展态势。因此，接下来介

---

① 张祥浩. 中国哲学思想史［M］南京：南京大学出版社，2015.
② 张斌峰，乔聪. 当代法哲学视域下的墨家法律观［J］. 政法论丛，2020（1）.
③ 吴洁. "守望相助"传统文化的思想源流和现实意义［J］. 艺术百家，2021，37（2）.
④ 彭柏林. 墨家志愿服务伦理思想及其当代价值［J］. 北京大学学报（哲学社会科学版），2022，59（2）.
⑤ 陆士桢. 中国特色志愿服务概论［M］. 北京：新华出版社，2017.

绍志愿服务必不可少的人本思想，以及青年志愿垦荒队的开展和雷锋精神的学习阶段。

（1）新中国成立与中国共产党的人本思想。1949年10月新中国成立，所面对的社会、经济等现状使志愿服务的发展成为可能。对于新生的人民政权，一方面面对的是国民党遗留下来千疮百孔烂摊子的社会现状①，另外一方面面对的是"一穷二白"、破败不堪的国民经济现状②，经济与社会领域的壁垒限制了民生领域资源的投入。再者，社会主义体系以遵循民族独立、人民当家作主的体系路线③，为防止官僚主义和脱离群众的风险。1951年7月1日，邓小平同志发表了《紧密联系群众是我党的光荣传统》的文章，进一步强调党员全心全意为人民服务、一切从人民利益出发的思想观念，加强了以人民为中心的思想理念。但是如何充分利用现有资源，实现发展经济和改善民生相结合，是新中国必须考虑并回答的问题。这种客观现状和思想理念形成的张力为志愿服务奠定了政策环境和社会氛围的基础。

阅读资料9-10

青年志愿垦荒队开赴"北大荒"

（2）青年志愿垦荒队的成立。伴随着国民经济的逐渐恢复，中国共产党提出了过渡时期的总路线，以促进工农业生产和国民经济和国防建设，特别是回应农业经济的落后与粮食等农产品的短缺，严重制约国家工业化目标的实现和整个经济的发展的问题④，并实现提升农民素质，改造农村落后面貌的目标⑤。

从而在1955年8月，北京市组织了第一支青年志愿垦荒队，通过引入社会的力量来解决经济、社会发展中存在的问题。数万名青年踊跃报名，自愿到边远地区开荒种田。这不仅推动了农村地区的发展，解决了粮食生产的问题，更为有需要的人群提供帮助，传播了志愿精神。这即是建国后最早的有组织的公益活动，也是当代青年志愿活动的萌芽⑥。

阅读资料9-11

学雷锋活动的兴起

（3）雷锋精神学习阶段。20世纪50年代至60年代，逐步形成了从"义务劳动"到"向雷锋同志学习"的热潮转变。在社会主义建设新的阶段，雷锋同志自身的先进事迹被《望城报》《前进报》等多次报道，这些报道将雷锋同志的先进事迹推向全国，并受到人民群众的认同和仿效⑦。1962年雷锋同志因公殉职，其消息引起国内的震惊。1963年3月5日，毛泽东发出"向雷锋同志学习"的号召，在全国掀起了"学雷锋"活动热潮。这种学习的内涵与外延由此也进行扩大，诸如思想道德、热心助人等多维度的学习，

---

① 王卫，高尚斌.整体性视域下"四史"的内在逻辑与规律[J].中学政治教学参考，2021（16）.
② 张瑞敏.强国与富民：中国共产党全面执政初期的探索[J].湖北大学学报（哲学社会科学版），2020，47（5）.
③ 杨俊.论毛泽东对新中国文化建设队伍基本状况的分析[J].当代中国史研究，2013，20（6）.
④ 孙成民.知青上山下乡政策的经济社会背景考略[J].毛泽东思想研究，2017，34（1）.
⑤ 周旺东.知识青年"上山下乡"的动因、影响及启示[J].农业考古，2012（3）.
⑥ 魏娜.我国志愿服务发展：成就、问题与展望[J].中国行政管理，2013（7）.
⑦ 谭献民，肖建平.雷锋精神研究述评[J].湖南师范大学社会科学学报，2013，42（5）.

并形成实现价值等理念。60年代后整个社会形成学雷锋活动的风气，人们的精神风貌产生巨大改变，互帮互助的新型人际关系有所形成，社会风气相应也得以改善。

（二）20世纪80年代到21世纪初——志愿服务组织成型阶段

志愿服务组织的成型需要有思想、经验等方面的前期积淀，以及特定社会背景的作用发挥。而经过志愿服务的萌芽和初创阶段，国内志愿服务已具备一定的思想基础、组织基础以及服务经验和社会认同基础。此外，改革开放的推行，也满足了志愿服务所需的外在条件。自20世纪80年代开始，国内的志愿服务已逐渐成形，具体体现在南北派志愿服务的出现，社区志愿服务的形成和政府的高度重视。

（1）改革开放的社会背景。20世纪80年代中国志愿服务逐渐朝着规范化和专业化方向发展。由于"文革"的冲击，导致社会组织泛政治化，自主性与活力泯灭于极左的政治狂潮中[①]。随着改革开放的进行，通过市场经济的方式激发了经济的活力，社会成员的思维与意识得以开拓，并开始关注物质生活和精神层次的需要。这一时期对外开放合作也成为中国发展的时代主流，西方的国际志愿服务思想、理念传入我国并产生深刻的影响。例如：1981年联合国志愿组织与中国政府的合作正式开始。至此，国际志愿服务的先进思想、理念、形式与实践逐步被人们知悉[②]。

（2）"北派"和"南派"的志愿服务的成型。由于长期以来中国实行高度集中的计划经济体制。并实际上以政治运动作为国家生活的中心，所以积累了大量矛盾和社会问题[③]。在改革开放的背景下，志愿服务为解决该问题提供了可能。诸如：1987年，广州市开设"手拉手"志愿者热线服务，通过招聘团干部、团员、热心青年等热心人作为义务咨询员，为解决中学生的问题发挥实际的作用[④]。

进而，随着40多年的逐渐发展，北方形成以北京为代表的"北派"，以"学雷锋、做好事"为基础，结合欧美经验而形成的服务模式。南方地区志愿服务形成以广东为代表的"南派"，是引进和借鉴外国及港澳地区经验，结合"学雷锋、做好事"的创新而形成的服务模式。其二者的共同的特征在于其成员大多数是团干部、团员、热心青年所组成，并为中国社会经济的发展所做出巨大的贡献。

阅读资料9-12
天津市和平区新兴街社区服务志愿者协会

（3）社区志愿服务的形成。由于民政部在全国城市范围内动员街道、居民委员会组织开展社区服务[⑤]，自1987年后各大城市逐步开始建立社区服务，构建基层志愿服务网络，标志着系统性的志愿服务组织开始形成[⑥]。在1989年，和平区新兴街道办事处于民政部在杭

---

① 高嵘. 当代中国志愿服务发展历程与特征[J]. 理论学刊，2013（5）.
② 金伟，鞠彬彬. 中国特色志愿服务的边界分析[J]. 学习与实践，2022（2）.
③ 王思斌. 社会工作概论[M]. 北京：高等教育出版社. 2014.
④ 谭建光，周宏峰. 社会志愿服务体系：中国志愿服务的"广东经验"[M]. 北京：中国社会出版社，2008.
⑤ 张萍，杨祖婵. 中国志愿服务事业的发展历程[J]. 当代中国史研究，2013，20（3）.
⑥ 金伟，鞠彬彬. 中国特色志愿服务的边界分析[J]. 学习与实践，2022（2）.

州召开的全国社区服务经验交流会上分享社区服务志愿者协会的经验,民政部也在该会议上提出对于全国城市社区服务工作,要积极推广"社区服务志愿者协会"、"志愿者小组"等群众性的自我服务组织形式①。社区志愿服务也逐渐步入公众的视野中,为志愿服务提供了广阔的活动空间,吸收广大志愿者的参与,成为维护社会稳定、促进社会和谐的重要力量。

(4) 组织体系的成型和政府的支持。1990年深圳市成立了以青少年为主体的"青少年义务社会工作者联合会"。1993年"青年志愿者"这一称谓首先在官方文本中出现,充分反映了志愿服务的影响力日益扩大,得到了政府的肯定和支持。随后于1994年,在团中央的发起与领导下成立了中国青年志愿者协会,成为新世纪"青年文明工程"的重要组成部分②。该社团是由全国的组织和成员所构成,呈现出全国性的特点,也是该时期中我国最具影响力的全国性志愿者团体③。1995年民间创立的妇女研究组织中国管理科学研究院妇女研究所更名为北京市红枫妇女心理咨询服务中心,为妇女提供心理层面的疏导工作,维护了女性的社会权益。在该组织的影响下,其他省份也相继出现为弱势群体提供服务的志愿者热线咨询组织④。

1999年,广东省人大常委会审议通过了《广东省青年志愿服务条例》,以法律条文的形式规范了志愿服务组织和行为,鼓励了志愿服务行为,保证了服务质量。这部服务条例也是国内第一部地方志愿服务条例。在这个阶段,我国的志愿服务的体系和规模也初步成型,并呈现良好的发展态势⑤。

(三) 2001年到2007年——志愿服务项目国际化与本土化同步发展阶段

随着通信技术的发展,交通工具的改进、国际化和全球化局面的确立,我国的志愿服务逐渐同国外的志愿服务进行交流和对话,我国的志愿服务积极吸收国外的经验和理念,并为国际贡献了中国志愿服务的力量。不仅如此,国内的志愿服务也呈现出组织数量和类型的不断增多的积极态势。

(1) 向国际化并轨。进入21世纪以来,随着我国同世界的交往日益密切,我国的志愿服务也进入高速发展时期。2001年,联合国"国际志愿者年"提出"志愿服务推动社会发展"的新理念,在继续重点做好扶贫济困服务的同时,更多针对社会经济发展、东西方国家合作、经济技术传播、环境生态建设等提供志愿服务⑥。

在国际志愿者年的契机之下,为推进国内志愿活动的发展,协调全国各级志愿者组织及个人开展活动,加强同国际的交流,外经贸部、共青团中央建议成立"中国2001国际

---

① 邓国胜. 中国志愿服务发展的模式 [J]. 社会科学研究, 2002 (2).
② 谭建光. 中国青年志愿服务的发展方向: 新中国70年青年志愿服务回顾与展望 [J]. 中国青年社会科学, 2019, 38 (2).
③ 鄢勇兵. 志愿服务现状及存在的问题 [J]. 社会福利, 2009 (10).
④ 邓国胜. 中国志愿服务发展的模式 [J]. 社会科学研究, 2002 (2).
⑤ 谭建光. 中国志愿服务发展的十大趋势: 兼论"十三五"规划与志愿服务新常态 [J]. 青年探索, 2016 (2).
⑥ 谭建光. 中国志愿服务: 从青年到社会——改革开放40年青年志愿服务的价值分析 [J]. 中国青年研究, 2018 (4).

志愿者年委员会",同年获得国务院审批并成立其委员会。

2001年12月11日,中国正式加入世界贸易组织,国内志愿服务也开始迈向国际化,并形成了内外部融合发展的趋势①,使中国的经济、理念、志愿体系等同国际进行了接轨,国际上先进的理念、思想和方法也开始进入我国的视野之中,我国志愿服务也进入了正规化、规范化的道路。

而国际社会对我国志愿服务产生影响的同时,我国对其也具有影响力。诸如:2002年,国家实施了"中国青年志愿者海外服务计划",选派具有大学学历的青年志愿者前往亚非拉地区开展教学活动②。2004年,我国开展"国际汉语教师志愿者"项目,选拔出志愿者去海外孔子学院担任汉语教师③,并推进了中华文化向世界的传播。

(2) 本土化的进一步发展。本土性的志愿服务早在20世纪七八十年代便呈现出生命与活力,而现阶段本土化的进一步发展表现在本土性的志愿服务组织的建立、规模的扩大等方面。不仅针对各种主体的志愿组织数量逐步增多,而且志愿服务的规模也在不断扩大。以本土性的社区志愿组织发展为例,在2000年中国青年志愿者社区开展的发展计划,进一步推动了社区志愿组织的发展。通过开展面向城乡发展、社区建设多方面的工作,改变了农村的经济水平,实现社会所倡导的奉献他人、服务社会等方面的价值观,也是实现服务、站点建设、教育的有机结合④。

而本土化发展的重要源泉在于官方的重视,自2000年,团中央以节日的方式对志愿行为进行充分的肯定,将3月5日确定为"中国青年志愿者服务日"。2005年民政部同其他政府部门发布了《关于进一步做好新形势下社区志愿服务工作的意见》,并且在意见中专门提出了充分发挥老年人的特长和优势,动员和组织低龄、健康的老年人投身社区志愿服务,推动了社区志愿服务进一步的发展。这些文件不仅促使整个社会建立起志愿服务的思想认知,而且也保证了公众志愿行为的长效性。

(四) 2008年至今——志愿服务事业全面发展阶段

自从2008年以来,我国的志愿服务事业进入了全面发展的阶段,其中得益于奥运会产生的助推力。此外,志愿服务制度也由此得以逐渐完善,服务形式呈现出多样化的色彩,志愿服务事业也进入了全面发展的阶段。

(1) 奥运会的举办与成功开展。中国志愿服务事业的全面发展离不开奥运会的推动,自2001年北京申请奥运会的成功便为中国志愿服务事业的发展壮大提供了可能。这意味着世界各国的众多公民将会前往中国参观,对国内的基础设施、环境承载力、服务水平提出了巨大的挑战。

针对奥运会开展所面临的诸多问题,2005年北京奥组委、北京市政府共同组织和领导

---

① 金伟,鞠彬彬.中国特色志愿服务的边界分析 [J]. 学习与实践,2022 (2).
② 胡果.中国青年志愿者海外服务计划启动 [N]. 人民日报,2002-03-29 (04).
③ 吕诺、张宗堂:首批汉语教师志愿者赴非洲执教 [N]. 人民日报,2004-10-24 (04).
④ 王敏.中国志愿服务事业的崛起与发展 [J]. 理论学刊,2008 (12).

的"迎奥运"志愿服务项目启动，通过引入民间的力量来弥补政府力量的不足。北京奥组委、北京市政府通过多种方式鼓励、引导社会公众深入公益机构、街道社区等，广泛持久地开展志愿服务，并重点开展环境保护、社会公益等内容的志愿服务活动，实现参加志愿服务与迎接奥运的有机结合①，从而提升社会整体的文明程度和发展水平，为奥运会的成功举办奠定基础。

阅读资料9-13

冬奥志愿者：从温暖寒冬到温暖四季

从2006年奥运会志愿者的招募至2008年奥运会的成功举办，报名参与的志愿者便达到130多万人②。伴随着奥运会的成功举办，数以万计的志愿者参与志愿服务活动，在实践中感悟体会了志愿精神③。此外，志愿者在多层次多领域发挥的重要作用被社会所认可并熟知，志愿服务所传播的公益理念、关爱他人、关爱社会的精神也逐渐影响着中国人的认知和行为，对中国志愿服务的发展产生积极的影响。因此，2008年也被称为"中国志愿者元年"，翻开了志愿服务崭新的篇章。

(2) 志愿服务制度化的完善。制度化是指社会基本结构获取价值观的过程④，而志愿服务制度化为以志愿服务精神为核心，构建起使志愿服务理念得到充分发展与良好运行的外部保障条件，最终遵循一致的行为选择⑤。中国志愿服务的发展同志愿服务制度化的完善密不可分，尤其近代以来公民整体知识素养有所提升，在这种情况下脱离了制度化的志愿服务，将难以保证志愿者和服务对象双方的权益，更影响社会中公民志愿精神的发挥⑥。因此，志愿服务的制度化具有重大的意义。

2008年10月，中央文明委下发《关于深入开展志愿服务活动的意见》，指出了要使更多的人成为志愿者，使更多的志愿者成为良好社会风尚的倡导者，成为社会主义精神文明的传播者、实践者。2012年，《志愿服务记录办法》出台，这是我国第一个科学、统一、规范记录志愿服务的文件。随后，2016年正式实施的《中华人民共和国慈善法》，以及2017年施行的《志愿服务条例》，有效应对了政府行政化效率低下，民间志愿组织零散、缺乏规范性的问题，标志着中国志愿服务迈入制度化发展的新时期⑦。此外，在2016年5月习近平同志主持的中央全面深化改革领导小组第二十四次会议，审议通过了《关于支持和发展志愿服务组织的意见》，反映出国家领导人对于志愿服务领域的高度重视。在中央政府的影响下，地方各级政府也根据本省的情况制定出符合省情的志愿服务条例和准

---

① 江汛清. 国际志愿服务及其对中国社会建设的启示 [J]. 中国青年政治学院学报，2008 (3).
② 江汛清. 国际志愿服务及其对中国社会建设的启示 [J]. 中国青年政治学院学报，2008 (3).
③ 姜泽廷. 后奥运时期我国青年志愿服务工作的新特点：以北京园博会志愿服务为例 [J]. 中国青年研究，2015 (6).
④ 喻文德. 论社会主义核心价值观的制度化建设 [J]. 中国特色社会主义研究，2016 (2).
⑤ 李敏. 深入推进志愿服务制度化建设 [J]. 中国特色社会主义研究，2019 (3).
⑥ 李敏. 深入推进志愿服务制度化建设 [J]. 中国特色社会主义研究，2019 (3).
⑦ 王丽荣，陈思. 中美两国志愿服务发展的比较及启示：基于居民消费变化的视角 [J]. 华南师范大学学报 (社会科学版)，2019 (1).

则，促进了志愿服务的法制化进程①。

（3）志愿服务形式的多样化。以往的志愿服务活动，主要以社会组织为载体进行助人服务活动，以此达成助人者公益精神的发挥和受助者的困难解决的双重意义。而随着社会的发展，经济水平的提升，人文理念的普及，志愿服务的活动及意义呈现多样化的色彩。首先为中国公益事业发展史上的一个标志性事件——广州志愿者学院成立。由于广东位于沿海地带，接触较多西方的文化与理念，从而志愿服务起步较早，具有一定的经济和社会基础。在 2010 年，在政府的主导下成立了广州志愿者学院，其承担着志愿者的组织、管理、培训、研究和交流等五大功能，专业化的培训有效提升了社会中志愿者的能力和素质，推动志愿服务的发展。

此外，线上服务逐渐成为一种新的趋势。阿里"人人公益 3 小时"和腾讯"99 公益日"等网络平台和活动的建立，扩充了社会个体参与志愿服务的渠道。尤其在新冠感染大流行期间，构建起了多主体、多层次的线上志愿服务，诸如线上心理服务咨询热线更是集合了较多的志愿者为有需要的社会个体提供了专业的服务，为实现理性、平和的社会心态做出了积极的贡献。

阅读资料9-14
习近平总书记关于完善志愿服务制度和工作体系的重要论述

阅读资料9-15
数字科技与志愿服务的融合发展

阅读资料9-16
新冠疫情防控期间我国志愿服务的发展

习题

1. 志愿服务国际化的主要体现是什么？
2. 中国志愿服务的发展特点有哪些？
3. 数字技术如何赋能志愿服务高质量发展？
4. 试述儒家仁爱观所蕴含的志愿服务伦理思想。

案例题

新时代志愿服务大有可为

志愿服务是社会文明进步的重要标志，是加强精神文明建设、培育和践行社会主义核心价值观的重要内容。习近平总书记对志愿服务工作寄予厚望，他在考察天津朝阳里社区时，称赞志愿者是为社会作出贡献的前行者、引领者，强调志愿者事业要同"两个一百年"奋斗目标、同建设社会主义现代化国家同行。他在致信祝贺中国志愿服务联合会第二届会员代表大会召开时强调：希望广大志愿者、志愿服务组织、志愿服务工作者立足新时

---

① 金伟，鞠彬彬. 中国特色志愿服务的边界分析［J］. 学习与实践，2022（2）.

代、展现新作为，弘扬奉献、友爱、互助、进步的志愿精神，继续以实际行动书写新时代的雷锋故事。

在北京冬奥会上，冬奥梦与志愿情交融，1.9万名志愿者无私奉献、辛苦付出，服务范围涵盖对外联络、竞赛运行等十大类别，涉及场馆管理、赛事服务、物流、技术、新闻运行、语言服务、体育竞赛等40多个业务领域，他们用责任担当展现了优秀的志愿者形象。新时代必须大力弘扬志愿精神，使志愿服务在我国社会主义现代化建设中发挥更大作用。

资料来源：高峰，苏超莉．推动志愿服务事业高质量发展［N］．光明日报，2022-02-25（06）．

案例讨论：

谈一谈你对"奉献、友爱、互助、进步的志愿精神"的理解。

第十章 志愿服务实务

📚 学习要点与要求

1. 掌握志愿服务项目从筹备、组织实施到评估反馈的基本程序。
2. 掌握慈善事业的特点、原则与功能。
3. 了解志愿服务开展过程的注意事项。

本章思维导图

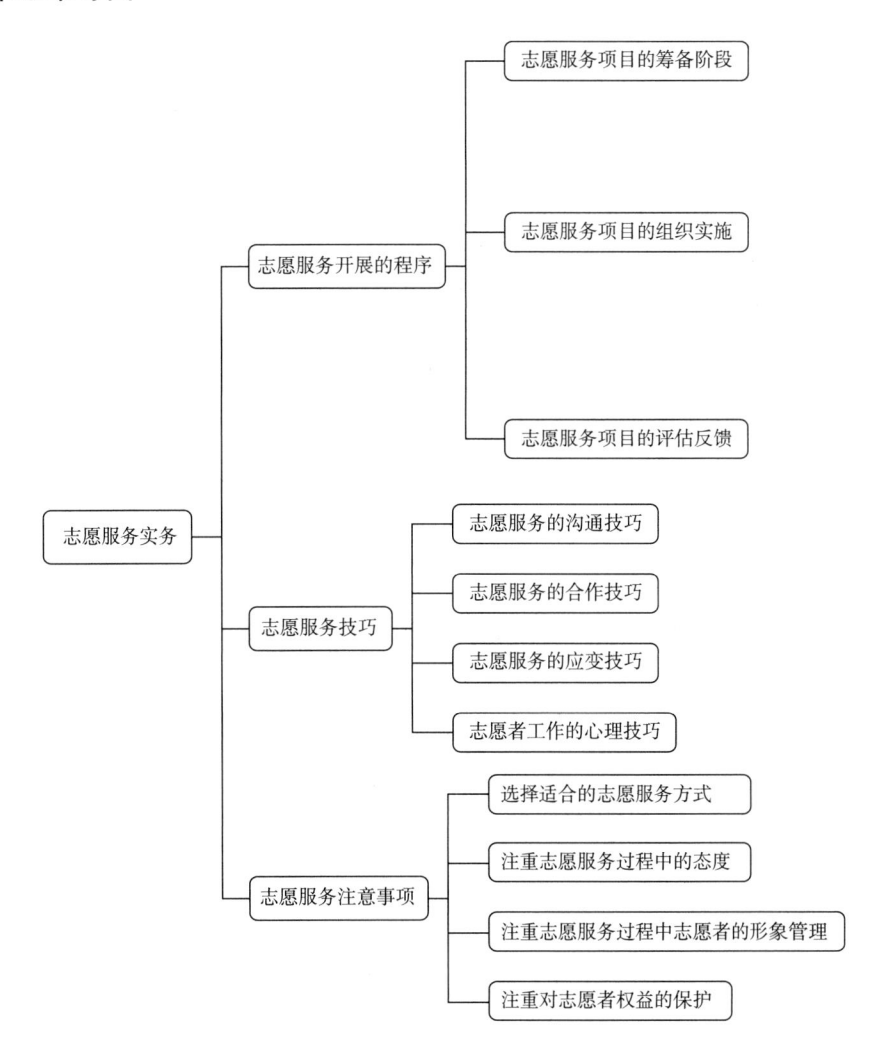

```
                                    ┌─ 志愿服务项目的筹备阶段
                    ┌─ 志愿服务开展的程序 ─┼─ 志愿服务项目的组织实施
                    │                   └─ 志愿服务项目的评估反馈
                    │
                    │                   ┌─ 志愿服务的沟通技巧
                    │                   ├─ 志愿服务的合作技巧
     志愿服务实务 ───┼─ 志愿服务技巧 ────┼─ 志愿服务的应变技巧
                    │                   └─ 志愿者工作的心理技巧
                    │
                    │                   ┌─ 选择适合的志愿服务方式
                    │                   ├─ 注重志愿服务过程中的态度
                    └─ 志愿服务注意事项 ─┼─ 注重志愿服务过程中志愿者的形象管理
                                        └─ 注重对志愿者权益的保护
```

🔷 引导案例

2000年5月，以环境工程专业为依托的洛阳学生环保协会成立。协会以"尽心尽力、保护环境、播种绿色、奉献爱心、造福人类"为宗旨，积极加强与中国环境文化促进会、河南省青少年绿色联盟、洛阳市生态环境局等40余个校外单位的合作交流，成为河南省青少年绿色联盟理事单位，洛阳市青少年生态联盟副会长单位，致力于生态环境保护与资源循环利用的社会实践活动，每年持续组织开展"地球熄灯一小时""环保快闪""回箱计划""环保进课堂""环境保护主题海报巡展"等20余项环保主题活动；开展生态环境保护宣讲、垃圾分类、回收旧电池、义务植树等志愿服务百余次，受益学生累计2.3万余人次。

自2014年起，环保协会找准方向，积极定位，开启了致力于"母亲河"生态环境保护的实践中，奔赴河南多地开展"黄河中下游城市水资源保护调研"，以优异表现跻身国家级重点团队，得到团中央"圆梦中国项目计划"支持，2022年被评选为"三下乡"省级重点团队，先后获评"全国大中专学生最具影响力环保社团""河南省高校优秀学生社团""洛阳市最具影响力学生社团"等国家级省级荣誉10余项，为学生开展专业实践提供了良好的平台。相关事迹被"人民网""中国青年网""豫教思语"等新闻媒体深度报道27篇，视频点击量达14.7万。

资料来源：环保协会"守护红色热土·弘扬黄河文化"青年志愿服务实践团入选2022年全国大中专学生志愿者暑期文化科技卫生"三下乡"社会实践活动省级重点服务团队，根据"微观环化"文章"环保协会拍了拍你，喊你来点赞"摘录整理，https://mp.weixin.qq.com/s/iLx114EEG2ItyTXGFJAJag。

志愿服务是为了增进个体、社区、社会的福祉而进行的非营利性行为，内容丰富、形式多样，涉及多个领域。

第一节 志愿服务开展的程序

志愿服务开展的程序即开展志愿服务所必经的途径。近年来，越来越多的志愿服务开始采用项目化运作的方式，这已经成为志愿服务发展的新趋势。[①] 志愿服务开展要实施项目化运作，必须经过立项、实施、反馈等环节，本节将作专门介绍。

一、志愿服务项目的筹备阶段

一个完备的志愿服务项目，首先必须在筹备阶段就进行充分的项目调研、科学的项目

[①] 北京志愿者协会. 志愿组织建设与管理[M]. 北京：中国国际广播出版社，2006.

设计和全面立体的项目宣传。

（一）项目调研

志愿服务项目首先要回答好"为什么"的问题。志愿服务作为一项公益性事业，社会需求是项目存在和发展的基础。几乎所有的志愿服务项目都始于经济社会生活中那些未被满足的社会需求，比如贫困家庭子女失学问题、自然灾害导致人身伤亡和家庭财产损失问题、残疾人和老人的生活需要照顾问题、进城务工人群融入城市与公平劳动的问题、留守儿童和老人问题等。因此，志愿服务在立项之前，作一个全面、详尽的项目调研是十分必要的。

项目调研是为确定志愿服务的目的、范围、资源配置、组织功能等而进行的调查、分析和定义工作。志愿服务项目调研的过程就是将需求转化为服务目标的过程，它能够帮助志愿者组织明确"哪些人需要志愿服务""服务对象需要哪些志愿服务""对志愿者的基本要求""需要多少名志愿者"等问题，这也是志愿服务项目管理中的关键。

志愿服务项目开发是指志愿者组织通过识别社会需求和可能的各利益相关方期望，确定开展志愿服务项目的目标、范围，并进行资源筹措和整合，形成项目建议书，实施志愿服务活动的行为。① 志愿服务项目的开发前期需要志愿者组织对目标项目进行调研，通过收集志愿服务对象、志愿者、组织自身，以及可能的利益相关方的相关信息、环境背景、对志愿服务的期望和需要，并对组织的功能与技术需求进行详细的分析，最终确定志愿服务项目目标。另外，需要对项目地区的自然环境、政治、文化、经济、社会等因素进行调研和分析，最终形成一个可行性较高的志愿服务项目。然后，对项目的具体实施进行规划，确定项目的目标及其范围、项目所需资源、项目的利益相关方等。

（二）项目设计

1. 志愿服务项目的设计原则

志愿服务项目质量的高低，直接影响该项目所承载的志愿服务质量的好坏，影响志愿服务项目能否达到预期目标、能否满足服务对象的需求。对于如何判断一个志愿服务项目的好坏，志愿者组织和服务对象均有自己的评判标准。尽管评判标准五花八门，但在项目的设计过程中仍然需要遵循一些最基本和具有普遍性的原则和标准。这些原则和标准大都围绕项目必要性-项目可行性-项目创新性的思路提出。

（1）实际原则。任何志愿者组织都是基于一定的志愿服务理念，在一定的社会志愿服务需求的推动下设立的，它们把服务对象的需求看作组织努力的方向。然而，大多数志愿者组织自从成立之日起，就会在资源、财力和人力方面面临种种困难。这些客观现实决定了志愿者组织提供服务能力的大小，也在一定程度上制约着它们拓展服务的空间，提高服务水平的能力和可能性。因此，设计志愿服务项目必须充分考虑志愿者组织的能力，以及外来因素、当地及社会上的各种资源（包括物力和人力资源）。只有根据项目本身、项目

---

① 北京志愿服务发展研究会．中国志愿服务大辞典［C］．北京：中国大百科全书出版社，2014．

实施单位和项目目标群体的实际情况和特点出发，才能设计出成功的项目，更好地解决问题。

（2）符合志愿服务对象要求原则。志愿服务项目是需求导向型的，就要求志愿者组织在设计具体的志愿服务项目时，必须事先对志愿服务市场和市场上的消费对象有整体的把握；与此同时，要想在市场上居于主导地位，志愿者组织还应该了解竞争对手的动态，以便根据市场形势的变化随时作出调整，使自己的志愿服务项目随时跟上志愿服务对象需求的变化；否则，项目就失去了立项意义。志愿者组织可以通过多种方式获得相关的信息，对志愿服务领域形成总体的把握和认识。比如，志愿者组织可以大量查阅文献，密切关注志愿服务领域内的新闻、发展动态；也可以通过和其他志愿者组织的交流，掌握更多的信息和资料，把握志愿服务领域的变化趋势。

（3）效益原则。效益原则即尽可能少花钱多办事。志愿服务项目大都面向基层和弱势目标群体，项目的受益面很多，但是投入额却很有限，因此要求项目管理人员必须坚持效益原则。

（4）与志愿者组织宗旨相吻合原则。志愿服务项目只有在符合志愿者组织宗旨的前提下才能存在，任何一个志愿者组织都不会开展和承担一个和自己宗旨毫不相关的志愿服务项目。从志愿者组织成立之日起，其性质就决定了要为社会中某些群体服务，它们的使命和宗旨明确了其志愿服务的领域和方向。因此，从这个意义上说，服务对象的要求就是志愿者组织的活动方向，服务对象需要什么样的服务，志愿者组织则提供什么样的服务。只有这样，志愿者组织才能够通过自己的志愿服务实现自身的宗旨和目标，通过一个个具体的志愿服务项目满足服务对象多样化的需求。也只有这样，志愿者组织及其工作人员、志愿者才能够实现志愿服务的愿望，得到精神上的满足和成就感。

2. 志愿服务项目的可行性分析

志愿服务项目需要运用各种资源来执行任务，完成目标。因此，志愿者组织在设计志愿服务项目时，应该充分考虑项目的约束条件，根据自己的活动能力和资源数量，对志愿服务项目作出取舍。志愿服务项目的约束条件通常包括以下几个类别。

（1）技术：现有的技术水平能否满足项目的技术要求，如项目开展所需要的特殊物料、设备等。

（2）财务：是否有足够的资金去实施项目，相对于收益来说成本投入是否值得。为此，收益-成本分析是非常有必要的，也是非常有说服力的。

（3）运行：运行的可行性是指项目在多大程度上与志愿者所在组织的工作方式相一致。

（4）地理：地理的可行性也非常重要，项目所在地是否有机场、车站，以及项目组成员在地理上是否分散，都将产生影响。

（5）时间：时间是项目的关键约束条件之一，举办一个项目如果需要6个月，而实际只有5个月的时间可用，那么这个项目就是行不通的。

（6）资源：项目是否妥善利用了内部和外部的资源。

(7) 覆盖范围：项目是否触及预期的志愿服务目标或目标群。

(8) 质量：项目在多大程度上满足了志愿服务主体和客体的期望。

(9) 法律：项目是否遵守了现有的法律法规（包括合同和政府政策）。

(10) 政治：项目是否与组织或政府的政治主张相抵触。

3. 撰写志愿服务项目书

在对项目进行可行性分析之后，对于可行的项目，需要拟定一份项目书。志愿服务项目书是根据志愿服务项目需求分析结果进行志愿服务项目的规划设计，并按照一定的格式所编写的文本。它是志愿服务项目主要的筹资工具，目的是让资助者清晰地知道捐资的意义。志愿服务项目书通常分为两个部分：一是项目的方案，包括项目目标、可行性分析以及项目摘要；二是项目的执行计划，需要列出项目下一个阶段的任务，拟定一个暂时的阶段进度。建立志愿服务项目的工作分解结构，有助于全面了解志愿服务项目所涉及的工作，进而确定工作内容。在这个大体框架下，志愿服务项目书应涵盖以下内容。

(1) 项目概要：对项目作简单而清晰的介绍。

(2) 社会需求：说明项目背景及项目关注的社会焦点问题。

(3) 解决方案：概述解决问题的方案。

(4) 组织和执行团队介绍：说明为什么本组织能够实施项目，以及组织的优势及可信度。

(5) 项目目标：为解决上述问题、满足社会需求，在项目实施之后可预见的成果性目标。目标应具有可达成、清晰明了、时间性、可量化的特点。

(6) 实现目标的具体活动及其产出。

(7) 开展项目活动所需要的资源和财务预算。

(8) 项目风险及其防范措施。

(9) 项目监测与评估方案：说明如何验证项目是否成功，需要给出衡量成果性目标的指标体系及检验评估方法。

(10) 项目的可持续发展计划：项目是长期性的，还是短期或一次性的行为。

（三）项目宣传动员

志愿服务项目实施前期一个重要的步骤就是宣传动员，以保证项目顺利完成。宣传动员的过程主要有四个方面：动员对象、场域、方式及阻碍。首先需要确定潜在动员对象，动员对象不仅限于人力资源，还包括依附于个体的各种社会身份、权力地位所能提供的物质、空间资源。其次是利于动员对象频繁互动与交换意见的场域空间，无论是线上动员还是线下宣传都需要在场域中进行。[①] 另外，动员方式与工具的搭配使用也十分重要。选择何种动员方式与手段受到诸多要素的影响，如宏观层面的国家政策、地方性法规的约束，微观层面志愿者个体的参与动机、志愿意识等。最后要消除阻碍。消除动员对象参与的困

[①] 李佳. 互联网背景下志愿服务的动员方式与其影响因素研究 [D/OL]. 济南：山东大学，2017.

难因素是成功动员志愿者的最后一环。在实践过程中，大量志愿者参与动机强烈，却受到来自社会、家庭、工作单位等诸多方面的阻碍，导致他们无法被动员进志愿者组织参与服务。①

宣传动员是志愿者组织巧妙、明确地向动员客体表达动员意图的动员方式，因为不具强制性，被动员对象易于接受。志愿者组织之间平等、良性的竞争，在志愿服务动员领域内形成了一个组织竞相吸引动员客体的"买方市场"。每一种动员方式的背后都有其支撑和搭配使用的技术手段，有些甚至成为该种动员方式的典型代表。宣传动员使用的技术手段可大致有三种：①大众传媒，包括电视、广播、报刊。②文化符号，常用的表现形式有口号、标语、Logo、服装等。③艺术作品，如歌舞、海报、影视片等。

二、志愿服务项目的组织实施

志愿服务项目设计好后，如果不贯彻实施，就仅是摆设而已。因此，志愿服务项目的组织实施是志愿服务项目运作、志愿服务得以开展的关键。

（一）志愿服务团队的组建

1. 确定招募目标

在组建志愿服务团队之前，我们必须了解该志愿服务项目对志愿者有什么要求，志愿服务对象需要哪些帮助，需要多少志愿者。这是进行志愿者甄选的前提。

（1）服务对象的需求。志愿服务对象需要什么？志愿者能够从项目中得到什么？志愿组织对此要作全面了解，有时应对所在社区的需求作出全面的把握，根据该区域内服务对象的需求，策划符合需要的志愿服务类别及实践方法，确定志愿者招募的类型。

（2）设定志愿服务岗位。服务岗位根据志愿服务对象的需求而设，岗位设定只有和招募目标、服务要求相一致，才有可能达到最佳效果。志愿服务岗位设置要求划定具体的工作范畴，确定志愿者的工作范围，订立招募条件，确定招募人数。

2. 招募志愿者

（1）确定潜在的志愿者群体，即找到那些愿意参与志愿服务的群体。通常，在考量人口特征（如年龄、性别、地理分布、学历）的基础上，要重点考察志愿者的从业动机。

志愿者的从业动机有很多种，本书主要从内部和外部两个层面进行简单划分。

内部回报：多为内心感受下的动机，主要是指工作本身所带来的满足感、成就感、归属感以及接受挑战的感觉。例如，志愿者为了追求人生的价值与目标而从事志愿活动。

外部回报：多为外在显性的动机，是指组织给予志愿者的利益。例如，志愿者获得外部和社会承认，提高工作技能和人际交往能力等。

通常，志愿者动机是内部回报与外部回报的综合，主要源于利他主义、丰富的生活经验、家庭因素、新技能的获得等因素。志愿者的参与行为与他们的动机息息相关，如果能

---

① 张冉. 非营利组织管理［M］. 北京：北京大学出版社，2014.

深入研究志愿者动机并结合组织的实际情况，招募志愿者就更能有的放矢。

（2）考虑志愿者角色，即考虑志愿者在组织中所扮演的角色。通常，志愿者的角色可分为四种：

一是领导者，志愿者通常对做一名组织领导者的兴趣不高。

二是直接提供服务者，即直接面对服务对象，从帮助对方的过程中获得满足。

三是一般支持者，即主要提供辅助性工作，如后勤、保健等。

四是赞助者，即主要提供资源，不从事具体的志愿服务工作。

表10-1是来自香港义务工作发展局的志愿者角色简介，由此可以对其工作角色及内容有所了解。

表10-1 不同志愿者角色及其工作内容

工作类型	工作内容
助理	担任部分日常文书工作，如打字、书信整理、图书整理、翻译等
扶贫支教	服务对象通常是一些青少年，志愿者深入偏远山区，在中小学做任课教师
义务劳动	任何涉及体力的志愿服务都属于这类活动，其服务对象包括社会福利机构、需要被施以援手的福利院，协助家居清洁及维修等工作
心理咨询	志愿者与成长中的儿童或青少年接触，辅导其身心发展
社会调查	通常是实地为机构搜集所需的资料，范围多为社会环境方面，有的也为机构编排已有的数据或档案
会务接待	不少机构在筹办活动时需要人手协助联络，以使计划能按期举行；而在正式举行期间，更需要人员负责接待，以使活动能顺利进行
策划大型活动	通常是综合晚会、游艺会或志愿服务计划，规模较大
专业服务	提供专业知识，如参与医疗义务工作协会，给伤残人士制作适合其康复的用具

（3）招募前的准备工作，在招募公告发布以前，做一些前期准备工作。包括：人员需求清单，即志愿者人数、应聘要求、招募的工作方向；信息发布的时间和渠道，即招募信息确定在什么时间，通过什么方式发布；成立招募工作组，确定招募工作组人员名单、各自的职务和职责；考核方案，即志愿者考核的场所、时间、题目；经费预算，即资料费、场地费、宣传费、支付志愿者的服务开支以及预留金的预算；公告样稿。

（4）招募流程，确定、发布招募公告。招募公告的内容包括：

招募原则：确定公开、公正、公平的原则，以公开招募的方式，按考试的程序招募选拔志愿者。

志愿服务项目的简介：以简洁的语言概括说明此项志愿服务项目的宗旨、内容等。

招募岗位：招募的岗位性质、岗位职责，以及任职的资格要求。

志愿者报名条件：志愿服务项目对志愿者年龄、户籍、学历、专业等方面的要求。

志愿者报名应带的材料：如简历、身份证复印件、各种证书复印件、照片、户口所在地等个人信息。其中具体的需要应视不同的志愿服务项目而定。

报名方式：报名可以通过电邮将简历等材料发至志愿组织的邮箱，或者登录某个专门的网站，或者用邮寄报名的方式。需要提供志愿服务组织部门的通信地址、电话、传真或邮件地址。

宣传、推广招募活动：进一步宣传和推广招募活动，通过邀请专家讲座，制作海报及宣传单，通过各种渠道进行广泛宣传。

招募：初审：招募工作小组根据报名资料进行筛选，具备条件的通知参加笔试。

笔试：由招募工作小组统一组织笔试，重点考察对志愿精神、志愿服务理念的理解，对本次志愿服务项目的目的、宗旨的认识，对自己所能从事的志愿服务角色的认知，以及打算如何做一个合格的志愿者。

面试：通知笔试合格的志愿者参加面试，面试重点考察志愿者的专业技能、沟通协调能力等。招募工作小组邀请相关方面的专家组成专家委员会进行面试。

资格的获取：面试合格的，获得参与此项志愿服务的资格。

考察：向志愿者所在单位、学校了解志愿者的思想状况、平时表现，并征求所在的单位、学校的意见。

确定人选：根据笔试、面试和考察的结果，确定入选名单。同时，根据岗位需要，按照一定比例从面试合格的报名者选定后备人选，以备不时之需。

3. 培训志愿者

培训是志愿者团队建设的重要环节。在确定志愿者人选后、正式上岗前，要对他们进行培训。

（1）培训需求调研。在正式培训前，科学分析志愿者的培训需求，着重关注志愿者素质、培训历史及现状，从志愿者个人、服务对象、组织等不同角度分析志愿者的培训需求。

（2）培训计划的设计。在制定计划时应遵循一定的程序，即确定与培训总体方向一致的目标—结合内外部条件制订最好的培训方案—制订具体实施计划—培训效益分析。

培训计划的内容包括培训原因、培训目标、培训对象、培训规模、培训时间、培训地点、培训教师、培训方式、培训费用等。

（3）培训的开展。培训的开展建立在志愿者对自己正确定位的前提下，为志愿者所要承担的特殊责任作准备。其主要涉及两个领域：一是关于志愿者工作，为什么要做志愿者以及为什么要完成设定的工作，哪些事情不能做，哪些在特定环境下必须做；二是明确角色和责任，包括自己的角色、他人的角色定位，以及责任定位。

（二）志愿服务项目的实施

1. 志愿精神的渗透

每个志愿服务项目都有自己的项目目标，但是在不同志愿服务项目中贯穿有"普遍性"的道德价值，即对志愿精神的践行。志愿服务项目作为志愿精神实现的重要载体，要在每个环节渗透志愿精神。志愿精神是内化的东西，只有通过项目的实施以及志愿者的具体行动，才能将志愿精神外化，让志愿者和服务对象，以及关注该志愿服务项目的公众深刻地感知志愿精神。除了志愿服务项目各环节要体现志愿精神外，还要让参与志愿服务项目的管理者、志愿者和服务对象领悟并传播志愿精神。

2. 按项目计划行事

在设计志愿服务项目的过程中，就应制订详细而周全的计划，以各种措施保障计划的顺利执行。一份完整的项目计划通常都会明确服务项目的目标、项目内容、项目执行时间表、项目责任分工、项目预算、项目风险分析、项目所需的物资设备、项目所需的文字资料、应急措施等内容。只要志愿服务团队严格依照计划行事，各司其职、各尽所能，就应该能够保证服务质量。同时，在项目计划的指导下，要严格实行流程控制，明确每阶段志愿者的职责、阶段性工作完成的期限以及工作成果，并监督执行，从而保证项目实施的连续性。

3. 志愿团队的有效管理

志愿服务项目团队管理是指对志愿服务项目的人员进行合理配置，对人力资源进行开发、管理和激励，并对团队进行制度、程序和方法的建设。志愿服务项目中的人力资源是临时性组合，团队成员大多是基于自愿、不为报酬来参加志愿服务的，各成员的背景、知识、技能和经验可能有很大差异，因此需要志愿服务管理者用人本主义理念和方法实施团队管理。志愿服务项目团队成员通常有四个来源：一是来自组织内部的正式员工；二是特聘的专家顾问或技术外包团队；三是招募的志愿者；四是接收的高校实习生。在项目团队中，项目管理者发挥至关重要的团队管理作用。①

4. 志愿服务项目的风险管理

由于志愿服务活动参与主体多、涉及面广、影响因素多、组织管理过程复杂，在项目活动实施过程中，不可避免地会遇到一些产生负面影响的不确定因素，包括志愿服务项目本身可能存在的风险、志愿者受到伤害的风险、志愿者对他人造成伤害的风险、志愿者流失的风险，财务方面的风险等。因此，在整个志愿服务项目实施的过程，要开展风险辨识、风险评估、风险分析和风险控制机制，对志愿服务项目进行风险管理，以最少的成本达成最大的安全保障。

5. 设置合理有效的志愿服务项目激励机制

激励机制在志愿服务中是十分必要的。志愿服务项目的激励对象主要是参与项目的志愿者。只有激发志愿者的荣誉感、成就感等，并满足他们的认同需求、提高需求等，才能使其以积极主动的心态投入到志愿工作当中。从激励的方式上来看，可将激励分为荣誉型激励、回馈型激励、政策激励、培训激励、组织文化激励、情感激励、宣传激励。从志愿服务激励主体来看，激励可分为组织内部激励、社会激励和志愿者自我激励。无论以哪一

---

① 张晓红. 志愿服务理论与实践［M］. 北京：中国青年出版社，2019.

种方式对志愿服务进行激励,项目管理者在激励机制设置时,都应遵循"以志愿者为中心"的理念,理解志愿者的感受,保护志愿者的权利,满足组织成员的各种需要。

6. 设置志愿服务项目督导

志愿服务项目督导不同于团队领导者,志愿服务项目督导可以不是志愿者,但必须具备督导、管理相关的专业知识,督导可以说是志愿团队的顾问,需要监督、指导志愿服务项目的正常运行,同时在志愿项目实行过程中出现突发事件时,作出迅速反应,予以积极指导。志愿服务项目的督导不仅对整个志愿团队负责,更要对整个项目的监控、督导负责。①

三、志愿服务项目的评估反馈

志愿服务项目评估是为了了解志愿服务项目的运作情况以及其取得的效果,进而不断规范志愿项目的建设,全面提高志愿服务项目的社会影响力。现在一个普遍的观点是,对志愿服务项目进行科学的评估是志愿项目成败的重要因素。

(一)评估目的

志愿服务项目评估的目的在于:通过科学的调研和分析,比照项目设计的目标,客观地检验项目实施的效果,发现项目执行过程中存在的问题,并提出建设性意见和建议。开展志愿服务项目评估是多方主体要求的结果,具体而言,开展一项志愿服务项目评估,主要基于以下几方面原因②:

1. 项目资助人的要求

很多提供项目资金的政府、企业、个人或者基金会组织常会委托专门评估机构对项目进行评估,根据评估的结果,决定继续资助与否。

2. 志愿组织自身发展的要求

志愿组织希望通过项目评估了解志愿服务项目运行过程中所存在的问题,从而改进项目的建设,不断提高志愿组织的影响力。同时,志愿组织如果没有成熟的项目管理模式,通过评估可以提高志愿组织的项目管理水平。

3. 项目可持续发展的需要

很多志愿项目具有试验的性质,带有一定的创新性。对这些项目进行评估,有助于发现项目运作中的问题,避免今后在类似的项目上犯错,同时总结项目的成功经验,并进一步推广,保证项目的可持续发展。

4. 提高项目管理水平的需要

很多志愿服务项目缺乏成熟的项目管理模式、运作机制,在立项、招募、培训、管理志愿者等方面没有科学的标准。及时跟进项目评估工作,有助于形成成熟的项目管理理

---

① 余双好. 志愿服务概论[M]. 武汉:武汉大学出版社,2013.
② 邱服兵,涂敏霞. 志愿服务项目评估理论与方法[M]. 广州:广东人民出版社,2017.

论，提高志愿服务组织的项目化管理水平。

（二）常用的评估框架

结合国内外现状，目前常用的项目评估框架有以下五种：

1. 3E 理论

所谓"3E"，指经济（Economy）、效率（Efficiency）、效果（Effectiveness）三个有机联系的评估指标，对某一个系统在一定时期内绩效进行评价的理论。其主要针对项目花了多少成本，具有什么样的产出，是否实现目标等进行评估，是一种倾向于"自上而下"的评估方式。

2. 3D 理论

所谓"3D"，是指诊断（Diagnosis）、设计（Design）与发展（Development），强调在项目实施过程中的监管和监控。这种理论注重考察外界环境变化对项目的影响，比较适用于中期过程评估，是一种倾向于"自上而下"的评估方式。

3. "顾客满意度"理论

该理论认为评估的导向应以服务对象为焦点，重点考察和了解服务对象所接受的服务与其期望值的契合度，强调由下而上，即从顾客的满意度出发进行项目的评估与审视，有一定的主观性、层次性和相对性。

4. 宏观的"APC 评估"理论

它对志愿服务项目的问责性（Accountability）、项目的绩效（Performance）、实施项目的组织能力（Capacity）进行评估。问责性评估有助于保证非营利组织做"正确的事情"。绩效评估是保证组织有效使用稀缺资源的制度安排，有助于保证组织"正确地做事"。组织能力评估，将组织绩效与组织能力二者融合，是保证组织提升能力的管理工具。

5. 微观的"综合绩效评估"框架

这个框架是对宏观的"APC 评估"理论的深化，针对项目的具体绩效进行评估，主要包括项目的适当性、效率、效果、满意度、社会影响和可持续性。

我们应结合具体的志愿服务项目，选择评估框架。

（三）评估的一般程序

志愿服务项目评估的程序，就是对志愿服务项目进行评估所经历的工作环节、步骤和流程，它规定了评估过程中各项任务、活动之间的逻辑关系。在具体开展一个志愿服务项目评估时，一般应遵循如下程序和步骤：

第一，明确评估目的，即通过评估希望回答什么问题，以及知道了这些问题会怎么样。主要弄清楚三个问题：谁想评估？他们为什么想要进行评估？他们打算如何运用评估的结果？

第二，明确关键问题。明确三个问题：一是根据评估目的决定评估重点；二是根据评估的经费与人力决定评估重点；三是考虑不同的利益群体信息掌握情况。

第三，明确评估框架和指标，根据评估的不同阶段和侧重点选择合适的评估框架和指标。

第四，确定评估方式，有问卷调查法、观察法、文献法、访谈法等。

第五，制定评估计划，包括：确定评估小组成员；分配任务，明确各小组成员的职责；评估的日程安排；经费预算等。应尽可能使计划符合实际，安排计划时要留有余地。

第六，处理分析数据，主要包括：整理调查数据并制成表格；对整理结果进行讨论、分析；形成初步意见；对评估结果再评估。

第七，编写评估报告。评估报告包括以下内容：内容摘要、正文（导论、主要内容、结论和建议）、附录。编写评估报告，要注意用数据说话，描述具体、客观、公正、真实，文字简练。

第八，交流评估结果并制订后续发展计划。通过评估肯定评估对象的成绩和优点，发现评估对象存在的问题和缺陷，有针对性地发挥优势，改进劣势，形成良性循环。在评估结束后，成立兴趣小组，拟定相关文件（包括评估报告和计划书）。

（四）志愿服务项目的绩效评估

从志愿服务项目评估的内容上来看，包括立项评估、团队评估、过程评估、财务评估、绩效评估和社会影响评估等多方面的内容。志愿服务绩效评估作为项目全过程的最后一环，其着眼点是使用科学方法得出判断，对志愿服务的目标、过程、理论进行全面的反思，对后续的项目设计和实施提供有价值的意见和建议，推动志愿服务水平的提升。

1. 志愿服务项目绩效评估的作用

志愿服务项目绩效评估的作用主要体现在两个方面：第一，作为项目的最后一个环节，绩效评估发挥着"盖棺定论"的作用，是对项目方工作情况的验收，常作为资助方拨付尾款的依据，也影响着双方后续的合作。第二，绩效评估也可推动志愿服务项目发挥更大作用，反思自身的组织管理，推动专业化规范化建设，提高组织的工作效率。

2. 志愿服务项目绩效评估的目标

具体来说，志愿服务项目绩效评估主要有以下几个目标：第一，评估志愿服务项目目标的实现程度，服务效果及项目资金的使用情况，作为志愿服务项目的结项依据。第二，为项目资助方是否继续与项目承接方合作、开展志愿服务项目提供依据。第三，总结志愿服务项目经验，提炼志愿服务组织管理技巧和方法，提升志愿服务水平。第四，作为信息披露的重要工具，体现志愿服务项目的公开透明，保障项目相关方的知情权。

3. 志愿服务项目绩效评估的主要内容

（1）项目目标实现程度。目标是项目活动预期要达到的目标，这些预定目标的实现程度集中反映了组织者对于项目的把握程度。目标既可以是量化的，也可以是定性的。

（2）项目成果产出。项目成果产出指项目开展的活动，对于项目目标人群或受益人群带来的直接影响，包括知识和技能的更新，态度的转变，行为上的变化等。

（3）项目效果。项目效果反映了项目在多大程度上解决了所要回应的社会问题。

(4) 项目效率。项目效率的评估主要包括成本效益评估和成本收益评估两类。[①] 其中，成本效益评估是将项目的成本与其主要成果和收益相关联，成本收益分析则试图将项目成本与收入的全部或部分的货币价值相比较。

(5) 项目受益对象。绩效评估时，不仅要关注受益对象的数量和志愿服务项目为受益对象提供了多少服务，还要关注受益对象的满意程度，项目给受益对象带来了哪些改变。

(6) 项目社会影响。指在志愿服务项目完成之后，对周围的环境以及所在社区和文化等所产生的影响。

(7) 项目创新性。志愿服务项目绩效评估的创新性评估是对已完成的项目创新方式和创新效果的检验，主要体现在项目设计的理念是否新颖，项目实施及运作方式是否有特色等方面。

(8) 项目可持续性。可持续性评估主要从资源建设的延展性，团队内部的传承性和项目的可复制性等几个方面进行考查。

(9) 志愿者配置情况和管理的规范性。实际上就是对志愿服务项目运作过程中，志愿者分配与分工、志愿者能力素质、志愿者培训的保障情况、志愿者团队的稳定性、志愿者管理的规范性等作出评价。

表10-2为志愿服务项目绩效评估指标简表。

表10-2 志愿服务项目绩效评估指标简表

指标	指标说明
项目目标实现程度	项目立项时各项预期目标的实现程度如何，包括项目目标完成的数量、质量、时限等
项目成果产出	项目配套资金是否及时、足额的落实到位，并符合财务评估要求
项目效果	项目执行进度与预算执行进度是否匹配，项目支出是否控制在预算金额内；是否列支预算外支出；财务风险管理措施是否到位
项目效率	项目会计资料信息的质量如何，即会计信息资料是否真实、准确、完整和规范
项目受益对象	项目应当具有明确的受益对象、受益范围且符合受益对象需求，受益对象规模量化清晰，受益对象的满意度及给受益对象带来的改变较为明确
项目社会影响	项目实施对社会发展产生了哪些影响，包括媒体是否关注，专业技术或知识的传播如何，志愿行为是否得到社会认同，志愿者组织是否得到社会认同等
项目创新性	项目的理念、设计方案、操作模式、参与方式、对受益群体的分析等方面具有创新性
项目可持续性	项目具有推广价值，有长期运行的政策和资源支持，在本期结束后还能够持续运作
志愿者的参与程度	志愿者骨干和队伍稳定，重视志愿者团队及志愿者个体成长的能力建设，志愿者管理工作机制健全，项目执行过程中志愿者的参与达到一定的比例和数量

---

① 民政部社会工作司. 志愿者管理手册[M]. 北京：中国社会出版社，2014.

第二节　志愿服务技巧

一、志愿服务的沟通技巧

志愿者向服务对象提供服务的过程中离不开与人沟通。沟通是人与人之间信息、情感和态度等方面的交流，是双向的，要使沟通顺利开展，需要一定的技巧。志愿服务的沟通技巧体现在志愿者采用多种手段，通过合适的方法与服务对象交流，达到彼此沟通的目的。

（一）沟通前的心理准备

志愿者与他人的沟通是一个心理过程。如果志愿者具备良好的心理素质、心理状态，就可以较好地与他人沟通，促进服务实践的顺利完成；反之，如果心态不佳甚至存在心理障碍，就会妨碍志愿服务的进行。因此，养成热情、自信、健康的心理状态，克服沟通中的心理障碍，对志愿者而言是十分重要的。

1. 克服沟通中的自卑心理

自卑心理是一种自我否定的心理定势，常表现为过分贬低自我、抬高别人；否定自己的服务成果，不敢尝试挑战性的工作等。克服沟通中的自卑心理，主要是保持心理上的健康与平衡，要学会正确地认识和评价自我。具体说来，首先要正确地评价自己，改变自我认识，实事求是地看待他人和自己，能够正确地比较他人和自己的优缺点。其次，要对自己有信心。人如果失去了自信，在沟通时就会觉得无所适从。最后，要勇敢地面对自己的缺陷，正确地对待挫折，承认和接受事实，接纳自我、扬长避短，从而克服自卑，实现与他人顺利沟通。

2. 克服沟通中的急躁心理

在志愿服务中，会遇到各种各样的服务对象。有些服务对象志愿者与其沟通会比较困难，如养老院里耳聋的老人，患有疾病、口齿不清的儿童等。在与他们沟通时要避免产生急躁心理，不能失去耐心。志愿者需要认识急躁心理的危害，急躁的情绪会给对方留下不好的印象，影响整个服务的进程，也损害志愿者的形象。只有冷静、耐心地与服务对象沟通才是正确的办法。同时，要适时进行自我暗示，帮助消除急躁情绪。

（二）化解沟通中的矛盾

志愿者在与他人沟通时，有时会出现矛盾。矛盾无处不在，无时不有，关键是如何化解矛盾。

1. 勇于承认自己的错误

谁都会犯错误，在错误发生后，要勇于承担，不要推卸责任。如果出了事，只知道责备别人，而不从自己身上找原因，就会扩大与他人的矛盾，这是志愿服务中的大忌。

2. 允许对方发泄情绪

在服务过程中，如果发生了矛盾，志愿者要学会适当容忍，允许对方发泄情绪。人在生气时都会难以抑制，忍不住要发泄出来，这是一种正常的现象。志愿者遇到这种情况时，要懂得适当容忍，不能以怒制怒。志愿服务本来就是服务性质的，其目的就是让服务对象满意。如果志愿服务中出现了矛盾，对方发几句牢骚是正常的，志愿者千万不可与对方大吵大闹。正确的做法就是安抚对方，待双方冷静下来再寻找弥补的方法，把损失降低到最小。

3. 用幽默扫除尴尬

幽默是一种艺术，它能以轻松有趣的方式扫除沟通中的尴尬，化解矛盾。志愿者在沟通中要善于用幽默手段来达到沟通的目的。恰当巧妙地使用幽默，除了与人的性格有关外，人的思想修养、文化知识、反应能力等都有影响。志愿者平时要多多训练和培养自己的幽默能力。

（三）怎样沟通更有效

在志愿服务过程中，沟通是非常重要的，有效沟通可以使志愿服务事半功倍，获得满意的效果。

1. 学会倾听

沟通首先是倾听的艺术，在倾听的过程中，应注意以下几点：

（1）耐心倾听别人的讲话。全神贯注地倾听，再加上一些积极倾听的身体姿势，如目光注视、身体面向对方等，让说话者感受到你对他的尊重和关注，对方会觉得你对他说的话感兴趣。即使对方缺乏条理，语言繁琐，也要坚持倾听，并尽量控制自己的反应，切不可显露出烦躁不安的情绪。

（2）及时给予对方回应。在倾听的过程中，要用语言或动作来表示自己正在倾听，使对方感觉你很专心，并且已经领会了他的意思。有时，对方会间接地表达自己的想法，这时志愿者要抓住要领，及时给予适当的回应。

（3）适时适度提问。在倾听过程中，恰当地提出问题，往往有助于沟通。相互沟通的目的是获得信息，知道彼此在想什么，要做什么。通过提问的方法可以获得这些信息，但提问要注意适度。

2. 恰当地运用赞美

赞美是人与人交往中的润滑剂。在志愿服务过程中，要学会赞美对方，可以使沟通获得更好的效果。

（1）赞美别人要有针对性。要学会从具体的事物入手，善于发现别人的长处，并不失时机地予以赞美。

（2）赞美别人要真情实感。能引起对方好感的赞美是基于事实、发自内心的。

（3）赞美别人要抓住机会。志愿者在赞美别人的时候，要利用各种情景或者时机。用词恰当，让对方感到很自然，这样才会有好的效果。

3. 态度尊重、友善和诚恳

对待服务对象，最重要的是保持尊重、友善和诚恳的态度，与他人交流过程中，尽量避免"不对吧""应该是"。这种直接反驳对方的话语太过自我，同时是对对方不尊重的表现，应多说些欣赏和鼓励的话语。[①]

二、志愿服务的合作技巧

人们的生活、学习都离不开与他人合作。合作是个人或团队为达到某一确定的目标，通过彼此协调而形成的联合行动。

（一）相互信任是合作的基础

人与人之间的合作必须建立在相互信任的基础上，如果没有信任，就无法合作，甚至连基本的交往都无法进行。在志愿服务过程中，成员合作要取得成功，相互建立信任是首要的。而培养团队成员之间的合作，需要合适的方法。首先，要让志愿者在培训过程中明确团队合作的重要性，充分认识自我，看到自己的一些缺陷，在很多地方需要别人的帮助和合作。其次，鼓励志愿者之间真诚交流，让每个志愿者都有机会结识朋友，在沟通、合作与信任的基础上，彼此理解和接纳，形成一个团队。

（二）共同的目标是合作的灵魂

合作的目的是实现一个共同的目标，比如，都是为向他人和社会提供更好的服务。需要明确的是，共同目标的树立必须由个人目标汇聚而成，汇集成强大的共同目标。一个人如果没有自己的目标，那么他对团队目标的态度很可能是附和、顺从，而内心不会产生真正的意愿。有时团队目标和志愿者个人目标会发生冲突，这时首先要顾及整个团队的目标，然后再考虑个人的目标。个人目标要服从团队目标，只有成员把实现团队目标作为最大的愿望，团队才具有强大的生命力。共同目标是团队的灵魂，它应是整个团队都关心的事情。共同的目标是促使志愿者努力服务的动力，可以让志愿者在合作的过程中更加紧密地团结。

（三）处理好竞争与合作的关系

首先，志愿者之间主要是合作关系，都是为了完成共同的志愿服务而走到一起的。志愿者都有自己的优势，相互之间可以互补，只有把志愿者的优点集合起来才可实现志愿服务效果的最大化。其次，志愿者之间也存在竞争。在志愿服务实践中，每个志愿者都希望以自己的优异成绩获得服务对象和其他成员的肯定，希望自己的服务比其他志愿者更加出色。所以志愿者之间存在着竞争也是正常现象。

那么志愿者之间如何处理好竞争和合作的关系呢？每个志愿者都应该充分认识到志愿者的合作是首要的，竞争是次要的。如果没有志愿者之间的合作，志愿服务实践就无法完成，志愿者团队就毫无意义。但应该如何正确看待志愿者之间的竞争？如果有一个强劲的

---

① 广东志愿者. 志愿服务中的沟通技巧，你知道吗 [J]. 黄金时代（学生族），2019 (5).

对手,让你时时感到压力和危机感,就会激发你的上进心,力求在最佳的状态下做好服务实践。因为要认识到差距不可避免,志愿者要努力缩小差距,志愿团队之间的竞争,也要在共同进步的前提下进行,搞好合作与协调,以顺利完成志愿服务实践。

三、志愿服务的应变技巧

志愿者进行志愿服务过程中,常会遇到一些突发事件。突发事件大都是出乎意料的,处理起来比较棘手。因此,处理此类事件,除了要求志愿者有广博的知识和良好的素质外,还应具备一定的应变技巧,就是说志愿者应能够较好地应对事态的变化。

(一) 平日的积累

突发事件的出现具有较大的随机性,一般很难预测,往往受到一些不可控因素的影响,常使人措手不及。但是突发事件并非全都无法预防,志愿者要善于学习和思考,主动借鉴他人经验,培养自身应变能力,以正确处理突发事件。

1. 认真参加培训活动

在志愿服务开始之前,要组织一些培训活动,以提高志愿者的服务技能。志愿者要积极参加培训活动,学习一些应变技巧,将对社会服务起到积极作用。

2. 经常向同伴学习

在志愿者第一次参加志愿服务时,往往因为缺乏经验而感到紧张。对此,可在志愿服务之前,向身边有经验的同伴请教,他们可以帮助你消除紧张心理,并传授一些心得体会。

(二) 临场发挥

正确处理突发事件,志愿者除了需要平时多作准备之外,临场发挥也很重要。

1. 保持镇定,思考对策

在志愿者服务过程中,如果发生了突发事件,志愿者首先应保持镇定,尽快了解事件的具体经过,判明有关情况,积极寻找对策。如果志愿者头脑不够冷静,不能做到镇定自若,那么就易产生心理震荡和情绪波动,这会给突发事件的处理带来障碍,甚至使事态进一步恶化。因此,志愿者在面对突发事件时,必须沉着冷静,找出处理对策,采取有效措施。

2. 随机应变,寻找有效方案

面对突发事件,志愿者要充分发挥主观能动性,寻找有效解决方案。一个方案不行,就要再寻找第二个或第三个方案,直到把问题解决。在解决问题的过程中,志愿者不要气馁,正视困难,正确处理突发事件。志愿者要善于观察、善于积累,努力提高自己的应变能力。

四、志愿者工作的心理技巧

(一) 常见的心理问题

心理问题是心理不健康的一种表现,它不同于心理障碍。心理障碍也称为心理失常,心理障碍通常是心理问题累积、迁延、演变的表现和结果。人们平时所说的心理困扰、心理困惑等，通常指的是心理问题。常见的心理问题有以下几种。

1. 忧郁

忧郁是指忧愁郁闷的消极心境，主要表现为郁郁寡欢、闷闷不乐、自怨自艾、沉默萎靡，常给人一种心事重重的感觉。忧郁是一种带有弥散性的消极心态，它的发生具有明显的情景性，即其有明显的客观原因，如受到不公正待遇、遇到重大挫折和压力等。

2. 期待性焦虑

期待性焦虑是指担心事件会出现最坏的结局，时刻等待不幸的到来而表现出的消极心态。期待性焦虑常与不能达到目标或不能克服障碍，致使自尊心与自信心受挫，或使失败感和内疚感增强的某些活动相关。

3. 自卑

自卑是指自我评价偏低、自觉无能而丧失自信，并伴有自怨自艾、悲观失望等情绪体验的消极心理倾向。

4. 多疑

多疑是指神经过敏、疑鬼疑神的消极心态。多疑的人往往带有偏见，通过想象把一些无关的事联系起来，从而没有根据地怀疑别人。

5. 孤独

孤独是指孤单寂寞的消极心态，常表现为莫名的寂寞、烦恼，孤独时常常出现毁灭性的行为，如大量地吸烟、酗酒，使自己处于麻醉状态，严重的时候还会做出格或冒险的举动，甚至自杀。

6. 攻击性

攻击性是指对他人有意挑衅、侵犯或对事物有意损坏、破坏等心理倾向和行为的人格表现缺陷。

（二）志愿者为老年人服务的心理技巧

人到老年，生理功能开始衰退，出现视力、听力下降，记忆力减退，行动迟缓等变化，这些生理变化往往导致老年人悲观失望、焦虑不安、精神不振、生活兴趣低下等，使老年生活质量大幅下降。这些生理和心理的变化使老年人需要获得更多的帮助。但个别老年人一方面需要得到帮助，另一方面又碍于面子拒绝别人的帮助。这样就给志愿者的服务带来了困难。

1. 让老年人接受帮助的技巧

（1）试探性地坚持，不轻易退缩。为老年人提供服务，志愿者要学会察言观色，当老年人拒绝的时候，要看其是否坚决，如果非常坚决，就应该"恭敬不如从命"。过度的坚持会让老年人反感，引起他们的不快，严重的还可能导致其大发雷霆；如果语气不甚坚决，则说明是碍于面子，这时则应该为其服务。

（2）语气要委婉。大多数老年人自尊心较强，非常敏感，他们不愿意承认自己是一个无用的人,更不愿意让他人觉得自己是一个累赘。因此,为老年人提供帮助的时候,志愿者应给予老年人足够的尊重,用语要委婉。

(3) 懂得体贴。老年人在很多方面都需要得到帮助,但是大多数老年人不喜欢开口求人。志愿者要懂得观察,了解老年人的需要,为其提供帮助。有些事可能是小事,但是对老年人来说却是大事,如果能做好这些事,老人们会非常高兴。

2. 帮助老年人克服心理问题的技巧

老年人心理问题常常表现为孤独、忧郁、健忘、敏感等。对于不同的心理问题,志愿者应该采取不同的服务技巧。

(1) 孤独。快节奏的生活、工作,使年轻人没有太多的时间照顾老人,空巢的现象增多,很多老年人都会感到孤独、寂寞。

一要让老年人与社会接触。有些老年人喜欢把自己关在屋子里,不愿与他人接触,对生活是一种漠然的态度。志愿者应该尽量让这样的老年人走出屋子,多和邻居、朋友交往,使老年人孤独寂寞的心得到一些寄托。有时哪怕就是坐在旁边听别人聊聊天,也能使他们感到没有被社会遗弃,仍然生活在人群中,从而激起他们对生活的热情。

二要帮助老年人保持家庭关系的和谐。俗话说"老小孩,老小孩",老人往往会像小孩一样情绪变化无常。老年人随着年纪的增大,往往变得很敏感。一方面,他们希望家人格外关心自己,使自己不在孤独中生活;另一方面,他们又怕周围的人嫌弃自己。这种矛盾的心理使他们变得紧张、脆弱,也常给家人带来烦恼,甚至影响家庭的和谐。因此,志愿者应尽可能帮助老年人处理好家庭关系,使他们的家庭生活和谐快乐。

(2) 忧郁。有些退休在家的老年人常因生活环境的变化而产生强烈的失落感。他们找不到精神寄托,或者觉得自己无用武之地,或者觉得自己孤独寂寞,或者因身体不好而情绪低落,一些人常有忧郁的情绪状态。对此,志愿者应采取以下的护理措施:

一是给予老年人心理上的支持。老年人的忧郁总是有原因的,志愿者应弄清楚引起他们忧郁的原因,对其进行开解,获得老年人的信任,让老年人敞开心扉。同时,要了解老年人的思想变化和情绪波动,在他们需要的时候,给予他们心理上的支持。

二是让老年人参加一些力所能及的运动和户外活动。情绪和健康是相辅相成的,一方面,老年人忧郁会导致情绪不佳,使免疫力下降,容易得病;另一方面,老年人如果身体不好,那么心情肯定也不好。运动和户外活动则可以帮助老年人保持一定体力,增强抵抗力。志愿者可以建议老年人参加晨练,无论是舞剑、做操、跳舞,还是打太极拳,都是好的锻炼方式。体弱的老年人也可以用散步等户外活动代替运动,增加自己的活力。

三是组织老年人适当参加文娱活动。老年人愉快的心情常源于充实的生活,老年人经常参加各种活动,生活丰富多彩,就不易感到忧郁。

四是帮助老年人学会排遣寂寞。因居住的地理位置或其他条件限制而无法参加各种文娱活动的老人,可以通过自娱自乐的方式调剂自己的生活,如种花、养鱼、收藏、书法等。虽然这些活动是在家里进行的,但也可以使老年人修身养性,保持良好的心态。

（3）健忘。健忘也是老年人普遍的心理特点。对于健忘的老年人，志愿者可以采取以下护理措施：

一是帮助老年人安排规律的生活。健忘常常给老年人的生活带来一些麻烦和烦恼，也会给老年人增加心理负担，会因为担心可能忘记一些重要的事而变得紧张。可以建议老年人制订比较规律的作息，每天按时进行。对于一些特殊的事情，如朋友聚会、去医院复诊等，则可以用一个小本子记下来，并把小本子放在身边随时翻阅。

二是加强健脑锻炼。为了防止老年人健忘，或减缓老年人健忘的速度，可以对老年人进行健脑锻炼，如练习下棋、参与打牌娱乐等。

3. 掌握老年人心理保健的五个要点

为帮助老年人克服心理障碍，志愿者应该知道老年人怎样进行心理保健，并向老年人宣传心理保健的知识。

（1）保持乐观的精神，培养健康的心理。老年人对生活要充满信心，心胸开阔，保持乐观的情绪，尽量发挥自己在知识、经验、技能、智力及特长上的优势，寻找新的生活乐趣。

（2）拓展生活的空间。老年人应当根据身体条件和兴趣爱好，把生活安排得充实些。这样既可以舒展心灵，又能把握时光、学习新知识，使生活更有意义。

（3）清心寡欲，摆脱烦恼。面对生活中的琐事不必心绪不宁，更不要闷闷不乐，而要通过各种途径把坏情绪及时释放出来。对于外界名利要超脱，对家务事勿操劳过度，保持一份好心情。

（4）注意饮食营养，加强体育锻炼。一个人拥有健康的身体才能保证心理的健康。老年人平时要多摄取优质蛋白质，多食用低脂肪、富含维生素的食物，如瘦肉、奶类、蛋类、豆制品等。老年人还应选择适宜的运动项目，如散步、慢跑、做操等。

（5）重视人际关系和心理交流，老年人既要联系老朋友又要善交新朋友，经常聊天谈心，交流思想情感，做到生活上关心，思想上沟通，在集体活动和人际交往中吸取生活营养，使自己心情舒畅、生活愉快。

（三）志愿者为残障人士服务的心理技巧

残疾人和他们的家庭往往承受着常人想象不到的心理压力。一些人自尊、自信受到损害，有的还因此丧失生活热情。因此，为残疾人服务也是志愿者工作的重要部分。

1. 残疾人常见的心理特点

（1）强烈的自卑感。对于大多数残疾人来说，自身缺陷是一个难以解开或不能解开的结。残疾人由于遗传或意外事故导致某种身心缺损和功能丧失，丧失了健全的生活能力。这些缺陷会使残疾人产生强烈的自卑心理，他们认为自己被别人瞧不起和低人一等，性格因而变得孤僻、胆怯，从而意志消沉，丧失信心。

（2）深深的抱怨心理。自身的缺陷，常常使残疾人怨天尤人，抱怨父母没有给他们健全的身体，抱怨命运对他们不公平，甚至抱怨人们有偏见，认为天地之间，难以容身，人海茫茫，唯我多余。

（3）严重的挫折心理。残疾人常常有挫折心理，尤其是那些因人为事故或意外原因造成残疾的人，受挫折感更加强烈。

（4）急切的感激心理。身残之后，残疾人往往自卑之余产生自怜，并希望获得人们相应的同情和帮助。性格内向不愿表露的人，在得到帮助之后，感激之情与回报之心油然而生。

2. 帮助残疾人克服心理问题的技巧

（1）关注他们的感受。残疾人的个体差异与奋斗的艰难往往被人忽视。因此，志愿者在为残疾人服务时要关注残疾人的感受，给予帮助的同时尊重他们，理解他们作为一个个体的内心感受及他们希望与正常人享有同样权利的想法。

（2）帮助他们树立生活的信心。残疾人面临的现实越严峻，心理压力也就越大，当他们无法承受压力时，就会丧失生活的信心。志愿者要鼓励残疾人，让他们认识到：任何人都是有价值的，每个人都能做些事情，一次没做好，再做一次；这件事没做好，还可以做那件事，让残疾人树立起对生活的信心，坚强地生活。

（3）帮他们制定生活的目标。过低的要求和过多的保护会使一部分残疾人产生过度依赖而不求上进。志愿者应帮助残疾人制定具体可行的生活目标，在他们最可能做到的事上，为他们设定努力可以达到的标准，从鼓励生活自理，到独立处理事情，到坚持工作，再到有一番作为。

3. 解决残疾人心理问题的基本方法

（1）大力宣传关注残疾人的重要性。生活中充分发扬残疾人的积极性，使其聪明才智得到最大限度的发挥；充分发挥社区及志愿者的力量，对残疾人群体给予足够关注。

（2）建立残疾人心理咨询与治疗中心。让残疾人拥有归属感，像面对亲人一样面对心理医生，在咨询与治疗中，感受到被尊重、被理解、被重视、被关爱，从而解决他们的心理问题。

（3）健全人经常与残疾人平等地相处与沟通。要把他们看作最需要帮助的朋友、最可信任的同事，残疾人的心理问题应该引起全社会的重视，残疾人的心理健康应引起全社会的关注。

（四）志愿者为离异家庭子女服务的心理技巧

父母离异极易导致孩子产生强烈的自卑感、被遗弃感、怨恨感等消极情感。在很多孩子身上，这些消极情感不但不会随着时间的流逝而减轻，反而会愈积愈深。尤其是那些年幼的孩子，因为心智尚未发育成熟，无法接受家庭的突变，在没有心理准备的情况下很容易将父母离异归因于自己，形成严重的心理创伤。

1. 离异家庭子女的心理特征

与正常的孩子相比，离异家庭的孩子有以下几大心理特征：

（1）敏感，心理开放度低，有较强的攻击性。离异家庭的孩子由于经历过家庭破损的过程，父母的行为使他们对社会的认识产生了偏差，变得敏感甚至压抑、焦虑，怀疑周围的人或事。他们往往知心朋友很少，与老师相处也会表现出一定的不合作，甚至反感，出现攻击性行为。在不和睦的家庭中，家庭成员间经常争吵、打闹，极易使孩子产生冷酷、悲戚的心情，并由此导致惊慌、恐惧等不良情绪，长此以往，孩子就会形成粗暴的性格。特别是离异后父母又成立新家庭后被虐待、遗弃的子女更是如此。研究表明，多数单亲家庭学生曾经怀疑老师和同学不喜欢自己。

（2）情绪消极，自卑苦恼，缺乏自信。他们一方面有独立自主的行动倾向，另一方面常会想到自己家庭不健全，情绪不稳定、忧虑，对前途信心不足。离异家庭的孩子自我评价较低，消极的自我情绪体验使他们的自我形象扭曲，既不能正确评价自己，也不能正确对待别人，甚至不能接受自己。强烈的自卑感使他们不能自如地与他人交往，唯恐被人轻视或排斥，当恐惧感超过亲近别人的欲望时，就会压抑自己，对他人采取冷漠的态度，造成性格孤僻。

（3）持久性差，不能长时间做一件单调的事情。孩子若在烦恼、焦虑、担心、忧虑等情绪下学习，会压抑他的积极性和主动性，使其感知、记忆、思维、想象、注意等认知机能受到抑制和阻碍。离异家庭的孩子由于在家庭破损过程中受到一定的心理伤害，又由于家庭教育残缺，容易形成不良学习习惯，因此，他们学习的持久性往往比较差。

2. 帮助离异家庭子女解决心理问题的技巧

（1）用爱心唤醒他们的热情。离异家庭的孩子需要爱，需要别人的关心和体贴。作为一名志愿者，对离异家庭子女最大的帮助就是关爱，方式有很多：在生活上关心他们，在情感上支持他们，和他们一起分享痛苦与快乐，关注并理解他们的感受，和他们做知心朋友，等等。

（2）用理解化解他们的偏激。离异家庭的孩子心理难免失衡，往往比较偏激，有的会有过激行为。在帮助他们时，志愿者要给予充分的理解，遇到问题的时候，多听他们的想法，了解他们的内心，帮助他们解决问题——可以经常和他们探讨，交流想法，获得他们的认可和信任；引导他们以积极的心态面对生活，更好地融入社会，杜绝偏激行为。

（3）用鼓励驱除他们的自卑。离异家庭的孩子一般思想负担较重，怕周围的人知道，由此变得自卑，不愿意与同学有更多的交往。志愿者应该帮助他们对离异问题有一个正确的认识——父母的事与孩子无关，孩子无法左右父母、左右家庭。志愿者要善于发现这些孩子身上的闪光点和能力、特长，鼓励他们积极参与各项活动，发挥自身的潜力，从各个方面培养自信心和责任感。

第三节　志愿服务注意事项

一、选择适合的志愿服务方式

每一人都可以参加志愿服务，但是需要选择，需要取舍。一些志愿者受到生理、心理、专业、技能等的限制，仅适合参加某些类型的服务；同时，根据个性、兴趣、爱好，志愿者也可以选择某些类型的服务。志愿者加入团队初期，如果善于根据自己的特点选择并投入到服务项目，会越做越有成就感，越做越快乐；反之，如果盲目地选择服务项目，服务过程中自己不快乐，也会影响服务的效果。志愿者要寻找适合自己能力、兴趣的服务项目，不强求做不合适的服务类型和项目，才能真心实意地做好服务，帮助他人。

（一）根据自己的个性选择志愿服务方式

志愿服务涉及人们学习、生活的方方面面，可以采取多种形式。一个人参与志愿服务时，可事先根据自己的个性、能力进行选择。一些适合别人做的项目，自己可能并不适合；一些别人做不好的项目，自己则可能恰恰能做好。

志愿者不要"随大流"选择，也不能碍于情面去做不愿意做的服务，否则，既对自己不负责，也是对服务对象的不负责任。你服务时不愉快，或者不能全情投入，就无法最大限度地帮助服务对象。只有在想清楚自己选择的服务类型、服务方式后，才能够充分发挥个性、性格的优势，将志愿服务做好，尽可能帮助服务对象。

（二）根据自己的兴趣选择志愿服务方式

志愿者也是平凡人，有自己的兴趣爱好。在选择志愿服务方式和项目的时候，要考虑自己的兴趣、爱好，不勉强做自己没有兴趣的服务。我们特别提倡志愿者将兴趣爱好与服务活动结合，真正发挥特长，帮助服务对象。

志愿者将兴趣爱好与志愿服务相结合，对于持续服务、丰富服务具有重要意义。要做好志愿服务，一要善于发现兴趣爱好与服务项目的共同点。例如，喜欢上网的人参与信息志愿服务；喜欢园艺的人参与绿化美化志愿服务；喜欢动物的人参与动物保护志愿服务；喜欢沟通交往的人参与社交志愿服务，等等。二要通过发挥兴趣爱好，创新志愿服务内容。例如，长期服务老人的志愿者，可学习剪纸、烹饪等，然后将自己的手艺带给老人，对原来单调、呆板的服务方式作出改进、丰富，使之更受服务对象的欢迎。

同时，我们要学会用兴趣爱好促进志愿服务，而不因为志愿服务而限制兴趣和爱好。志愿者在快乐中服务，在服务中获得快乐，才能实现志愿者、志愿服务双赢的局面。

（三）处理好本职工作与志愿服务的关系

志愿者服务于他人和社会，尽力为他人带去帮助与安慰。但兼职志愿者除了参与志愿服务外，还要在校学习或从事工作，处理好学习、工作与志愿服务的关系十分重要。正在学习中的志愿者，首先要认真学好文化知识和专业知识，才能更好地回报社会。学习能提高我们的文化素养、人文素养，成为一名更高素质的志愿者。同时，在进行志愿服务过程中，将学到的知识应用于社会，可为社会建设奉献自己的知识和智慧。

而作为一名在职志愿者，首先要干好本职工作，之后才是做好志愿服务。我们应该将志愿精神带到工作中，做到传递爱心、传播友谊、播撒文明，在工作中锤炼品格、陶冶情操，努力成为传统美德的传承者和优良风尚的倡导者、将志愿精神发扬光大，带领更多的人加入到志愿服务的行列中。在志愿服务中，要践行"**奉献、友爱、互助、进步**"的精神、发自内心、自愿自觉地服务他人和社会。志愿服务不是为了取得报酬，而是为了在奉献中获得快乐，这才是一个真正合格的志愿者。

志愿者在参与志愿服务过程中还要学习新知识、新技能，培养责任感及正确的工作态度，为未来的工作做好准备，这对培养个人的自信心、潜能及才干极有价值。

（四）根据自己的能力选择志愿服务方式

志愿者在选择服务方式的时候，要考虑自己的知识、素质、能力，不能盲目选择。对服务方式和服务项目的选择要慎重，最好是能够发挥志愿者的特长，真正帮助到服务对象。

志愿者选择服务方式和项目的时候，要避免"大材小用"和"小材大用"。"大材小用"是指具有专业特长的志愿者被长期安排从事琐碎的服务，这样会打击其积极性，造成志愿者流失。"小材大用"是指志愿组织使用素质较低的志愿者去从事管理协调、专业性强的工作，这样会造成服务水平低下、效果较差，不能很好地帮助他人。志愿者可以根据自己的能力特长选择服务项目，让志愿者、志愿组织、服务对象获得好的收益，社会的公益资源也得到合理配置。

二、注重志愿服务过程中的态度

（一）志愿团队交往中要大方友好

加入志愿组织后，志愿者成为一个共同体，需要用心营造友爱互助的氛围。志愿团队是富有热情爱心、具有奉献精神的，但是人与人之间，想法有差异、个性有区别，如果不注意协调，就可能产生各种矛盾。因此，好的志愿者在工作交往中，不仅要考虑自己的需求，还要考虑其他成员的想法，尊重他人，鼓励他人。

好的志愿者不仅自己要热心服务，还要善于理解其他团队成员的需求，以大方、友好的态度对待每一个成员，主动解决问题。这样有利于志愿团队增强凝聚力、提升竞争力。

（二）与服务对象交往要热情、宽容

志愿者面对服务对象的时候，要表现出热情友善的态度，要对服务对象的想法、个性给予理解和尊重。这是志愿服务的特殊关系所需要的。接受服务的对象，或者是困难人群，或者是特殊群体（残疾人、孤寡老人等），或者是边缘青少年，或者是流动人口，他们在生活中遇到种种困难，甚至受到歧视或冲击，大多对周围的人不信任、性格孤僻、顾虑多疑。志愿者如果不以特殊心态去帮助他们，提供服务的时候主观随意，就有可能引起服务对象的反感，甚至导致矛盾冲突。为此，好的志愿者在服务时一定是"以人为本"，即以服务对象的个性与需求为重点，设计合适的服务内容与服务项目。

志愿者对待服务对象，要像对待亲人一样关心和体贴，要像对待朋友一样理解和信任，还要像对待孩子一样宽容和欣赏。为此，志愿者要不断锻炼自己的能力、改善自己的个性、提升自己的素质。特别是遇到自己未能预测、无法预料的情况时，能够及时调整自己的心态，适应服务对象的新特点、新需求，帮助双方摆脱困扰，获得理解和体谅，让大

家的生活更加舒心。①

(三) 始终抱有关爱、理解与接纳的态度

1. 关爱是做好志愿服务的前提

关爱是指人们关怀、爱护他人的思想感情。关爱是一种奉献精神，是一个人发自内心地关注他人的自然情感和行为。因此，关爱的深层含义就是保护和关心所有的生命，包括人类自己。志愿者在开展志愿服务的过程中，无论面对的服务对象是哪一类人群，都应该秉持一颗爱心，将关爱作为开展服务的敲门砖，最大限度地提升志愿者与服务对象之间的信任感和亲近感。

2. 理解是做好志愿服务的基础

理解是指我们对事物或问题的了解和领会，通过事物或问题分析，对事物或问题本质的认识。理解是个体对事情的逻辑表示赞同，承认事情的逻辑关系。理解可以体现在两个方面：一方面是对所理解的对象能用自己的语言表达出来；另一方面是根据对对象的理解，独立完成所需要的行为。良好的理解应是语言和行为二者的有机结合。开展志愿服务的过程中，真正的理解即在理解服务对象语言、状态、行为等的前提下，给出相应的符合服务对象情境的行为，做到"言行一致"。

3. 接纳是做好志愿服务的根本

接纳是一种认同行为，即体认与模仿他人或团体的态度行为，使其成为个人人格一部分的心路历程，亦可解释为认可、赞同。认同的意义在于消除个体在现实生活中因无法获得成功或满足而产生的挫折、带来的焦虑，还可以借由分享他人的成功经验，为个人带来心理满足或自信。认同可以针对一个人，也可以针对一个组织或者群体。志愿服务的对象往往是某一特殊的群体，提高对他们的接纳程度有助于做好志愿服务工作。接纳需要一个过程，需要改变原有的自我价值体系，需要增强同理心，需要以平等、尊重的态度，来发现服务对象身上的闪光点和优秀品质，为他们创造发展和进步的平台，使全社会看到他们的勤奋、努力和拼搏。②

三、注重志愿服务过程中志愿者的形象管理

(一) 志愿者形象的概念

志愿者形象是指志愿者价值理念、行为方式等要素作用于社会公众而形成的一种综合的认知，是志愿者组织及其成员通过自己的活动与行为给予人们的直观感受。任何形象活动都包含三个基本要素：形象主体（形象塑造者）、形象客体（形象塑造对象）、形象塑造手段。志愿者形象是志愿服务的整体形象，志愿服务统一、规范，既有利于志愿服务的开展，又可展示志愿者的精神风貌和志愿服务组织的高水准。

---

① 张仕进，任明广，刘安早. 青少年志愿服务体系与培育机制研究 [M]. 南京：南京师范大学出版社，2014.
② 北京市残疾人联合会. 助残志愿服务实务指南 [M]. 北京：中国国际广播出版社，2017.

（二）志愿者形象的特征

1. 志愿者的形象既有整体性，又具独特性

首先，参加志愿活动的志愿者都是一个有机的整体，每一次活动都是有要求、有组织的，通常依托专业力量开展工作，从事志愿活动的志愿者具有社会属性，体现志愿组织的形象。其次，在活动过程中，每一个志愿者的言行举止都对志愿活动的效果有一定的影响。因此，志愿者的个人形象和组织形象是部分和整体的关系，二者之间密切联系且相互依存。

2. 志愿者的形象既有客观性又具主观性

志愿者的形象在特定的活动中有其特定的要求，如在活动有规定的着装或行为礼仪等规范；另一方面，志愿者又是由独立的人组成的，而人有自己的主观能动性，所以志愿者的形象又表现出一定的主观性。

3. 志愿者形象既有稳定性又具动态性

志愿者的形象从总体角度来看，具有统一的规范，表现出一定的稳定性，不会随意发生改变；另一方面，志愿者形象在活动期间又可以通过某种方式改变自身的形象或者他人的印象。因此，志愿者形象是稳定和动态的统一体。

（三）志愿者形象的作用

良好的志愿者形象可以帮助志愿者提升自信，加强自我约束，以更好地参与志愿服务。在活动中，志愿者形象是对外展示的一个品牌，直面大众，促使大众了解、认可和支持志愿服务工作，而公众对志愿者应有形象的期望也能规范和约束志愿者的行为。调研显示，志愿者形象包括言语、声音、外表、礼仪等。言语在志愿者活动中的影响占比为7%；声音在志愿者活动中的影响占比是55%；外表和礼仪等肢体语言在志愿者活动中的影响占比为38%。由此可见，志愿者形象在影响志愿者活动效果中的比重有重要的影响。因此，在开展志愿服务前以及整个志愿服务过程中，要加强对志愿者言语、声音、外表、礼仪等各方面的培训和管理，以便在志愿者更好开展服务的同时展示志愿服务品牌，进一步加强外部对志愿服务的认同。[1]

四、注重对志愿者权益的保护

志愿服务的现实风险对志愿者生命健康权、知情权等多种权益的保护提出了必然要求。对志愿者的保护，包括人格权、知情权保护和必要安全防护等。[2]

（一）志愿者权益保护应涵盖的内容

1. 志愿者招募应依法进行，公开透明并说明相关风险

《志愿服务条例》第十二条规定，应真实、准确、完整地说明相关信息；这些招募信

---

[1] 吴丹. 论志愿服务过程中志愿者形象的重要性 [J]. 湖北开放职业学院学报，2021（12）.
[2] 李芳，莫于川，赵文聘. 开展志愿服务过程中如何更好地保护志愿者 [J]. 中国社会工作，2020（22）.

息包括志愿者的报名条件、招募人数、志愿服务内容、志愿服务活动时间地点、工作保障条件、报名方式等。招募单位应在招募信息中对可能发生的风险特别予以说明，不得在未征求志愿者意愿的情况下要求其提供超出服务范围的志愿服务。

2. 志愿服务组织要为志愿者提供必要的物质和安全保护

（1）要为志愿者提供必要的防护用品。根据志愿服务活动风险的高低要提供不同等级、规格的防护措施和用品。若志愿服务组织方无法及时提供，要提前告知志愿者，志愿者有能力个人解决防护用品问题，才可以继续开展志愿服务活动。

（2）要为志愿者提供必要的饮食、交通等保障。例如，在交通管制区域进行志愿服务活动时，应当组织车辆接送，以确保应急志愿者长时间工作过程中能够保持体力、保证健康。

（3）要签署志愿服务协议。有些志愿服务工作具有相当的人身危险性，志愿服务组织应尽可能组织签署协议，明确服务内容、方式，为日后志愿者权益受损时提供便于救济的书面材料。

3. 尊重志愿者人格尊严，保护志愿者隐私及相关权益

抗疫志愿服务中，个别地方发生的社区居民辱骂、殴打志愿者的事件，是不尊重志愿者的反面教材。志愿服务组织单位对在招募时获取的志愿者信息应严格保密，未经志愿者同意不得违反规定将其个人信息透露出去，避免造成侵权伤害。

（二）保护志愿者权益的主要措施

实践中，志愿服务风险是多元化、复杂化的。为了把对志愿者的保护落到实处，需要一些现实可行、科学合理的措施。

1. 加强风险防范培训

志愿服务相关组织方需要根据上述志愿者保护的主要内容，分门别类编制风险防范手册，采取多种方式对志愿者开展培训。

2. 完善保护体系

要不断完善志愿者自我保护、志愿者间互相保护、志愿服务组织保护、政府保护和社会保护等保护体系，加强全社会对志愿者的保护意识，完善志愿者保护行动体系，营造全社会关心、爱护志愿者的良好氛围。

3. 加大志愿者权益保障力度

应成立专门的志愿者权益保护机构或部门，接受和处理志愿者权益受到损害的案件，协助志愿者维权。志愿服务相关组织方要担负起志愿者权益保护职责，在志愿服务活动宣传资料醒目位置列明禁止性行为及相应的惩罚举措。同时，组织方应及时制止对志愿者的侵害行为。

4. 建立志愿者声誉保护、影响恢复和补偿机制

要逐步建立和完善国家、地方和行业志愿者荣誉体系，对作出贡献的志愿者应当给予表彰，并建立志愿者声誉保护机制及身心保健机制；及时对受到骚扰、歧视、恐吓和威胁

等行为影响的志愿者开展心理疏导,减轻心理伤害;逐步将志愿者在志愿服务期间遭受损害情形纳入社会救助、工伤补偿和国家补偿机制。

习题

1. 简述志愿服务项目的设计原则。
2. 志愿服务过程中志愿者扮演几种主要角色?
3. 简述开展志愿服务项目评估的主要原因和目的。
4. 简述志愿服务项目绩效评估的主要内容。
5. 如何在开展志愿服务过程中更好的保护志愿者的权益?

案例题

"健康促进"志愿服务 让群众生活更美好

开展新时代文明实践工作以来,安徽省肥东县疾控中心组建"健康促进"志愿服务队,通过加强自身建设,创新宣传方式,深入基层提供健康促进指导服务,保障全县人民群众身体健康,取得了一定的成效。

为普及全民健康知识、提高居民健康意识和自我保健能力,肥东县倡导健康文明的生活方式,在全社会营造"人人知晓健康促进、人人参与健康促进"的浓厚氛围,为群众提供健康专业指导,让健康促进理念深入人心,进一步推进全县健康促进工作。

"健康促进"志愿服务队由县疾控中心、乡镇卫生院及村卫生室专业人员和党员干部群众共计306人组成。加强队伍能力建设是提高健康促进工作质量和服务水平的重要举措。团队成员多次参加省市举办的健康教育与健康促进培训班,提高了业务素质,加强了队伍建设,提升了专业水平。日常活动中,注重突出重点、强化措施,借助政府对健康促进工作的高度重视以及群众对健康知识的渴求,积极开展健康促进进机关、企业、社区、乡村、家庭、学校等活动,同时将健康促进与基本公共卫生服务、家庭医生签约服务、健康扶贫等工作高度融合,为开展健康促进指导工作打下了坚实的基础。

"健康促进"志愿服务队充分利用健康肥东和肥东县疾控中心微信公众号等宣传媒介,借助肥东电视台等新闻媒体,广泛开展健康促进宣传工作。结合"3·24结核病防治日""4·25儿童免疫规划宣传日""5·31世界无烟日""10·8全国高血压日""11·14联合国糖尿病日""12·1艾滋病防治日"等宣传日开展形式多样的文明实践活动;同时将健康促进融入"党把健康送给您,民生服务惠万家"主题宣讲活动中,通过"演、讲、展、散、诊"等多种形式,向群众宣传卫生健康知识;利用健康肥东公众号开展线上健康知识有奖竞答,在肥东电视台开设"健康伴你行"栏目,到学校、社区等地办健康课堂等群众喜闻乐见的活动,寓教于乐,让健康促进成为一种新风尚。

"健康促进"志愿者服务队深入一线分别到18个乡镇卫生院及村卫生室等地现场开展

健康促进指导工作。每次开展指导时,志愿队都会对照健康促进标准对辖区居民的实际情况进行分类,有针对性地提出指导意见,让居民从思想和行动上真正实现从"要我学"到"我要学",再到"我会学",进一步把健康促进工作做深、做细、做实。

"健康促进"文明实践志愿服务队有力地助推了全县健康促进工作的开展,提高了群众健康知识普及率、知晓率和健康行为形成率,降低了疾病的发生率。2019年以来,志愿服务队已累计开展志愿服务50余次,参与服务的志愿者达600余人,在肥东县电视台滚动播放健康公益广告30余条,发放各类健康促进宣传材料6万余张,手机推送健康教育宣传信息12万余条。

资料来源:根据肥东文明网(http://www.fdwmw.gov.cn)宣传资料整理。

案例讨论:

1. 结合本章所学内容,分析肥东县"健康促进"志愿服务项目能够取得成功的主要原因。

2. 运用所学知识,对肥东县"健康促进"志愿服务项目开展绩效评估。

第十一章　志愿服务发展现状与趋势

📚 **学习要点与要求**

1. 掌握慈善事业的定义及其与公益、第三次分配等概念的关联。
2. 掌握慈善事业的特点、原则与功能。
3. 了解慈善事业的行为主体。

◉ **本章思维导图**

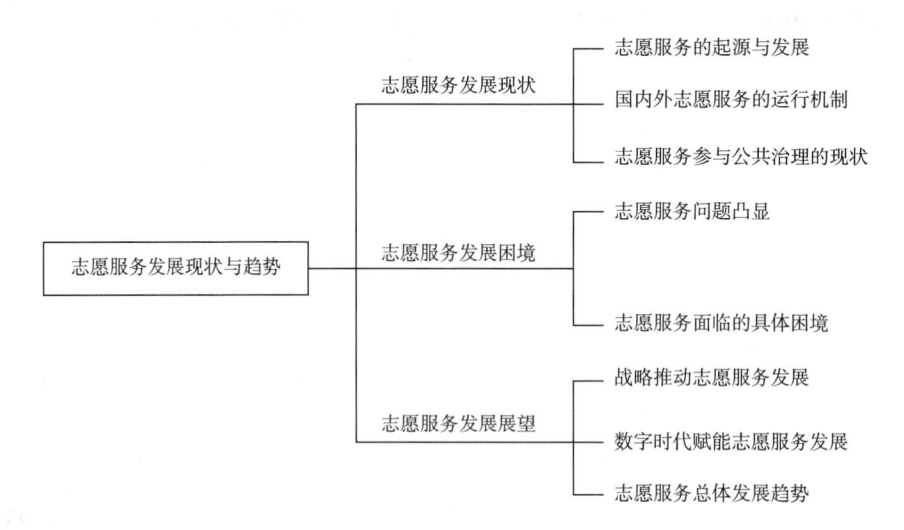

```
                              ┌─ 志愿服务的起源与发展
                志愿服务发展现状 ─┼─ 国内外志愿服务的运行机制
                              └─ 志愿服务参与公共治理的现状

                              ┌─ 志愿服务问题凸显
志愿服务发展现状与趋势 ─ 志愿服务发展困境 ─┤
                              └─ 志愿服务面临的具体困境

                              ┌─ 战略推动志愿服务发展
                志愿服务发展展望 ─┼─ 数字时代赋能志愿服务发展
                              └─ 志愿服务总体发展趋势
```

好心为迷路者带路的人，就像用自己的火把点燃他人的火把，他的火把不会因为点亮了朋友的火把而变得昏暗。

——古罗马思想家　马尔库斯·图里乌斯·西塞罗

第一节　志愿服务发展现状

一、志愿服务的起源与发展

（一）志愿服务的起源

志愿服务活动最早可以追溯到古罗马时期或更早的宗教慈善性活动；从明确的文字记

录来看,"志愿者"① 这一概念最早出于 15 世纪,这一概念最早指自愿服兵役的人,后来"志愿服务"概念表示志愿者个人或者志愿者团体不为回报而展开的利他性活动。

(二) 国外志愿服务的发展

在 19 世纪末 20 世纪初,欧美等国家先后通过了一些有关社会福利方面的法律法规,这动员鼓励了大批志愿者参与和投身于志愿服务中,进而出台了更多志愿服务相关法律法规。这些法规又进一步助涨了志愿者的服务热情。近现代志愿服务的发展经历了从宗教服务到社会福利的转型。下面以英美为例介绍发达国家和地区志愿服务的发展状况。

1. 英国

英国志愿服务拥有广泛的社会基础和良好的社会声誉,已经进入组织化、规范化和系统化的轨道,形成了一套较为完整的运作机制。志愿服务已成为英国鼓励青少年奉献社会、学习技能、推动就业、解决社区问题和服务弱势群体的有效形式。

英国志愿服务的形成与发展大致经历了三个阶段:

第一阶段是萌芽阶段。在 19 世纪初,志愿服务直接源于宗教性慈善服务。1869 年,英国为了协调各慈善组织与救济机构的工作,避免服务的重复与低效,于伦敦发起了"慈善组织协会运动",不久又发起"推动小区改造运动",并发展为日后的志愿服务。英国其他城市不断效仿,一大批互相帮助的困难群体逐渐形成了最早的志愿服务人员。

第二阶段是扩展阶段。在工业革命后,西方经济结构发生变化,阶级对立加深、贫富差距拉大使社会矛盾进一步激化,此时空想社会主义者提出"社会福利"概念,推动英国志愿服务事业蓬勃发展。

第三阶段是规范阶段。在第二次世界大战后,西方国家经济和社会迅速发展,英国的志愿服务工作进一步规范,并扩大成为广泛的社会服务工作。志愿服务对象普及到除救助对象之外的更广泛人群,志愿服务工作逐步制度化和专业化。1601 年,伊丽莎白女王颁布了主要依赖宗教团体和市民社团为穷人提供志愿服务的《济贫法》。此外,政府部门还发布了多种单行法规,制定了一系列的政策,扶持志愿服务事业的发展,主要包括《慈善法》(最新修订为《2006 年慈善法》)、《英国政府和志愿及社会部门关系的协议》、《信托法》、《受托人法案》、《慈善法(北爱尔兰)》等。

2. 美国

美国志愿服务组织和数量位居世界第一,志愿精神已成为美国当代文化的一部分。长期以来,美国政府以多种方式鼓励和支持志愿服务,如今美国志愿服务事业已经实现普遍化、专业化和常态化。政府、商业机构与志愿者在内的非营利组织共同组成了维系美国运转的三大支柱。美国志愿服务呈现三大特点:一是设立专门法律与激励机制。二是整合社会资源,提供多样化服务。三是项目制开展服务,关注弱势群体。

美国的志愿服务立法,最早可以追溯到 19 世纪早期法学家倡议建立的志愿服务许可

---

① 参见 http://www.etymoline.com/indx.php?term=volunteer。

法。① 由此，美国建立起完善的法律来保障志愿者合法权益，保护和支持志愿服务事业的发展：1973 年颁布的《志愿服务法》（最新为《1993 年志愿服务法》）确立了美国志愿服务政策，之后又在其他法律中设置了有关支持志愿服务的条文；1990 年颁布《国家和社区服务法》；1992 年颁布《全国与社区服务技艺增订法》；1993 年克林顿总统颁布《全美服务信任法案》；1997 年颁布《联邦志愿者保护法》；2002 年颁布《公民服务法》；2009 年颁布《爱德华·肯尼迪服务美国法》。美国法律对志愿者活动的保障和支持是综合性和多方面的。不仅对志愿者活动大力支持，对志愿者个人物质保障方面也有很多相关政策法规。例如，联邦与州都设有专门机构，每年有专项资金对志愿者绩效进行评估，志愿者经历可以加学分，对于升学、就业、晋升都有帮助，杰出的志愿者还将得到政府的表彰和奖励。

美国志愿服务多样化，有效整合了社会资源。1620 年，英国清教徒试图在科德角建立有序社会，美国早期志愿者应运而生。1736 年，本杰明·富兰克林组建费城消防队，随着工业革命和资本主义的发展，志愿服务逐渐平民化，志愿精神演变为美利坚民族精神。1929 年经济大萧条时期，美国成立了全国志愿者协会。第二次世界大战期间，罗斯福政府推动成立大多成员为志愿者的国民防御办公室，在此期间志愿服务也受到政府更大的关注。第二次世界大战后，美国志愿服务走向规范化、制度化，联邦政府逐渐建立起志愿服务的领导机制、组织架构和保障体系。

美国志愿服务活动关注弱势群体，并以项目制推动。进入 21 世纪，志愿服务更加成为美国公民实现自身价值的普遍方式。美国也是世界上志愿服务参与度最高、覆盖面最广的国家之一，志愿者人数占各级部门工作者总数的 1/5。据"国家暨社区服务团体"的统计，2019 年有过义工服务经历的民众多达 7 790 万，总计志愿工作时间 58 亿个小时，平均每人志愿工作 74 个小时。以一个全职工作者年工作 2 080 个小时计算，义工们的工作量等于 279 万个全职员工，创造的价值约 1 470 亿美元。美国志愿服务组织涉足的领域十分广泛，据美国劳工局调查研究显示，美国人参与的志愿服务机构或组织类型包括宗教类组织、教育或青年服务类组织、社区类组织、公共安全类组织、环境保护或动物照料类组织、医院或其他健康护理组织等。

二、国内外志愿服务的运行机制

志愿者组织的运行机制是指志愿者组织在实施志愿服务过程中，服务行为过程本身与服务行为过程中密切相关的有关机制之间相互作用的过程与方式，是对志愿者招募、培训、管理、激励、保障等一系列制度的总和。通过这一系列工作机制的实施，能够不断完善与强化志愿者组织的管理，使得志愿服务正常有序开展，也使得志愿者组织规范有效运行。

---

① ED H CLARKE. Multipart pricing of public goods [J]. Public Chocie, 1971 (11).

第二次世界大战之后，各个国家的志愿服务工作进一步规范化，成为一种由政府或私人社团所举办的广泛性的社会服务工作，志愿服务的组织管理不断加强，志愿服务工作逐渐制度化、专业化。其中，以美国和新加坡为代表的国家其志愿服务运行机制已较为系统完善；与此同时，我国志愿服务运行机制也在不断进步。

（一）美国

长期发展中，美国形成了"政府重视、社会支持、社团引导、公民参与"的运行机制，建立了科学的志愿服务管理制度体系，并构筑了完善的志愿服务保障机制。美国志愿服务是由社区组织推动的，重在满足社区居民的日常需求，大致可以分为两类：以服务为中心的网络服务型志愿服务组织、以倡导为中心的倡导支持型志愿服务组织。网络服务型的志愿服务既涉及美国国家和社区服务机构等政府管理机构重点开展的一些全国性的社会公益项目，如美国志愿军计划、学习和服务美国计划、老年服务计划等，也涉及家长教师协会等非政府组织提供的服务。在倡导支持型志愿服务中，有青年服务美国组织着眼于服务青年和培训青年；在建立健全保障激励机制的过程中，国家通过预算安排与资金支持来改善国家社会服务基础设施，加强对志愿者的管理。通过对志愿服务项目进行绩效考核来明确社区服务各种项目的具体目标、战略，国家和社区服务部的每一个服务项目都需要进行绩效考核。同时，通过对志愿者的表彰来推动志愿服务活动发展。美国社会各界非常重视表彰激励志愿者，在全国设有美国总统志愿服务奖、志愿服务贡献奖、高等教育社区服务总统荣誉提名奖等多种志愿服务奖项，以激励志愿者参与社会服务，表彰在志愿服务中作出突出贡献的个人和组织，鼓励更多的人参与志愿服务。

（二）新加坡

新加坡自建国以来，不断建立并完善志愿服务制度，使其在社会保障体系中的地位逐步凸显，为构建和谐包容的种族、宗教关系提供有力支撑，创新探索出了一条社会治理的良好途径。1985年新加坡颁布的《慈善法》将志愿服务纳入公益慈善法律框架。《慈善法》作为新加坡国家公益慈善事业的基本法，采用集中立法模式，综合规定了包括志愿服务团体在内的各类公益慈善组织制度，包括公益慈善目的、登记注册、权利义务、资金账目、财务和人事管理、监督机制以及法律责任等。

新加坡依托法律和激励机制，在志愿服务运行机制中融入价值观建设。新加坡的志愿服务以社区为载体，适合不同阶层、不同年龄、不同种族的民众共同参与。志愿者在服务邻里、帮助弱者、协调关系等方面发挥了极大的作用，形成新加坡的志愿服务以社区为载体，适合不同阶层、不同年龄、不同种族的民众共同参与，形成新加坡"人人为我、我为人人"的良性社会关系。

美国、新加坡经验显示，志愿服务不仅需要政府的大力支持，更需要广泛的社会基础。新加坡将志愿服务意识融入国家的价值观建设中，构筑了强大的民众基础，同时依托法律手段制约、激励机制疏导，将志愿服务引入规范化运作中。相比之下，美国志愿服务则更加依托民间自发力量，其组织结构、服务内容更具灵活性、针对性。新加坡政府认为，随着人口迅速老龄化，有更多的老年人需要社会援助，经济全球化和新科技则为低薪家庭带来新的压力。为了应对这些新趋势和挑战，新加坡政府近年来对志愿服务团体的支持模式也由主导型转变为推动型，开拓社会援助新路径。

（三）中国

我国志愿服务的思想源远流长。几千年前，中华民族便已形成助人为乐和扶贫济困的优良传统。中国现代志愿服务，从宏观系统的角度来看，其运行机制经历了五个发展阶段。

第一阶段是自主活动阶段（1993年底实施至1994年底），此阶段以开展大型活动为主。1993年12月19日，2万余名铁路青年率先自发打出了"青年志愿者"的旗帜，主动在京广铁路沿线开展为旅客送温暖志愿服务。之后，40余万名学生纷纷向铁路青年看齐，利用寒假在全国主要铁路沿线和车站开展志愿者新春热心行动，青年志愿者行动迅速在全国展开。其间，全国各地开展的铁路志愿者热心行动、见义勇为英雄及其家属志愿服务活动等，虽然自发性较强，属于民间自主开展的活动，但其很好地传播了志愿服务理念，吸引了更多青年的注意，进而影响和带动了社会志愿服务的发展。

第二阶段是初步建设阶段（1994年底至1998年），此阶段以加强志愿者组织建设为主。共青团中央于1994年12月5日成立了中国青年志愿者协会，这标志着志愿者行动从单一开展活动转向自身机制建设。为使志愿服务落实到基层，深入千家万户，从1995年开始进行了社区青年志愿者服务站建设工作。1998年8月，共青团中央青年志愿者行动指导中心正式成立，负责规划、协调、指导全团的青年志愿服务工作，承担中国青年志愿者协会秘书处的职能。随后，各级青年志愿者协会也逐步建立起来。

第三阶段是项目建设阶段（1998年6月至2001年初），其间，我国实施了青年志愿者扶贫接力计划、社区发展计划、保护母亲河绿色行动营计划等一批重点项目。特别是从1998年全面实施的青年志愿者扶贫接力计划，通过公开招募、自愿报名、定期轮换的接力方式，累计动员了14 240名城市青年到224个扶贫工作重点县开展了每期1~2年的教育、卫生、农业科技等志愿服务，其成功实践为大学生志愿服务西部计划的实施积累了经验。

第四阶段是队伍建设阶段（2001年初至2003年初）。2001年3月，共青团中央实施注册志愿者制度，以青年为主体的志愿者积极报名注册，成为青年志愿者。其间，通过实施志愿者注册制度，加强队伍建设，也逐步带动了志愿服务的组织、项目、机制等各项建设的整体发展。同时，积极建立完善长效工作机制和活动运行机制，推动志愿服务活动广泛深入开展，营造"我为人人、人人为我"的良好社会风尚。

第五阶段是全面建设阶段（2003年6月至今），我国进入到志愿者组织运行机制全面建设阶段。从2004年开始，根据共青团中央统一要求，部分省市青年志愿者协会更名为志愿者协会，协会将统筹所有性质的志愿服务活动，除青年以外的各年龄层次的志愿者都可以在所辖志愿者协会注册，注册志愿者一般以社区为单位开展志愿服务活动。现在，由 24 000 多个街道社区青年志愿者服务站、10 万多支志愿者服务队组成的志愿服务基层组织网络已见雏形。与此同时，志愿者招募、培训、考核、评估、表彰等制度普遍建立，志愿者组织的内部运行机制逐步形成。广东、山东、南京率先以人大立法的形式通过了《志愿服务条例》，为推动全国志愿服务立法进程作了铺垫。该阶段还孕育了一项志愿者组织的重大项目，即大学生志愿服务西部计划。该志愿服务是由国家财政直接支持的项目，既表明了国家对志愿服务促进社会全面进步作用的充分认可，也为志愿服务事业各项建设的持续发展提供了重要保障，标志着志愿者组织的运行进入了跨越式发展的新阶段。志愿服务事业也得到了党中央和国家领导人的亲切关怀，中央主要领导多次参加青年志愿者活动，并对青年志愿者工作给予亲切指导，对青年志愿者行动提出希望和要求。

三、志愿服务参与公共治理的现状

公共治理是多个社会公共事务管理主体协调提高公共利益的过程。近年来，社会需求不断出现新的变化，志愿服务以促进社会进步和人类发展为目标，并越来越多地参与到公共治理中。政府在参与公共治理的过程中始终扮演掌舵者的角色，一般只把握方向而很难真正投身到社会治理中去，难以理解和把握群众的真实需求，所以仅依靠政府的具体计划和命令，实现不了资源配置的最优化，不能很好地保障公民权利和公共利益。以往社区治理往往以政府部门为主导、政府部门人员为引导，由政府部门人员进行内部决策，志愿服务作为真正的参与者难以发挥自主性，加之自身无实际权能，群体分布较为散乱，在众多限制因素的影响下，志愿服务难以发挥主观能动性，去开展适应社会多元化需求的活动。

随着我国社会主义制度的不断完善，国际环境的变化，尤其是经过新冠疫情的洗礼，志愿服务的发展达到了一个新的高度。国际范围内的志愿者组织不断壮大，我国政府也对志愿者组织重新定位，由政府职能的形式化工具转变为政府部门社会职能的承接者。这顺应了社会的发展和人民的需要，志愿者组织也越来越多地参与公共治理。志愿服务组织的发展壮大弥补了以往政府部门主导下志愿服务主观能动性受限这一缺陷，志愿者组织深入群众，在了解群众需求的基础上开展各种志愿服务活动。如今，志愿服务组织不断壮大，志愿服务领域逐步拓宽，志愿服务组织的志愿者们活跃在公众领域，通过各种形式为公众直接提供公共服务，参与公共治理。

（一）志愿者参与公共治理的进程

1993 年底，共青团中央决定实施中国青年志愿者行动。为使志愿服务落实到基层，深入千家万户，从 1995 年开始进行了社区青年志愿者服务站建设工作，全国建立社区青年志愿者服务站 24 000 多个，"一对一"服务对子达到 250 万对，各地还建立了一大批青年志愿者服务基地、服务广场。1998 年 8 月，共青团中央青年志愿者行动指导中心正式成立，负责规划、协调、指导全团的青年志愿服务工作，承担中国青年志愿者协会秘书处的职能。2013 年，党的十八届三中全会决定明确提出"创新社会治理体制"。2015 年，党的十八届五中全会建议提出："构建全民共建共享的社会治理格局。要增强社区服务功能，实现政府治理和社会调节、居民自治的良性互动"。2017年，党的十九大报告提出："加强和创新社会治理，打造共建共治共享的社会治理格局"。2019年，党的十九届四中全会又提出社会治理共同体并指出志愿服务是社会治理创新的重要组成部分，志愿者是社会治理中最富有奉献精神的群体，志愿组织是社会组织的重要组成成分。可见，志愿者参与社会公共治理不断深入，全民共建共治共享的社会治理格局处处可见志愿者的身影。

（二）志愿者参与公共治理的具体体现

志愿服务是社会和谐稳定的基础，是提升社会治理的重要力量。志愿者身处社会，利用自身时间、技能等资源，在社区为居民和社区慈善事业、公益事业提供帮助或服务。人人独善其身谓之私德，人人相善其群谓之公德——志愿者通过服务倡导"奉献、友爱、互助、进步"的社会公德，这正是社会治理中的文化与精神价值的体现。近年来，志愿服务事业在我国迅速发展，民众参与志愿服务的意愿也日益高涨，越来越多的民众通过各种方式直接为社会、为大众提供公共服务，参与社会公共治理。

志愿服务满足多样化的服务需求，弥补政府和市场的不足，在农村扶贫开发、城市社区建设、环境保护、大型活动、抢险救灾、社会公益等领域形成了一批重点服务项目，例如：青年志愿者"一助一"长期结对服务计划、扶贫接力计划、大中专学生志愿者暑期文化科技卫生"三下乡"活动、保护母亲河"中国青年志愿者绿色行动计划"以及围绕党政工作大局和社会公益事业特色志愿服务等。

在我国重要的国际赛事当中，也少不了志愿者的身影。大型体育赛事已经越来越离不开各种类型的体育志愿者，也成为彰显社会公益程度的重要方式。此外，医院可自行招募社会人士、高校学生等成为医院志愿者，走进医院，面向患者提供相关服务（如门诊协助患者就医、导医分诊、义诊义检、健康咨询、敬老助残、核酸检测等），这些都是志愿者参与社会公共治理的具体体现。

（三）项目化方式提供志愿服务

当今我国志愿服务通过项目化方式实现志愿服务人人可为，已经涉足乡村振兴、环境保护、文明实践、关爱少年儿童、为老服务、阳光助残、应急救援、卫生健康、疫情防控、社区治理与邻里守望、节水护水、文化传播与旅游服务、法律服务与禁毒教育等方面，并涌现出大批优秀志愿服务项目。

1. 阳光助残类项目

阳光助残类社会关爱志愿服务是关爱残疾人群体的志愿项目，包括听障儿童陪护、关爱自闭症（孤独症）儿童、盲童关爱服务项目等。

2. 关爱农民工子女项目

随着我国改革开放的深入和工业化、城镇化进程的加快，农民工问题已经成为重大的经济和社会问题。党和政府及社会各界高度关注农民工及农民工子女问题，关爱农民工子女成为共青团履行基本职能、体现社会责任、促进社会和谐的重要举措。

共青团关爱农民工子女志愿服务活动主要是在全国推行"七彩课堂""七彩假期""七彩小屋""缤纷假期"等结对帮扶农村留守儿童,对其进行学业辅导、心理疏导等亲情陪伴。

3. 关爱老年群体项目

该项目以空巢老人、老年人为关注对象,进行助劳助洁活动、疫情下代买代办活动、医养院陪护活动,传承我国关爱老人的优良传统,如小电长——用电话连结每一位需要的老人。

4. 环境保护与节水节电项目

该项目响应国家节约资源、低碳生活的倡议,厉行勤俭节约,反对铺张浪费,如剩菜回收计划、"清流计划"水环境保护项目。

5. 扶贫开发项目

该项目统筹整合资源进行开发式扶贫,扶贫先扶智,因地制宜针对性地帮助扶贫地通过各种方式脱贫,如自媒体助力乡村振兴公益项目、直播助农、教育扶贫等。

6. 应急救援项目

该项目针对突发、具有破坏力的紧急事件采取预防、预备的活动以及重大灾害发生后开展救援行动,如爱"救"在身边、应急救援一线的青春志愿"红"等项目。

7. 文明宣传与法律服务项目

该项目结合新时代群众需要,开展文明实践法律宣传,增强民众普法意识,通过宣传途径助推文明建设,如供水便民服务与节水用水公益宣传项目、"法援心灵·点亮归途"法律公益服务项目。

优秀志愿服务项目具有引领示范作用,有利于推动社会精神文明建设,加强志愿服务体系建设,有利于全社会弘扬良好的时代风尚。志愿服务的发展可进一步推动时代进步与社会发展。

8. 卫生健康项目

国家卫生健康委高度重视群众健康,推动卫生健康志愿服务深入发展、深度融合,充分发挥医务青年在志愿服务中的生力军作用,链接青年志愿者与医护人员,向青年志愿者普及卫生健康相关知识。举办全国、全省卫生健康行业志愿服务项目大赛,搭建起行业志愿服务交流平台,获奖项目为医疗卫生志愿服务打开了新窗口,如:"医心医意"——医慈协同志愿服务项目,"急时雨"——预防儿童意外伤害志愿服务项目。

9. 疫情防控项目

新冠疫情防控期间,网格化管理分区安排固定的志愿者长期提供区域常态化志愿服务,包括但不限于代购生活物品、宣传普及防疫知识、核酸检测,如"小水滴"常态化疫情防控青年志愿服务项目、虹鹰救援战疫情项目。

以项目化方式提供志愿服务成效显著,优秀志愿服务项目牵动传统零散的志愿服务朝着系统、专业的方向发展,同时涌现出越来越多的优秀志愿者组织,以小见大,志愿者组织开始在公共治理中发挥着不可或缺的作用。

第二节 志愿服务发展困境

一、志愿服务问题凸显

2016 年，中共中央宣传部、中央文明办等发布《关于支持和发展志愿服务组织的意见》①，提出深化志愿服务组织服务，强化志愿服务供需对接。2019 年，全国哲学社会科学办公室发布"应急志愿服务的中国发展路径研究""新时代中国特色志愿服务理论研究""健全志愿服务体系研究"等课题，高度重视志愿服务。

但是，因文化差异及社会结构与形态不同，中国志愿服务活动并不像欧美一样属纯民间行为，基层部门为推进社区志愿活动的开展会采取自上而下的行政动员模式，即通过强有力的行政动员，将党员、社区基层单位、社区人员等多元主体吸纳进社区志愿服务体系。这样的模式在应对突发事件或重大事件中具有巨大的优势，但是也存在两极分化的评价。

根据民政部、国家发展和改革委员会印发《"十四五"民政事业发展规划》的通知，无论是志愿者注册人数，还是志愿活动数量以及志愿服务项目的申报，现在国内志愿服务处于急速上升与发展状态，但发展的过程中必然伴随一系列的问题。

二、志愿服务面临的具体困境

（一）志愿者缺乏专业性

1. 志愿者专业知识、专业技能缺乏

首先，我国的志愿服务起步较晚，缺乏专业的志愿者组织机构与知识技能丰富的专业志愿者。这一问题十分突出，一些活动或突发事件中经常临时招募志愿者，招募时限短、要求不高，往往忽视对志愿者专业知识和专业技能的要求。

相比之下，在志愿服务较为发达的国家，各个专业领域都有长期、稳定且专业的志愿者在活动中起到带头作用。大部分临时招募的志愿者缺少正确的志愿服务方法和明确的志愿服务目标，在开展志愿服务活动之前往往没有规划，没有足够的前期调研，无法充分了解服务对象的具体目标与需求，也不会根据不断变化的服务需求去适时调整服务项目和服务内容。这些势必会影响志愿者参加志愿服务活动的积极性和长久性，致使志愿活动质量降低。

---

① 中央宣传部、中央文明办、全国总工会等 8 部门印发《关于支持和发展志愿服务组织的意见》[J]. 中国工人，2016（8）.

2. 非专业志愿者存在问题

非专业志愿者并不固定，人员时常要进行替换，志愿服务活动还会受到场地、资金、技术等因素的制约，如果志愿者不能得到很好的物质保障，会导致志愿活动不能持续开展，出现中断现象。

（1）服务内容有限，不具发展性。临时招募的非专业志愿者往往只能开展以宣传、知识普及为主的基础性志愿服务项目，不能长期稳定提供具备可持续性的技术服务项目。这一定程度上降低了志愿者的获得感和满足感，降低了志愿服务活动的层次，同时也影响了志愿服务项目的实施效果。

（2）专业水平低，积极性不高。志愿服务工作的有效开展主要取决于志愿者专业水平，然而由于上述原因，大部分志愿者服务能力相对偏低，在一定程度上制约了志愿工作的有效开展和志愿者的积极性。这带来的后果就是，一些志愿服务只停留在较浅的层面，不能真正从事专业的志愿服务，对志愿者与被服务对象都会造成困惑和不便。

同时，参与大型应急救援，如果志愿者不具备专业的救援知识，欠缺体能、心理、技能等方面的培训，在救援过程中往往会出现盲目性。同时，志愿者缺乏相关专业知识，只能从事最简单的体力劳动，反而加剧了大量的人力资源与救援物资的严重浪费。

3. 志愿服务机构培训问题

志愿服务机构或团体专职志愿者培训人员的缺失也是一大问题。

志愿团队培训在目的、内容、方式等方面的不足，导致大部分志愿者缺乏主动参与的意识，志愿团队整体参与不高。一部分人对志愿活动存在一定的误解，认为最后只要提交相关材料就可以完成志愿活动，不能正确认识公益对社会发展的作用，只是为了随大流、图省事，目的功利，不能承担志愿精神赋予的责任和义务，志愿活动开展效果低下。

志愿服务内容单一且服务对象有限，这一点限制了志愿活动的多样性。如果志愿者的积极性得不到充分的激发，将限制志愿服务的发展。志愿者在服务时，不能流于形式，服务内容不可停留在表面。志愿服务是多元化的，被服务人群的需求也是多元化的，志愿服务活动的范围不断拓展，才可以实现较快的发展。

（二）志愿者组织涣散、管理紊乱

1. 缺乏正规、统一的组织管理

根据《慈善蓝皮书：中国慈善发展报告（2021）》[①]，2020 年，中国志愿者总量 2.31 亿人，有 8 649 万名活跃志愿者通过 79 万家志愿服务组织提供志愿服务时间 37.19 亿小时，贡献人工成本价值 1 620 亿元。

但中国志愿服务发展的同时暴露出的一系列问题也需要改进：志愿服务组织协调度低；志愿服务平台建设能力不足；组织管理制度缺乏科学性；志愿活动实施过程中项目分散，缺乏规范；招募的志愿者素质难以保障。

---

① 杨团，朱健刚. 中国慈善发展报告（2021）[M]. 北京：社会科学文献出版社，2021.

一些志愿活动缺乏系统的规划，活动持久性不强，只是安排一些常规的志愿工作任务，这就使得志愿服务的内容与现实需求脱节，导致志愿服务处于比较尴尬的境地。

志愿服务组织的管理者要顾及各方利益，志愿管理者的身份不单是传统意义上的领导者，更是协调各方的合作者，不便采取强制性的措施，更多地要发挥团队合作精神，以人为本、以服务为本，如此才能提高志愿组织的执行力。而当下志愿组织管理者大多不固定，组织协调能力有待提升，缺失统一的组织管理仍是一大问题。

2. 志愿管理缺乏健全的激励与奖励机制

志愿组织其本身具有自愿性、自主性、非营利性，没有明显的物质利益，志愿者依靠共同的目标和使命以及志愿精神结合在一起，而这是要靠十分强大的凝聚力才能实现的，要加强凝聚力则要对组织成员进行一定的激励。但是，根据近几年的调查、走访来看，志愿组织在成员激励方面仍存在较大的短板，直接导致一线志愿者凝聚力低下，整体满意度下降，造成不必要的人员流失。

另一方面，存在对于志愿者的精神需求不够重视的现象，一些志愿者不能在志愿活动中感受到成就感及获得感，无法从上级人员、同事或服务对象那里得到尊重与理解。志愿者激励机制欠缺，不能及时给予表彰与奖励，导致志愿者积极性受到严重的打击。

志愿服务激励制度的缺乏一定程度上挫伤了部分志愿者的积极性。志愿者牺牲精力和时间参加志愿服务虽不图回报，但并不表示他们不需任何形式的回应。志愿者的个体服务无偿，但组织的激励和管理对志愿者的个体行为影响很大。大部分志愿者并不在意金钱或物质上的奖励，但对自己的义务劳动是否被肯定、被认可十分看重。因此，相应的表扬、证书等激励形式可以调动志愿者的积极性，有效地评估志愿者的工作，引导他们改进工作，提高技能，进一步发展。如果没有对志愿者有效的保障和激励措施，志愿服务的可持续发展就要大打折扣。

3. 志愿服务法律体系亟待完善

截至目前，国内大多数地方已经出台了志愿服务条例，在一定程度上规范了广大志愿者及其组织在志愿服务工作中的相关职责。但是具体操作细则的缺乏，加上一些外部因素的制约，使得一些法律法规没有得到真正的落实。

一些地方政府为了保障志愿服务的长效化，出台了保障志愿服务发展的相关文件，如长春市制定有《社区志愿服务促进办法》等。但是，当前我国并没有专门颁布促进志愿服务发展的法律法规。虽然各级政府推出了一些政策和法规，但在法律效力和影响力上还远远不够。志愿者在实际参与志愿服务的过程中遇到的问题还是没有法律依据。

（三）社会参与平台建设缺乏协调，数据不通

随着互联网的逐步普及，志愿者参加社团、学校组织。大多通过网站注册、联系地方政府、民间组织、社会机构或自发进行公益活动等。但是高校社会服务与地方社会组织的融合方面明显乏力，未建立起协作协调机制。大多数社会组织是民间组织，相对而言，缺乏一定的公信力。出于对学生的保护，高校对双方的合作不会采取完全相信的态度。

由于缺乏协调机制，社会组织和高校社团之间的沟通与融合异常艰难。社会组织难以到高校招募志愿者，同时，高校社团与各民间组织的联系和接洽也非常有限。

受民政部直接管理中国志愿服务网，但各个地方有各自的志愿服务平台，各个平台之间存在信息不通的情况。另一方面，目前志愿者的管理主体多，包括但不限于民政部、共青团、妇联以及红十字会，同时还存有民间非政府组织、缺乏一个统一的志愿者注册系统及信息共享平台，这就导致数据统计的不准确及不确定，很难保障志愿者的权利。管理主体之间缺乏有效沟通与协调也造成了志愿者组织缺乏统一性，组织化程度低。

同时，国内志愿者登记注册受到双重登记管理体制的制约，民间大量自发性的志愿组织因此无法正式登记注册。双重登记管理要求登记管理机关和业务主管单位共同对民间组织实施管理。大量的民间志愿者组织既要得到主管单位的审查同意，满足《民办非企业单位登记管理暂行条例》规定，同时又要得到登记管理机关的审核批准，也就是满足《社会团体登记管理条例》。但《社会团体登记管理条例》规定"在同一行政区域内，已有业务范围相同或者相似的志愿者组织，没有必要成立的，登记管理机关不予批准成立"。

因为缺少统一的治理，志愿者组织的数量、分布、年龄结构、专业知识等没有较为准确的统计，志愿服务的开展没有得到全面的评价，志愿服务长时间在低水平徘徊，从组织到活动都缺乏与社会的联动、供需的对接，阻碍了志愿服务的长远发展。当前高校与政府、社会之间的联动中，存在着信息隔阂与沟通壁垒，无法实现校内外优势互补，高校的志愿服务资源"走不出去"，政府、社会的志愿服务需求"请不进来"，三方没有形成合力。

要想最大化地发挥志愿服务工作的效用，必须消除志愿服务的障碍，让大学生志愿者参与到政府、社会、市场等各类志愿服务项目中去。

（四）志愿服务认可度较低、社会化发展不足

目前，志愿服务在我国的发展还处于"爬坡"阶段，公众参与志愿服务的渠道不畅，无法有效参与。这些问题会导致志愿服务的社会认可度下降，制约志愿服务的发展。

与此同时，由于受到历史和社会环境等多重因素的影响，大众对志愿服务形成了思维定式，认为志愿服务就是无偿奉献，忽视了法律、福利制度和志愿服务成本等，这些都会影响志愿服务的长远发展和志愿者参与活动的积极性，同时部分民众对志愿服务的评价也不高。

一方面，随着社会的发展，需要一批专业化、职业化的志愿服务队伍参与到志愿服务中，但是由于缺乏培训，很多志愿者在开始志愿服务时并没有做好准备。这往往导致志愿服务的效果大打折扣，社会认可度和志愿者的自我认可度下降。这种现象使整个志愿服务体系面临着一个制度层面的反思。例如，有的部门曲解了志愿者的"无偿性"，将志愿者作为免费劳动力使用，忽略了志愿服务的成本；有的人对志愿者的"服务性"理解不够，将志愿者等同于服务员，导致志愿者在服务过程中受到委屈甚至攻击，志愿者自身的权利无法得到保障。

第三节 志愿服务发展展望

近年来，随着社会的不断进步，我国志愿服务在延续中华传统慈善文化的基础上不断发展，志愿者们始终以服务社会、实现自我为出发点，积极培育和践行社会主义核心价值观，推动我国志愿服务事业健康有序发展。

目前，我国志愿服务事业涉及广泛，包括教育、医疗卫生、体育运动、环境保护、扶贫助残、乡村振兴、文明宣传、应急救援等，整体态势向好。民政部、国家发展和改革委员会关于印发《"十四五"民政事业发展规划》的通知①中对健全志愿服务体系也作出了一系列的发展规划，并且高度重视。

尽管党和政府高度重视志愿服务的发展，但当前社会大众对志愿服务的认知和参与热度总体还处于一种萌芽状态，志愿服务亟需普及化、规范化、法治化，志愿服务活动需要项目化运作、品牌化建设。

志愿服务体系的建设是长期、系统、有发展前景的工作，是顺应社会公共服务需求的，符合数字时代的发展要求，在党和政府的高度重视下、社会公众的参与和监督下，朝着高水平、高质量、全球化、社会化方向不断发展。

一、战略推动志愿服务发展

（一）志愿者服务领域细化

志愿服务发展与社会发展息息相关，中国社会稳定和谐，志愿服务发展态势良好，前景光明。近年来，共青团中央、中央文明办、民政部等部门联合举办的中国志愿服务项目大赛有序开展，志愿队伍不断朝着专业化方向发展，志愿者参与度高、创新性强，志愿服务的长效发展机制逐步健全，志愿服务项目种类丰富且指向性强、定位精准、涉及领域广，志愿服务的项目化趋势日益明显，分类日益细化。

志愿服务项目化运作目标清晰，主要服务领域包括但不限于：乡村振兴、环境保护、文明实践、关爱少年儿童、为老服务、阳光助残、卫生健康、应急救援与疫情防控、社区治理与邻里守望、节水护水、文化传播与旅游服务、法律服务与禁毒教育等，随着时间的推移，志愿服务将变得更为专业化、体系化。

（二）志愿服务效益化

我国青年志愿服务发展重视创新、效益化，在国家高度重视志愿服务的大背景下，全国各类大学生创新创业大赛开始设立公益赛道，"互联网+"青年红色筑梦之旅赛道等大

---

① 《"十四五"民政事业发展规划》（全文）[EB/OL]. (2021-06-18) [2023-06-18]. 民政部网站. http://www.china-cer.com.cn/zhengcefagui/2021061813216.html.

学生创新创业比赛重视志愿服务的效益化。大学生志愿者作为志愿服务的一个重要群体，虽然具有临时性、短期性、非专业性等特点，但其创新能力突出，各种优秀公益创业项目频现。

《2008年北京奥运会、残奥会志愿者工作成果转化研究报告》指出，赛事各类志愿者贡献了超过2亿小时的志愿服务，为奥运会节省开支约42.75亿元，惠及约3亿人次。

一般而言，志愿服务很难以经济效益来衡量，但青年志愿者凭借其创新能力为我们找到突破口，未来我国的志愿服务必将突破思维的局限朝着效益化方向发展，在为文化建设作出贡献的同时推动经济发展。

（三）志愿服务的规模化

2017年12月1日，《志愿服务条例》① 开始实施。截至2019年2月，中国标识志愿服务组织已有1.2万个，记录志愿服务时间超过12亿小时。2021年12月28日，从全国民政工作视频会议上获悉，中国注册志愿者超过2亿人，累计志愿服务时间超过37亿小时。② 截至2021年12月31日，全国志愿服务信息系统"上海志愿者网"实名认证注册志愿者超过590万人，比2020年增加69万余人，上海实名认证注册志愿者人数占常住人口的比例超过23.0%，比2020年上升了2个百分点。③ 2022年6月，中国社科院首部志愿服务蓝皮书《中国志愿服务发展报告（2021—2022）》在京发布。蓝皮书指出，十年来，我国志愿服务取得长足发展，注册志愿者人数从2012年的292万增长到2021年的2.17亿，增加74倍，约占总人口比例的15.4%。④

全国志愿服务信息系统中显示，截至2021年10月30日，平均每万人中就有1544人注册成为志愿者，约占总人口比例的15.4%；志愿团体113万个，志愿项目621万个；累计志愿服务时长达16.14亿小时，人均志愿服务时长为7.44小时。全社会参与志愿服务热情高涨，无论是志愿者人数，还是志愿服务组织、志愿服务活动项目、参与志愿服务的时间都已经达到了相当规模而且这个规模将持续扩大。⑤

（四）志愿服务的法治化

随着志愿服务的深入发展，规模日益扩大、领域不断拓展、情况也变得复杂，志愿服务的发展需要法律法规的保障与维护，志愿服务法治化发展是志愿服务体系的发展趋势，也是完善国家治理体系的必要措施。2017年6月7日，《志愿服务条例》经国务院第175

---

① 过亿注册志愿者推动"志愿中国"加快建成［EB/OL］.（2019-02-09）［2023-06-09］.中华人民共和国中央人民政府.https：//www.gov.cn/xinwen/2019-02/09/content_ 5364475.htm.
② 我国注册志愿者已超过2亿人［EB/OL］.（2021-12-28）［2023-05-09］.新华网.http：//www.news.cn/politics/2021-12/28/c_ 1128209393.htm.
③ 志愿者注册率达23%，沪发布2021年志愿服务发展情况［EB/OL］.（2022-03-04）［2023-04-19］.中国政府网.http：//www.shwmsj.gov.cn/znq/2022/03/04/29f1ae1f-3b93-4235-b595-f001ca1d83e5.shtml.
④ 上海注册志愿者超559万人，占常住人口22%［EB/OL］.（2022-06-24）［2023-07-19］.上观新闻.https：//export.shobserver.com/baijiahao/html/501494.html.
⑤ 我国志愿者总人数达2.17亿，平均每万人中有1544人注册成为志愿者［EB/OL］.（2022-07-08）［2023-08-16］.澎湃新闻.https：//www.thepaper.cn/newsDetail_ forward_ 18929518.

次常务会议通过，由国务院于 8 月 22 日发布，自 12 月 1 日起施行。这是我国第一部专门的志愿服务行政法规，它对志愿服务的基本原则、管理体制、权益保障、促进措施等作了全面规定。随后，一些省份也相应修订或出台了地方性法规，但我国志愿服务政策法规体系仍需进一步规范、完善。

我国志愿服务相关的政策文件如表 11-1 所示。

表 11-1 中国志愿服务相关的政策文件

时间	内容
2013 年 12 月	共青团中央印发的《中国注册志愿者管理办法》
2014 年 2 月	中央文明委印发的《关于推进志愿服务制度化的意见》
2015 年 3 月	教育部印发的《学生志愿服务管理暂行办法》
2015 年 8 月	中央文明办、民政部、教育部、共青团中央联合印发的《关于规范志愿服务记录证明工作的指导意见》
2015 年 9 月	民政部出台的《志愿服务信息系统基本规范》，这是志愿服务的第一个行业标准
2016 年 7 月	中央宣传部、中央文明办、民政部、教育部、财政部、全国总工会、共青团中央、全国妇联联合印发的《关于支持和发展志愿服务组织的意见》
2016 年 12 月	中宣部、中央文明办、教育部、民政部、文化部、国家文物局和中国科协印发的《关于公共文化设施开展学雷锋志愿服务的实施意见》
2017 年 6 月 7 日	国务院第 175 次常务会议通过 2017 年 8 月 22 日中华人民共和国国务院令第 685 号公布《志愿服务条例》
2020 年 11 月 26 日	民政部部务会议通过《志愿服务记录与证明出具办法（试行）》自 2021 年 2 月 1 日起施行
2022 年 7 月	民政部、卫生健康委、疾控局联合印发《新冠肺炎疫情社区防控志愿服务工作指引》

以上这些管理办法、政策意见、条例等一系列文件相继出台，进一步完善了我国志愿服务法制体系，结合志愿服务相关法律法规，志愿服务资源得到进一步整合，志愿服务发展迎来了新局面。

（五）志愿服务的专业化

推动乡镇（街道）、城乡社区依托社区综合服务设施、社会工作站建设志愿服务站点。目前，我国志愿服务活动所参与的志愿者大多只提供短时、非专业的服务，志愿服务质量不高，不能满足服务对象的需求。而现在，各乡镇（街道）都有社工服务，基本实现了一县（区）一中心，一乡镇（街道）一站点，村（社区）社工站的专业社会工作师具有较强的专业技能，可以结合当地志愿服务群体为志愿者建立分级培养机制，增强其专业理论知识以及专业技能，与高校合作培养相关专业的大学生志愿者。社会工作师结合大学生志愿者的优势可以持续增强社会工作专业的作用和服务成效，扩大社会工作服务的可及范围和受众群体。

社会工作者应坚持"助人自助"和赋能服务对象的专业理念，运用专业的工具，使用专业的方法，带动多方有效参与社会治理。专业的社会工作者可对志愿服务起到指导作用，助力基层社会治理。

二、数字时代赋能志愿服务发展

随着"互联网+"的发展，互联网已经融入社会生活的方方面面，提供了一个有效的资源整合和管理平台，深刻改变了人们的生产和生活方式。这也为志愿服务开辟了新天地，"互联网+志愿服务"模式层出不穷，志愿服务进入了数字时代。数字时代赋能志愿服务，推动志愿服务向多元化、专业化发展。

阅读资料11-1

数字科技与志愿服务的深度融合

（一）数字时代志愿者信息管理

中国社会科学院社会发展战略研究院和社会科学文献出版社联合举办《中国志愿服务发展报告（2021—2022）》[①]——志愿服务蓝皮书创刊号发布会并发布《志愿服务蓝皮书：中国志愿服务发展报告（2021—2022）》，数据显示志愿者注册人数规模仍在不断扩大。一方面，网络安全问题是我们应该注意的，志愿者的信息安全需要保护。另一方面，志愿者群体规模庞大，所处地域不同，较为分散，各地使用的互联网服务平台不尽相同，迫切需要统一系统的信息管理。

当前，志愿服务事业进入稳定发展时期，"奉献、友爱、互助、进步"的志愿精神深入人心，社会组织、社会工作者、志愿者等在社会治理中积极发挥作用，在抗击新冠疫情过程中得到了充分的体现。数据显示，全国各地开展疫情防控志愿服务项目超过29.8万个，参与疫情防控的注册志愿者达584万人，记录志愿服务时间达1.97亿小时。[②]

但志愿服务管理难度仍然较大，政府和相关机构应当完善协调机制、监督机制，借助互联网技术推动我国志愿服务发展。

（二）志愿者交流服务平台建设

志愿者服务交流平台是通过互联网搭建起来的信息交流平台，它为广大志愿者提供志愿服务招募信息，分类管理不同专业、性格、特色的志愿者，同时发布志愿者培训信息，给志愿者提供发声的机会，并为志愿者提供安全保障。

"志愿服务交流会"（以下简称"志交会"）作为我国最大的志愿者服务交流平台，旨在为全国优秀志愿服务组织和项目搭建对接服务、资源配置、项目展示、学术交流、文化引领的综合性全口径交流平台，推动我国志愿服务事业的整体发展。志交会上的案例分

---

① 张翼，田丰. 中国志愿服务发展报告（2021—2022）. [M]. 北京：社会科学文献出版社，2022.
② 习近平. 在全国抗击新冠肺炎疫情表彰大会上的讲话 [J]. 求是，2020（20）.

享会聚焦优秀志愿服务案例,帮助与会志愿者了解认识相关情况,但宣传力度还不够大,真正的交流沟通作用未充分发挥,其建设发展还有很长一段路要走。

(三) 网络募捐打造慈善新模式

相比于传统的募捐方式,网络募捐具有成本低且效率高、传播力度大等优势,是对慈善事业的有益探索,它让人人慈善、随手慈善成为现实,近年来网络慈善募集资金逐年上涨,参与慈善事业、志愿服务的人数也在增长,水滴筹、腾讯公益等各种公益服务平台走入人们的视野。

1. 水滴筹

水滴筹作为一个社交筹款平台目前已经广为人知,水滴筹打破了传统的"一对一"捐赠模式,受赠者的信息公开透明,借助互联网的快速传播,让捐赠者与受赠者有效结合,形成一种新型的"一对多""多对一""多对多"的捐赠模式,促使人人参与公益慈善。

2. 腾讯公益

2015 年,腾讯公益联合数百家社会组织、企业和知名人士共同发起"99 公益日"——中国第一个由民间发起的全民慈善捐赠日,通过移动互联网让日常小额捐赠进入亿万网民的视线。腾讯公益慈善基金会主要致力于公益慈善事业,关爱青少年成长,倡导企业承担公民责任,推动社会和谐进步。

作为公益机构间的连接器,腾讯区块链为社会公益提供了一种新思路,帮助社会公益资源发挥更大价值,破解此前出现的社会公益资源浪费的困局。

3. 蚂蚁森林

2016 年,支付宝公益推出了"蚂蚁森林"[①],4 年之内累计超过 5 亿用户通过互联网参与了环保善行。消费者可以通过使用支付宝进行线上/线下支付、线上购票、缴纳水电费、公交运营等方式积累能量球。当累积到一定能量值时,支付宝用户就可以在线领取对应的小树苗。用户在支付宝终端种下种子后,合作团队就会在待改良区域种上一棵真树。支付宝用户种下的树,遍布在中国很多地区,有的在荒漠,有的在戈壁滩。每棵树都有一个唯一的编号,用户可以通过编号在真实的地点找到自己的树。蚂蚁森林带动超过 6.13 亿人参与低碳生活,产生超过 2 000 万吨"绿色能源",参与了中国 11 个省份的生态修复工作,累计种下了 3.26 亿棵树,在 10 个省份设立了 18 个公益保护区,保护野生动植物 1 500 多种。通过各地的生态环保工程,累计创造了种植、养护、巡视等绿色就业机会 238 万个,新增劳动收入 3.5 亿元。

三、志愿服务总体发展趋势

(一) 全球化发展

长期以来,联合国志愿人员组织(UNV)为推动全球志愿服务事业的发展作出了重大

---

① 喻义. 马云斥巨资打造的蚂蚁森林,已经第 5 年了,如今种了多少棵树?[EB/OL]. (2022 - 01 - 19) [2023 - 08 - 16]. https://www.aisoutu.com/a/1557156.

贡献。

我国志愿服务有着深厚的文化与历史基础,面对东西方文化的交流,应与时俱进、开拓创新,坚定地"走出去",向全球化发展。只有民族的才是世界的,全球化发展的前提是我们要有自己的特色,坚持与本国实际相结合,并以此为基点融入世界。

(二)高质量发展

志愿服务高质量发展是我国推进社会治理的重要举措。在各地文明城市的创建中,到处都能看到志愿服务的影子。志愿服务已经成为社会文明进步的一个重要标志,是加强精神文明建设、培育和践行社会主义核心价值观的重要内容。新时代,"奉献、友爱、互助、进步"的志愿者精神有了更加丰富的内涵,当代志愿者在不断书写着新的"雷锋故事":在北京冬奥会上,1.9万志愿者无私奉献、辛苦付出,服务范围涵盖对外联络、竞赛运行等十大类别,涉及场馆管理、赛事服务、物流、技术、新闻运行、语言服务、体育竞赛等40多个业务领域。志愿者专业化水平的提高有利于促进志愿服务的高质量发展,也是发展的方向之一。

(三)社会化发展

随着社会的进步,志愿服务也在相应地作出回应。2022年2月22日中央一号文件《中共中央、国务院关于做好2022年全面推进乡村振兴重点工作的意见》正式发布,文件围绕农村精神文明建设等问题,对新时代文明实践中心建设提出了新要求。[1] 在各级文明办成立志愿服务领导机构的前提下,在县乡成立新时代文明实践中心与志愿服务促进中心,安排专门人员负责当地志愿服务工作。自新时代文明实践中心试点工作启动以来,全国1 000多个省市试点成立"文明实践志愿服务总队",从组织上保障了志愿服务建设的体系化,使得志愿服务更加深入基层,深入群众。

上海市静安区打造新时代文明实践"静安样本",以群众需求为导向,积极探索服务群众新模式;东莞中堂镇"德本"文化品牌探索新时代文明实践与传统文化相结合,让志愿服务更加地"接地气";重庆秉承"群众在哪里,文明实践就延伸到哪里,各类资源就汇聚到哪里"的理念,一个个生动的文明实践场景在这里"落地生花"。各地的新时代文明实践阵地,都在用自己的方式推动着社会进步和人民幸福。

新时代文明实践中心的建设符合群众需求、符合社会要求、符合时代要求,使得志愿服务的面貌焕然一新,具有更加强大的生命力。

(四)全民化发展

中国志愿者组织的发展经历了孕育、启动、发展、深化和全民参与五个阶段。

新中国成立以后,我国的社会主义道德文化建设跃上新台阶,以雷锋为代表的英雄模范人物和全国范围内的"学雷锋"活动,拉开了全民团结互助、尊老爱幼、乐于奉献、学

---

[1] 中共中央、国务院关于做好2022年全面推进乡村振兴重点工作的意见[EB/OL].(2022-02-22)[2023-08-16].新华社.https://www.cs.com.cn/xwzx/hg/202202/t20220222_6244028.html.

阅读资料11-2

新时代文明实践中心发展历程

做好人好事的大幕。这也是我国历史上集中、大规模的带有志愿色彩的行动，为今天的志愿事业发展奠定了良好的社会基础。截至2001年底，我国共有7.69亿年满18岁以上的居民正式或非正式地参与志愿服务，志愿服务率达到85.2%，新世纪的志愿服务体系日渐完善，越来越多的民众自发参与到各种志愿服务活动中，志愿服务发展迅速。在2008年汶川抗震救灾、2008年北京奥运会、残奥会，2022年北京冬奥会、冬残奥会中，各年龄段、各行各业的志愿者的服务赢得社会赞誉，全民参与志愿服务的局面逐步形成——"人人都是志愿者，人人都在接受志愿者"。

（五）规范化发展

1. 加强志愿者参与志愿服务活动的规范管理

（1）组织成员规范。坚持科学化、无差别化规范组织志愿者成员，尊重志愿者的相关权利，在此基础上，依据《志愿服务组织基本规范》① 以及具体情况对其进行行为规范。

（2）组织安排合理。志愿服务组织在活动中按实际情况合理安排志愿者工作时间，科学设置岗位，根据志愿者个人能力设置专职岗位，安排志愿者负责人进行现场管理，实时跟进，及时解决遇到的问题。同时，要加强志愿者组织与政府之间的互动如果在应急救援活动中，规模庞大的志愿者缺乏统一管理，将难以与政府形成合作关系，也难以保证合理安排志愿组织活动，而这也是激活应急志愿服务活动的关键。

（3）组织项目健全。志愿服务项目是在一定的周期内，面向特定服务对象或领域开展的，具有明确的服务目标、服务时间、服务内容和服务保障的志愿服务活动。目前，志愿服务项目涵盖教育、医疗卫生、体育运动、环境保护、扶贫助残、乡村振兴、文明宣传、应急救援等领域。随着社会的发展，志愿服务项目也会跟随社会热点问题不断变化，更加关注生活中的实际问题。

2. 完善志愿者参与和被服务对象的安全保障

安全保障的内容包括人身安全与健康、财产等，而志愿服务当中的安全保障除此之外还包括其他的内容。

（1）志愿者的安全保障。志愿者参与各种类型的志愿活动都应该在保护自身安全的前提下进行，组织开展活动的主办方应根据志愿服务活动风险，为志愿者提供安全保障，包括但不限于日常饮食、交通保障等，并不断细化活动风险等级，从传统的人身安全保障向更为系统、人性化的全方位保障机制发展。

（2）被服务对象的安全保障。例如，在参与自闭症（孤独症）儿童康复治疗训练时，志愿者要注意与未成年儿童的特殊相处方式，呵护其心理健康，密切关注孩子的情绪变化，隐私安全，不随意泄露被服务对象相关信息；在参与体育运动或与运动检测相关的志愿服务

---

① 翟雁. GB/T 40143—2021《志愿服务组织基本规范》[J]. 标准生活，2022（1）.

活动中，遵守保密原则，客观公正地完成相应工作；在社区调解志愿服务活动中，尊重各方意见要求，保障公民的权益。

3. 志愿服务相关评价机制

（1）建立监督机制。每一个参与志愿服务的志愿者都是监管员，一方面从事组织内部的日常监管，另一方面规范自身行为，及时纠正自身或他人的问题。

（2）建立考核机制。合理规范志愿者服务过程中的各种行为并建立考核机制，对志愿者进行等级划分，持续跟进志愿者服务情况，改进服务质量。

（3）建立评价机制。这包括个人评价、团队评价。每次活动过后，反思总结问题，对个人行为及团队行为进行评价，建立管控平台，收集志愿者评价建议，整合收集到的信息并进行加工，反馈给志愿服务组织，通过层级评价持续改进服务质量。

（4）建立激励机制。召开年度或季度表彰，对表现突出的志愿者进行表彰并加大宣传力度，让做好事的人被更多人看到，奖励标准需统一，奖励范围要全面，提高志愿者的社会认同感。目前，依托新时代文明实践中心和县级融媒体中心的活动宣传成效显著，党建引领也在其中发挥着重要的作用。例如：北京通过服务积分、优先招用等方式鼓励志愿服务活动并表决通过了《北京市志愿服务促进条例》，激励组织内志愿者参与志愿服务活动。

志愿服务的发展需要更为健全的组织体系、更加规范的管理制度、更加科学的运作模式、具体显著的服务成效，以及良好的监督、考核与评价机制。

（六）党和政府高度重视，志愿服务迎来新机遇

党的十八大以来，我国明确指出要"支持和发展志愿服务组织"，"广泛动员社会力量开展社会救济和社会互助、志愿服务活动"。2013年12月，在中国青年志愿者行动20周年时，习近平回信给华中农业大学"本禹志愿服务队"，希望他们发挥志愿精神，"为实现中国梦作出新的更大贡献"；2014年3月4日，给"郭明义爱心团队"回信鼓励；2014年7月16日给"南京青奥会志愿者"回信表达鼓励；2020年9月8日，在全国抗击新冠肺炎疫情表彰大会上给予志愿者充分肯定，发出号召引导全社会学习"天使白""橄榄绿""志愿红"；在北京冬奥会、冬残奥会总结表彰大会上，表彰了广大志愿者的暖心服务。

我国志愿服务发展也在党和政府的高度重视下快速发展，志愿服务的理念日益深入人心。同时，居民收入提高也为志愿服务的发展奠定了社会基础。

民政部、国家发展和改革委员会关于印发《"十四五"民政事业发展规划》的通知为志愿服务作出了相关规划："加强志愿服务体系和社会参与平台建设。推动完善志愿服务政策法规体系，推进志愿服务标准制定和宣贯，协同推进志愿服务激励褒扬、保险保障等制度建设，配合完善新时代文明实践志愿服务体系。培育发展志愿服务组织。强化志愿服务与慈善项目、社会工作的协同。推广应用全国志愿服务信息系统，推动乡镇（街道）、城乡社区依托社区综合服务设施、社会工作站建设志愿服务站点，为群众参与和接受志愿

服务提供便利条件。加强志愿服务记录和证明出具管理，持续推进志愿服务信息数据的归集和管理。推动养老服务、儿童福利、未成年人保护、婚姻登记等机构和城乡社区设置相对稳定的志愿服务岗位，在社会救助、养老助残、儿童福利和未成年人保护等领域组织开展专项志愿服务活动，培育一批志愿服务品牌项目。"志愿服务体系作为向社会传递正能量的重要平台，推动社会管理创新、改善公共服务、构建和谐社会的重要途径，是促进政府治理能力现代化的有效形式，要顺应时代发展趋势，认真贯彻执行国家政策方针，朝着高水平、高质量、全球化、社会化方向发展。

习题

1. 美国志愿服务的特点是什么？
2. 志愿服务项目分类有哪几个？根据自己的实际经验举出例子。
3. 请指出当前社会志愿服务面临的具体困境。
4. 急需建立的志愿服务相关评价机制有哪些？
5. 志愿服务总体发展趋势是什么？

案例题

北京 20 万人次城市志愿者服务冬奥会和冬残奥会

北京 2022 年冬奥会、冬残奥会于 3 月 13 日圆满闭幕。从冬奥会开始到冬残奥会结束，20 万人次的北京城市志愿者活跃在场馆周边、服务站点、重点社区等 7 类城市志愿服务点位，他们热情、体贴、细致的服务，支撑着赛会保障的顺利运行。

北京青年报记者了解到，团市委将保留若干城市志愿服务站，在提供信息咨询等常态化服务的基础上，有针对性地开展文化畅游、红色基因、冬奥科技、冰雪体验等主题活动，助力北京成为"双奥之城"。同时，激励和保留一批冬奥会城市志愿者骨干，积极参与"志愿服务+"行动计划，为首都"四个中心"建设贡献志愿力量。

从"北京欢迎你"到"一起向未来"，志愿者一直用"微笑"书写着北京最好的名片。微光成炬，向光而行。志愿者，用平凡书写伟大的一个群体。国际奥委会主席巴赫在北京冬奥会闭幕式的致辞中对志愿者的表现予以了肯定，他用中文说："志愿者，谢谢你们。"而冬残奥会也延续了 14 年前北京奥运会"向志愿者致敬"的传统，为志愿者们谱写了一首颂歌。

"黑夜有你星光闪闪，世界有你就有温暖。最美的青春是奉献，送人玫瑰香飘人间。"歌声中，致敬冬残奥会志愿者的短片令人动容。一身"天霁蓝"，一颗"火热心"。志愿者们用细致周到的服务诠释出"奉献、友爱、互助、进步"的志愿服务精神，温暖着赛场内外每个角落。

奥林匹克运动会是运动员的盛会，也是志愿者的盛会。信息咨询、语言服务、文明宣传、应急救助……这些服务虽然平淡无奇，但无不传递着整个城市和东道国热情和温暖。这些志愿者就如同一片片微小的雪花，汇聚在一起，飘向山花烂漫，最终融入温暖的世界。

资料来源：北京20万人次城市志愿者服务冬奥会和冬残奥会［EB/OL］.（2022-03-22）［2023-06-08］.北青网.https://k.sina.com.cn/article_ 2090512390_ 7c9ab00602001vwkw.html.

"青春爱运动 健康强中国 一起云支教 共同迎冬奥"

全国大学生2022年寒假"返家乡"社会实践专项活动

由团中央青年发展部作为支持单位，中国光华科技基金会与共青团北京市委员会联合主办的"青春爱运动 健康强中国 一起云支教 共同迎冬奥"全国大学生2022年寒假"返家乡"社会实践专项活动汇聚全国220多所高校6万多名大学生与乡村400多所中小学青少年结伴一起云运动、一起看冬奥、一起云阅读、一起过个奥运年。全体大学生社会实践总时长达12 647 654余小时。

在疫情防控的现实情况下，该活动借助互联网平台优势，采取线上线下相结合的形式开展趣味云支教，借助手机端App进行阅读、运动打卡，在"一起看冬奥"活动中，大学生志愿者们在冬奥知识课程宣讲中帮助小朋友们了解冬奥文化，在冬奥赛事讲解中带领中小学生感悟不惧挑战、砥砺拼搏的体育竞技精神。在志愿者们的鼓励下，小朋友们还充分发挥想象力和创造力，以北京冬奥会吉祥物"冰墩墩"为原型进行创作绘画。互联网让大学生志愿者与来自祖国各地的孩子们手牵手、心连心，一起体会运动的酣畅，感受思维的碰撞，共同书写未来新篇章。

所有参与的高等院校，各级共青团，学校，青少年公益组织的教、职、生代表，积极配合、相互协作，在提升青少年体质健康水平、弘扬奥运精神、推广冰雪运动、宣传冬奥文化中作出了自己的贡献。

案例讨论：

1. 结合案例一，分析如何加强志愿者参与志愿服务活动的规范管理？
2. 结合案例二，分析如何完善志愿者参与和被服务对象的安全保障？

后 记

2022年2月，《教育部关于公布2021年度普通高等学校本科专业备案和审批结果的通知》正式发布，山东工商学院和浙江工商大学申报的慈善管理专业成功获批。这是我国公益慈善领域的首个本科专业，对于我国慈善事业发展意义重大。自2008年"中国志愿服务元年"起，我国志愿服务的理论研究和实践发展不断融合推进，为其奠定了基础。

新时代，我国积极推进慈善事业和志愿服务的发展，为适应慈善事业和志愿服务的双重要求，由郑州轻工业大学贺庆生博士、河北经贸大学刘叶博士联合组建的高校教师团队编写了本教材《慈善事业与志愿服务教程》。

《慈善事业与志愿服务教程》的编写工作具体分工如下：

第1章：刘叶（河北经贸大学）

第2章：李猛（沧州交通学院）

第3章：张美岭（河北经贸大学）

第4章：苑晓美、丁振文（江西财经大学）

第5章：苑晓美、樊璐（江西财经大学）

第6章：曹林平、贺庆生（郑州轻工业大学），康建英（南京特殊教育师范学院）

第7章：李燕（安阳师范学院）、贺庆生（郑州轻工业大学）

第8章：苑晓美、张子茵、王睿（江西财经大学）

第9章：周玉元（河海大学）、贺庆生（郑州轻工业大学）

第10章：张芸芸（洛阳理工学院）、康建英（南京特殊教育师范学院）

第11章：孙维艺（洛阳理工学院）

同时，贺庆生、刘叶、苑晓美承担了全书的协调工作。

本书的编写得到了首都经济贸易大学出版社领导的大力支持与专业指导，孟岩岭总编辑更是以认真负责的敬业精神和精益求精的专业素养全程参与了本书的编审和优化，在此表示衷心感谢！

由于编写时间仓促，书中难免有诸多不足之处，恳请学界同仁批评斧正。